Die Welt der Karolinger

W0066653

Pierre Riché

Die Welt der Karolinger

Mit 35 Textabbildungen,
23 Tafeln und 4 Karten

Aus dem Französischen übersetzt
und herausgegeben von
Cornelia und Ulf Dirlmeier

Philipp Reclam jun. Stuttgart

Titel der Originalausgabe:
La Vie quotidienne dans l'empire Carolingien

2. Auflage

Alle Rechte vorbehalten. © 1981 Philipp Reclam jun., Stuttgart
Die deutsche Ausgabe erscheint mit Genehmigung von Librairie Hachette, Paris,
der Übersetzung liegt die französische Ausgabe von 1973 zugrunde
© Librairie Hachette, 1963
Gesamtherstellung: Reclam, Ditzingen
Umschlagentwurf: Hanns Lohrer, Stuttgart
Printed in Germany 1984
ISBN 3-15-010307-X

Inhalt

Vierter Teil
Das religiöse und kulturelle Leben der Gesellschaft

Fünfter Teil
Auf der Suche nach Schutz und Hilfe

Vorwort zur deutschen Übersetzung

Gegenüber einem Historiker, der sich auf die politische Geschichte konzentriert, ist jeder Forscher von vornherein im Nachteil, der versucht, das frühmittelalterliche Alltagsleben darzustellen. Seine Arbeit wird in erhöhtem Maß durch die unzureichende und bruchstückhafte Quellenüberlieferung behindert und erschwert: Grabbeigaben, die wichtige Erkenntnisse für die Epoche der Merowinger vermitteln, fehlen für die Karolingerzeit. Die systematische Auswertung von Bodenfunden und Gebäuderesten durch die Frühmittelalter-Archäologie hat erst begonnen.[1] Von den zahlreichen Fresken und Mosaiken der Zeit sind nur geringfügige Reste, meistens Szenen aus Heiligenleben, erhalten geblieben. Auch der reiche Bestand karolingischer Bilderhandschriften ist als Quelle für das Alltagsleben wenig ergiebig. Der Utrecht-Psalter, ein Hauptwerk der Reimser Schule, enthält zwar Darstellungen aus dem täglichen Leben, aber es ist erwiesen, daß der Illustrator getreulich eine spätantike Handschrift kopiert hat, weitgehend ohne Rücksicht auf die Wirklichkeit seiner Zeit.[2]

Verhältnismäßig umfangreich ist der Bestand schriftlicher Quellen. Vielfach haben sich die gelehrten Autoren aber eng an literarische Vorlagen gehalten und in ihren Schreibstuben ein weltabgewandtes Leben geführt. Zeitgeschichtliche Ereignisse wurden fast nur in den Annalenwerken notiert, aber leider meistens in lapidarer Kürze.

Trotz dieser ungünstigen Ausgangslage hat Pierre Riché mit seinem vorliegenden Werk eine seit langem bestehende Forschungslücke schließen können. Zwar berücksichtigen ältere und neuere Untersuchungen zur Geschichte des Karolingerreiches natürlich auch gesellschaftliche oder wirtschaftliche Aspekte, aber im Mittelpunkt des Interesses stehen doch Kriege, Reichsteilungen, die Entwicklung staatlicher und kirchlicher Institutionen.[3] Riché denkt nicht daran, die Bedeutung der politischen Geschichte zu schmälern, er geht vielmehr davon aus, daß sich neue Erkenntnismöglichkeiten und Gesichtspunkte ergeben, wenn auch die zeitbedingten Lebensumstände der Menschen in die Betrachtung einbezogen werden. Er untersucht die natürlichen und gesellschaftsbezogenen Voraussetzungen des Daseins, Berufsausübung, materielle Kultur, Religiosität, Existenzgefährdungen und Schutzmaßnahmen. Dabei berücksichtigt er die ganze Breite der Gesellschaft, vom Herrscher bis zum Sklaven, doch sind aufgrund der Quellenlage über den Adel mehr und konkretere Angaben zu machen als über die Lebensumstände der überwiegenden Mehrheit der Bevölkerung, der Bauern. Riché hält es aber für wahrscheinlich, daß systematisch weitergeführte Forschungen hier noch zu besseren Ergebnissen führen können. An den Universitäten Rennes und Paris hat er bereits eine Reihe von Arbeiten in dieser Richtung angeregt, deren Ergebnisse in seinem vorliegenden Werk mit verwertet werden konnten.[4]

Für die Übersetzung wurden einige Hinweise auf deutschsprachige Literatur in die Anmerkungen eingefügt, eine eigene Bibliographie erübrigt sich, weil die angeführten Werke bequem den Weg zu Spezialuntersuchungen weisen. Die Quellenzitate wurden durchwegs nach dem Originaltext übersetzt, dabei konnten einige Druckfehler und Versehen der französischen Ausgabe berichtigt werden; neu ausgewählt wurde das Bildmaterial.

Ulf Dirlmeier

Erster Teil
Das Land und seine Bevölkerung

Kapitel I
Die Vielfalt der karolingischen Welt

Der Historiker des 20. Jahrhunderts kann sich die karolingische Welt recht gut vorstellen: dieses gewaltige Reich von beinah einer Million Quadratkilometern, das sich von Hamburg im Norden bis Barcelona im Süden über 1500 Kilometer, und von Nantes im Westen bis nach Magdeburg im Osten über 1200 Kilometer erstreckte. Das Reich war in größere Verwaltungseinheiten unterteilt, die Königen, Präfekten und Markgrafen anvertraut waren. Einige dieser Gebiete waren ihrerseits in Grafschaften untergliedert, von denen man 200 bis 250 zählt. Aber was uns ein zusammenhängendes Ganzes scheint, sah für die Bewohner des Karolingerreichs sicherlich ganz anders aus. Jeder, welcher gesellschaftlichen Schicht er auch angehörte, hatte seine »Heimat«: Der Bauer sah nicht viel weiter als bis zu den Grenzen der Domäne, auf der er arbeitete, wahrscheinlich kannte der Mönch nur sein Kloster und was dazu gehörte, der Geistliche lebte in der Umgebung des Bischofs, der die Diözese leitete usw. Dennoch gelang es vielleicht dem gebildeten Karolinger, der die Grenzen seiner Region zu überwinden versuchte und Gelegenheit hatte, in verschiedene Gebiete des Abendlandes zu reisen, sich den Raum, in dem er lebte, im ganzen vorzustellen.

Die Geographie der Karolinger

Die geographischen Kenntnisse der Karolinger blieben begrenzt, da sie auf aus der Spätantike überkommenen Kartenwerken beruhten. Wenn man die Kataloge der Klosterbibliotheken überfliegt, stößt man immer wieder auf die Namen römischer Geographen, Julius Honorius, Soli-

Karte 1. Das Reich Karls der Großen. Zeichnung von F. Prinz.

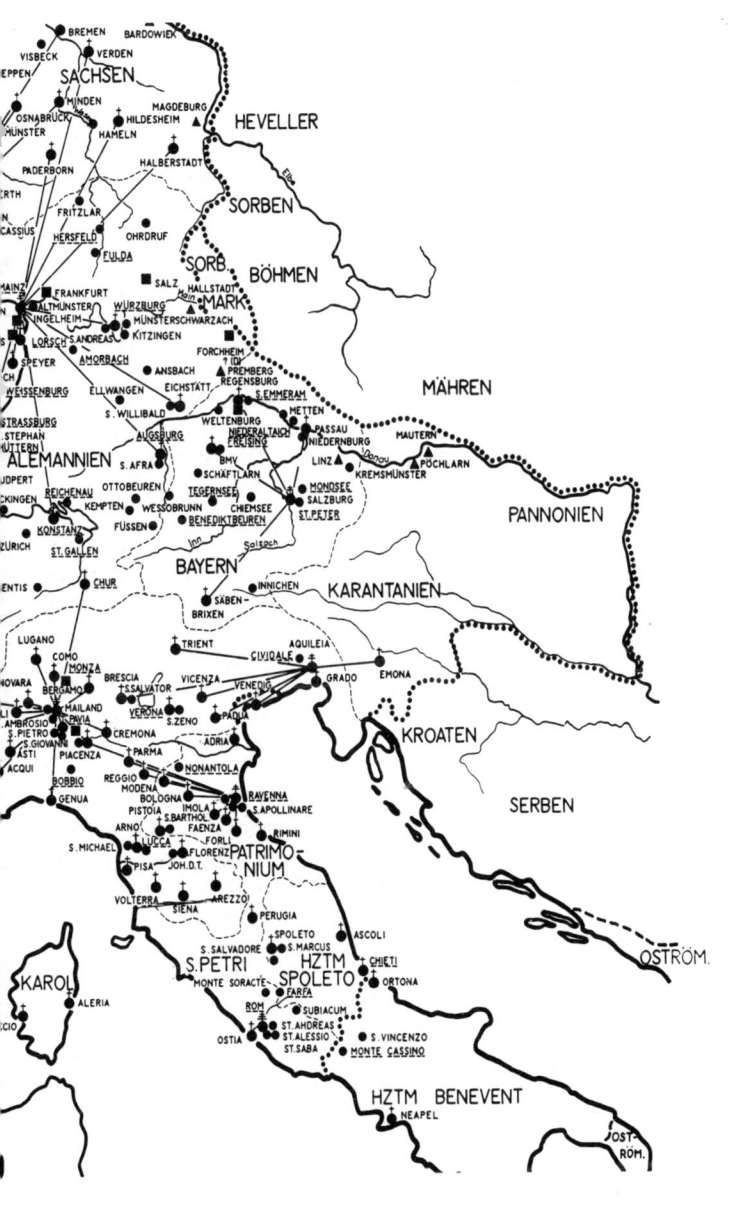

nus, Plinius den Älteren, Martianus Capella, Orosius, Isidor von
Sevilla oder auch den »Geographen von Ravenna«. Diese Klassiker
wurden von den Autoren geographischer Lehrbücher der Karolingischen Epoche benutzt: von Virgil von Salzburg, der unter dem Namen
Aethicus Ister schrieb, und von Dicuil, dem Autor des *Liber de
mensura orbis terrae* (Über den Umfang des Erdkreises). Diese beiden
aus Irland stammenden Schriftsteller haben versucht, ihre Vorgänger
in geographischen Untersuchungen zu übertreffen. Virgil legte sogar
eine Theorie über die Existenz der Antipoden vor, die kühn, ja
häretisch schien. Aber beide konnten es in ihren Kenntnissen nicht
weit bringen.[1]

Auf den Grundlagen der traditionellen geographischen Kenntnisse
haben die Karolinger Weltkarten (*mappae mundi*) entworfen, die
ihnen eine Vorstellung von den Umrissen der damals bekannten Welt
ermöglichten. Mitte des 8. Jahrhunderts hatte Papst Zacharias im
Lateranpalast eine kommentierte Wandkarte zeichnen lassen. Im
»Skriptorium« von Saint-Riquier und im Refektorium des Bischofspa-
lasts in Orléans gab es auch Weltkarten. Theodulf hatte sie anfertigen
lassen, um »den Geist der Gäste zu nähren, indem man ihnen erlaubte,
das riesige Universum in einer Verkleinerung kennenzulernen«.

Wenn, was wahrscheinlich ist, Theodulfs Karte in einem Manuskript
in Ripoll erhalten wurde, so zeigt sie uns den die Erde umgebenden
Ozean und eine in fünf Zonen eingeteilte Erde: eine unüberwindbare
heiße Zone, die auf beiden Seiten von je einer gemäßigten und einer
eisigen Zone flankiert wird.[2]

Auf Pergament existierten weitere *mappae mundi*. Die Welt, als flache
Scheibe dargestellt, war in drei Kontinente eingeteilt: Asien, Afrika
und Europa, die durch die Flüsse Tanais und Nil und durch das
Mittelmeer voneinander getrennt waren. Auf jedem Erdteil waren
Länder und Städte eingezeichnet, Jerusalem im Weltmittelpunkt und
das irdische Paradies im Orient. Andere Karten, die in den Handschriften des Kommentars zur Apokalypse des Beatus von Liebana
enthalten sind, bringen außer den genannten drei Kontinenten noch
einen unbekannten Südkontinent.[3]

Was Europa betrifft, werden manchmal die wichtigsten Länder
erwähnt: *Alamannia, Dacia, Germania, Saxonia, Frisia* (Friesland),
Graecia, Gallia, Italia und sogar *Brittania* und *Scotia*. Aber wenn man
es genauer wissen und sehen will, was *Gallia* für die Karolinger
bedeutete, stoßen wir wieder auf die antiken Beschreibungen. Z. B.
beschreibt Bischof Hildegar von Meaux Gallien in der *Vita Faronis*; er

berichtet, es sei von den Alpen, dem Ozean, den Pyrenäen und dem Rhein begrenzt, und unterteilt es in 17 Provinzen, von denen die *Gallia Belgica* und die *Gallia Lugdunensis* »noch keltisch genannt werden, und die man heute burgundisch nennt«.[4] Diese letzte Bemerkung ist der einzige Versuch Hildegars, die Beschreibungen Orosius' oder Isidors auf den Stand seiner Zeit zu bringen.

Dennoch brauchten die Karolinger für ihre militärischen Unternehmungen, die Reisen und die Länderteilungen genaue Unterlagen. Sie hatten Namenslisten aufgrund der *itineraria*, antiker Straßenkarten, deren berühmteste die *Tabula Peutingeriana* ist, die *Notitia Galliarum*, die Papst Hadrian Karl dem Großen schenkte, und sie besaßen auch auf den neuesten Stand gebrachte Beschreibungen. Ende des 9. Jahrhunderts verfaßte z. B. ein bayerischer Geistlicher die *Descriptio civitatum et regionum ad septentrionalem plagam Danubii* (Aufzeichnung über die Völkerschaften und Städte der Slawen im Norden der Donau), in der er die slawischen Völker bis zur Weichsel aufzählt. Zur gleichen Zeit läßt der angelsächsische König Alfred eine Beschreibung der nordischen Länder aufgrund von Erzählungen Reisender erstellen.[5] Es mögen noch weitere Dokumente dieser Art existiert haben, die uns aber leider nicht überliefert sind.

Die Grenzvölker

Dank den zeitgenössischen Chroniken wissen wir trotz des Fehlens geographischer Abhandlungen, wie die Karolinger sich das Abendland und die verschiedenen Völker vorstellten, von deren Existenz sie wußten. Die Menschen, die am Rande des Reiches lebten, werden voll Furcht und Verachtung erwähnt. Die Slawen, auf die sie jenseits der Elbe stießen, schienen ihnen nur als »Sklaven« verwendbar zu sein. Es ist bekannt, daß dieses Wort direkt von *slavus* abgeleitet wird. Wenn ein Krieger heimkehrte und seine Freunde ihn fragten, wie es ihm im Wendenland gefallen habe, antwortete er: »Was wollt ihr mir mit diesen Kröten? Sieben oder acht und sogar neun von ihnen pflegte ich auf meine Lanze aufgespießt und irgend etwas brummend mit mir herumzuschleppen. Unnützerweise haben der Herr König und ich uns mit diesem Wurmzeug abgemüht.«[6] Die Hinweise gewisser Autoren auf die Ähnlichkeit der Wörter »Wenden« und »Vandalen« sind ebenfalls bezeichnend.

Die Avaren, die sich seit dem 7. Jahrhundert in der ungarischen

Tiefebene niedergelassen hatten, wurden den Hunnen und Skythen gleichgesetzt. Adalbert, der Herzog Gerold gefolgt war, beschrieb Notker von St. Gallen das Reich der Avaren als eine Folge von neun konzentrischen Kreisen, von denen einer die Breite der Strecke von Konstanz bis Zürich hatte[7] und der letzte die Kriegsbeute umschloß, die zu erringen Karl dem Großen gelang. Die Missionare, die ausgeschickt wurden, um dieses »unverständige und ungebildete Volk« – um den Ausdruck eines Konzils zu gebrauchen – zu bekehren, erhielten von Paulinus von Aquileia und Arn von Salzburg genaue Anweisungen.[8] Die ersten Ergebnisse der Bekehrung wurden durch die Invasion der Ungarn gefährdet, die als Verwandte der Hunnen und Avaren galten; auch über sie finden sich Bemerkungen bei einigen Chronisten.[9] Wenden wir uns zur Westgrenze des Reiches, so befand sich dort ein gefürchtetes und verachtetes Volk: die Bretonen.

»Diese lügnerische und übermütige Nation ist von jeher rebellisch und ohne gute Eigenschaften gewesen. Das treulose Volk ist nur dem Namen nach christlich, denn von Werken, Gebräuchen oder dem christlichen Glauben findet sich keine Spur. Sie kümmern sich weder um Witwen und Waisen noch um die Kirche. Bruder und Schwester teilen das Bett. Der Bruder nimmt die Gattin des Bruders. Sie leben in Inzest und Verbrechen. Sie wohnen in Wäldern und stellen ihre Lager im Dickicht auf. Sie freuen sich, vom Raub zu leben wie die wilden Tiere.«[10]

So drückt sich Graf Lambert nach den Worten von Ermoldus Nigellus aus. Die Karolinger, die mit der Etymologie recht leichtfertig umgingen, leiteten natürlich den Namen der Bretonen von *brutti* ab. Die Skandinavier sind die »Nordmänner« (*normanni*) aus dem Norden, diesem Gebiet der Finsternis, also des Teufels. Vor den großen Normanneneinfällen kannten die Karolinger sie als Händler und Piraten, oft als beides zugleich, aber auch als Nachbarn, mit denen man reden konnte. Der Chronist der Reichsannalen ist im Bilde über die inneren Konflikte Dänemarks.[11] Seit der Mitte des 9. Jahrhunderts können die Kleriker, die Opfer der Invasionen, nicht genug Epitheta finden, um die neuen Barbaren zu beschimpfen, die Gott »wegen der Sünden des Volkes, der Unwürdigkeit der Geistlichen und Großen« ins Reich gesandt hatte.

Die Francia

Findet man im Innern des Reiches ein zusammenhängendes Gebiet, in dem sich jedermann der gleichen Gemeinschaft zugehörig fühlte? Wenn man die Zeugnisse der Zeit liest, muß man es bezweifeln. Das Reich setzte sich aus vier großen Einheiten, die jede ihren eigenen Charakter hatten, zusammen: *Francia, Germania, Aquitania* und *Italia*. Die Francia war das Zentrum des Reichs, wo man die Pfalzen, die Königshöfe und die großen Abteien fand. Den Söhnen Ludwigs des Frommen gelang es, dieses geschichtsträchtige Land nach vielen Kämpfen untereinander aufzuteilen. Karl der Kahle erhielt die westliche Francia, die von nördlich der Loire bis zur Maas und Schelde reichte, und zusätzlich das fränkische Burgund (die spätere Bourgogne). Lothar besaß die mittlere Francia, von der Maas bis an den Rhein, das spätere Lotharingien. Ludwig der Deutsche herrschte über die *Francia orientalis*, deren Hauptachse das Maintal war und die manchmal noch den alten Namen Austrasien bewahrte.[12] Die Franken, die in diesen drei Gebieten wohnten, fühlten sich dem gleichen Geschick verbunden und waren, wie es der Prolog der *Lex Salica* aus dem 8. Jahrhundert zeigt, stolz auf ihre Geschichte. »Der berühmte Stamm der Franken, der von Gott selbst geschaffen wurde, mutig im Krieg und ausdauernd im Frieden, [...] von edler Gestalt und makellosem Glanz und außergewöhnlicher Schönheit, wagemutig, schnell und draufgängerisch, zum katholischen Glauben bekehrt und gegen jede Häresie gefeit [...] Es lebe Christus, der die Franken liebt.« Trotzdem wurden die Unterschiede zwischen ihnen nicht geringer. Lupus von Ferrières fühlte sich »in der Fremde«, wenn er über den Rhein nach Fulda ging. Die Verfasser der Annalen von Saint-Bertin und die der Fuldaer Annalen haben weitgehend unterschiedliche politische Auffassungen. Im Süden der *Francia orientalis* blieb Bayern unter der Herrschaft seiner Stammesherzöge lange Zeit unabhängig und versuchte seine Eigenart gegenüber Franken und Italienern zu behaupten: »Die Welschen [d. h. die Romanen] sind dumm, die Bayern sind klug«, schreibt ein Geistlicher Ende des 9. Jahrhunderts.[13]

Jenseits des Niederrheins erstreckte sich der Teil Germaniens, der vor allem das Land der Sachsen umschloß. Vor Karl dem Großen hatte sich kein Herrscher in dieses gefürchtete Land gewagt. Nach 33 Kriegsjahren hatte es Karl der Große mit Gewalt unterworfen und angefangen, es zu christianisieren. Aber Sachsen behielt seine Gesetze und Gesellschaftsordnung. Wenn sich auch der Adel relativ schnell den Franken angeschlossen hatte, so revoltierte doch der Rest der Bevölkerung ständig, und Ludwig der Deutsche mußte sich 842 gegen die Bewegung der *Stellinga* zur Wehr setzen.[14] In der zweiten Hälfte dieses Jahrhunderts war Herzog Liudolf, der Gründer der Abtei Gandersheim und Ahne König Heinrichs I., praktisch unabhängig. Für die Franken blieben die Sachsen Fremde (*alienigenae*), wie man bei der Synode von Tribur (885) sah.

Südlich der Loire war Aquitanien, das von Pippin und Karl dem Großen nicht bezwungen worden war, weitestgehend selbständig. Die Franken hatten für diese »Romanen« nur Verachtung. Es finden sich viele unfreundliche Äußerungen über die Aquitanier. Pippin II., der Enkel Ludwigs des Frommen, führte ein fröhliches Leben »wie die Aquitanier«; der Klerus Aquitaniens »zog es vor, sich dem Reitsport, den Kriegsübungen und dem Speerwerfen statt der Verehrung Gottes hinzugeben«. Beim Tode Ludwigs des Frommen »fingen die Aquitanier, die für ihr wankelmütiges Wesen bekannt sind, an, sich zu schlagen und zu betrinken«. Abbo von Saint-Germain-des-Prés stellt die Behendigkeit und den Stolz der Franken der List der Aquitanier gegenüber.[15] Obwohl wir keine Äußerungen von Aquitaniern besitzen, ist es wahrscheinlich, daß sie ihrerseits feindliche Gefühle hegten – die ständigen Revolten gegen Karl den Kahlen sind ein Beweis dafür.

Auch im Inneren Aquitaniens konnten sich Formen von Partikularismus entwickeln. Das Gebiet, das lange Zeit von den Goten, dann von den Arabern beherrscht und von den Karolingern zurückerobert wurde, das spätere Katalonien, begann Eigenständigkeit zu entwickeln. Flüchtlinge von jenseits der Pyrenäen, die *Hispani*, hatten sich hier mit einem eigenen Rechtsstand niedergelassen. Grafen gotischer Herkunft urteilten nach »wisigotischem« Recht. Im Westen waren die Gascogner keineswegs assimiliert. Vor ihren Einfällen mußten die Grafen von Toulouse und Bordeaux Aquitanien schützen. In den Pyrenäenbergen hielten die noch heidnischen Gascogner den karolingischen Truppen stand und errangen manchen Überraschungssieg. Roncesvalles hat sich mehr als einmal wiederholt. Weiter im Norden hatten sich die gascognischen Herzöge offensichtlich den Karolingern angeschlossen, behielten aber ihre Eigenständigkeit, sogar in ihrer Tracht. Als der junge aquitanische König 787 in Paderborn erschien, trat er in gascognischer Tracht auf, mit einem kurzen runden Umhang, Puffärmeln, weiten Hosen und gespornten Stiefeln.[16]

Auch in Italien fühlten sich die Franken landfremd. Wie die Aquita-

nier haben auch die Italiener keinen guten Ruf. Selbst wenn wir der
Bemerkung Notkers von St. Gallen über ihre Homosexualität[17] wenig
Bedeutung beimessen, zeugen doch andere Texte von der Verachtung
der Franken für die Transalpinen. Ein Beispiel:
»Das einzige, was Euch Italienern mehr am Herzen liegt, ist, Euch den
Bauch mit Wein und üppigen Mahlzeiten zu füllen und Eure hochra-
genden Häuser mit schimmerndem Metall zu überladen. Die Gallier
werden nicht von dergleichen Sorgen bedrückt, ihr einziges Ziel ist es,
die benachbarten Länder zu unterwerfen und ihren anspruchslosen
Haushalt durch die dort geraubte Beute zu bereichern.«
Die Italiener fürchteten sich ihrerseits davor, daß sich einer ihrer
Fürsten von den fränkischen Aristokraten angezogen fühle:
»Dieses Land Italien, seine Einwohner und die Flüsse, von denen die
alten Mauern umschmeichelt werden, sind Dir wohlbekannt. Mögen
das wilde Gallien und das grausame Germanien Dich nicht mehr
zurückrufen und Dich nicht daran hindern, ein Land zu beherrschen,
das Deiner würdig ist.«[18]
Außer dem ehemaligen langobardischen Königreich, um das es hier
geht, bot Italien weitere kontrastreiche Regionen: die Romania oder
den Kirchenstaat, Apulien, das Herzogtum Benevent, ganz zu schweigen von den byzantinischen Gegenden im Süden. Aber für die Franken handelte es sich einfach um ein Gebiet fremder Sprache und
fremder Mentalität, das man nur auf schwierigen Wegen, wie wir
weiter unten sehen werden, und nicht ohne gesundheitliche Risiken
erreichte.

Die Vielfalt der Sprachen

Der Reisende im Karolingerreich stieß auf eigenständige Kulturkreise.
Was ihm sofort auffiel, waren die vielen verschiedenen Sprachen.
Sogar innerhalb ein und desselben Königreichs, der westlichen Francia
z. B., hatten die Menschen Verständigungsschwierigkeiten; Basken
und Bretonen bewahrten ihre Sprache; die Aquitanier und ein großer
Teil der Bevölkerung der Francia sprachen *lingua romana*, d. h. ein
frühes Romanisch, dessen Aussprache je nach Gegend wechselte.
Im Norden, in der Diözese von Thérouanne, sprach man Germanisch. Aber sogar im germanischen Sprachgebiet hielten sich romanische Sprachinseln, so z. B. in Bayern einige *vici romanisci* in der
Gegend von Salzburg. Auch konnte das Rätoromanisch (Ladinisch)

um Chur, im westlichen Tirol und in Friaul jahrhundertelang überleben.

Das Germanische, in den Quellen *lingua theotisca* genannt – daher das Wort »deutsch« – bestand aus vielerlei Dialekten. Die Sachsen konnten die Bayern sicher nicht verstehen. Das Fränkische selbst, die karolingische Hofsprache, zerfiel in regionale Dialekte, von denen uns Schriftzeugnisse in einigen Quellen überliefert sind.[19]
Die Regierenden und ihre Beauftragten mußten zwei- oder sogar dreisprachig sein, und die Herrscher waren es tatsächlich. Karl der Große, der ein einheitliches Germanisch schaffen wollte, begann eine Grammatik, die uns nicht überliefert ist.[20] Ludwig der Fromme, der Romanisch sprach, benutzte auch gern das Fränkische. Ludwig der Deutsche wandte sich 842 in Straßburg auf Althochdeutsch an die Truppen Karls des Kahlen, und Karl wiederholte den Männern Ludwigs diese Rede auf Altfranzösisch.[21] Um sich im ganzen Reich verständlich zu machen, mußten auch die Beauftragten der Könige beide Sprachen beherrschen, wie es z. B. für Chrodegang von Metz überliefert ist. 844 schickte Lupus von Ferrières drei junge Adlige, darunter seinen Neffen, nach Fulda, damit sie dort das Germanische erlernten.[22] Viel benutzt wurden Glossarien, die Vorläufer unserer Wörterbücher, wie z. B. das Reichenauer Glossar oder das Glossar von Kassel; letzteres enthält 180 Wörter, die Körperteile, verschiedene Tierarten, Haushaltsgeräte und sogar Krankheiten bezeichnen.[23] Schließlich gab es für die Sprachunkundigen auch noch Dolmetscher.

Die verschiedenen Völker des Reichs konnten sich auf Lateinisch, in der Sprache der Gesetze und der Verwaltung, verständigen. Das Lateinische hatte sich seit dem 5. Jahrhundert, als es die Germanenkönige angenommen hatten, weiterentwickelt. Wörter germanischen Ursprungs, vor allem aus Kriegs- und Bauwesen, hatten es angereichert, und gemäß dem unterschiedlichen Sprachgebrauch innerhalb der alten »Romania« hatte es sich allmählich gewandelt. Karl der Große wollte dem Lateinischen, das die Sprache der Kirche und der Liturgie geblieben war, die ursprüngliche Reinheit zurückgeben. Die Schüler mußten, wie wir sehen werden, gutes Latein gemäß den Regeln der Grammatiker erlernen. Zwar waren die Erfolge je nach dem kulturellen Hintergrund unterschiedlich, zwar konnte die Umgangssprache weiterhin das geschriebene Latein beeinflussen – selbst bei dem gebildeten Literaten Alkuin –, aber insgesamt wirkte sich die Reform positiv aus. Eine Gelehrtensprache mit erneuerter Rechtschreibung und festgelegter Grammatik wurde geschaffen.[24] Als Folge wurde die Trennung der verselbständigten romanischen Sprachen vom Lateinischen so deutlich, daß zu Beginn des 9. Jahrhunderts die Gelehrten erkennen mußten, daß das Latein nicht mehr allgemein verstanden wurde; so mußten »die Bischöfe ihre Predigten in die *rustica romana lingua* oder in die *theotisca* übersetzen, damit jedermann das, was sie sagten, verstehen könne«.[25] Dieser Beschluß des Konzils von Tours (813) ist also wirklich das Eingeständnis eines Fehlschlags. Die von den Gelehrten benützte Sprache war einem kleinen Kreis Eingeweihter vorbehalten. In den germanischen Ländern, in denen das romanische Substrat fehlte, hatten die Geistlichen schon lange die Grundzüge der christlichen Religion in der Volkssprache erklärt. Ja, es war sogar schwierig, die Klosterschüler an den Gebrauch des Lateins zu gewöhnen, weil sie sich lieber in ihrer Muttersprache unterhielten. Alkuin erkannte, daß die im Kapitelsaal vorgelesene Benediktinerregel in der Volkssprache erläutert werden mußte, um für alle verständlich zu sein. In St. Gallen wurde eine interlineare Übersetzung der *Regula* verfaßt; auf der Reichenau lagen 27 Hymnen des Breviers in einer zweisprachigen Ausgabe vor, ebenso die Evangelien und einige Werke Isidors.[26] In der Folgezeit wurden viele religiöse Texte unter Verzicht auf das lateinische Original in althochdeutschen Übersetzungen herausgegeben; die zweisprachige Form gab es nur kurze Zeit.

Die Vielfalt der Volksrechte

Ebenso wie Mentalität und Sprache war das Recht überall verschieden. Das »Personalitätsprinzip«, seit der Völkerwanderung im Abendland gültig, wurde auch von den Karolingern anerkannt. Jedem Volk sein eigenes Recht. Karl der Große »ließ aber alle ungeschriebenen Gesetze der von ihm beherrschten Stämme sammeln und schriftlich aufzeichnen«.[27] Dieser Satz Einhards wird durch andere Quellen bestätigt. Karl ließ die Stammesrechte der Alemannen und Bayern überarbeiten und die Rechte der Sachsen und Friesen aufzeichnen. Von 802 an ließ er Beauftragte daran arbeiten, die geltenden Gesetze zu vervollständigen. Der König erinnerte die Richter daran, daß sie in jedem Verfahren das Verhör gemäß dem zuständigen Volksrecht zu führen hatten. Das setzte voraus, daß die Richter die verschiedenen Rechte kannten und deren Texte besaßen. In der Bibliothek des Herzogs Eberhard gab es ein *corpus*, das die Rechte der Franken, Ripuarier, Langobarden,

Alemannen, Bayern und auch das *Breviarium Alaricianum* (Breviarium des Alarich) enthielt, eine Kompilation aus dem *Codex Theodosianus*, der in Südfrankreich noch immer benutzt wurde. Der Herzog von Mâcon, Ekkard, besaß die *Lex Gundobada*, die in Burgund angewandt wurde, das Stammesrecht und zwei Exemplare des *pactus romanus*, d. h. des obengenannten Breviariums.[28]

Diese Vielfalt der Gesetzgebung, ein historisches Erbe, schien manchen Geistlichen ein Anachronismus. Agobard, Bischof von Lyon, schrieb König Ludwig dem Frommen in seiner Abhandlung *Adversus Legem Gundobadi*:

»Ich frage Euch: Ist dem göttlichen Auftrag zur Einheit etwas hinderlicher als die große Verschiedenheit der Gesetze, die in jeder Region, jeder Stadt und sogar in ein und demselben Haus herrscht? Möge es dem allmächtigen Gott gefallen, daß alle Menschen unter einem sehr frommen König von einem einzigen Gesetz regiert werden: das wäre zum Wohl der Eintracht des Gottesstaates und der Gerechtigkeit unter den Völkern. Barbaren und Skythen, Aquitanier, Langobarden, Burgunder, Alemannen, Sklaven und Freie gibt es nicht: Christus ist alles und in allen.«[29]

Das Ideal eines einheitlichen Reiches mit gleichem Glauben, und deswegen dem gleichen christlichen Gesetz unterstellt, ist oft von den Geistlichen beschworen worden. Die Religionspolitik der Könige und die Bekehrung der heidnischen Völker zielten in diese Richtung. Ludwig organisierte eine Heidenmission in den skandinavischen Ländern und vertraute sie Ansgar an, der dafür zum Bischof von Hamburg ernannt wurde. Salzburg wurde Ausgangspunkt für die Missionierung der mährischen und avarischen Länder. Man begann die Basken zu bekehren. Die Benediktinerregel drang in der Bretagne bis nach Landeveneck vor und verdrängte das keltische Brauchtum.[30]

Die ersten Jahre der Regierungszeit Ludwigs des Frommen ließen die religiöse und politische Einheit erreichbar erscheinen. Benedikt von Aniane, der Erneuerer des Klosterwesens, Wala, der Vetter des Königs, und Agobard, Bischof von Lyon, bemühten sich darum. Aber hieß das nicht an der Realität der verschiedenen Teilreiche (*regna*) vorbeigehen? Genügte es, die Einheit zu proklamieren, um die regionalen Unterschiede auszulöschen und so viele verschiedene Völker in einem Einheitsstaat zusammenzufassen? Als Ludwig unter dem Druck der Aristokratie beschloß, sein Reich unter seine Söhne aufzuteilen, griff er damit eine germanische Tradition auf und gab stillschweigend zu, daß die Einheit des Reichs nur in der Theorie bestand. Eine

Gruppe von Geistlichen um Lothar, den ältesten Sohn des Kaisers und Erbe des Titels, verweigerte lange, aber vergebens diesem Beschluß die Anerkennung und bekämpfte ihn. Die aufeinanderfolgenden Teilungen, insbesondere der Vertrag von Verdun (843), besiegelten ihren Mißerfolg. Dies beklagt Agobards Schüler, Florus von Lyon: »Ihr Berge und Hügel, ihr Wälder und Flüsse, ihr Quellen, ihr aufragenden Felsen und tiefen Täler, betrauert das Volk der Franken [...]. Was ist aus den Völkerschaften an der gewaltigen Donau, an Rhein und Rhône, an Loire und Po geworden? Einst hielten sie in Einigkeit zusammen, jetzt, nach dem Bruch des Bundes, schwächt sie die Zwietracht [...]. Die Könige gingen unter, und die Zersplitterung des Reiches folgte.«[31]
Hier zeigt sich das Drama des Karolingerreiches: auf der einen Seite die wehmütigen Träumereien des Klerus, auf der anderen die Vielfalt als zwingende Wirklichkeit.

Kapitel II
Die Karolinger auf Reisen

Die Reisen der Könige

Um die Einheit der verschiedenen Teile dieses riesigen Reiches zu gewährleisten, um in so viele und unterschiedliche Regionen einzudringen und sie zu beherrschen, mußten die Karolinger viele Reisen unternehmen. Es heißt im allgemeinen, daß die karolingischen Könige nicht an einem Ort blieben und daß sie, wie es die Merowinger taten, von Pfalz zu Pfalz zogen, um ihren Unterhalt sicherzustellen. Das ist nur zum Teil richtig. Ein Biograph Ludwigs des Frommen erzählt uns, daß der König »beschlossen hatte, den Winter Jahr für Jahr an vier verschiedenen Wohnsitzen zu verbringen [...]. So mußte jede dieser Domänen, wenn ihr jeweiliges Jahr herankam, die Ausgaben des Königs bestreiten«.[1] Aber die wirtschaftlichen Erwägungen allein sind keine ausreichende Erklärung für die Mobilität der Könige. Abgesehen von militärischen Aktionen waren die Herrscher ständig unterwegs, um dafür zu sorgen, daß ihre Befehle richtig ausgeführt wurden, um den Treueid der Untertanen zu empfangen und um Wallfahrten zu den wichtigsten Heiligtümern zu unternehmen.[2] Wie sein Vater Pippin reiste Karl der Große viel, aber vor allem in der Francia und in Germanien.[3] Auch in Aquitanien, Bayern und Italien hielt er sich gelegentlich auf. Am Ende seiner Regierungszeit residierte er meist in der Aachener Pfalz. Sein Sohn Ludwig war ein eher seßhafter Kaiser, er bevorzugte im Gebiet der Francia Diedenhofen, Ingelheim und Frankfurt. Karl der Kahle dagegen war, da er sein Königreich erst unterwerfen und dann gegen die Normannen verteidigen mußte, ständig unterwegs. Betrachten wir z. B. zwei Jahre seiner Regierungszeit. Das Weihnachtsfest 865 verbrachte er in Quierzy, im Februar begab er sich nach Ver, dann nach Douzy. Während der Fastenzeit war er in Attigny, in Ver und wieder in Attigny. Der Krieg gegen die Normannen zwang ihn, sich nach Pîtres an der unteren Seine zu begeben, dann kehrte er nach Köln zurück, und von da ging er nach Quierzy und Compiègne. Er verbrachte das Jahresende und Weihnachten in Compiègne, den Frühling an der Loire, feierte das Osterfest in Saint-Denis und begab sich dann nach Metz. Am 19. Mai war er in Samoussy, kehrte dann nach Attigny zurück und ging von dort zur

Jagd in die Ardennen. Im August versammelte er sein Heer in Chartres, empfing einen bretonischen Fürsten in Compiègne und zog im September nach Saint-Vaast und Orville. Er kehrte nach Troyes zurück, wo er sich am 25. Oktober aufhielt, von dort ging er nach Reims, dann zurück nach Troyes und feierte das Weihnachtsfest in Auxerre.

Die Reisen des Königs wurden gut vorbereitet. Wenn er sich in eine seiner Pfalzen begab, hatten die *mansionarii* den Auftrag, die Gemächer in Ordnung zu bringen. Wenn er sein Recht auf Unterhalt beanspruchte, das die Bischöfe, Äbte und Vasallen verpflichtete, ihn aufzunehmen, ließ er sein Kommen einige Zeit vorher ankündigen.[4] Notker von St. Gallen beschreibt uns die fieberhafte Tätigkeit, mit der ein Bischof die Ankunft des Kaisers erwartet; »wie eine Schwalbe« hin und her schießend, läßt er die Kirchen, die Unterkünfte und sogar die Straßen säubern und herrichten. Leidrad von Lyon, der seinen Bischofspalast umgebaut hatte, schrieb an Karl, daß er für ihn eine Bleibe vorgesehen habe, wenn er nach Lyon käme.[5] Man empfing den Kaiser und sein Gefolge nicht ohne einen gewissen Stolz, aber auch voller Furcht, da der Herrscher manchmal von mehreren hundert Leuten begleitet wurde. Als Karl der Kahle im Jahre 861 nach Auxerre kam, beanspruchte er sämtliche Unterkünfte der Stadt, so daß Lupus von Ferrières um Obdach bei den Mönchen von Saint-Germain bitten mußte. Der Aufenthalt des Königs im bischöflichen Haus führte zu allerhand Mißbrauch. 845 verlangten die Bischöfe, die in Meaux versammelt waren, daß die Leute des Königs das bischöfliche Haus respektierten und daß besonders die Frauen nicht hineingelassen werden sollten. Hinkmar wünschte, daß der König die Unterhaltsforderungen der ihn begleitenden *milites* begrenze. Berechtigte, aber erfolglose Klagen.[6] Die Könige fanden es praktischer und wirtschaftlicher, sich bei den Großen aufzuhalten. Man hat ausgerechnet, daß die Mehrzahl der Urkunden, die Karl der Kahle ausgestellt hat, aus der Zeit seines Aufenthalts in den großen Abteien stammen: Saint-Denis, Saint-Martin in Tours und Saint-Sernin in Toulouse. Eine Steigerung des Ansehens und die politischen Vorteile, die die Äbte aus der Anwesenheit ihres königlichen Gastes zogen, wogen selten die hohen Kosten, die sie zu bestreiten hatten, wieder auf.

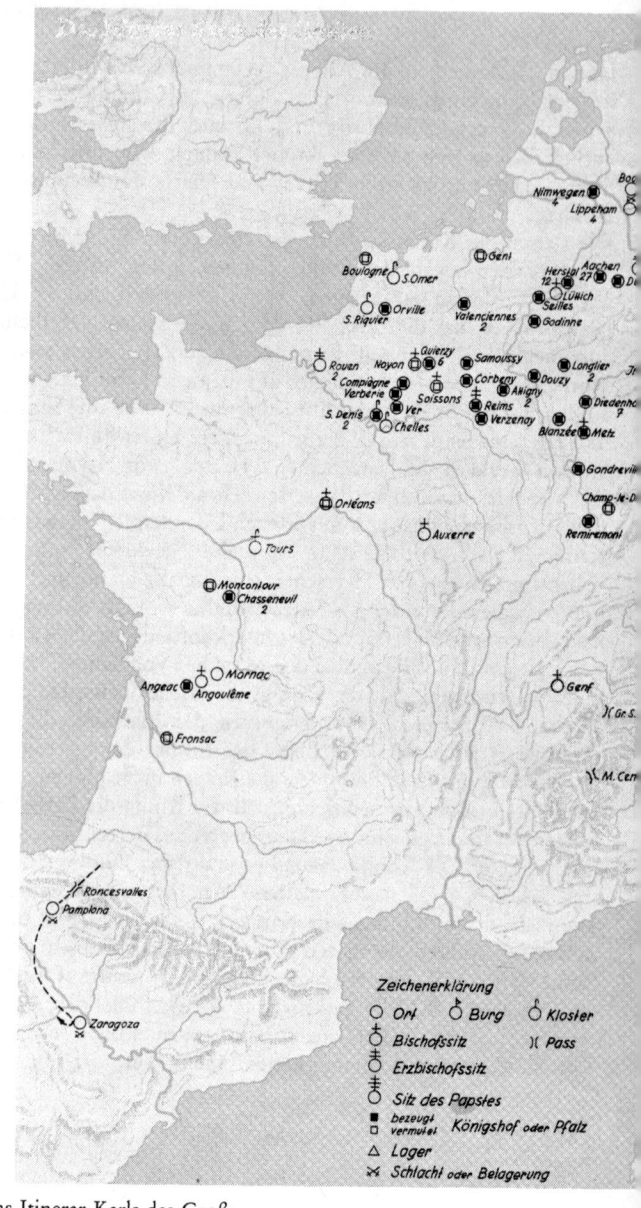

Karte 2. Das Itinerar Karls des Großen.

Hollenstedt
Bardowiek
Lüne 2
Verden 2
Petershagen
Minden
Steinfurt
Uffeln
Schöningen
Ohrmündung
Ohrum
Lügde
Brunsburg
Herstelle
Eresburg 6

Hersfeld
Fulda
Salz 3
Frankfurt am 2
sch
Würzburg 2

am Karlsgraben
Regensburg 6

Lechfeld
an der Enns
Kaumberg
Salzburg
Raabmündung
Steinamanger

Cividale
Treviso
Mailand
Pavia 6
Verona
Mantua 2
Parma
bei Bologna
Ravenna 3
Florenz
San Mezzano
Ancona

Spoleto
San Andrea
al M. Soratte
bei Meniana
Rom
M. Cassino 3
Capua

Mehr als ein Aufenthalt:
Ziffern unter Ortsnamen

Die Reisen der Großen

Die Vertreter des Königs – von den einfachen Kurieren (*scarii*), die immer in Bereitschaft standen, eine Botschaft zu übermitteln, bis zu den Gesandten des Königs (*missi dominici*) – waren ohne Pause unterwegs. Karl der Große, der die Aufgaben der *missi* verbindlich regelte, legte für jeden ein genau begrenztes Zuständigkeitsgebiet fest. Im Jahre 798 besuchten Theodulf von Orléans und Leidrad von Lyon Vienne, Valence, Orange, Avignon, Nîmes, Maguelonne, Beziers, Narbonne, Carcassonne, Arles, Marseille, Aix und Cavaillon.[7] Auch weltliche und kirchliche Aristokraten zögerten nicht, sich auf den Weg zu machen, um den König auf einer Heerfahrt oder in einer Pfalz zu treffen oder um Freunde zu besuchen. Da Reisen teuer war, versuchten sie von den Leistungen der *tractoriae* zu profitieren, einer römischen Einrichtung, die noch bis etwa 865 existierte. Die *missi* und die Vasallen des Königs hatten das Recht auf Unterkunft und ausreichende Verpflegung für ihre Leute und Pferde.[8] So konnte ein Bischof jeden Tag 40 Brote, 3 *modii* (Scheffel) Getränke, 1 Schwein, 3 Hühner, 15 Eier und 15 *modii* Futter für die Tiere anfordern. Der Vasall, der weniger Appetit haben durfte: 17 Brote, 1 *modius* Getränke und 2 *modii* Futter.[9] An den Pferdewechsel-Stationen fand der dienstlich Reisende frische Pferde, *paravereda*, ein Wort, das im Französischen zu »palefroi« und im Deutschen zu »Pferd« geworden ist. Das Pferdefutter war wichtiger als alles andere: Lupus von Ferrières, mit einer Gesandtschaft betraut, hoffte, die *tractoriae* vom König zu erhalten, weil er sich um das Futter sorgte. Wegen des Futtermangels bat er einen seiner Freunde, mit der Ankunft bis zum Sommer abzuwarten. Lupus, der viel reiste, war übrigens immer in Sorge, ob er nun nach Germanien, Italien oder zu irgendeiner königlichen Residenz aufbrach.[10] Wenn die Aristokraten nicht reisen konnten, schickten sie einen Boten mit einem Brief. Wir können uns eine Vorstellung von der Organisation der privaten Boten machen, wenn wir an die Briefsammlungen von Bonifatius, Alkuin, Lupus, Hinkmar und vielen anderen denken. Wer es eilig hatte, vertraute den Brief einem Reisenden oder einem Pilger an. Man zog es allerdings vor, sich auf einen bekannten Boten zu verlassen, den man dem Adressaten empfahl. Er mußte auf die Antwort warten und dann gleich wieder aufbrechen. Briefe gingen verloren oder wurden gestohlen, und man beklagte sich darüber. Manche zogen es vor, ihre Botschaft mündlich zu überliefern, denn wie Einhard sagt: »Ein treuer Mann ist sicherer als ein Brief, denn alle

Welt weiß, daß ein Brief, wenn er dem Träger abhanden kommt, das unter die Leute bringt, was er enthält, während der treue Bote eher der Folter widersteht, als das auszuliefern, was ihm anvertraut ist.«[11] Die Leute, die zu Boten bestimmt wurden, mußten Vertrauensmänner sein und mit einer guten Begleitung aufbrechen. Nithard wunderte sich, als er 841 von der Ankunft der Boten aus Aquitanien in Troyes erfährt, die die Krone und die königlichen Insignien mit sich führten: »Wer würde sich nicht darüber verwundern, daß es einer Handvoll Männer fast ohne Unterstützung möglich war, durch so weite, überall von Räubern heimgesuchte Gebiete eine solche Menge Goldes und so unendlich viele wertvolle Steine zu transportieren?«[12] Lupus empfahl in einem Brief an seinen Bruder, der ihm Manuskripte bringen sollte, diesem Vorsicht:

»Wir empfehlen Euch, mit größter Umsicht einen sicheren Weg zu wählen, denn im Reich unseres Königs Karl werden infolge der ausgebrochenen Unruhen Straßenräubereien ungestraft begangen, und nichts wiederholt sich sicherer und beständiger als Gewalttätigkeit und Plündereien. Man muß also Weggefährten auswählen, deren Zahl und Mut es gestattet, den Räuberbanden auszuweichen oder sie, falls es notwendig ist, zurückzuschlagen.«[13]

Die Reisen waren teuer und gefährlich, aber das schreckte die Reisenden nicht ab. Trifft man außer den *principes*, Aristokraten und ihren Vertretern auf den Straßen Männer und Frauen aus dem Volke? Haben sie die Möglichkeit zum Ortswechsel? Obwohl die Dokumentation zu diesem Punkt recht spärlich ist, können wir die Frage bejahen. Die Freien, die dem Aufruf zum Kriegsdienst folgten, mußten sich in weit von ihrem »Vaterland« entfernte Gebiete begeben und ihren Landbesitz verlassen. 778 befanden sich in der Armee, die nach Spanien zog, nicht nur Aquitanier und Langobarden, sondern auch Burgunder, Bayern und Austrasier. 793 führte Karl Aquitanier nach Süditalien. 806 mußten die Sachsen jeden sechsten Krieger für den Feldzug gegen die Avaren und die Sarazenen aufbieten. Neben diesen unfreiwilligen Reisen – ganz abgesehen von Massendeportationen der Sachsen ins Innere des Reiches – bemerken wir hier und da Bauerngruppen auf der Suche nach besserem Boden und gütigeren Herren, wir sehen flüchtige Sklaven, Mönche, die Residenzpflicht brechend, Bischöfe als »Vaganten«, vor Invasionen fliehende Flüchtlinge, usw. Man muß auch die Pilger erwähnen, die, um Buße zu tun oder Reliquien zu verehren, nicht zögerten, zu Reisen über Tausende von Kilometern innerhalb und außerhalb des Reiches aufzubrechen. All diese Männer und

Frauen konnten sicher sein, abends am Ende einer Tagesreise die Gastfreundschaft eines Klosters oder einer einfachen *cella* zu genießen. Reisende, *peregrini, fratres supervenientes* aufzunehmen war eine der Pflichten der Mönche und Kleriker. Wie wir sehen werden, ist ein Netz von gastlichen Stätten im Reich entstanden, um die Reisen von arm und reich zu erleichtern.[14]

Die Landstraßen

Die Könige, Aristokraten, Bischöfe, Äbte und das Volk waren also auf den Straßen des Reiches unterwegs. Diese folgen ihrerseits den Straßen, die die Römer und dann die »Barbaren« benutzt hatten. Das römische Straßennetz existierte immer noch, wenn auch nicht mehr vollständig. Die Könige bemühten sich, es wiederherzustellen, indem sie von den Grafen und Großen verlangten, diese *viae publicae* und *viae regiae* (Pflasterstraßen) zu unterhalten. Sie erinnerten daran, daß das Geld, das aus den zahlreichen und verschiedenen Steuern auf Waren stammte, diesem Zweck dienen sollte.[15] In Germanien, wo es kein altes Straßennetz gab, gelang es den Karolingern, befahrbare Wege zu schaffen, die von Armeen und Händlern benutzt werden konnten.

Nehmen wir an, ein Reisender beabsichtigte, sich von Magdeburg nach Spanien zu begeben. Er wird einige Zeit brauchen, um Germanien bis zum Rhein zu durchqueren, dann wird er die Straße von Köln nach Senlis nehmen, Paris, Orléans, Tours, Saintes und Bordeaux passieren, die Pyrenäen bei Roncesvalles überschreiten und schließlich in Pamplona ankommen. Falls er die Basken fürchtet, wird er die Querroute Quentowik – Chalon von Reims an einschlagen, und wenn er auf dem rechten Ufer des Rhônetals bis nach Nîmes gelangt ist, Uzès und Narbonne erreichen. Nachdem er den Col de la Perche überwunden hat, wird er der neu angelegten *strata francisca* folgen und schließlich in Gerona und Barcelona ankommen. Das ist die Route, die Usuard, Mönch von Saint-Germain-des-Prés, einschlug, als er Reliquien in Spanien holte.[16] Hier zogen auch die Sklavenhändler entlang, die ihre Menschenware aus den slawischen Ländern über Mainz und Verdun bis zum Hof des Emirs von Cordoba brachten. Die Pilger, die nach Rom zogen, verließen die erwähnte Querroute bei Langres, passierten Besançon und Orbe, stiegen dann zum Genfer See herab, der See von Saint-Maurice genannt wurde, begaben sich ins Wallis und

machten in Saint-Maurice Station, bevor sie sich zur Alpenüberquerung über den Mons Jovis, d. h. den Großen St. Bernhard, rüsteten.
Sie fanden dort ein Hospital und konnten in Richtung Aosta aufbrechen und die Via Flaminia nehmen, die jetzt *via francigena* genannt
wurde und Aosta, Ivrea, Vercelli und Pavia verband. Sie kamen nach
Piacenza, wo sie den Po überquerten, wendeten sich nach Bologna,
überschritten dann die Apenninen und kamen in der Toscana an. Da
haben sie wohl andere Reisende getroffen, die die Alpen am Mont
Cenis überquert hatten, weil sie aus Vienne kamen, die sich im Kloster
von Novalese bei Susa erholt und dann die Route von Turin und Pavia
genommen hatten. Gemeinsam freuten sie sich, daß sie die Gefahren
der Alpen überwunden hatten.

Die Überquerung der Alpen

Die Alpen hatten in der Tat einen furchterregenden Ruf. Walafrid
Strabo lobte den Beauftragten Ludwigs des Frommen, der es gewagt
hatte, die Kaiserin Judith aus Italien zu holen. Sedulius Scottus
schildert uns, wie Bischof Hartgar mit einer ihm ergebenen Begleitung
»die verschneiten Felder und die vereisten Wege« überwindet. Ein
Wunder ist nötig, damit diejenigen, die die Reliquien der heiligen
Helena zurückholen, den Paß des Großen St. Bernhard ohne übermä-
ßige Plage überqueren können.[17] Daß die Geschichtsschreiber ihrer
Vorliebe für ausgeschmückte Beschreibungen erlegen sind, ist sicher,
aber jeder Gemeinplatz geht auf einen wirklichen Kern zurück. Die
Höhe der Berge und ihr Klima waren das erste Hindernis. Man
überquerte die Alpen nicht im Winter, es sei denn, man hatte es sehr
eilig. Dies traf für Papst Stephan II. zu, den ersten Papst, der sich nach
Gallien begab. Im November brach er von Pavia auf, und im Laufe des
Dezember kam er im Kloster Saint-Maurice an, bevor er am 6. Januar
die Pfalz von Ponthion erreichte.[18] Ein solch tollkühnes Unternehmen
wurde selten wiederholt. Als die arabischen Botschafter im Oktober
801 mit dem Elefanten A'bul Abbas, einem Geschenk für Karl den
Großen, in Ivrea eintrafen, warteten sie sicherheitshalber den Frühling
in Vercelli ab, um erst dann die Alpen zu überqueren.[19] Um den
Reisenden zu helfen, stellten sich Träger aus der einheimischen Bevölkerung zur Verfügung. Odo von Cluny berichtet von der Reise Graf
Geralds von Aurillac über die Alpen und spricht von den *marruci*,
Alpenbewohnern, die daran verdienten, das Gepäck und die Zelte des

Grafen über den Paß des Großen St. Bernhard zu transportieren.[20] Aber sogar im Sommer schreckte man vor den Alpen wegen der Räuber, die sich dort versteckten, zurück. Für die Gesetzlosen waren die Alpen ein gutes Betätigungsfeld. 866 hielt Abt Hucbert von Saint-Maurice – mehr Räuber als Abt – mit seinen Männern die Höhenzüge zwischen dem Jura und dem Großen St. Bernhard besetzt und verwehrte dem Heer Lothars den Durchzug.[21] Die Herrscher trugen jedoch Sorge für die Kontrolle der »Klausen«, die den Weg nach Italien öffneten, nicht nur aus strategischen Gründen, sondern weil sie aus den Zollgebühren großen Nutzen zogen.[22] Wenn die klimatischen Bedingungen oder die fehlende Sicherheit die Alpenüberquerung verboten, wählte der Reisende den Seeweg. Papst Johannes VIII. kam übers Meer von Rom nach Arles und gelangte auf dem Landweg weiter nach Troyes.[23] Seine Reise war sicherlich länger und kostspieliger.

Die Überquerung der Flüsse

Von den Bergregionen einmal abgesehen, boten die karolingischen Verkehrswege noch weitere Unannehmlichkeiten. Im Winter glitten die Pferde, deren Hufe keine Eisen, sondern Weidengeflecht trugen, auf dem Glatteis aus. Schlamm bedeckte nach längeren Regenfällen die Straßen. Die Wege, die durch die Wälder führten, waren schlecht gekennzeichnet, und man verirrte sich, wie es den Dienern Einhards zwischen Seligenstadt und Aachen passierte.[24] Eines der Haupthindernisse war die Überquerung der Flüsse. An den großen Strömen gab es Fährdienste, wie z. B. in Piacenza über den Po.[25] Der Rhein wurde in Mainz auf einer Holzbrücke überquert. Als sie 813 abbrannte, wurde sie aus Stein wiedererbaut, zumindest die Fundamente.[26] An der Seine ließ Karl der Kahle in Charenton, Paris und Pîtres Holzbrücken unterhalten, an der Marne in Tribaldou bei Meaux und an der Oise in Auvers. Die Arbeit war hart, und man mußte denjenigen, die die Brücken von Charenton und Auvers bauten, versprechen, daß sie nicht ein weiteres Mal zum Brückenbau herangezogen würden.[27] Wenn die Brücken fehlten, konnte man sie provisorisch durch miteinander verbundene Boote ersetzen, wie es 792 an der Donau oder im Frühling 841 an der Seine der Fall war:

»Zu dieser Zeit«, erzählt uns Nithard, »gab es eine Überschwemmung, die Furten waren überall unbegehbar geworden, und die Wachmannschaften hatten längs des Flusses alle Boote zerstört oder auch versenkt. Überdies hatte Graf Gerhard [von Paris] alle Brücken, auf die er stieß, zerstört. Auch verursachte die außergewöhnliche Schwierigkeit der Überquerung eine lebhafte Unruhe bei all denen, die überzusetzen beabsichtigten [...]. Man meldete, daß Handelsschiffe durch die Flutwelle von der Seinemündung bis nach Rouen hinaufgetrieben worden waren. [...] Karl begab sich also nach Rouen, beschlagnahmte die 28 Schiffe und überquerte mit seinem Heer den Fluß unterhalb der Stadt.«[28]

Am einfachsten war es, eine gangbare Furt zu benutzen. Aber man mußte den richtigen Ort wissen, denn mehr als einer ertrank, als er den Fluß überqueren wollte. Walafrid Strabo kam um, als er in ein Wasserloch der Loire fiel.[29] Die Furten wurden überwacht, damit die Reisenden bei Hochwasser nicht den Übergang wagten. Wenn es sich um Heeresabteilungen handelte, sorgte der König für Amphibienfahrzeuge, die den Fluß überqueren konnten, ohne durch das Wasser Schaden zu nehmen:

»Unsere Militärfahrzeuge, die man *basternae* nennt, sollen richtig konstruiert sein«, empfiehlt Karl im *Capitulare de villis*. »Die Öffnungen sollen mit Leder bedeckt und so gut zugenäht sein, daß die Wagen notfalls den Fluß durchqueren können, ohne daß Wasser in die transportierten Vorräte dringt...«

Während des Spanienfeldzugs Ludwigs von Aquitanien fand diese Methode Anwendung. Die Wagen, in vier Abteile aufgeteilt, wobei die Fugen mit Hilfe von Wachs, Pech und Werg kalfatert waren, wurden von zwei Pferden oder Maultieren gezogen und gelangten so über den Ebro.[30]

Ein gewisses Quantum an öffentlicher Organisation war nötig, um eine Brücke zu erbauen und zu unterhalten. Im Laufe des 9. Jahrhunderts werden diese Bauten nicht mehr möglich sein, man wird sich auf die Furten beschränken müssen. Die Kleriker, die aus Le Mans die Reliquien des heiligen Liborius nach Sachsen holten und es vermeiden wollten, sich die Füße naß zu machen und ihre kostbare Fracht in Gefahr zu bringen, suchten eine Brücke. Kaum wollten sie diese betreten, als deren Balken zersplitterten. Nun blieb ihnen nichts anderes übrig, als eine gangbare Furt zu suchen.[31]

Die Wasserwege

Da befahrbare Straßen weithin fehlten, wählten die Reisenden mehr
und mehr den Wasserweg. Auf der Seine, Loire, Maas, dem Rhein und
der Donau transportierten die Händler Getreide, Salz, Eisen und
Weinfässer auf Schiffen. Die Abteien legten sich kleine Flotten zu und
versuchten, Ländereien entlang der Fluß- und Seeufer zu erwerben.
Der Abt von Prüm erhielt 864 ein Stück Land in Metz »an der Mosel
im Hafengebiet«. Der heilige Germanus von Auxerre besaß vier
Schiffe auf der Loire.[32] Lupus von Ferrières bat den Abt von Corbie,
ihm zwanzig Bäume zu schicken und »einige fähige Zimmerleute zu
leihen, die den Mönchen helfen würden, ein besseres Schiff als eines,
das er kaufen könne, zu bauen«. Das Schiff wurde in vier Monaten
gebaut und konnte seine Fracht über die Seine und Oise bis nach Creil
transportieren.[33] In Germanien gab es eine regelmäßige Schiffahrt auf
den Flüssen. Die Bayern fuhren von Passau die Donau hinab bis an die
Grenzen Mitteleuropas; die Mainzer Händler ließen Getreide auf dem
Main herbeischaffen; Bonifatius brach auf einem Schiff zu seiner
letzten Reise auf, ebenso wie Ansgar Dänemark 826 mit dem Schiff
erreichte.[34] Aus militärischen Gründen plante Karl der Große das
grandiose Projekt, den Rhein mit der Donau durch einen Kanal zu
verbinden, der von der Regnitz, einem Nebenfluß des Mains, zur
Altmühl, einem Nebenfluß der Donau, führen sollte. Im Herbst 793
ließ er mit den Arbeiten beginnen, aber »bei dem anhaltenden Regen
und da das sumpfige Erdreich schon von Natur zu viel Nässe hatte,
konnte die Arbeit keinen Halt und Bestand gewinnen. Wieviel Erde
bei Tag von den Grabenden herausgeschafft wurde, soviel setzte sich
wieder bei Nacht, indem die Erde wieder an ihre alte Stelle zurück-
sank.« Die Archäologen haben die Reste dieser *fossa carolina* bei dem
Dorf Graben gefunden: 1400 Meter waren bereits ausgehoben.[35]
Im allgemeinen benutzten die Reisenden sowohl Land- als auch Was-
serwege. Betrachten wir als Beispiel eine Reise Einhards. Als er sich
vom Aachener Hof zu seiner Abtei St. Bavo in Gent begab, schlug er
in Maastricht die alte römische Route zwischen Maas und Sambre ein,
kam nach Valenciennes, nahm dort ein Schiff auf der Schelde, fuhr an
Tournai vorbei und kam in Gent an, wo sich ein wichtiger *portus*
befand, der von den friesischen Händlern besucht wurde. Wenn er von
dort in seine Abtei Seligenstadt zurückkehren wollte, fuhr er die
Schelde hinunter, wechselte das Schiff an der Rheinmündung in Tiel
oder Dorestad und fuhr rheinaufwärts bis nach Mainz, dann den

Main hinauf und kam zwei Wochen nach seiner Abfahrt von Gent an seinem Bestimmungsort an.[36]
Die Reisen zu Wasser dauerten länger als die zu Lande. Die Chronikschreiber gestatten uns einige recht genaue Schätzungen. Karl der Kahle brach am 1. September 875 in Langres auf und erreichte Pavia am 29. des gleichen Monats. Im folgenden Jahr verließ er Rom am 5. Januar, befand sich drei Wochen später in Pavia und kam an Ostern in Saint-Denis an. Der Notar Einhards brauchte zu seiner Alpenüberquerung von Pavia nach Saint-Maurice im Wallis sechs Tage. Wenn es nötig war, beschleunigte man das Tempo. Karl der Kahle brachte die 30 Meilen zwischen Saint-Cloud und Laon (120 km) in einer Nacht hinter sich.
Gewöhnlich schafften die Reisenden 30 bis 40 Kilometer pro Tag. Die Kleriker, die von Le Mans nach Paderborn zogen, brachen am 1. Mai auf und kamen am 28. Mai an, was 25 Kilometern pro Tag entspricht. Allerdings wurde bei Überführungen von Reliquien oftmals angehalten, und die Reise ähnelte einer Prozession.[37]
Die Schnelligkeit hing von den Zugtieren ab. Der berühmte Karren (*carpentum*) der merowingischen Könige wurde von Ochsen in dem ihnen eigenen Tempo gezogen.[38] Vor Wagen wie *plaustra, carruca* oder auch *benna* spannte man meist Zugpferde. Um die Zugkraft zu steigern, hatte man bereits das Halsjoch durch das Schulterjoch ersetzt, das steif war und gepolstert, um das Tier nicht zu verletzen, und das an den Deichseln des Wagens befestigt wurde. Manche Miniaturen in den Manuskripten des 9. Jahrhunderts gestatten uns, anzunehmen, daß diese Erfindung allmählich angewendet wurde. Sie erlaubte es, die Pferde hintereinander statt nebeneinander zu spannen und so die Zugkraft und die Schnelligkeit zu erhöhen.[39]

Kapitel III

Die Landschaft zur Zeit der Karolinger.
Das »Raunen der Wälder«

Könnte man den Menschen der Karolingerzeit auf ihren langen Reisen folgen, wäre man wahrscheinlich überrascht von der Wildheit der Landschaft, die sie erblickten. Abgesehen von einigen bebauten Rodungen und einigen mit Reben bepflanzten Hängen war Wald die dominierende Vegetationsart. Außer den Wäldern gab es noch Ödland, Sümpfe und Moore. Die Landschaft war unverändert geblieben, seit die Römer Europa erobert und wieder verloren hatten. Die Texte erwähnen weiterhin *silvae, minutae silvae* (Niederwald), *mariscum, pastura, inculta* und *deserta*. Das sollte bis zu den großen Rodungen des Hochmittelalters so bleiben. Die Straßen ermöglichten die Verbindung zwischen bewohnten Landstrichen, auf denen sich die Ansiedlungen konzentrierten: Städte, Abteien und Pfalzen. Um von einer Kulturlandschaft zur anderen zu gelangen, mußte man tage- und nächtelang weite, offensichtlich öde und gefährlich unzivilisierte Strecken durchmessen.[1]

Der Wald

Von den mediterranen Regionen bis nach Mitteleuropa zeigt die Waldlandschaft natürlich klimatisch bedingte Unterschiede. Abgesehen von den Randzonen der Pyrenäen und Alpen war der mediterrane Wald weitgehend zerstört und zu Macchie degeneriert. Die Langobardenkönige hatten sogar eingreifen müssen, um die Wälder zu schützen, die von den Bewohnern als Weiden benutzt und durch übermäßigen Einschlag von Brenn- und Bauholz geschädigt wurden. Aquitanien besaß ein wichtiges Waldgebiet, nicht nur im Massif Central, sondern in den Regionen der Garonne, der Saintonge und im Angoumois. Jenseits der aquitanischen Wasserscheide befand sich waldiges Gebiet an der Loire, das im Maine und in der Armorique z. T. in Bruch- und Ödland überging, deshalb nannte Ermoldus Nigellus diese Gegend »Land der wildreichen Wälder und der sumpfigen Ebenen«. Von den Höhen des Perche bis zur unteren Seine wuchsen in Neu-

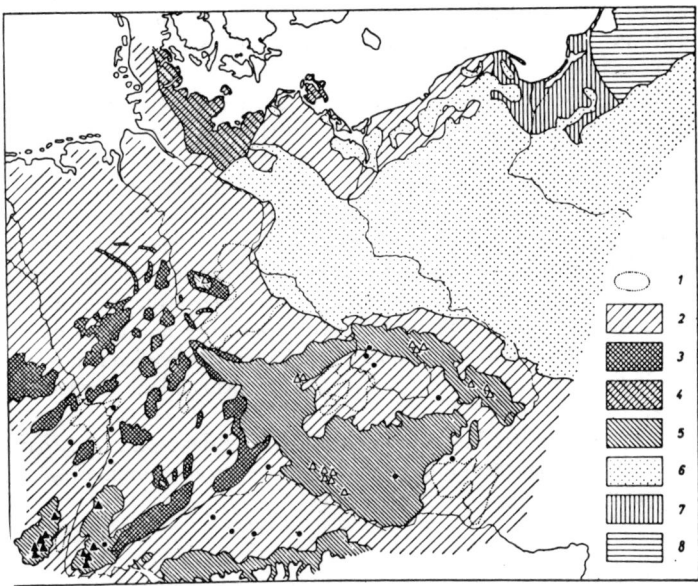

Abb. 1. Waldbild Mitteleuropas während der älteren Nachwärmezeit.

1. Trockengebiete, die heute um 500 mm Niederschlag erhalten. 2. Buchenmischwaldgebiete der tieferen Lagen (teilweise mit sehr viel – überwiegend – Eiche). 3. Buchen-Bergwälder ohne Nadelhölzer. 4. Kiefernarme Moränen-Buchenmischwälder. 5. Bergwälder mit Buchen, Tannen und Fichten (△). 6. Kiefernreiche Wälder mit Eiche und anderen Laubhölzern (vorwiegend sandige Böden). 7. Hainbuchenreiche Mischwälder. 8. Hainbuchenreiche Mischwälder mit Fichte. ▲ Subalpine Ahorn-Buchenwälder. ● Waldkiefern lokal vorherrschend.

strien verbreitet Eichen, Buchen, Ahorne, Birken und andere Baumarten. Über die Vegetation der Beauce streiten sich die Historiker und können sich nicht entscheiden, ob sie von einem teilweise gerodeten Wald oder einer Steppe bedeckt war; sie sind sich aber darin einig, daß die Brie bewaldet war. Die Gegend von Paris, die wegen ihrer großen Forste von den Merowingern als Aufenthalt gewählt worden war, hatte nichts von ihrem Waldreichtum verloren. Von den 4000 Hektar Land, die Saint-Germain-des-Prés gehörten, bestand fast die Hälfte aus Wald und unbebautem Land. Im Osten und Norden der Seine, in Burgund und Austrasien wurde der Wald zunehmend dichter. Er bildete dort regelrechte Grenzgebiete, deren berühmteste die oft genannte *sylva carbonaria* (Köhlerwald) und der Ardenner Wald sind.

Es bleibt noch das riesige Gebiet des alten Herzynischen Waldes (*Hercynia silva*), von den rheinischen Mittelgebirgen bis Böhmen. Als die Schüler des heiligen Bonifatius einen geeigneten Ort für die Errichtung ihres Klosters suchten, kamen sie in den hessisch-thüringischen Buchenwäldern nur mit Mühe voran. Tagelang kämpften sich Sturm und seine beiden Weggefährten vorwärts, schliefen in Laubhütten und schützten sich durch Dornengestrüpp vor den wilden Tieren. Die einzigen Menschen, die sie trafen, waren Slaven, die nackt in der Fulda badeten und sie verfolgten, wobei sie aber nur unter deren unangenehmen Ausdünstungen zu leiden hatten. Schließlich fanden sie am Fuße des Rauschenbergs einen zum Klosterbau geeigneten Platz.[2]

Dieser Abschnitt der *Vita Sturmi* charakterisiert die zwei Eigenschaften des Waldes zur Karolingerzeit. Er war gleichzeitig furchterregend und anziehend.

Die Bekämpfung der wilden Tiere

Der Wald war furchterregend, weil er das Reich der wilden Tiere war: Es gab nicht nur Hirsche, Damhirsche und Wildschweine, sondern auch Bären, Bisons, Büffel (*bubalus*), Auerochsen (*urus*) und vor allem Wölfe. Über die von diesen angerichteten Schäden liegen zahlreiche Berichte vor. 846 drang ein ausgehungerter Wolf in eine Kirche im Sénonais während der sonntäglichen Messe ein.[3] Man bemühte sich mit allen Mitteln, diese reißenden Bestien zu bekämpfen. Hunde wurden abgerichtet und Wolfsfallen angelegt. Karl der Große ordnete an, daß man im Mai auf die jungen Wölfe mit Gift, Ködern oder Fallen Jagd machen sollte. Die Aufseher mußten die Felle der erlegten Wölfe vorzeigen. 813 setzte er für jeden Teil einer Grafschaft zwei Wolfsjäger ein.[4] Trotz all dieser Maßnahmen blieb der Wolf bis in die Neuzeit in Europa die große Plage des flachen Landes.

Die Herrscher und Aristokraten sahen in der Jagd auf wilde Tiere eine sportliche Zerstreuung und einen Weg, sich mit Fleisch und Fellen zu versorgen. Die Könige hüteten eifersüchtig die Jagdgebiete, die man *brolium* (Brühl = Tiergehege), oder auch seit dem 7. Jahrhundert *foresta* nannte, was zum französischen »forêt« und zum deutschen

»Forst« wurde. Als Karl 800 den Mönchen von Saint-Bertin das
Jagdrecht gewährte, nahm er die »unserem Gebrauch vorbehaltenen
Forste« davon aus.[5] Um seine Rechte zu schützen, ernannte er Forst-
beamte, die die Bannwälder überwachen sollten, die sich vor allem in
den Vogesen und Ardennen und im Waldmassiv der Oise und der
Aisne befanden. Die Hetzjäger (*venatores*) überwachten die Haltung
der Meuten von Jagd- und Windhunden (*veltres*), deren Ruf bis
Bagdad reichte. Die Gebietsaufseher mußten sich um die Aufzucht der
jungen Hunde kümmern. Die Falkner (*falconarii*) lieferten abgerich-
tete Falken. Hinkmar nennt die Ämter der *bersarii* (Jäger), der *veltra-
rii* (Windhundeführer) und der *beverarii* (Biberjäger).[6] Die weltlichen
und sogar die geistlichen Aristokraten teilten diese Jagdleidenschaft.
Der Jüngling wurde, kaum war er den Kinderschuhen entwachsen, im
Reiten, im Bogenschießen und der Anwendung des Spießes, im Führen der Hunde und in der Falkenjagd unterwiesen. Bischöfe, Äbte und
sogar einfache Geistliche hielten sich aufwendige Meuten, was von den
Konzilien verdammt wurde. Jonas, Bischof von Orléans, entsetzte
sich über diesen »Wahnsinn«, der dazu führte, daß sie die sonntägliche
Messe um der Jagd willen vernachlässigten und »die Hymnen der
Engel weniger als das Gebell der Hunde schätzten«.[7] Aber der Wald
war nicht nur für die Großen wichtig. Der karolingische Bauer hätte
ohne ihn nicht überleben können, denn in ihm fand er Nahrung und
Brennmaterial.

Der Wald als Zufluchtsort

Der Wald war nicht so unbewohnt, wie man zunächst hätte denken
können, denn er war das Refugium der Asketen. Wer vor den Menschen fliehen wollte, fand im Wald tatsächlich die Verlassenheit, nach
der er sich sehnte. Um die Mitte des 8. Jahrhunderts gab es in den
Wäldern mehr als 400 von Mönchen gegründete Niederlassungen.
Diese Entwicklung hielt im 9. Jahrhundert an: »Nicht weit von
Aachen, da, wo sich Hirsche mit Geweihen, Bären, Büffel und wilde
Ziegen aufgehalten hatten«, erhob sich 817 das Kloster des Benedikt
von Aniane. Conques wurde 800 mitten im Wald von Rouergue
gegründet, und um es zu erreichen, mußte man eine Straße in den Fels
hauen.[8] Auch wenn erst in der Folgezeit die Ansiedlung von Mönchen
die Rodung der Wälder tatsächlich beschleunigte und die Kultivierung
der Landschaft förderte, gab bereits ihre bloße Anwesenheit in dieser

feindlichen Welt einen Rückhalt. Ihre Gebete waren die besten Waffen
gegen die heidnischen unheilvollen Mächte, gegen Waldgeister, Trolle
und Waldleute, heilige Bäume, verzauberte Quellen – dieses geheim-
nisvolle »Raunen der Wälder«, das während des frühen Mittelalters die
verirrten Reisenden immer wieder beunruhigte. Schließlich waren die
Abtei, ja sogar die schlichte Zelle eines Asketen für all die, die Räuber,
Kälte und Nacht fürchteten, ein sicherer Zufluchtsort, an dem sie
einige Stunden der Ruhe verbringen konnten, bevor sie wieder aufbra-
chen.

Der Mensch und die Natur

Die Allgegenwärtigkeit einer noch wilden Natur hat die Mentalität des
Zeitalters der Karolinger sicherlich beeinflußt. Die Menschen des
9. Jahrhunderts waren wahrscheinlich abgehärteter als wir gegen
Kälte, Hitze und Feuchtigkeit, sie waren aber gegenüber den Launen
des Klimas nicht weniger empfindlich. In der altsächsischen Genesis
klagt Adam, aus dem Paradies verstoßen, daß er unter Sturm, Regen,
Frost und Sonne leide. Die Karolinger erwiesen sich als rechte Söhne
Adams. Die Verfasser karolingischer Annalen, die gerne eine Verbindung zwischen Naturkatastrophen und politischen Ereignissen her-
stellten, gaben vereinzelt beachtenswerte meteorologische Auskünfte.
Zu 844 notierten sie z. B.: »Ein milder Winter«. Zu 845 »ein sehr
harter Winter«, Hungersnot im westlichen Frankreich. 846 dominierte
der Nordwind bis in den Mai, gefährdete so die Ernte und begünstigte
die Ausbreitung der Wölfe. Ab Mai verheerten Überschwemmungen
das Auxerrois. 850 Hochwasser im Winter und Hitzeperioden im
Sommer. 858 trat die Maas über die Ufer und riß steinerne Häuser und
Mauern mit sich. 860 litten die Menschen von November bis April
unter Schnee und Eis. Der Winter 861 war sehr lang, der 863 regne-
risch und mild.[9]
Der Winter wurde von allen als eine schreckliche Jahreszeit verabscheut. Jegliche Tätigkeit ruhte, eine Heeresunternehmung im Winter
mit der Überquerung eines zugefrorenen Flusses wurde als ein außer-
ordentliches Ereignis festgehalten. Das kam den Feinden manchmal
zugute. So griffen die Normannen Paris im Winter 861 an.[10] Während
der schlechten Jahreszeit wurde selten gereist. Sedulius Scottus
beschreibt uns, dichterisch stilisiert, seine Ankunft in Frankreich im
Jahre 848 folgendermaßen:

»Der beißende Boreas mit bleichem Gesicht erschreckt uns mit seinen plötzlichen Windstößen [...]. Der Aquilo wütet ohne Gnade in den Gefilden der Luft, die er mit fürchterlichen Schreien und Gebrüll erfüllt [...]. Die erstarrte Natur verbirgt sich unter einem weißen Kleid, der bewaldete Berg verliert seine Haare, und die Eiche muß sich wie ein Schilfrohr beugen: [...] Ein wütender Boreas, welch fürchterliches Schauspiel, verfolgt uns gelehrte Grammatiker und fromme Kleriker unaufhörlich, weil der Aquilo auf seinem Flug Rang und Würde nicht verschont und uns mit seinen grausamen Klauen zerreißt.«

Dies ist die emphatische Schilderung eines klassisch gebildeten Dichters, die das Grauen vor einer feindlichen Natur recht gut wiedergibt.[11] Man versteht nun, mit welchem Jubel die Wiederkehr des Frühlings begrüßt wurde. Selbst in den klischeehaften »Streitgesprächen zwischen Winter und Frühling« oder dem Loblied auf die Schwalbe oder den Kuckuck[12] wird wirkliche Freude über das wiedererwachende Leben spürbar. Walafrid Strabo betrachtete seinen kleinen Garten auf der Reichenau, der voller Unkraut war, und fühlte sich durch den ersten warmen Hauch ermutigt, zur Hacke zu greifen.[13] Während das Kirchenjahr am 25. Dezember begann, war für viele der Frühling der eigentliche Anfang des neuen Jahres.

Was wir über den Gegensatz Winter – Frühling sagten, galt auch für das Wortpaar Nacht – Tag. Sobald die Nacht einfiel, fürchteten sich die Menschen. Wer keine Lampe hatte oder sie aus Furcht vor Bränden nicht anzünden wollte, mußte in der Dunkelheit wachend oder schlafend das erste Licht des neuen Tages abwarten, das ihm der Hahnenschrei anzeigte. Die Nacht sei die Zeit, die der Erholung des Menschen gewidmet ist, sagte Hrabanus Maurus, aber auch günstig für die Unternehmungen der Diebe und Banditen.[14] Während der Nacht werden unheilvolle Mächte entfesselt, und die Geister der Toten erscheinen, um die Lebenden zu ängstigen. Lupus von Ferrières empfahl einem seiner Briefpartner einen neuen Kurier, »dessen Lebensführung völlig seinem Beruf entspricht, außer daß er, wie ich meine, wegen seiner nächtlichen Anfälle von Panik, noch nicht allein schlafen kann«.[15]

Kapitel IV
Das Städtebild

Auch wenn der agrarische Bereich im karolingischen Abendland überwog, hatten doch die Städte ihre Bedeutung nicht völlig verloren. Die
Stadt spielte vielmehr im Leben der Karolinger immer ihre Rolle. Die
Städte römischen Ursprungs waren nicht verschwunden, sie entwik-
kelten sich sogar derart, daß man im 8. und 9. Jahrhundert von einer
»Renaissance der Städte« sprechen konnte.[1] Die Kaiser hielten sich
zwar gern in den großen ländlichen Gebieten auf, viele unter ihnen
verweilten jedoch mit ihrem Hof einige Wochen in den Städten:
Frankfurt, Worms, Regensburg, Pavia, Verona u. a.[2]

Norditalien

Italien, besonders Norditalien, bot wie in der Vergangenheit weiterhin
das Bild einer sehr lebendigen städtischen Zivilisation. Pavia, die
Hauptstadt des Königreichs Italien, die *urbs regia*, war Sitz der
Verwaltung, aber auch eine aktive Handelsstadt. Die Äbte von Non-
antola und Brescia und der Bischof von Piacenza hatten hier ihre
Niederlassungen. Die Waren kamen aus Venedig und Süditalien. Die
Adligen kauften hier ihre Seidengewänder. Mailand, das schon immer
die Rivalin Pavias gewesen war, besaß ebenfalls einen wichtigen Markt
bei S. Ambrogio und den »Fünf Wegen« (cinque vie). Händler und
Geldwechsler beherrschten das Geschäftsleben und machten hier ihr
Vermögen, wie das Testament des Anspert von Bassano bezeugt. Ein
aus der Mitte des 8. Jahrhunderts stammendes abecedarisches Gedicht
besingt die Mauern und Türme, die neun Tore, die Thermen, die
gepflasterten Straßen und die Kirchen der Stadt. Das Kloster S. Ambrogio, 789 gegründet, wurde im 9. Jahrhundert vergrößert. Die Äbte
und Bischöfe Mailands hatten die Abteikirche verschönern lassen,
besonders durch den berühmten Goldenen Altar, den man noch heute
bewundern kann. In S. Ambrogio wollten die karolingischen Herrscher Italiens begraben sein.[3]

Rom

Für Italien, ebenso wie für das Abendland, blieb Rom die wichtigste Stadt. Trotz Kriegszerstörungen und Verwendung als Steinbruch behielt Rom sein antikes Stadtbild. Mauern, Tore, Triumphbogen und Thermen standen immer noch. Das Kolosseum beherrschte mit seiner imposanten Baumasse weiterhin das Stadtviertel des Forum, und, wie ein Sprichwort der Zeit sagte: »Solange das Kolosseum steht, steht Rom; wenn das Kolosseum fällt, fällt Rom und auch die Welt.« Viele antike Baudenkmäler hatten überlebt, weil sie als Häuser oder Kirchen immer benützt blieben. Die Päpste hatten viel zur Wiederherstellung der Aquädukte und Kirchen beigetragen. In der Zeit von Hadrian I. (gest. 795) bis zu Leo IV. (gest. 852) waren fast 20 Kirchen von den Päpsten wiedererrichtet oder erneuert und mit Mosaiken und Fresken ausgeschmückt worden.[4]

Seit dem 7. Jahrhundert hatte die römische Bevölkerung die Hügel verlassen und sich auf dem Marsfeld und dem Gebiet am Tiber trotz ständig drohenden Überschwemmungen angesiedelt. Auf den Hügeln standen lateinische oder griechische Klöster. Zwei der Hügel blieben trotz allem sehr belebt: der Caelius und der Vatikan.

Der Caelius war der Mittelpunkt des religiösen Lebens und der Verwaltung, da der Papst hier residierte. Neben der Kathedrale S. Salvadore und der Taufkapelle S. Giovanni war der Lateranpalast gerade vergrößert worden. Leo III. hatte die Prunksäle bauen lassen. Hier stellte ein Mosaik den heiligen Petrus zwischen dem Papst und Karl dem Großen dar. Die Angestellten der Kanzleien, die dem *primicerius* unterstanden, die Notare, der Kassenverwalter, der Hauptzahlmeister, die Zeremonienmeister, die hohen Würdenträger Viztum (*vicedominus*), Archidiakon und *vestarius*, der Bibliothekar, die jungen Sänger der *Schola Cantorum*, alle diese lärmenden und ränkesüchtigen Leute drängten sich, so gut es eben ging, in den Räumen des Laterans, die wenig komfortabel und auch bald zu eng waren. Da im seit langem unbewohnbaren Palast des Palatin niemand logieren konnte, brachte man einen König, der nach Rom kam, samt seinem Gefolge in den Nebengebäuden der St.-Peters-Basilika unter, die sich außerhalb der Mauern auf dem Vatikan befanden.

Die Erinnerung an den Besuch Karls des Großen am 2. April 774 blieb bei allen Römern lebendig. Jede Stufe der großen Treppe, die zum Atrium der Basilika hinaufführte, küssend, kam Karl auf Papst Hadrian zu. Beide gaben sich die Hand und gingen bis zur Confessio,

wo die sterblichen Überreste des Apostels Petrus ruhten. Fast genau
hier empfing Karl am 25. Dezember 800 die Kaiserkrone aus den
Händen Leos III.
Die Basilika des Vatikans hatte mehrere Funktionen. Hier wurden die
Päpste von den Bischöfen der Vorstädte Ostia, Albano und Porto
geweiht. Nach der Weihe begaben sich der Papst, der römische
Klerus, aber auch die Vertreter des Adels und die Würdenträger der
Stadt in einer Prozession zum Lateran, wobei sie einen genau festgelegten Weg einhielten: vom Marsfeld über die unverändert von der
Trajanssäule überragten Kaiserforen zum Forum Romanum, Kolosseum und S. Clemente, das etwa 845 mit neuen Fresken ausgemalt
wurde. Auch verstorbene Päpste erhielten das Ehrengeleit bis zur
Begräbnisstätte im Petersdom. Die Päpste wurden neben dem Grab
des ersten Bischofs von Rom beigesetzt, das seit Jahrhunderten unzählige Pilger aus dem ganzen Abendland anzog. Um die Pilger unterzubringen, hatte man Herbergen, Hospize und Oratorien rings um den
Vatikan errichtet. Angelsachsen, Friesen, Franken und Langobarden
wußten, daß sie Kost und Unterkunft in ihren eigenen *scholae* finden
würden. Da der Vatikan außerhalb der Stadtmauern gelegen war, war
er bei Aufruhr und feindlichen Einfällen bedroht. Nach dem Vorstoß
der Araber 846 ließ Papst Leo IV. eine große Befestigungsmauer
errichten, die vom Mausoleum Hadrians, der Engelsburg, ausging, die
Peterskirche und die benachbarten Gebäude, die Klöster und Kapellen
umschloß und auf den Tiber beim heutigen Ospedale San Spirito traf.
Am 27. Juni 852 weihte der Papst die Mauern wie eine Basilika und
sprach an jedem Tor die entsprechenden Gebete. Die »Città Leonina«
wurde zu einer Nebenstadt der »Urbs«.
Jenseits der aurelianischen Mauern blieben die großen Basiliken
S. Paolo fuori le mura, S. Lorenzo und S. Sebastiano Angriffen
ausgesetzt und konnten nur von den Bewohnern, die sich um sie
herum angesiedelt hatten, Hilfe erwarten. Ende des 9. Jahrhunderts
wurden hier Befestigungen errichtet. Um die Reliquien zu bewahren,
hatte Papst Paschalis I. am 20. Juli 817 beschlossen, die Überreste von
27 000 Heiligen aus ihren Grabkirchen in das Innere des Mauerrings zu
überführen. Die aufgegebenen Grabstätten wurden nicht völlig
geräumt und zogen weiterhin Pilger und Reliquiensammler an, die aus
dem ganzen Abendland kamen, um die kostbaren Überreste der
Heiligen aufzuspüren. Einige Römer machten, wie wir sehen werden,
mit dem Reliquienhandel gewinnbringende Geschäfte.
Es bleibt noch die Frage nach der Bevölkerungszahl Roms im 9. Jahr-

hundert. Die Stadt, die in der Spätantike etwa 250 000 Einwohner gezählt hatte, besaß einigen Historikern zufolge jetzt nur noch 20 000. Trotz des spektakulären Rückgangs war diese Zahl für damalige Verhältnisse bedeutend, und Rom blieb die volkreichste Stadt des Abendlandes. Ihr Ansehen war immens, und sie war für alle Karolinger das Vorbild aller Städte.

Die Francia

Im Norden des Reiches, in Neustrien und Austrasien, hatten sich die antiken Städte seit dem 7. Jahrhundert außerhalb der oft verfallenen Mauern weiter entwickelt. Rund um die Grabkirchen, Abteien und kleinen Kapellen entstanden neue Viertel: Saint-Vaast, 300 Meter vom antiken Arras (Atrebatum) entfernt, Saint-Rémi, 400 Meter vor den Toren von Reims, Saint-Martin de Tours fünf bis sechs Hektar groß, Saint-Médard und Saint-Crépin bei Soissons; in Metz wurden fünfzehn Kapellen außerhalb, aber nur acht innerhalb des Mauerringes gebaut. Paris zeigt die gleiche Entwicklung. Auf dem linken Seine-Ufer, zwischen den Straßen nach Orléans und Melun, wurden die Kirchen von Saint-Séverin, Saint-Benoît, Saint-Etienne-des-Grés, Sainte-Geneviève auf dem Hügel, Saint-Médard und Saint-Marcel auch zu Siedlungskernen. Auf dem rechten Ufer waren Saint-Gervais und Saint-Paul an der Straße nach Meaux, Saint-Merry, Saint-Martin, Saint-Georges und etwas weiter Saint-Laurent auf dem Weg nach Senlis, und Saint-Germain-l'Auxerrois im Westen des Grand Pont keine alleinstehenden Kirchen, sondern zogen Mönche, Geistliche und sonstige Einwohner zwangsläufig an. Es ist sogar sicher, daß die Besiedlung des rechten Ufers während der karolingischen Epoche weiter fortschritt und so eine Entwicklung einleitete, die kennzeichnend für das mittelalterliche Paris werden sollte.[5]

Bischof und Stadt

Ebenso wie Rom dank der Anwesenheit des Papstes überlebte, waren die Bischöfe für die karolingischen Städte sehr wichtig. Selbst wenn der Graf oder sein Stellvertreter ihren Amtssitz in einer Stadt hatten, war es meist der Bischof, der der eigentliche Stadtherr wurde. Manchmal konnte er nur Rechte über einen Teil des städtischen Gebiets

erlangen. In der zweiten Hälfte des 9. Jahrhunderts wurde den Bischöfen das Münzrecht verliehen, und sie erhielten Privilegien zur Besteue-
rung des Warenverkehrs. In Reims und Langres wurden ihnen die
antiken Stadtmauern und -tore als Baumaterial zugesprochen.

Die karolingischen Bischöfe waren große Bauherren, vergrößerten
Kathedralen und bauten die Wohnhäuser der Domherren aus, wie
z. B. Chrodegang in Metz. In dieser Stadt umfaßte der Sitz des
Bischofs seine Wohngebäude, drei Kirchen und, um den Kreuzgang
gelegen, das Refektorium, das Dormitorium, die Küche und Kammern, die für Kranke oder Domherren bestimmt waren, denen es
erlaubt war, für sich, je zwei in einem Raum, zu schlafen. Aldrich,
Bischof von Le Mans, der aus Metz stammte, baute nach diesem
Vorbild in seiner Stadt.[6] Überdies ließ er einen Aquädukt anlegen, um
es den Bewohnern von Le Mans zu ersparen, unter großen Kosten
Wasser von der Sarthe kommen zu lassen; »etwas, was nie einer vor
ihm getan hatte«.

In seinem Bericht an Karl den Großen zählte Leidrad, Bischof von
Lyon, die begonnenen und abgeschlossenen Bauarbeiten auf: So waren
z. B. das Dach der Kathedrale Saint-Jean und das der benachbarten
Kirche Saint-Etienne neu gedeckt, der Wohnsitz der Domherren
wiederaufgebaut und der Bischofspalast vergrößert worden; die Kir-
chen Saint-Nizier und Sainte-Marie, die Klöster Saint-Martin d'Ainay
und Saint-Pierre waren erneuert worden.[7] In Reims veränderte Ebbo
und dann Hinkmar das Zentrum der Stadt wie Gerfrid in Laon.[8] In
Paris drängten sich innerhalb der 8 Hektar großen Cité die Pfalz des
Grafen, das Bischofspalais, der Domherrensitz, die Kathedrale, die
Klöster Saint-Eloi, Saint-Barthélemy, die Kirchen Saint-Michel, Saint-
Martial, Saint-Germain, Sainte-Geneviève, Saint-Pierre und das
Hospiz Saint-Christophe. Bischof und Domkapitel teilten sich die
Einkünfte, was nicht immer ohne Konflikt abging.

Als echte Aristokraten schätzen die Bischöfe den Komfort und bauten
ihre Paläste gern entsprechend aus. In Auxerre wurde ein Speisesaal
für den Winter, ein weiterer, besonders luftiger, für den Sommer
errichtet. Wenn man dem Dichter Sedulius glauben kann, ließ Bischof
Hartgar in Lüttich einen geräumigen Saal bauen, dessen Wände in
frischen und fröhlichen Farben golden, grün, rot und blau bemalt
waren und der durch verglaste Rundbogenfenster nach außen geöffnet
war.[9]

Die städtische Bevölkerung lebte vom Bischof und für den Bischof.
Die *familia* des Bischofs bestand aus seinen Bediensteten und Notaren,

jungen Vorbetern und Sängern der Schule, Domherren und für die Hospize Verantwortlichen; sie scharte sich, kreiste um ihren Hirten, dessen Autorität unbestritten war, in erster Linie, weil sie sich auf königliche Vollmachten stützte. Abhängig vom Bischof waren die Handwerker, die Goldschmiede und die Münzer und, wenn gerade gebaut wurde, auch die Maurer. Die Stadt zog Kaufleute an, die regelmäßig wiederkehrten und bald wie in Verdun, Regensburg, Worms und Tournai ihre eigenen Stadtviertel hatten. Die Juden waren in manchen Städten (Nantes, Lyon, Vienne, Arles usw.) recht zahlreich.[10]

Bei Märkten und Wallfahrtsstätten machten die Gast- und Schankwirte ihre Geschäfte. Manchmal warteten hier sogar die Prostituierten auf ihre Kunden. Als der Bretone Condeloc auf den Markt von Tours kam, um sein Wachs zu verkaufen, wurde er von einem Mädchen angesprochen, das in wirklich klassischer Manier vorgab, in ihm einen Jugendfreund wiederzuerkennen, und ihn zu sich einladen wollte. Die Mönche von Saint-Martin mußten eingreifen, um ihn aus dieser »Teufelsfalle« zu befreien.[11]

An den kirchlichen Feiertagen versammelte sich die Stadtbevölkerung in der oft zu kleinen Kathedrale. Kann man die Größe der Einwohnerschaft beziffern? Man kann sie, wie für Rom, nur grob schätzen: 6000 in Metz, 5000 in Arras, 4000 in Paris ... Die Chronisten sprechen von »dicht bevölkerten Städten«; das gibt keine präzise Information, aber es entspricht dem Eindruck, den ein Besucher hatte, der aus dem Kloster oder vom Lande kam.

Die Hafenorte

Fügen wir diesem Überblick noch die in der Entwicklung befindlichen städtischen Siedlungen, die *portus*, hinzu, die entlang der großen Flüsse entstanden: am Rhein, an der Maas und an der Schelde. Ursprünglich handelte es sich um Häfen, wo man die Waren auslud, um Rastplätze für die Flußschiffer. Es gab da Tavernen, in denen Geschäfte abgeschlossen wurden. Dinant, Namur, Huy und Maastricht waren solche Raststätten der Flußschiffahrt, die nach und nach zu kleinen Marktorten wurden. In Dinant initiierte der Abt von Stablo sogar eine Art von Erschließungspolitik. Valenciennes war Mittelpunkt einer königlichen Domäne und begann sich im 9. Jahrhundert zu vergrößern. Um die Abtei St. Bavo in Gent gewannen die Fischer-

dörfer an Bedeutung dank der Kaufleute, die aus England Wolle,
Tuche und Blei einführten. An der Küste hatte der *vicus* an der
Canche, Quentowik, eigene Zollstationen und seine eigene Münz-
stätte. Diese *portus* profitierten von der wirtschaftlichen Aktivität des
»nordischen Mittelmeeres«, so daß sie die Einfälle der skandinavischen
Völker überstehen konnten.[12]

Kapitel V

Die Klosteranlagen

Es gab auch noch andere Bevölkerungsverdichtungen, beinahe kleine
Städte, die übrigens zum Kern mittelalterlicher Städte wurden: die
Klosteranlagen.

Der St. Galler Klosterplan

Ein Musterbeispiel ist der berühmte St. Galler Klosterplan (s. Abb. 2
und Taf. 19), der auf Befehl von Abt Gozbert 820 für einen Neubau
des Klosters gezeichnet wurde.[1] Die gesamte Anlage umfaßte eine
Fläche von mehr als dreieinhalb Hektar: Vor der Empfangshalle im
Westen liegt linkerhand ein Gebäude, das wahrscheinlich für den
Kaiser und seine Gefolgschaft bestimmt ist, und rechts Stallungen und
Unterkünfte der Hirten; vorgesehen waren Ställe für Ziegen, Kühe
und Ochsen, die Unterkünfte der Ziegen-, Kuh- und Rinderhirten
und die der Knechte und Diener. Rechts von der Kirche befinden sich
40 Meter weiter Küche, Bäckerei und Brauerei für Pilger und Arme.
Links von der Kirche Küche, Weinkeller, Bäckerei und Brauerei für
die vornehmen Gäste. Mehr im Hintergrund das Pilger- und Armenhaus, die äußere Schule für die jungen Leute, die nicht ins Kloster
eintreten wollten. Im Nordosten befanden sich die Hospitalgebäude:
das Haus, in dem zur Ader gelassen und purgiert wurde, Küche und
Bad und ein Garten mit acht Beeten für Heilkräuter, deren Namen
überliefert sind. Das im Osten liegende Noviziat, mit Küche, Bad,
Kapelle und Krankenhaus, verband diesen Teil der Gesamtanlage zu
einem geschlossenen Komplex, in dem auch ein Quartier für durchreisende Ordensbrüder vorgesehen war. Nicht weit davon befanden sich
der Friedhof mit seinen Obstbäumen, der Garten der Mönche mit
seinen 18 Gemüsebeeten, die Gärtnerwohnung und der Gänse- und
Hühnerstall. Auf der Südseite des Klosters läßt der Plan die Wohnungen des Gesindes und der Handwerker, Küfer, Drechsler und Brauer,
die Darre, die Mühle und die Kornscheuer mit Dreschplatz erkennen.
Die Kirche, der Kreuzgang und das Abtshaus bildeten das Zentrum

Schematisierte Wiedergabe, 1/14 der Originalgröße
Bei mehrgeschossigen Gebäuden ist nur ein Geschoß berücksichtigt.(ausgenommen Nr. 6).

1 Kirche
2 Schreibstube und Bibliothek
3 Sakristeien
4 Zubereitungsraum für Oblaten und Öl
5 Kreuzgang
6 Schlafsaal (o.) Wärmeraum (u.)
7 Bad
8 Latrinen
9 Refektorium
10 Küche
11 Keller
12 Sprechraum
13 Stube des Armenverwalters
14 Pilgerherberge
15 Brauerei und Bäckerei der Pilgerherberge
16 Pförtnerwohnung
17 Wohnung des Schulvorstehers

18 Gastzimmer für durchreisende Brüder
19 Brauerei und Bäckerei des Gästehauses
20 Gästehaus
21 Äußere Schule
22 Äbtehaus
23 Aderlaßhaus
24 Ärztehaus
25 Kräutergärtlein
26 Hospital
27 Küche und Bad des Hospitals
28 Doppelkapelle für Hospital und Noviziat
29 Noviziat
30 Küche und Bad des Noviziats
31 Friedhof und Obstgarten
32 Gemüsegarten
33 Gärtnerwohnung
34 Gänsezwinger
35 Wärterwohnung

36 Hühnerzwinger
37 Kornscheune
38 Werkstätten
39 Brauerei u. Bäckerei der Mönche
40 Mühle
41 Stampfe
42 Darre
43 Kornhaus und Küferei
44 Stier- und Pferdestall
45 Schafstall
46 Ziegenstall
47 Kuhstall
48 Stuterei
49 Schweinestall
50 Unterkunft für die Diener des Herrschers bei seiner Gastung im Kloster
51 Stallungen ?

Abb. 2. Der Klosterplan von St. Gallen.

der Anlage. Westlich des Kreuzgangs befanden sich der Wein- und Bierkeller der Mönche im Erdgeschoß und die Vorratskammern im Obergeschoß, hier war auch die Küche, durch einen Gang mit der Bäckerei und Brauerei verbunden. Südlich lag das Refektorium gegenüber der Kirche, um diese gegen Küchendünste abzuschirmen, und

Abb. 3. Modell nach dem St. Galler Klosterplan (von W. Horn und E. Born).

darüber der Kleiderraum der Mönche. Im Osten des Kreuzgangs
schloß sich der Wärmeraum mit seiner hypokaustischen Heizung an.
Er war mit dem Bade- und Waschraum der Mönche einerseits und mit
dem Abtritt andererseits verbunden. Über dem Wärmeraum war das
Dormitorium für 77 Mönche mit einem Verbindungsgang zur Kirche
wegen der nächtlichen Gebete geplant. Nördlich der Kirche lag das
Abtshaus mit seinen komfortablen Räumlichkeiten: im Erdgeschoß
eine Eingangshalle mit Sitzen, Springbrunnen und Feuerstelle, dann
ein Schlafzimmer mit acht Betten und einem zum Abtritt führenden
Gang, im Obergeschoß zwei weitere Schlafräume. Auf jeder Seite
dieser Räumlichkeiten führten Säulengänge zu den Bädern, der Küche
und dem Wein- und Bierkeller. Schließlich lagen entlang der Kirche
die verschiedenen Zugangshallen, die Pförtnerwohnung, die Wohnung
des Schulvorstehers und die für durchreisende Ordensbrüder. Links
von der Apsis war das *scriptorium* durch eine Zwischenmauer in zwei
Räume aufgeteilt, darüber lag die Bibliothek. Vorne rechts befand sich
der Sprechraum der Mönche und die Eingangshalle des Armen- und
Pilgerhauses. Der Sankt Galler Klosterplan zeigt also das Bild einer
kleinen Stadt, in der an alles gedacht ist.

Andere bedeutende Klöster

Dieser Plan entwirft nicht nur theoretisierend das Idealbild eines Klosters. Ausgrabungen der letzten Jahre haben nämlich bewiesen, daß er als Vorlage für den Neubau eines Teils des Klosters gedient hat. Vergleicht man diesen Plan mit anderen bekannten karolingischen Klosteranlagen, findet man aber auch dort die gleichen Grundbestandteile und dasselbe Bedürfnis nach Komfort. Als Ansegis das Kloster Saint-Wandrille neu errichtete, ließ er um den Kreuzgang einen 60 Meter langen und 8 Meter breiten Schlafsaal bauen, darüber lag ein Empfangsraum mit Pflasterboden, Wandbildern und Glasfenstern. Im Osten befand sich der Weinkeller und das Refektorium, im Norden die *domus major* mit der Kanzlei der Abtei und der Wärmeraum. Ein Säulengang, der die drei Gebäude verband, wurde rund um den Innenhof der Klosteranlage errichtet und führte auf der einen Seite zum Archiv, auf der anderen zur Bibliothek.[2]

Entsprechend waren auch in Corbie die Gebäude um den Kreuzgang angeordnet: Refektorium, Schlafraum, Keller, Küche, Wärmeraum, Infirmarium und Abtshaus.[3] In Gellone, einem bescheideneren Kloster, hatte man nur Refektorium, Dormitorium, Krankenstation, dazu das Noviziat und das Gästehaus errichtet.[4]

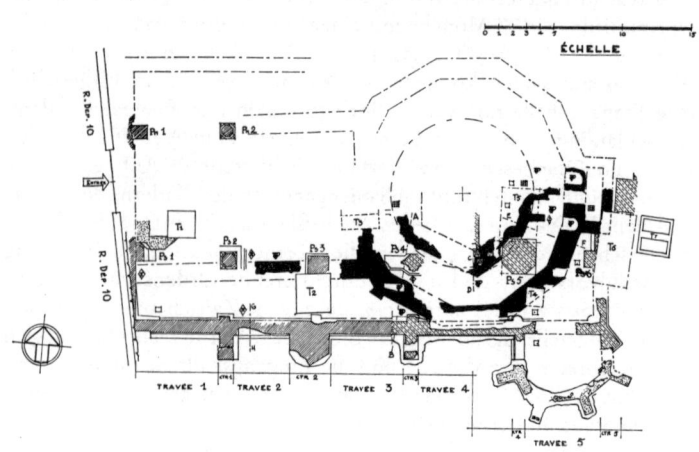

Abb. 4. Plan von Saint-Riquier.

Um die eigentliche Klosteranlage waren die Häuser und Kapellen der dazugehörigen Siedlungen errichtet. So waren z. B. 831 in Saint-Riquier 2500 Häuser nach den Berufen der Bewohner in »Quartiere« (*vici*) unterteilt: das der Tuchwalker, Schmiede, Schuhmacher, Sattler, Küfer, Flickschuster, der Bediensteten ohne festen Beruf (*servientes per omnia*), ferner gab es den *vicus* der *milites*, also der Männer, deren Aufgabe die Verteidigung des Klosters war.[5] In Corbie gab es Zimmerleute, Maurer, Goldschmiede, Tuchwalker usw. In Saint-Denis, Saint-Martin in Tours, Saint-Germain-des-Prés und Bobbio waren diese Klostersiedlungen recht bedeutend. Die zwischen den Häusern gelegenen Tavernen waren offenbar wie in den Städten eine gute Einnahmequelle für die Mönche. Man findet sie in Saint-Vaast, Saint-Philibert in Granlieu, Saint-Riquier (*vicus cauponum*), Compiègne und überall dort, wo Pilger und Kaufleute zusammenkamen.[6] Die Abteien ließen wie die Städte ihren Jahrmarkt oder auch nur einfache Wochenmärkte abhalten, und die dabei erhobenen Abgaben (*telonea*) brachten großen Gewinn.

Die Mönche, Bediensteten, Handwerker und Kaufleute bildeten also ein dem städtischen vergleichbares Gemeinwesen. Der Abt war ihr Oberhaupt und Schutzherr. Bei Gefahr mußten die Klostersiedlungen geschützt werden. Deshalb wurden Befestigungen errichtet, die den großen Klöstern noch mehr das Aussehen einer Stadt gaben.[7] In einigen Fällen wurden zwei benachbarte Abteien zusammen mit einem *portus* zur bedeutenden Siedlung: Die Stadt Gent ist aus dem Zusammenschluß von Saint-Pierre auf dem blandinischen Berg zwischen Lys und Schelde, St. Bavo auf dem rechten Ufer der Schelde sowie dem Viertel der Flußschiffer entstanden. Die gleiche Entwicklung ist am Aa zu beobachten: Auf dem einen Ufer lag Sithiu, bekannter unter dem Namen Saint-Bertin, auf dem anderen auf der Höhe Saint-Omer und dazwischen das Viertel der Kaufleute; das Ganze wurde gegen 879 ummauert, und damit begann die Stadt Saint-Omer Gestalt anzunehmen.

Die Einwohnerzahlen der Klöster

Es bleibt noch die Frage nach der Anzahl der in den Klöstern lebenden Menschen. Wenn Chronisten dieses oder jenes Kloster rühmen wollten, sprachen sie mit der üblichen Neigung zur Übertreibung von vielen hundert Menschen. So hätte es in Jumièges 900 Mönche gege-

ben, obwohl eine Liste aus dem Jahr 826 nur 114 Namen überliefert.
Wie oben erwähnt, war der Schlafsaal in St. Gallen für 77 Mönche
vorgesehen. In Ferrières zählte man 72 Mönche, in Saint-Wandrille 70,
in Charroux 84. Adalhard von Corbie spricht von 300 Mönchen und
150 Laienbrüdern in seinem Kloster. In Saint-Bertin: 60 Ordensbrüder
und 112 Bedienstete. In Saint-Denis: 150 Mönche unter Abt Hilduin
im Jahre 832. In Saint-Germain-des-Prés: 120 Ordensbrüder im Jahre
820. Bis auf Saint-Riquier mit 300 Mönchen und Corbie liegt die Zahl
der Mönche in den großen Klöstern zwischen 70 und 150, was recht
bescheiden ist.[8] Dazu kommen natürlich noch die Bediensteten und
die Saisonarbeiter, die Armen und die Pilger, die für einige Tage
beherbergt wurden. Die Zahlen wechselten also stark, aber es werden
sicher kaum je mehr als 1000 Menschen in einem Kloster gelebt
haben.

Kapitel VI

Die karolingischen Pfalzen

Residenzen und Pfalzen

Ähnlich den großen Klöstern beherbergten die königlichen Residenzen in unterschiedlich großen Gebäuden Bauern, Handwerker, Geistliche und Amtsleute. Von den 250 Residenzen, die man im Reich hat feststellen können, lagen einige in Städten wie die Pfalz in Pavia, dem ehemaligen Sitz der Langobardenkönige, oder in Regensburg, dem alten Sitz der bayrischen Herzöge. Die Mehrzahl der Königshöfe war als Mittelpunkt von Gutskomplexen angelegt, ähnlich den großen *villae* der Spätantike oder der Merowingerzeit. Nicht alle diese Königshöfe waren Pfalzen im engeren Sinn. Der Beauftragte des Königs lebte hier, beaufsichtigte die Bauern und Handwerker und überwachte die Bewirtschaftung der Güter. Die Pfalz oder *sedes regia* sollte den König und sein Gefolge auf ihrem Weg durch das Reich einige Wochen oder Monate aufnehmen. Die Pfalzen dienten als Aufenthaltsort bei Kirchenfesten, zur Jagd, während der Reichsversammlungen oder zur Vorbereitung eines Kriegszugs.[1]

Während der Regierungszeit Pippins werden die Pfalzen der Oise und Aisne, Quierzy, Verberie und Compiègne, aber auch die weiter östlich gelegenen Attigny, Ponthion und Samoussy bevorzugt. Karl der Große hielt sich lieber in den Pfalzen des Maasgebietes (Heristal, Düren und Aachen) auf. Vor allem aber am Rhein in Frankfurt und Worms; nach dem Brand der Wormser Pfalz ließ er 793 Ingelheim, 9 Kilometer von Mainz entfernt, errichten. Er ließ auch abgelegenere Pfalzen wie Nymwegen am Waal und Paderborn im damaligen Sachsen erbauen. Ludwig residierte in Aquitanien abwechselnd in vier Pfalzen: Angeac, Ebreuil, Doué-la-Fontaine und Chasseneuil.[2]

Alle diese Pfalzen sind verschwunden und oft nur noch als Namen in Urkunden und Chroniken überliefert. Vorstellungen vom Aussehen dieser Königssitze haben Ausgrabungen erbracht, die auf Grund urkundlicher Erwähnungen in Quierzy, Doué-la-Fontaine, Annapes und Paderborn durchgeführt worden sind.[3] Auch die schriftlichen Quellen helfen manchmal weiter. Das Inventar des Fiskus von Annapes liefert ziemlich genaue Angaben: Das Wohnhaus des Königs (*sala regalis*) war aus Stein gebaut, bestand aus drei Hallen sowie zehn

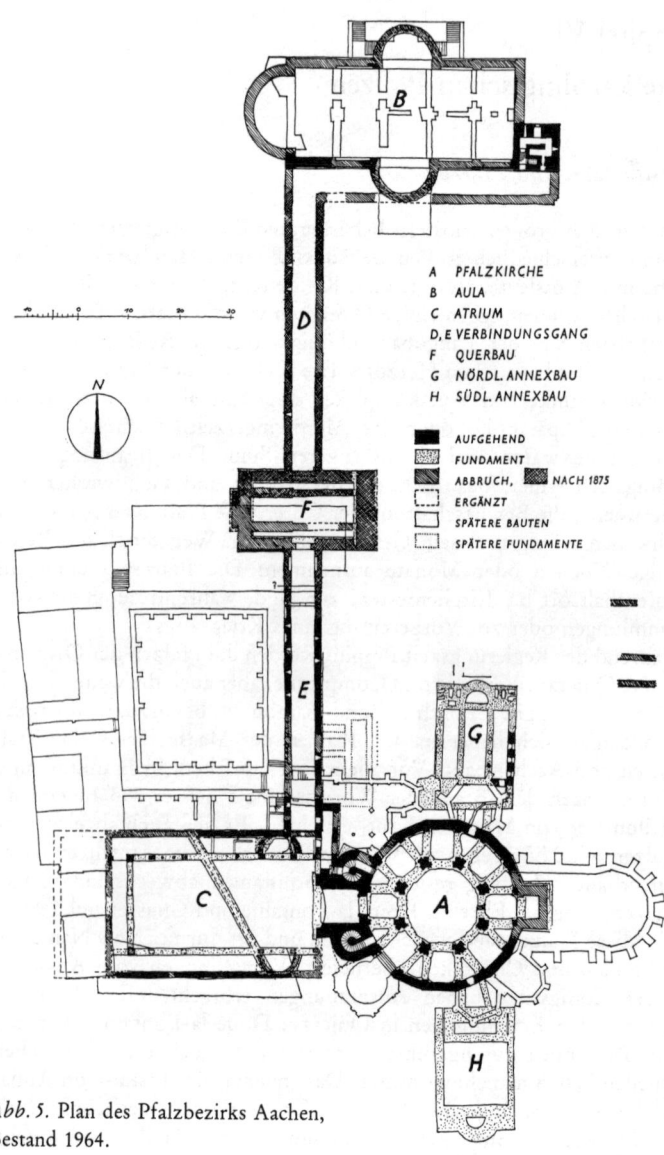

A   PFALZKIRCHE
B   AULA
C   ATRIUM
D, E VERBINDUNGSGANG
F   QUERBAU
G   NÖRDL. ANNEXBAU
H   SÜDL. ANNEXBAU

AUFGEHEND
FUNDAMENT
ABBRUCH,   NACH 1875
ERGÄNZT
SPÄTERE BAUTEN
SPÄTERE FUNDAMENTE

Abb. 5. Plan des Pfalzbezirks Aachen,
Bestand 1964.

kleinen Räumen und war unterkellert. Es gab zwei hölzerne Portiken.
Im Hof befanden sich 17 Holzhäuser, zwei Getreidespeicher, drei
Scheunen, eine Bäckerei und eine Stallung. Die *villa* Triel, in einem
Breve beschrieben, umfaßte »ein festgebautes Steinhaus mit 11 heizba-
ren Zimmern, einem höhergelegenen Zimmer (*solarium*), ferner eine
Portikus, einen Keller und ein Küchengebäude, drei Holzhäuser, drei
Fachwerkhäuser, eine Scheune und elf Ställe. Ein steinernes Tor
verschloß den Hof.«[4]

Abb. 6. Modell des Pfalzbezirks Aachen (von L. Hugot).

Abb. 7. Modell der Pfalzkapelle Aachen (von L. Hugot).

Die bescheidene Ausstattung dieser ländlichen Wohnsitze genügte den
Königen und ihrem Gefolge nicht. Geht man nach dem Inhalt einer
Handschrift aus Laon, sollte eine Pfalz, die diesen Namen zu Recht
trägt, Empfangsräume haben, Eßsäle, Sommer- und Winteraufent-
haltsräume, Thermen und »eine Anlage für Sportarten« usw.[5] Außerdem mußten die Kapelle und die Wohnungen der Geistlichen vorgesehen sein, Unterbringungsmöglichkeiten für Gäste, Verwaltungs-
räume, eine Schatzkammer (wo sich Wertgegenstände, Stoffe und
Bücher ansammelten) und die Unterkunft der Soldaten. Karl der
Große, der es den Kaisern des Ostens nachtun wollte, beschloß, den
bescheidenen Wohnsitz in Aachen, wo die Ruinen der römischen
Bäder noch immer vorhanden waren, auszubauen, und ließ eine Pfalz
errichten, die von 794 bis 870 kaiserliche Residenz war.[6]

Die Pfalz in Aachen

In einem Geviert von 20 Hektar, das an den *campus romanus* mit
decumanus und *cardo* erinnert, wurden vier Gebäudegruppen errichtet. Im Nordosten die Königshalle (*aula regia*) (47 × 20 m) auf dem

Abb. 8. Grundriß der Pfalzkapelle Aachen mit den ergänzten Resten des pippinischen Vorgängerbaus.

Gelände des heutigen Aachener Rathauses, flankiert von einem Turm, in dem das Archiv und die Schatzkammer lagen. Diese Halle, die der *aula palatina* in Trier nachempfunden war, wurde wahrscheinlich von Wandgemälden geschmückt, die Helden der Antike und der damaligen Zeit darstellten, wie in der großen Halle von Ingelheim.[7] Hier fanden die Versammlungen der Großen statt, und hier wurden die auswärtigen Gesandten empfangen. Den Eingang bildete eine Portikus, die von einer kleinen Apsis und zwei symmetrischen Treppen geteilt war, wie man sie auch in der Palast-Aula von Naranco/Asturien (9. Jh.) findet. Östlich davon müssen sich die Wohngebäude des Königs, dessen Zimmer im ersten Stock lag, und die seiner Familie befunden haben. Im Südosten umfaßten die Badeanlagen mehrere Becken, die aus der sogenannten Quirinus-Quelle mit Wasser von 55° gespeist wurden. Seit der Regierungszeit Pippins des Kurzen waren die alten römischen Bäder wiederhergestellt und von den noch vorhandenen heidnischen Götterbildern gesäubert worden. Im großen Badebecken konnten mehr als 100 Leute baden. Von der *aula palatina* führte ein Verbindungsbau zu den Kultgebäuden im Süden. Er war in der Mitte mit einem großen Vorhaus (vgl. Abb. 5, 6) überbaut, das der offizielle Eingang der Pfalz und der Sitz des Gerichts und der Garnison war.

Im Süden lagen die Kultgebäude, die in der Form des lateinischen Kreuzes angeordnet waren. Im Schnittpunkt der kreuzförmigen Anordnung erhob sich 35 Meter hoch die berühmte, noch heute erhaltene achteckige Kapelle, das Meisterwerk des Architekten Eudo von Metz (vgl. Abb. 8, 9). Das Oktogon wird von einem Sechzehneck umschlossen, dessen unterer Umgang von Gratgewölben und dessen oberer von Tonnengewölben überdeckt wird. Der König und seine Angehörigen wohnten dem Gottesdienst auf dem oberen Umgang bei, wie es der byzantinische Kaiser zu tun pflegte (vgl. Taf. 1). Aber während sich der Thron des *Basileus* an der Stelle des Altars befand, ließ Karl, der »Gott geben wollte, was Gottes ist«, seinen Thron an

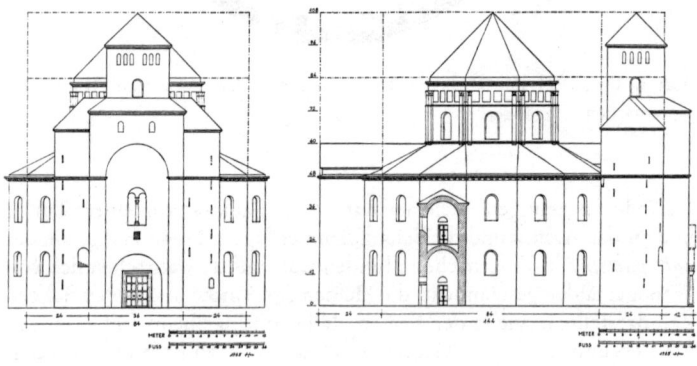

Abb. 9. Aufrisse der Pfalzkapelle Aachen (von L. Hugot).

der Westseite aufstellen. Von hier konnte er gegenüber auf den Altar des Erlösers und gerade darunter auf den der Jungfrau Maria blicken, vor dem sich die Bediensteten einfanden. Er konnte die Marmorsäulen bewundern, die aus Rom und Ravenna stammten und korinthische Kapitelle trugen, die Balustraden aus massiver Bronze und das Mosaik in der Kuppel, das Christus inmitten der 24 Ältesten der Apokalypse thronend darstellte. Im Westen schloß sich an das Oktogon ein dreigeschossiger Vorbau an, Vorläufer des Westwerks (vgl. Abb. 9), daran ein Narthex mit Nord- und Südexedra sowie ein weites Atrium wie an Alt-St.-Peter in Rom. Nördlich und südlich des Achtecks

lagen zwei Annexbauten; in dem einen, Lateran genannt, fanden die
Synoden von 817 und 836 statt, der andere scheint dem byzantinischen Metatorium zu entsprechen, und beide waren im Prinzip den
Geistlichen der Pfalzkapelle vorbehalten. Von diesen Bauten führte
eine Portikus zur Curia, dem östlich des Rundbaus gelegenen Gebäude.
Das ganze weite Pfalzareal wurde von einer Mauer mit vier Toren
umschlossen. Außerhalb dieser lagen die Häuser der Händler, der
Markt, die Höfe der Bischöfe und Äbte, der Vasallen und der hohen
Würdenträger wie Angilbert oder Einhard. Einhard besaß sogar eine
eigene Kapelle, in der er die aus Rom mitgebrachten Reliquien aufbewahren ließ. Etwas weiter entfernt lagen der Friedhof mit Kapelle, das
mit einer Mauer umgebene Jagdgelände und das Tiergehege. Alle
Gebäude der Pfalz unterstanden einem *mansuarius*, der für Ordnung
zu sorgen hatte, was nicht immer leicht war.[8]

Die anderen Pfalzen

Karl der Große verbrachte die letzten Jahre seines Lebens in Aachen,
starb dort und wurde in der Pfalzkapelle beigesetzt, vielleicht in dem
antiken Sarkophag mit der Darstellung der Entführung der Proserpina. Sein Sohn Ludwig, der noch zu Lebzeiten des Vaters in Aachen
gekrönt wurde, weilte hier meist im Winter, verbrachte den Sommer
aber lieber in Ingelheim, Diedenhofen oder Compiègne. Nach der
Teilung von Verdun blieben Lothar I. und Lothar II. in Aachen,
während Ludwig der Deutsche den Winter in Regensburg und den
Sommer in Frankfurt verbrachte. Er ließ dort 852 eine Kapelle bauen,
an der 12 Geistliche ihren Dienst versahen. Und Karl der Kahle hielt
sich gegen Ende seines Lebens am liebsten in der Pfalz von Compiègne
auf. Die dortige Kapelle, zu der 100 Geistliche gehörten, war der
Pfalzkapelle in Aachen nachgebaut; dies bezeugt das Gedicht des
Johannes Scottus, der uns eine recht genaue Beschreibung liefert.

»O Gott, beschütze Karl, der dir auf wunderbare Weise ein überaus
                         prächtiges Haus errichten ließ;
einen Tempel, der auf einer Vielfalt marmorner Säulen errichtet ist,
ein hohes Haus, das auf der schönen Regelmäßigkeit der
                         Hundertzahl beruht.
Betrachte die Regelmäßigkeit des Vierecks und der Gewölbe,

die Gleichmäßigkeit der Wände, die Kapitelle und Basen der Säulen,
die Türme, die Brüstungen [*luriculos*], die Wandverkleidungen,
die kunstvollen Dächer, die seitlichen Fenster, eine Quelle glaskla-
ren Lichtes.
Im Innern sieht man Malereien, Fußboden und Stufen aus Stein,
rundherum Säulengänge, Archivräume, Kapellen
und Menschenscharen, die hinauf und hinab steigen und rings um
die Altäre wandeln;
man sieht strahlende Lichter und hochgehängte Kronleuchter,
alles funkelt von Edelsteinen und schimmert von Gold,
Vorhänge und Purpurteppiche schmücken allenthalben das Haus
Gottes.«[9]

Kapitel VII
Ansätze zur Demographie des Karolingerreiches

Um die Lebensbedingungen in dieser Epoche zu erfassen, muß man versuchen, die Bevölkerung zahlenmäßig zu bestimmen. Allerdings liegt keinerlei Zählung vor, und Zahlenangaben der Zeitgenossen sind unbrauchbar. Man kann das am Beispiel der Normanneneinfälle feststellen, weil da die Anzahl von Angreifern und Verteidigern überliefert ist; demnach wäre Paris im Jahre 885 von 40 000 Mann belagert und von 200 verteidigt worden. Die Geschichtsschreiber, meist Geistliche, bringen im allgemeinen nur illustrierende Angaben: Eine Handvoll Leute wird zur Menge, eine Stadt ist immer »volkreich«.[1] Nur die Polypticha (Güterverzeichnisse), die auf dem Besitz der Abteien lebende Männer, Frauen und Kinder registrierten, liefern uns Zahlenangaben. So hat F. Lot errechnet, daß man für den Besitz von Saint-Germain eine Bevölkerungsdichte von 34 bis 39 Einwohner pro Quadratkilometer annehmen kann und daß man bei einer entsprechenden Hochrechnung auf 18 bis 21 Millionen Einwohner innerhalb des Gebietes des heutigen Frankreich käme.[2] Es ist aber gewagt, auf Grund von fragmentarischen Angaben zu extrapolieren. Neueste Forschungen erlauben die Annahme, daß die Bevölkerung Europas vom 7. bis zur Mitte des 9. Jahrhunderts leicht zunahm, daß aber die Bevölkerungsdichte regional sehr verschieden war: 34 Einwohner pro Quadratkilometer zwischen der Yser und dem Hügelland des Boulonnais, nördlich davon 20 Einwohner, 9 bis 12 in der Gegend von Lille, 4 im Moseltal.[3] Auf jeden Fall war das Karolingerreich nur dünn besiedelt und in manchen Gegenden fast menschenleer.

Wenden wir uns nun dem zu, was die Demographen »Bevölkerungsbewegung« nennen, also der Sterblichkeit, der Geburtenziffer und den Eheschließungen.

Die Sterblichkeit

Eine für heutige Verhältnisse geringe Lebenserwartung muß für die Zeit der Karolinger als normal gelten. Karl der Kahle (54 Jahre), Ludwig der Fromme (62 Jahre) und Einhard (65 Jahre) erreichten ein

für damalige Verhältnisse fortgeschrittenes Alter. Es war außerge-
wöhnlich, wenn jemand 70 Jahre alt wurde. Karl der Große, der
niemals krank gewesen war und mit 72 Jahren starb, hat also verständ-
licherweise seine Zeitgenossen in Erstaunen versetzt.[4] Man brauchte
eine robuste Konstitution, um die ersten Lebensjahre zu überstehen.
Die Kindersterblichkeit war allgemein sehr hoch, selbst in den Herr-
scherfamilien. So wurde im Jahre 875 die Frau Karls des Kahlen,
Richildis, von einem Totgeborenen entbunden. Als sie im Februar 876
wieder schwanger war, gebar sie ein Kind, das nur 6 Monate lebte.[5]
Das Los der ungetauft gestorbenen Säuglinge beschäftigte die geistlichen Hirten. Ein Priester, der »aus Nachlässigkeit ein Neugeborenes
vom Himmelreich ausgeschlossen hatte«, mußte drei Jahre Buße
tun.[6]
Auch die immer wieder auftretenden Hungersnöte führten zur hohen
Sterblichkeit bei Kindern und Erwachsenen. Überschwemmungen, die
die Aussaat verhinderten, harte Winter, andauernder Frost, der die
erste Ernte zerstörte, sommerliche, jegliche Vegetation verbrennende
Dürre und selbst ein Heuschreckeneinfall wie im Jahre 873 gehören zu
den Ursachen der Hungersnöte. Viele karolingische Annalenwerke
erwähnen die katastrophalen Folgen der großen Hungerjahre. Im
Jahre 793 war in Burgund und in der Francia die Not so groß, daß
»viele starben«. 868 starben in Burgund Tausende, und es gab nicht
genug Überlebende, um sie zu bestatten. In der Grafschaft Sens
starben 56 Menschen an einem einzigen Tag. 784 »wurde in Gallien
und Germanien ein Drittel der Bevölkerung dahingerafft«. Um sich
irgendwie zu ernähren, mußten die Menschen Brotlaibe aus Erde
essen, unter die ein wenig Mehl gemischt war. In Sachsen war der
Hunger so groß, daß man Pferdefleisch aß. Andernorts kam es sogar
zu Kannibalismus: »Manche holten die Verhungernden ins Haus,
töteten sie und legten sie in Salz ein«, »Menschen aßen Menschen,
Brüder ihre Brüder, Mütter ihre Kinder«. Die Verhungernden litten
unter Halluzinationen: »Im gleichen Jahr (793) hat man im Frühling in
verschiedenen Regionen riesige Mengen falsches Getreide in den Feldern, Wäldern und Sümpfen sehen können. Man konnte es betrachten
und anfassen, aber nicht essen.«[7] Der König sah sich gezwungen,
gegen die Hamsterkäufer vorzugehen und für das Getreide einen
Höchstpreis festzusetzen. Die Bußkataloge drohen demjenigen, der
aus Not gestohlen hat, nur geringe Strafen an und zitieren das Buch
der Sprüche: »Man strafe nicht den Dieb, der stiehlt, um sich den
Magen zu füllen, weil er Hunger hat« (Spr. 6,30)

Auch chronische Unterernährung gehört zu den Ursachen der hohen Sterblichkeit, besonders während Epidemien. Zwar war die Pest, die das Abendland bis zur Mitte des 8. Jahrhunderts heimgesucht hatte, anscheinend erloschen, aber die Chronisten berichten von anderen Seuchen, die freilich, mit wenigen Ausnahmen, nicht mehr identifiziert werden können. Im Jahre 836 wurde die Blüte der kirchlichen und weltlichen Aristokratie Italiens dahingerafft.[8]
Die Menschen waren solchen Schlägen gegenüber hilflos. Wie später zu zeigen ist, waren die Hygiene und die Medizin nicht in der Lage, den Übeln Einhalt zu gebieten. Man konnte nur vermehrt beten, um das Ende der schlimmen Zeit herbeizuführen.

Geburtenbeschränkung

Die demographische Kurve stieg nach Ablauf solcher Krisenzeiten vielleicht vorübergehend wieder an, aber die Geburten reichten kaum, um die Verluste auszugleichen, obwohl man sehr jung heiratete. Man kann zwar die Kinderzahl nicht schätzen, doch geben die Kapitularien, die Konzilsbeschlüsse und die Bußkataloge Andeutungen über Maßnahmen, die man heute als »Geburtenbeschränkung« bezeichnen würde. Männer und Frauen versuchten, »die Natur zu überlisten« und den Kindersegen zu vermeiden, so daß sehr kinderreiche Familien selten waren. Entsprechend einer fest verankerten Tradition gestattete die Kirche den Geschlechtsverkehr nur zum Zweck der Fortpflanzung und verbot jegliche Verhütungspraktiken. Jedes nicht der Zeugung dienende sexuelle Verhalten, *coitus interruptus*, und die Rückenlage des Mannes waren verboten.[9] In dem Kapitel über »die Unzucht gegen die Vorschrift« schrieb Theodulf:
»Nicht auf normale Weise mit einer Frau zu verkehren, heißt sich besudeln und eine abscheuliche Sünde begehen. Deshalb lesen wir, daß Onan, der Sohn Judas, von Gott geschlagen wurde, weil er seinen Samen auf die Erde fließen ließ, nachdem er seiner Frau beigewohnt hatte.«[10]
Die gebräuchlichen Bußkataloge verboten sowohl tadelnswerte Beziehungen zwischen den Gatten als auch die Einnahme von Abtreibungsmitteln durch die Frau:
»Die Mutter, die das Kind in ihrem Schoß vor dem 40. Tag nach der Empfängnis tötet, soll ein Jahr, und die, die es nach dem 40. Tag tötet, drei Jahre fasten.«[11]

Die Kräutertränke, die schon in der Antike bekannt waren, konnten die Empfängnis verhüten oder abtreibend wirken. Die römischen und byzantinischen Ärzte, deren Schriften den Gebildeten bekannt waren, lieferten vielfältige Rezepte für diesen Zweck. Man empfahl Farnwurzeln, Blätter von Weiden, Elfenblumen und Rauten, Mischungen aus Aloe, Levkojensamen, Ingwer, Pfeffer und Safran, spermizide Salben und Pessare verschiedener Art. Die Menschen der Karolingerzeit benützten diese Mittel, die als *maleficia*, d. h. Erzeugnisse der Zauberei, galten. Der Beichtvater mußte den Bußwilligen fragen: »Hast du ein *maleficium* zu dir genommen, also Kräuter oder anderes, um den Kindersegen zu verhindern, oder hast du es anderen verabreicht?« Auf ihren seelsorgerischen Rundreisen mußten die Bischöfe untersuchen, ob Abtreibungen stattgefunden oder ob »Magierinnen« Mittel zu diesem Zweck bereitet hatten.

»Wenn jemand, um seine Gelüste zu befriedigen oder aus Haß, einem Mann oder einer Frau etwas antut, so daß sie keine Kinder mehr bekommen können, oder ihnen einen Trank gibt, so daß er nicht mehr zeugen und sie nicht mehr empfangen kann, so soll er wegen Mordes festgenommen werden.[12]

Dieser Text sollte jahrhundertelang in der kanonischen Rechtsprechung wiederholt werden. Die kirchlichen Gesetzgeber waren sich jedoch darüber im klaren, daß das Elend eine Frau dazu bringen konnte, eine Geburt abzulehnen: »Eine Frau, die ihr Kind durch Zauberei, einen Zaubertrank oder sonstige Künste tötet, soll sieben Jahre Buße tun. Wenn sie es aus Armut getan hat, braucht sie nur drei Jahre Buße tun.«[13]

Wenn ein Kind trotz aller Gegenmaßnahmen geboren wurde, zögerten manche nicht, es umzubringen. Der Säuglingsmord wurde oft angezeigt und selbst dann bestraft, wenn er offensichtlich ein Versehen war. Frauen, die die Geburt als den Beweis für Ehebruch fürchteten, ertränkten das auf die Welt gebrachte Kind. Im Jahre 780 fand eine Dorfbewohnerin von Tauberbischofsheim im aufgestauten Wasser den Leichnam eines Neugeborenen. Sogleich beschuldigten die Bauern eine Nonne aus dem Kloster, daß sie ihr Kind habe verschwinden lassen, und die heilige Lioba mußte eingreifen, um die Schuldige, eine arme Frau, die vom Kloster unterstützt wurde, zu entlarven.[14] Eltern erstickten ihre Kinder unter Kleidern oder indem sie die Kleinen im Bett zwischen sich legten.

Ein Kind auszusetzen – im allgemeinen auf der Schwelle einer Kirche – wurde für ein geringeres Übel gehalten. Die Priester sollten sogar

Frauen, die Ehebruch begangen hatten, öffentlich ermutigen, ihre Kinder lieber auszusetzen als des Mordes schuldig zu werden.[15] Viele dieser Findelkinder wurden in den Klöstern erzogen. Das erste sicher bezeugte Findelhaus wurde 787 von Erzbischof Datheus in Mailand gegründet. Er wollte die Eltern daran hindern, die Kinder, deren Geburt unerwünscht war, umzubringen und sich so der ewigen Verdammnis auszusetzen, und gründete deshalb ein Spital, in dem die außerehelichen Kinder Ammen anvertraut, getauft und bis zum Alter von sieben Jahren aufgezogen wurden.[16]

Zur Geburtenbegrenzung war nur zeitweise oder völlige Enthaltsamkeit gestattet, da ja, wie immer wieder erwähnt wurde, die Ehe nicht dazu da sei, die Sinnenlust des Mannes zu befriedigen, sondern den Fortbestand des Menschengeschlechts zu sichern. In seinem Werk »Unterweisung für Laien«, das auf Bitten eines Adeligen geschrieben wurde, widmet Jonas, Bischof von Orléans, einen größeren Abschnitt den Ehefragen, damit sein Leser »erfahre, wie man ein tugendsames Eheleben führt«.[17] Jonas gibt auch die Überlegungen einiger Laien wieder:

»Unsere Frauen sind uns rechtmäßig angetraut, wenn wir von ihnen zu unserem Vergnügen und wann immer wir wollen, Gebrauch machen, so sündigen wir nicht [...]. Die Geschlechtsorgane wurden von Gott geschaffen, damit die Gatten Beziehungen zueinander haben. Es ist nicht einzusehen, warum es ein Fehler sein soll, wenn diese Beziehungen aus Vergnügen zustandekommen.«

Solchen Ehemännern, aber auch ängstlichen, die Geistliche um Rat fragen, wann sie ihre Frauen »erkennen« dürfen, ruft Jonas ins Gedächtnis zurück, daß die Kirche zu bestimmten Zeiten den ehelichen Verkehr untersagt: 40 Tage vor Weihnachten, 40 Tage vor und nach Ostern, 8 Tage nach Pfingsten, am Vorabend der hohen Kirchenfeste, an Sonntagen, aber auch mittwochs und freitags, während einer Schwangerschaft bis zum 30. Tag nach der Geburt, falls es ein Junge war, und bis zum 40., falls es sich um ein Mädchen handelte, während der Menstruation, 5 Tage vor der Kommunion... Bei genauerem Hinsehen bleiben also nur noch wenig erlaubte Tage.

Alles, was die Sexualität betraf, galt als unrein. Die kirchliche Tradition und ein erneutes Studium des Alten Testaments, besonders des Leviticus (3. Buch Mose), bestärkten die Geistlichen noch in dieser Haltung. Für die Zuwiderhandelnden waren Strafen vorgesehen, wobei mildernde Umstände berücksichtigt wurden: So mußte, wer seine Frau in der Fastenzeit »erkannt« hatte, ein Jahr Buße tun, wer

dabei betrunken gewesen war, nur 40 Tage.[18] Die Prediger und die
Verfasser von Heiligenleben priesen Laien als beispielhaft, von denen
das Gebot der Enthaltsamkeit bis zur Übertreibung befolgt wurde. Zu
diesen Vorbildern gehörte auch der Vater Geralds von Aurillac, dem
ein Engel sagen mußte, daß er seine Frau »erkennen« müsse, weil sie,
einen Sohn bekommen sollten.[19]

Sexuelle Freizügigkeit

Derart extreme Fälle waren allerdings selten. Meistens beachteten die
Weltlichen die Vorschriften der Kirche nicht oder suchten Ersatz
außerhalb der Ehe. Viele Adelige hatten Sklavinnen oder Freie als
Konkubinen. Jonas bedauert das: Der Ehemann darf sich nicht erlauben, was seiner Frau verboten ist; eine von ihm geschwängerte Diene-
rin wird ihre Herrin verachten.[20] Aber das schlechte Beispiel kam von
höchster Stelle. Schließlich hatte Karl der Große bis ins hohe Alter
zahlreiche Konkubinen und Karl der Kahle hatte sich mit Richildis,
lange bevor er sie heiratete, vereint.[21] Allerdings war die Friedelehe
(von *fridila*, Herzliebste) eine alte germanische Gewohnheit, eine
Bindung von begrenzter Dauer ohne rechtlichen Schutz und ohne
Witwenrechte, zu der nur die Morgengabe gehörte, die jeder Mann der
Frau geben mußte, mit der er das Bett teilte. Die großen Grundherren
konnten ohne Scheu Liebeleien mit Sklavinnen oder Freien beginnen,
die auf ihrem Hof arbeiteten. Um die Tugend seines Helden zu
beweisen, beschreibt uns der Biograph Geralds von Aurillac (gest.
909), wie der junge Mann vom Liebreiz einer seiner Leibeigenen
entzückt war und sie eines Abends besuchte; Gott sei dank schien sie
ihm aber dann so häßlich, daß er verzichtete. Allerdings fürchtete er,
erneut in Versuchung zu geraten, befahl, sie zu verheiraten und gab ihr
die Freiheit und ein Stück Land.[22]
Diese erbauliche Geschichte hätte normalerweise anders geendet. Vielen reichte die Liebschaft mit einer Magd nicht aus, sie suchten
Prostituierte auf, die sich an den großen Wallfahrtsorten, bei Saint-
Martin in Tours z. B., aufhielten, die aber auch in Dörfern und selbst
in Königspfalzen zu finden waren. Als Ludwig der Fromme sich in
Aachen niederließ, mußte er die übergroße Zahl von Frauen und
Männern mit schlechtem Lebenswandel vom Hof entfernen lassen.[23]
Ein Kapitular von 820 verbot ihnen den Aufenthalt in der Pfalz und
den angrenzenden Gebäuden wie folgt: »Jeder Mann, bei dem Prosti-

tuierte angetroffen werden, muß sie auf den Schultern bis zum Marktplatz tragen, wo sie ausgepeitscht werden, und falls er sich weigert,
wird er mit ihnen ausgepeitscht.«[24]
In allen Schichten der karolingischen Gesellschaft herrschte weitgehend sexuelle Freizügigkeit. Beweis genug sind die germanischen
Volksrechte und die gebräuchlichen Beichtspiegel. Die Germanen
waren sehr auf die Ehre ihrer Frauen bedacht und bestraften jeglichen
Angriff auf ihre Keuschheit mit hohen Bußen. Nach der *Lex Alamannorum* zahlte ein Mann, der einem Mädchen unterwegs gewaltsam die
Haube abnahm, 3 Schillinge, wenn er ihr Gewand anhob, so daß die
Knie entblößt wurden, 6 Schillinge, wenn er sie noch weiter entklei-
dete, 12 Schillinge, tat er ihr Gewalt an, 40 Schillinge. Bei verheirateten
Frauen mußte das Doppelte gezahlt werden. Die *Leges Langobardorum* sahen die Todesstrafe für denjenigen vor, der einer badenden
Frau das Kleid wegnahm und sie dadurch zwang, nackt nach Hause zu
gehen.[25] In den Beichtspiegeln waren die verschiedensten Sünden
aufgeführt und deren Buße festgelegt, so z. B. heimliche Verbindungen unter jungen Leuten, Ehebruch, Vergewaltigung, strafbare Beziehungen zwischen einem Weltlichen und einer Nonne, einem Mönch
und einer Weltlichen, zwischen Mönch und Nonne usw. Der Katalog
sexueller Abwegigkeiten war sogar noch umfangreicher: Der Bruder,
der seine Schwester entjungfert, der Sohn, der mit seiner Mutter
verkehrt, die Homosexuellen, Lesbierinnen und Sodomiten, sie alle
werden wie in einem Vorläufer des Danteschen Inferno geschildert.[26]
Freilich ist zu hoffen, daß der Beichtvater diese vielfältigen Verirrungen nur selten zu bestrafen hatte. Übrigens sprach Bischof Theodulf
von Orléans in dieser Hinsicht eine Warnung aus:
»In den Beichtspiegeln sind viele Sünden aufgeführt, welche die Menschen besser nicht kennenlernen sollten. Auch sollte der Priester den
Beichtenden nicht über alles befragen, damit dieser nicht nach der
Beichte durch die Anstiftung des Teufels einem Laster verfalle, das er
vorher gar nicht kannte.«[27]

Die Verchristlichung der Ehe

Um die sexuelle Freizügigkeit einzuschränken, versuchten die karolingischen Bischöfe und Kirchenrechtler die Ehe aufzuwerten, indem sie
ihr einen christlichen Inhalt gaben. Bis dahin hatte die Eheschließung
nach germanisch-römischer Tradition aus zwei zivilrechtlichen For-

malitäten bestanden: dem wechselseitigen Eheversprechen und der eigentlichen Heiratszeremonie. Das Eheversprechen bestand aus einer juristisch verbindlichen Zusage, mit der die Verantwortung für die Braut von deren Familie oder Vormund auf den Verlobten übertragen wurde. Der Verlobte verpflichtete sich öffentlich, ein Wittum sicherzustellen, und der Vormund übergab ihm symbolisch seine Autorität. Wenn er seine Verpflichtung nicht einhielt, konnte er sich die Rache der Familie der Braut zuziehen. So hatte ein gewisser Stephan in Gegenwart von Eltern und Freunden versprochen, die Tochter des Grafen Regimund zu heiraten. Er überlegte es sich aber anders, verzögerte die Überschreibung des Wittums und wurde dann von der Familie der Verlobten gerichtlich verfolgt. Das Wittum bestand aus beweglicher und unbeweglicher Habe und konnte schriftlich durch ein *libellum dotis* festgelegt werden; einige Formelsammlungen haben Beispiele dafür überliefert: »Ich habe beschlossen, Dir vor dem Hochzeitstag einen Teil meiner Güter zu übertragen, nämlich bestimmte Ländereien an bestimmten Orten zu Deiner freien Verfügung...« Der zweite Schritt war die eigentliche Eheschließung; sie bestand aus der Erfüllung des Kontrakts und der Übergabe der Braut anläßlich eines feierlichen Mahls und eines ausgedehnten Freudenfestes. Am nächsten Morgen mußte der Gatte seiner Gattin die Morgengabe überreichen.[28]

Es war üblich, daß gläubige Christen zusätzlich den Segen eines Priesters haben wollten. Dieser Brauch hatte sich seit dem 4. Jahrhundert im Osten durchgesetzt, war aber im Westen keineswegs fester Bestandteil der Eheschließung. Die Kirche griff als Hüterin dieses Sakraments ein, um die Beständigkeit der Ehe zu sichern. An erster Stelle wurde der Brautraub verboten und eine derart erzwungene Ehe für ungültig erklärt, weil ja die Frau ihre Zustimmung nicht gegeben hatte. Mädchen über 15 oder 16 sollten nicht gegen ihren Willen verheiratet werden. Weiter verlangte die Kirche, daß die Eheschließung öffentlich bekanntgemacht wurde. »Alle Weltlichen, ob adelig oder nicht, sollen ihre Hochzeit öffentlich feiern«, beschloß im Jahre 755 die Synode von Ver.[29] Dieser Beschluß erklärte sich teilweise aus dem Bemühen, Heiraten zwischen Verwandten zu verhindern, die als Inzest galten. Tatsächlich war eine Ehe bis zu einer Verwandtschaft siebten Grades verboten. Wie bei vielen in Sippen organisierten Gesellschaften war die Exogamie der Normalfall, und weltliche und kirchliche Rechtsprechung machten dies zur Vorschrift. Karl der Große spricht in seinem Kapitular von 803 von den Weltlichen, »die sich in blutschänderischen Vermählungen beschmutzen und Verbindungen eingehen, ohne daß die Bischöfe und Priester zusammen mit den Ältesten sorgfältig die Blutsverwandtschaft der zukünftigen Gatten überprüft haben.«[30] Scheidungswillige beriefen sich oft auf angebliche Blutsverwandtschaft. Aber die Bischöfe bemühten sich, allzu häufige Auflösungen von Ehen zu vermeiden. Natürlich waren deshalb Überprüfungen in einer Gesellschaft notwendig, die auf dem Familienverband beruhte, welcher alle Nachkommen gemeinsamer Ahnen umfaßte; ebenso unerläßlich waren Kontrollen in den ländlichen Gemeinschaften, in denen oft unter Nachbarn geheiratet wurde. Es liegt auf der Hand, daß die kirchlichen Vorschriften zu vielen Schwierigkeiten führten. In der Praxis mußten sie deswegen soweit gelockert werden, daß Eheschließungen unter Verwandten vierten Grades zulässig wurden. Außerdem kam zur natürlichen Verwandtschaft noch die geistige, die auch ein Ehehindernis war: ein Pate durfte weder sein Patenkind noch dessen Mutter heiraten.

Die Kirche wollte die Beständigkeit der Ehe sichern und legte deshalb genau fest, unter welchen Voraussetzungen Scheidungen erlaubt waren; dazu gehörten Untreue der Frau oder Zeugungsunfähigkeit des Mannes. Aber auch hier waren gründliche Untersuchungen notwendig. Ein Beispiel dafür ist die berühmte Scheidungsaffäre König Lothars II., bei der sich kirchliche und politische Interessen vermischten.[31] Der König wollte eine seiner Konkubinen zur Gattin und Königin erheben. Deshalb hatte er seine rechtmäßige Ehefrau Theutberga des Inzests mit ihrem Bruder Hucbert beschuldigt, dem Abt von Saint-Maurice im Wallis, dessen schlechter Ruf, wie schon erwähnt, notorisch war. Nachdem ein Verteidiger der Ehre der Königin eines der klassischen »Gottesurteile«,[32] die Probe mit dem kochenden Wasser, unversehrt bestanden hatte, konnte die Scheidung nicht ausgesprochen werden. Unterstützt von Erzbischof Hinkmar von Reims, nahm Papst Nikolaus I. diese Affäre zum Anlaß, das kirchliche Scheidungsrecht genauer festzulegen. Sollte der Mann zeugungsunfähig sein, mußte das bewiesen und die Ursache dargelegt werden, denn oft rührte diese Impotenz von einer Verzauberung her. In diesem Fall mußte bei dem Mann eine Teufelsaustreibung vorgenommen werden. Viele Frauen suchten Hinkmar auf und bemühten sich zu beweisen, wenn nötig mit Hilfe schriftlicher Notizen, daß ihre Gatten keinen ehelichen Verkehr mit ihnen haben konnten. Die Gatten versicherten dagegen, daß ihre Frauen die Unwahrheit sagten.[33] Sterilität oder eine andere Krankheit der Ehefrau waren kein Scheidungsgrund. Dennoch entschied Papst Gregor II. auf eine Anfrage von Bonifatius hin, daß ein Mann, der mit seiner Frau keine Beziehung haben konnte, sich wieder verheiraten durfte, falls ihm Enthaltsamkeit nicht möglich war.[34] Es liegt hier ein Ausnahmefall vor, denn selbst in den germanischen Ländern wurde mahnend daran erinnert, daß der Mann, der eine Ehe eingegangen ist, seine Frau behalten muß. Das galt »sogar, wenn sie unfruchtbar, verkrüppelt und alt ist, selbst wenn sie schmutzig und trunksüchtig ist, keinen Anstand hat, wollüstig, eitel, gefräßig, wankelmütig, streitsüchtig ist und schnell beleidigend wird [...], denn der Mann hat aus freiem Ermessen gehandelt, als er sich mit ihr verband.«[35]

Zweiter Teil

Die Mächtigen und das einfache Volk

Kapitel I

Das Leben des Adels

Optimates, Primores, Magnati, Sublimes, Illustres, Majores, Potentes: so viele Bezeichnungen gibt es für die führende Schicht der karolingischen Gesellschaft, die »Mächtigen«. Sie bilden die kleine Gruppe der »Reichsaristokratie«, der es im Verlauf des 8. Jahrhunderts mit Gewalt und Diplomatie gelungen war, sich durchzusetzen; für Jahrhunderte sollten sie die bedeutendsten kirchlichen und weltlichen Ämter innehaben und die Quellen des Reichtums besitzen.

Die adlige Familie

Der karolingische Adlige zeichnet sich zunächst durch seine familiäre Herkunft aus. Er ist von »adligem Geblüt«, ist »Abkömmling einer hochberühmten Ahnenreihe«, ist aus gutem Haus, also ein Edelmann. Durch seine Vorfahren ist er mit dem merowingischen Adel verbunden, der sich dem austrasischen Geschlecht der Pippiniden angeschlossen hatte. Pippin der Mittlere, dann sein Sohn Karl Martell, die allmächtigen Hausmeier, konnten mit Hilfe ihrer austrasischen und neustrischen Gefolgschaft über alle inneren und äußeren Gefahren triumphieren. Sie belohnten ihre Gefolgsleute dafür mit Ländereien, den Ämtern von Grafen, Bischöfen oder Äbten; sie gaben ihnen ihre Töchter, Schwestern oder auch Nichten zur Frau. Als sich Karl Martells Sohn, Pippin der Jüngere, mit dem Beinamen »der Kurze«, mächtig genug fühlte, um das Geschlecht der Merowinger ganz zu verdrängen, gelang ihm das gewiß dank der Unterstützung durch Kirche und Papst, aber auch mit Hilfe seiner Getreuen, die ihr Schicksal mit dem der Karolinger verbunden hatten. Die fränkischen

Könige beherrschten mit dieser Handvoll Adligen ihr König- und Kaiserreich. Angehörige von schätzungsweise 27 meist austrasischen Adelsfamilien besetzten die wichtigsten Ämter. Als Beispiele sind zu nennen die Etichonen im Elsaß; die Rorgoniden, die sich erfolgreich in Maine festsetzten; die Widonen, die Grafschaften und Herzogtümer in der Bretagne und in Italien besaßen; die Gerhardiner, die Unruochinger und andere.[1] Die Karolinger fühlten sich diesen Familien eng verbunden, auch nachdem sie die Königskrone erlangt hatten. Die Salbung gab ihnen eine außergewöhnliche, religiös bestimmte Gewalt. Bei der Weihe bekleidete sie der Bischof mit Krone, Zepter und anderen Insignien ihrer Macht, aber nach der Feier zogen sie wieder ihre Alltagskleider an und führten ihr gewohntes Leben. Stolz auf einen berühmten Vorfahren, bewahrten die Nachkommen dessen Namen von Generation zu Generation. Den Namen Karl trugen der Reihe nach der Enkel Karl Martells, dann der Enkel Karls des Großen usw. Ähnlich wurde der Name Wilhelms, des Gründers von Saint-Guilhem-du-Désert und Verteidigers gegen die Mohammedaner am Orbieu, von seinem Enkel weitergetragen, der aus der Ehe Bernhards von Septimanien mit Dhuoda hervorging. Als sich der junge Wilhelm mit 16 Jahren anschickte, Lehnsmann Karls des Kahlen zu werden, schrieb Dhuoda für ihn den *Liber manualis*, zum Lobpreis der Ahnen seines berühmten Geschlechts. Wilhelm sollte für alle Vorfahren väterlicher- und mütterlicherseits beten, die Schicksal und Reichtum der Familie begründet haben. Nachdem sie diese Ahnenreihe aufgeführt hatte, schrieb die Mutter: »Wenn ein Mitglied der Sippe [*stirps*] sterben sollte, sorge dafür, daß sein Name in die Liste der Verstorbenen aufgenommen wird, für die man beten soll.«[2] Derartige Verzeichnisse (*libri memoriales*) wurden durchwegs in den von Adligen gegründeten Abteien geführt; man konnte mit ihrer Hilfe das Andenken an die Wohltäter der Abtei bewahren.[3]

Als Familienverband bewahrten die Karolinger weitgehend die Züge einer germanischen Sippschaft. Der Vater, oder an seiner Stelle ein Onkel mütterlicherseits, verfügte über die gesamte Gewalt. Diese Autorität durfte nicht erschüttert werden. Dhuoda versicherte sogar, daß die Ehrfurcht vor dem Vater gegebenenfalls stärker sein mußte als die Treue zum König. Dank seines Vaters Bernhard konnte der junge Wilhelm politischen Einfluß und Vermögen erwerben. Es war ein unverzeihliches Verbrechen, sich gegen seinen Vater zu erheben. Ohne sie zu nennen, spielte Dhuoda auf die Söhne Ludwigs des Frommen an, die gegen ihren Vater, den Kaiser, revoltierten. Geistli-

che wie Hrabanus Maurus oder Hinkmar schrieben Abhandlungen
über die Ehrerbietung, die Söhne ihren Vätern schuldeten.[4] Jugendliche waren in Versuchung, die Stellung von älteren Männern einzuneh-
men. Die Lex Baiuuariorum erinnert daran, daß der Sohn eines
Herzogs nicht versuchen darf, den Vater zu verdrängen, solange dieser
leistungsfähig ist, den König zu unterstützen vermag, das Heer führen
kann, ein Pferd zu besteigen und seine Waffen zu führen imstande ist
und solange er nicht blind oder taub ist.[5] Einhard führt uns bei der
Schilderung von Karls des Großen Familienleben bis zu einem gewissen Grad den Prototyp eines germanischen Vaters vor Augen. Der
Kaiser verehrte seine Mutter Bertha, liebte seine Schwester Gisela und
konnte sich von seinen Söhnen und Töchtern nicht trennen: »Wenn er
zu Hause war, aß er nie ohne sie und nahm sie stets auf Reisen mit.«
Die Liebe zu seinen Töchtern war so groß, daß »er keiner von ihnen
zu heiraten erlaubte, weder einen Mann aus dem eigenen noch aus
einem fremden Volk. Er behielt sie vielmehr alle bis zu seinem Tode
bei sich und behauptete, ohne ihre Gesellschaft nicht leben zu können.
Und so glücklich er sonst war, durch sie erfuhr er doch die Tücke des
Schicksals.« Dieser Satz spielt vorsichtig auf die Beziehungen Berthas
und Rotruds zu gewissen Edlen am Hofe an.[6]
In der königlichen Familie werden die Bastarde genauso hochgeschätzt
wie die legitimen Kinder. Karl der Große, der zahlreiche Konkubinen
und folglich auch zahlreiche Bastarde hatte, sicherte ihnen allen eine
glänzende Zukunft. Daß einer von ihnen, Pippin der Bucklige, rebel-
lierte, traf ihn tief. Der Tod des Bastards Hugo im Jahr 880 schmerzte
Ludwig III. derartig, daß er auf eine weitere Verfolgung der Normannen verzichtete. Karl der Dicke versuchte seine Krone auf den Bastard
Bernhard zu übertragen, und bekanntlich wurde Arnulf, Bastard
Karlmanns, 887 ostfränkischer König.[7]

Die Ehen der Adligen

Nur innerhalb der adligen Familien spielte die Frau, die in der
fränkischen Gesellschaft sonst eine untergeordnete Stellung einnahm,
eine wichtige Rolle. Die edle Frau war von jung auf eifersüchtig
umworben, weil sich Adelsgeschlechter häufig durch politische Heiraten verbanden. Die karolingischen Herrscher bieten dafür Beispiele
von Beginn ihrer Geschichte an: Der Aufstieg ihrer pippinidischen
Vorfahren beruht auf der Heirat von Pippins des Älteren Tochter

Begga mit Ansegisel, Sohn Bischof Arnulfs von Metz. Um ihre Anhängerschaft zu vergrößern, machten sie erst als Hausmeier, dann als Könige die Heiratspolitik zum festen Bestandteil ihres Vorgehens. Die meisten großen Adelsfamilien des Reiches sind mit den Karolingern blutsverwandt. Die Gerhardiner und die Wilhelminer stammen von Karl Martell ab; die Schwester Pippins des Kurzen war mit Odilo von Bayern verheiratet, Bertha vermittelte die Ehe zwischen ihrem Sohn Karl und der Tochter des Langobardenkönigs. Später konnte der gleiche Karl durch die Heirat mit Fastrada die alamannischen Fürsten für sich gewinnen. Nithard berichtet ausdrücklich, daß Karl der Kahle in jungen Jahren Irmintrud, die Nichte des einflußreichen Adalhard, heiratete, »weil er damit den größten Teil des Volkes zu gewinnen hoffte«.[8] Wenn eine Familie vor der Verbindung mit einer anderen zögerte, konnte sie durch Frauenraub, diesem noch immer geübten germanischen Brauch, vor vollendete Tatsachen gestellt werden. So entführte 846 ein Lehnsmann Karls des Kahlen eine Tochter Lothars I., und ein Ratgeber Karls des Dicken ließ reiche Erbtöchter in Alamannien und Italien entführen, um sie seinen Freunden zur Ehe zu geben.[9]

Wie es unter diesen Umständen, wo die Ehe als Interessenverbindung galt, mit der Gattenliebe stand, ist schwer zu entscheiden. Sicher gab es auch glückliche Paare, von denen die Chronisten mit ihrer Vorliebe für Unglücksfälle nichts berichten. Karl der Große beweinte aufrichtig den Tod Hildegards, die ihm in zwölfjähriger Ehe acht Kinder geschenkt hatte. Einhard konnte sich als Witwer kaum über den Verlust seiner Frau trösten, die ihm bei der Verwaltung seines Hausstandes geholfen hatte.[10]

Es ist wohl vor allem diese Doppelrolle als Mutter und Gehilfin, die der karolingischen Frau ihre volle Bedeutung gibt. Der Mann verehrt sie, die ihm Erben schenkt; nach Regino von Prüm ist dies das größte Verdienst von Ludwigs des Deutschen Gattin Emma.[11] Das Verhalten Lothars II., der seine unfruchtbare Frau zugunsten einer Konkubine verstieß, die ihm Kinder geschenkt hatte, war durchaus zeitgemäß. Karl der Dicke berief sich auf die Unfruchtbarkeit seiner Frau Richardis, um die Scheidung zu erlangen.[12]

Gleich ob eine Frau glücklich war oder nicht, sollte sie aber auch aktiv an den Unternehmungen ihres Mannes teilnehmen. Dhuoda als verlassene Ehefrau tadelt ihren Gatten Bernhard mit keinem Wort. Im Gegenteil, sie verehrt sogar ihren »Herrn und Meister« und erinnert ihren Sohn daran, daß sie Bernhard bei dessen Vorhaben sehr nützlich war, und sei es auch nur, daß sie »Geld bei Juden und Christen auslieh«.[13] Bertha, die Frau Gerhards von Vienne, und Engelberge, Gattin Ludwigs II., begleiteten ihre Männer auf Kriegszügen. Die karolingischen Königinnen spielten überhaupt nicht nur in der Haushaltsführung der Pfalz eine wichtige Rolle. Geweiht wie die Könige, wurden sie Teilhaberinnen am Thron, *consortes regni*. Um nur zwei Beispiele zu nennen: Die Frauen Ludwigs des Frommen und Karls des Kahlen, Judith und Richardis, beteiligten sich aktiv an der Politik ihrer Männer. Am Ende des 9. Jahrhunderts führte in Südfrankreich die Witwe des Grafen Raimond von Toulouse in einer Urkunde den Titel einer Gräfin, wie auch die Witwe des Grafen Sunifred von Katalonien. Dem Beispiel der Königinnen folgend, erreichten allmählich also auch im Hochadel die Frauen Zugang zur gleichen politischen Verantwortung wie der Mann.[14]

Im *Liber manualis*, den sie für ihren Sohn Wilhelm schrieb, dringt Dhuoda wiederholt darauf, wie er sich als junger Mann gegenüber seinem Lehnsherren, Karl dem Kahlen, zu verhalten habe. Das Wesen adliger Lebenskunst faßt sie so zusammen:

»Wenn du zusammen mit deinen Waffengefährten ein brauchbarer Helfer am königlichen und kaiserlichen Hof sein willst, dann fürchte, liebe, verehre und schätze die berühmten Eltern und die Nächsten deines Herrn, des Königs. Dabei macht es keinen Unterschied, ob sie ihren Adel den Vorfahren verdanken oder durch Heirat erworben haben. Suche ihren Vorteil bei jeder Tätigkeit und führe ihre Anordnungen unter Einsatz von Gedanken und Taten aus.«[15]

Der Adlige hatte eben eine Doppelrolle auszufüllen: die des Ratgebers und die des Getreuen.

Die Verpflichtungen als Ratgeber

Mit leichter Mühe kann man in zeitgenössischen Schriften Erwähnungen von Rat und Ratgebern finden. Ein König oder auch nur ein einfacher Grundherr herrscht nicht allein. Er muß sich mit seinen Großen umgeben und ihren Stellungnahmen zu folgen wissen. Wie noch ausführlicher darzustellen ist, handelt selbst Karl der Große nie, ohne um Rat zu fragen. Seine Nachfolger, weit weniger starke Persönlichkeiten, werden häufig von einem Mitglied ihrer Umgebung beeinflußt. Zu Beginn der Regierung Ludwigs des Frommen versuchte sein Vetter Wala, die Geschäfte zu führen; in der Umgebung Lothars genoß Graf Adalbert eine derartige Autorität, »daß niemand eine von ihm geäußerte Ansicht abzuändern wagte«.[16] Karl der Kahle wurde sich in sehr jungen Jahren klar darüber, daß er ohne die Unterstützung seiner Großen nichts vermochte. Auf der Versammlung von Coulaines (843) ersuchte er sie um ihre richtungweisenden Ratschläge und um ihren Schutz vor »Verirrungen, in die ihn seine Jugend oder seine Unerfahrenheit im Umgang mit der Macht führen könnten«. Man wird nicht soweit gehen wollen, mit Fustel de Coulanges zu behaupten, »Karl der Kahle sei der Anführer von Gefolgsleuten gewesen, dem diese Gefolgsleute als Gesetz galten«; aber es ist sicher, daß die in Coulaines eingegangenen Verpflichtungen zumindest den Beginn der Herrschaft Karls des Kahlen schwer belastet haben.[17]

Unter den Großen standen die geistlichen Würdenträger keineswegs an letzter Stelle der möglichen Ratgeber. Seit der Regierung Ludwigs des Frommen hatte der Episkopat »die Bühne betreten«.[18] In seiner *De institutione regia* hatte Jonas von Orléans (gest. 842) die politische Richtung der Bischöfe vorgezeichnet, und die Reformbeschlüsse von 829 hatten dazu die Grundsätze angefügt. Der Bischof, der den König weiht, schuldet Gott Rechenschaft über den Lebenswandel der Herrscher, die dem Propheten Haggai zufolge »die Priester über die Auslegung des Gesetzes befragen sollen«. Wenn die Könige ihre Machtbefugnisse überschreiten und zu »Tyrannen« werden, dürfen ihnen die Bischöfe Buße auferlegen. Das geschah z. B. mit Ludwig dem Frommen in Attigny 822 und vor allem 833 in Soissons: Ludwig mußte vor den Bischöfen, die Parteigänger Lothars waren, ein Sündenbekenntnis ablegen und wurde daraufhin zu ewiger Buße verurteilt. Dank seiner beiden anderen Söhne und deren Gefolgschaft wurde er freilich schon ein Jahr später wieder in seine Würden eingesetzt, aber dieser Präzedenzfall wurde nicht mehr vergessen. Beunruhigt über den Zerfall des Reiches, verkündeten die Bischöfe nach dem Tod Ludwigs des Frommen (840) und nach der Teilung von Verdun (843) ein »Programm der Einigkeit« zwischen den Brüdern und erreichten die zeitweilige Wiedervereinigung. Unter dem Vorsitz Bischof Drogos von Metz, eines natürlichen Sohnes Karls des Großen, 844 in Yütz versammelt, ermahnten die Bischöfe die Könige, schlugen ihnen Reformen vor und verlangten von ihnen Buße für die begangenen Fehler. Sie wiederholten ihre väterlichen Ratschläge auf der Versammlung von Meerssen 847, dann vier Jahre später in der gleichen Pfalz. Unter diesen kirchlichen Ratgebern war Erzbischof Hinkmar von Reims einer der tatkräftigsten. In einem Brief an König Ludwig den

Deutschen erinnert er daran, daß die Bischöfe dazu bestellt sind, über die Könige zu wachen und sie im Hinblick auf ihr Seelenheil anzuleiten. Mit Bezug auf die Bücher der Könige ruft Hinkmar ins Gedächtnis, daß der Hohepriester Samuel zwar Saul zum König geweiht hatte, wegen seiner Glaubensverfehlungen aber David auserwählte, um ihn zu ersetzen.[19] Dementsprechend haben Bischöfe die Vollmacht, Könige zu strafen oder sogar abzusetzen.

»Kraft ihres Amtes und ihrer geheiligten Autorität steht es den Bischöfen zu, die Könige, die Großen der Königreiche und das ihnen in Gott anvertraute Volk mit Rat und Tat zurechtzuweisen und zu leiten.« Diese Erklärung, von 43 Synodalen in Savonnieres bei Toul 859 unterschrieben, zeigt den Ehrgeiz der geistlichen Würdenträger mit aller Deutlichkeit.[20] Doch erzielte die Grundsatzerklärung keinerlei Wirkung: Trotz ihrer Macht in geistlichen und weltlichen Angelegenheiten erreichten die Bischöfe nicht, daß die Könige und deren Große an mehr als an ihren unmittelbaren Vorteil dachten.

Die Verpflichtungen als Gefolgsmann

Ein Erfolg des Herrscherprogramms der Bischöfe hätte die Achtung der Großen vor einer der Adelspflichten, nämlich der Treuepflicht gegenüber dem Lehnsherrn, vorausgesetzt. Dieser Treuepflicht zu genügen galt als die Adelstugend schlechthin. Der Herrscher hat bestimmte Verpflichtungen gegenüber seiner Gefolgschaft, und Gefolgsleute, die ihrem Herren untreu werden, handeln »nach Sklavenart«, wie Nithard es ausdrückt.[21] In Wirklichkeit wurde Gefolgschaft je nach Umständen und Gewinnchancen versprochen und wieder aufgekündigt: das bestimmt die Geschichte des Adels im ganzen 9. Jahrhundert. Da ist z. B. der berühmte Zwischenfall auf dem »Lügenfeld«: Lothar gelang es hier 833, die Gefolgschaft seines Vaters Ludwig so gründlich abtrünnig zu machen, daß in einer einzigen Nacht alle ihre Zelte aus dem Lager des Kaisers in das Lothars gebracht wurden. Zu denken ist auch an Karl den Kahlen, der 858 von den Gauzbertiden überstürzt im Stich gelassen wurde.[22] Die Angehörigen der bedeutendsten Familien wechselten ohne Zögern die Partei: Graf Gerhard von Paris leistete 838 Karl den Treueid und ging zwei Jahre später zu Lothar über; Bernhard von Septimanien wartete den Ausgang der Schlacht von Fontenoy ab, um dem Sieger Huldigung zu leisten, den er aber wenig später verriet; Bischof Wenilo von Sens, der

Karl zum König geweiht hatte, wechselte zu Lothar über, sein Name wurde in der Folgezeit gleichbedeutend mit Verräter. Die Adligen hatten keinerlei Bewußtsein für das öffentliche Wohl. Sie dachten nur an das Fortkommen ihrer Familie, an die Vermehrung ihrer Ämter und an die Vergrößerung ihrer Besitztümer. »Weil jeder den Weg geht, den er will, sind nun überall Uneinigkeit und Streit zu sehen«, schreibt Nithard am Ende seines Buches.[23] Die Familien-Clans bekämpften sich am Hof und innerhalb des Königreichs: der Clan des Wala, später Clan des Adalhard, gegen den Welfenclan, gegen den Clan Graf Roberts des Tapferen, gegen den Clan Bosos usw. Alles eine einzige große Verschwörung, bis hinein in die Familien der Herrscher. Wenn die Führer der Rebellen hingerichtet wurden, rief das Strafgericht neue Verrätereien hervor, weil die Familien ihre Toten rächen wollten. Die altgermanische *faida*, die Blutrache, ist eine der Triebfedern für das politische Geschehen dieser Zeit.

Kapitel II

Der Reichtum des Adels

Der Grundbesitz

Der Adel verfügte über riesigen Grundbesitz, der durch Eroberung, Schenkungen und Käufe erworben wurde. An erster Stelle ist das Geschlecht der Karolinger zu nennen, dessen Güter von der Oise bis in die Rheinlande reichten. W. Metz konnte über 1000 Ortsnamen erfassen, die mit Pfalzen oder auch nur einfachen Gutshöfen zusammenhängen. Die Domänen, in *fisci* organisiert, waren verschieden groß. So umfaßte der Fiskus Annapes mit den angegliederten *villae* 2850 Hektar, der von Snellegem mehr als 7000 Hektar.[1]

Die anderen Adelsfamilien, gleich ob mit den Karolingern verwandt oder nicht, waren auch recht begütert. Nach dem Testament Abt Fulrads von Saint-Denis besaß seine Familie zehn Ortschaften im Elsaß, acht in Lothringen, sechs an der Saar. Die Welfen verfügten über sehr ausgedehnten Domanialbesitz nördlich des Bodensees; den Etichonen gehörte ein Großteil des Elsaß, die mit ihnen verwandten Unruochinger besaßen zahlreiche Domänen, unter anderem in Alemannien, Friaul, um Toulouse und in Flandern. Graf Gerald von Aurillac besaß Ländereien in der Auvergne, im Südosten, in Poitou, in Spanien. Wie sein Biograph berichtet, konnte er von Puy-Grion bis Sarlat reisen und dabei ausschließlich in eigenen Herrenhäusern übernachten.

Dank der besseren Quellenüberlieferung kann der Wert des Immobiliarbesitzes von Abteien genauer veranschlagt werden: Saint-Germain-des-Prés besaß mehr als 30 000 Hektar Land; Saint-Bertin mehr als 10 000 Hektar, Fulda nahezu 15 000 Hektar. Den Aachener Synodalbeschlüssen von 816 ist zu entnehmen, daß die großen Abteien zwischen 3000 und 8000 Hufen (*mansi*) besaßen, doch konnte sich diese Zahl auch verdoppeln; dabei war eine Hufe im Durchschnitt 12 Hektar groß. Kirchen mittlerer Bedeutung verfügten über 1000 bis 2000 Hufen, die bescheidensten über 300 bis 400.

Die *Notitia de servicio monasteriorum* Ludwigs des Frommen von 819 enthält ein Verzeichnis der Reichsklöster, denen Kriegsdienste und Fiskalabgaben ihrem Reichtum entsprechend auferlegt werden.[2]

Die Domanialverwaltung

Alle diese Großgrundbesitzer hatten auf eine gute Verwaltung ihrer
Domänen zu achten, weil sie die Quelle ihres Reichtums darstellten.
Sie verfügten dabei über agrarische Lehrbücher, z. B. von Palladius
und Columella, aus denen sie entnehmen konnten, wie die Römer die
höchsten Bodenerträge erwirtschaftet hatten. Die Grundbesitzer ver-
wahrten in ihren Archiven die Aufzeichnungen über Eigentumsver-
hältnisse und Schenkungsurkunden; sie fertigten gelegentlich auch
Fälschungen, ließen die Inventare (*descriptiones*) auf dem neuesten
Stand halten und peinlich genaue Abgabenverzeichnisse anlegen.[3] Für
diese Zwecke konnten sie über eine Anzahl von Bediensteten verfügen, auf deren Eignung Verlaß war.

Das Vorbild dafür kam von höchster Stelle: Die karolingischen Könige
verlangten, daß jeder *judex*, der einen Königshof verwaltete, regelmäßig ein Bestandsverzeichnis der *villae* erstellte. So äußerte z. B. um 811
Karl der Große den Wunsch, seine *missi* sollten »Inventarverzeichnisse
der Königshöfe anlegen, damit man wisse, welche Rechte der Krone
im Zuständigkeitsbereich eines jeden Königsboten zuständen«.[4] Für
fünf Königshöfe in Nordfrankreich sind derartige Inventare (*brevium
exempla*) überliefert: Annapes, Vitry-en-Artois, Cysoing, Somain-
en-Ostrevant und Triel-sur-Seine. Die Beauftragten erstellten ein Verzeichnis der landwirtschaftlichen Geräte, des Hausrats, der Werkzeuge, der Ernte-Erträge des laufenden Jahres, des Tierbestands usw.[5]
In Sorge um eine gute Ertragslage verkündete entweder Karl der
Große oder Ludwig von Aquitanien ein 70 Abschnitte umfassendes
Kapitular (das berühmte *Capitulare de villis*), das an die Grundsätze
vernünftiger Bewirtschaftung erinnern und die Mißbräuche der Verwalter abstellen sollte.

Von den Königen ermuntert, ließen auch die großen geistlichen
Grundeigentümer genaue Verzeichnisse erstellen, um die Einkünfte
ihrer riesigen Ländereien zu erfassen. Um 813 veranlaßte der Abt von
Saint-Germain-des-Prés eine wichtige Aufzeichnung, die als »Polyptychon des Abtes Irmino« bekannt ist. Das Dokument nennt *villa* für
villa die Zahl der Lehen, ihre Anbaufläche, die Namen der Bauern und
ihrer Kinder sowie die von ihnen geschuldeten Natural- und Geldab-
gaben. Die Äbte von Saint-Pierre in Gent, von Saint-Amand, von
Saint-Bertin, von Saint-Rémi in Reims ließen gleichartige *brevationes*
anlegen.[6] Auch wenn infolge von Unglücksfällen die Domänen entvöl-
kert wurden und deshalb wirtschaftlich an Wert verloren, ließen die

Eigentümer neue Einkunftsverzeichnisse erstellen. So wurde z. B. im
Kloster Prüm nach dem Normanneneinfall um 892 verfahren.[7] Der
Einblick in die Einzelheiten der Verwaltung wird durch Abt Adalhard
von Corbie ermöglicht: In den *Statuta*, die er um 822 niederschreiben
ließ, unterscheidet er nach der damals aufkommenden Gewohnheit
zwischen Einkünften, die dem Abt und dessen Haushalt (der *mensa
abbatialis*) vorbehalten sind, und denen, die für die Mönche (die
mensa conventualis) bestimmt sind. Die Mönche werden nach Ämtern
unterteilt. Der *cellerarius* ist zuständig für den materiellen Unterhalt
der Mönche, für den Zustand des Refektoriums, der Mühlen, Bäcke-
reien und Metzgereien. Der *camerarius* (Kämmerer) kümmert sich um
die Kleidung der Mönche und den baulichen Unterhalt von Kirche
und Sakristei. Der für die Aufnahme der Pilger und Armen zuständige
Mönch hat auch für deren Unterkunft zu sorgen. Sollten Reisende in
Überzahl eintreffen, hat er die Mittel für ihre Aufnahme zu beschaffen, aber nicht auf Kosten der normalen täglichen Austeilungen.[8]
Kurz, alles scheint gründlich vorbedacht. Ein weiteres Beispiel gut
geordneter Verwaltung gibt die *constitutio* des Abtes Ansegis von
Saint-Wandrille: Alles, was die nach Landschaften zusammengefaßten
villae an die Abtei zu liefern hatten, ließ er schriftlich fixieren. So
schuldeten zum Beispiel die Domänen des Boulonnais und des Ternois
alljährlich: 60 Mönchskutten, 20 Stück weißes Leinen für Hemden,
Leder zu 5 Paar Sandalen, 20 Scheffel Saubohnen, 21 Laib Käse von je
75 Pfund, 1000 Eier, 200 Pfund Wachs für die Kirche, 200 Pfund
Unschlitt für die Beleuchtung.[9] Ähnliche Beispiele könnten in großer
Zahl angeführt werden.
Es wurde bereits erwähnt, daß die Großen viel auf Reisen gingen;
deswegen sorgten die Grundherren dafür, daß die Ernte-Erträge in
Speichern gelagert wurden. So konnten sie sich und ihr zahlreiches
Gefolge unterwegs verpflegen. Auch sicherten sie die Versorgung ihrer
Hofhaltung mit Brennholz oder Wein. Der Abt von Saint-Bertin
benutzte ihm zustehende Transportdienste, um sich jedes Jahr seinen
Wein vom Rhein kommen zu lassen. Der Laienabt Einhard meldete
sein Kommen nach Aachen voraus und forderte seinen Verwalter auf,
das Haus instand zu setzen und mit Mehl, Braugerste, Wein und Käse
zu versehen.[10] Die Überlieferung an Inventaren, Statuten und Verwal-
tungskorrespondenz bezeugt den Willen zur Herstellung geordneter
Verhältnisse und gibt eine gute Vorstellung von den wirtschaftlichen
Zielen der Karolinger.

Die Furcht vor Versorgungsschwierigkeiten

Die gleichen Quellen belegen auch die Alltagsschwierigkeiten bei der
Betriebsführung und die Furcht vor mangelnder Versorgung. Dazu
geben die Briefe des Lupus von Ferrières recht anschauliche Berichte:
Er beklagt sich über Mangel an Getreide, Wein, Salz und darüber, daß
ihm das Geld zu Kleiderkäufen fehle. Um reisen zu können, muß er
sich Geld bei einem Adligen leihen. Bei diesen Klagen ist freilich zu
berücksichtigen, daß Lupus' Kloster nicht das reichste war und ferner,
daß es ihm darum ging, eine *cella* zurückzuerhalten. Diese *cella*, Saint-
Josse bei Montreuil-sur-Mer, hatte ihm guten Gewinn gebracht, war
aber vom König an einen weltlichen Gefolgsmann vergeben worden.
»Ich habe nur noch Getreide für zwei Monate, die Kranken klagen, die
Gäste bleiben ohne Unterstützung, und bald muß ich die liturgischen
Gefäße verkaufen«, so schreibt Lupus an die hochgestellten Adressaten seiner Briefe.[11] Es steht fest, daß sich die Äbte ständig gegen die
Habgier Weltlicher, voran der Herrscher, sichern mußten; es drohte
aber auch widerrechtliche Besitznahme durch benachbarte Klöster.
Wie viele Prozesse wurden um strittige Ländereien geführt, wie oft
kam es zum gegenseitigen Schlagabtausch, wie viele Sorgen hatten
auch die reichsten Grundbesitzer! Wirklich groß ist ihre Furcht vor
Mangel, vor allem in der Zeit kurz vor der neuen Ernte. Trotz allem
hätten die Einkünfte einer Abtei eigentlich bei weitem ausreichen
müssen, um den Unterhalt der Mönche, ihrer *familia* und der von
ihnen Unterstützten zu sichern. Aber es ist damit zu rechnen, daß viel
vergeudet und sogar unterschlagen wurde und daß die Eigentümer sich
nur mühsam Gehorsam verschaffen konnten.
Dies ist der Hintergrund und bis zu einem gewissen Grad die Rechtfertigung für die Besitzgier des Adels und auch für dessen Geiz, der
beständig von den Moralpredigern getadelt wurde. In gleicher Weise
wurde vom Tadel des Kaisers getroffen, wer Arme zum Verkauf ihres
Landes zwang oder wer gegen die Übergabe von Liegenschaften
Befreiung vom Heerdienst (*ostis*) versprach. In den Synodalbeschlüssen wurde ohne größeren Erfolg darüber geklagt, daß die weltlichen
Großen jede Gelegenheit suchten, um Kirchenbesitz an sich zu bringen. Karl Martell hatte das Vorbild dafür gegeben; um sich die
Gefolgschaft der Großen zu sichern, griffen die Nachfolger seine
Politik auf, auch unter dem Risiko, den Zorn des Himmels auf sich zu
ziehen.[12] Als z. B. ein Gefolgsmann Karls des Kahlen vom König
Landbesitz der Reimser Kirche erhalten hatte, wurde seine Frau vom

heiligen Remigius im Traum geängstigt. Um einen Vasallen zu belohnen oder einen abgesetzten Bischof zu entschädigen, verlieh ihm der
König Kirchenbesitz oder eine einträgliche Abtei.[13] Auch die Geistlichen, die im Prinzip mit beispielhafter Besitzverachtung vorangehen
sollten, entwickelten großen Appetit:

»Hat denn der Welt entsagt, wer tagtäglich damit fortfährt, seine Besitztümer auf jede nur denkbare Weise zu vermehren? [...] Hat denn der
Welt entsagt, wer, von der Gier nach fremdem Besitz getrieben, mit
Bestechung zu Meineid und falschem Zeugnis verleitet, wer an Stelle
eines gerechten und gottesfürchtigen Verwalters oder Vogtes einen
grausamen und gierigen sucht und wer auf der Jagd nach möglichst viel
Besitz nicht danach fragt, mit welchen Mitteln er sein Ziel erreicht?«[14]

Die bewegliche Habe der Geistlichen

Welt- und Ordensgeistliche dürfen Reichtümer nur erwerben, um das
Vermögen ihrer Kirche zu vergrößern, den Gottesdienst zu verschönern und die Mittellosen zu unterstützen. Neben ihren Liegenschaften
verfügen die Kirchen auch über bewegliche Habe, die den Kirchenschatz bildet: Er wurde zusammengebracht aus Zins- und Zehnterträ-
gen, Geldbußen und Opfergaben der Gläubigen (*oblationes, donaria,
munera, elemosynae*), in Form von Münzen aus Edelmetall, wertvollen Steinen, Seidenstoffen.[15] Dieser Kirchenschatz wurde einem
Wächter anvertraut, dessen Aufgabe es war, Listen der Gauner wie das
Durchbrechen der Mauern zu verhindern und dafür zu sorgen, daß
sich kein Pilger inmitten des Gedränges ein wertvolles Stück aneignen
konnte. So wie Grundherren *descriptiones* ihrer Domänen anfertigen
ließen, veranlaßten auch Bischöfe und Äbte die Anlage von Schatzver-
zeichnissen. Sie enthielten oft recht genaue Beschreibungen für jedes
einzelne Stück, seine Form, sein Gewicht, den Wert und auch den
Namen des Stifters, falls es sich um einen Herrscher handelte. Das
folgende Beispiel ist eine Zusammenfassung des Schatzverzeichnisses
der Abtei Saint-Riquier, das 831 auf Befehl des Königs angelegt
wurde: Die Kirche besaß damals 4 goldene Kelche, 2 große und
13 kleine aus Silber; 2 goldene Patenen, 4 große und 13 kleine aus
Silber, dazu eine aus Bergerz, 40 braune Meßgewänder, 5 aus schwar-
zer Seide, 3 aus persischer Seide, eines aus Silber; 6 Teppiche, 3 Altar-
vorhänge, 4 Seidenkissen, ein mit Seide durchwirktes Tischtuch.[16]
Man kann sagen, daß die Kirchenschätze als Reserve die Funktion von

Bankguthaben hatten: Lupus von Ferrières verkaufte einige Stücke, um Getreide erwerben zu können; die Mönche von Saint-Denis entnahmen dem Schatz ihrer Kirche 688 Pfund Gold und 3250 Pfund Silber als Lösegeld für ihren von den Normannen gefangenen Abt.[17] Außer bei den Piraten weckten solche Schätze auch Besitzgier bei den weltlichen Großen und besonders bei den Herrschern. Bei seinem Einfall in Maine 841 zwang Lothar den Klerus, ihm die Schätze sämtlicher Kirchen auszuliefern; um die Tributzahlungen an die Normannen aufzubringen, zog Karl der Kahle 877 auch die Kirchenschätze heran und »nahm, soviel nach der Größe eines jeden Ortes möglich war«.[18] Aber auch die Eigentümer selbst waren in Versuchung, diese Reserven für ihre Zwecke zu verwenden. Karl der Große jedenfalls beklagte, daß die liturgischen Gefäße »von jüdischen und anderen Händlern nach Belieben gekauft werden könnten«.[19] Bischof Rothad von Soissons verpfändete einen perlenbesetzten Goldkelch einem Wirt und Silberkronen an einige Juden.[20] Bischof Hinkmar von Laon wurde wegen der Verschwendung seines Kirchenschatzes angeklagt und auch, weil er aus dem entnommenen Edelmetall Schilde und Sporen für seine Gefolgsleute anfertigen ließ.[21]

Die Reichtümer der Weltlichen

Über den beweglichen Besitz des Adels ist weniger bekannt, weil genauere Unterlagen fehlen. Sicher waren die weltlichen Großen sehr reich; sie versuchten den Aufwand der Herrscher nachzuahmen, die Symbole ihrer Macht waren der Aufwand an Kleidung und Waffen, die Stärke ihrer Jagdmeuten, die Reichhaltigkeit ihrer Kunstsammlungen. Graf Gerald von Aurillac, dessen Frömmigkeit als vorbildlich galt, verblüffte seine Zeitgenossen durch sehr bescheidene Kleidung und seinen einfachen Lebensstil.[22] Gebildete Laien – und es gab, wie zu zeigen sein wird, sogar Gelehrte – betätigten sich als Mäzene und ließen sich Prachtausgaben von Handschriften wie Psaltern oder Evangeliaren herstellen (vgl. Taf. 9); manchmal besaßen sie sogar ganze Bibliotheken.[23]
Eine Vorstellung vom Reichtum des Adels können Testamente geben, wie sie für Markgraf Eberhard von Friaul und Graf Ekkard von Mâcon überliefert sind. Der Unruochinger Eberhard, Schwiegersohn Ludwigs des Frommen, beschloß 865, seine bewegliche Habe zwischen seine vier Söhne und drei Töchter zu verteilen. Er bestimmte, wieviel

jedes der Kinder aus dem Schatz seiner Privatkapelle, aus seinen Sammlungen und aus seiner Bibliothek erhalten sollte.[24] Auf die Bücher wird im einzelnen später einzugehen sein, der übrige Besitz Eberhards umfaßte folgende Stücke: neun Schwerter, deren Scheiden und Parierstangen goldverziert waren; sechs Wehrgehänge mit Gold, Edelsteinen oder eingelegtem Elfenbein; drei Brünnen, ein Helm mit Panzerhemd; mehrere Beinschienen und Panzerhandschuhe; goldene Sporen, mit Edelsteinen besetzt, und vier reichgeschmückte Krummdolche (*facila*). Ferner verfügte er über weltliche und liturgische Gewänder (Dalmatiken, Meßgewänder) aus Seide und Gold, verschieden geformte Gefäße, aus Marmor und Horn geschnitten, oder mit Gold und Silber überzogen. Schließlich vererbte Eberhard auch Reliquiare aus Elfenbein und Kristall, kleine Reisealtäre, Rauchfässer, Schellen, liturgische Kronen, Tischchen aus Elfenbein usw. Ekkard von Mâcon, zur Familie der Nibelungen gehörig, hatte seine erste Ehe mit Richildis, der Witwe Graf Bosos, geschlossen und sich später mit Albegunde verheiratet. Da beide Ehen kinderlos blieben, teilte der Graf um 880 seine Schätze und seine Bücher zwischen seiner Frau, seinen Neffen, einigen Adligen, Bischöfen und Äbtissinnen, insgesamt etwa zwanzig Personen. Das Testament nennt Luxusgegenstände der gleichen Art, aber mit einigen genaueren Angaben: Schwerter aus dem Orient, verschieden gefärbte Stoffe, Siegelringe aus antiken Gemmen, »sarazenische« Tischchen usw. Das alles stammte aus Herrschergeschenken oder war bei Händlern gekauft worden, die aus dem Orient kamen. Der Adel hortete diese Schätze nicht einfach aus Freude am Schönen. Er sammelte sie, um davon bei Bedarf schenken zu können. Die Freigebigkeit zeichnet den Edelmann aus, umgekehrt ist der Geiz – neben Feigheit – sein größter Fehler. Bei der Geburt eines Kindes, zu Hochzeiten oder beim Abschluß eines politischen Bündnisses öffnete der Adlige seine Schatzkammern und erwartete Gegengaben von gleicher Großzügigkeit. Unter der Bezeichnung »Potlatsch« ist der Austausch von Geschenken und Gegengeschenken den Ethnologen wohlvertraut; diese Praxis gehört auch zu den Merkmalen der karolingischen Gesellschaft. Z. B. verteilte Papst Stephan 816 bei seinem Besuch in Reims Geschenke, Gold und Gewänder an den Kaiser, die Kaiserin, deren Kinder und an die Höflinge. Als Gegengabe erhielt er vom Kaiser zwei Pokale, mit Gold beladene Pferde, Tafelgeschirr aus Silber, Purpurmäntel und weißes Leinen. Dazu bemerkte Ermoldus Nigellus, daß »der Kirchenfürst hundertfach zurückerhielt, was er an Geschenken aus Rom mitgebracht hatte«.[25]

Kapitel III

Die weltlichen Großen. Sport und Krieg

Im Reich der Karolinger war jeder Freie zur Heeresfolge (*ostis*) verpflichtet. Aber weil seit der Mitte des 8. Jahrhunderts die gepanzerte Reiterei die Schlachtfelder beherrschte, wurden in Wirklichkeit die reichen Grundherren das bestimmende Element im Heer.[1] Denn Bewaffnung und Ausrüstung eines Panzerreiters waren teuer. Um 800 kostete eine vollständige Reiterausrüstung samt Pferd 36 bis 40 Schillinge, das entspricht dem Preis von 18 bis 20 Kühen. Daß ein Mann, um Pferd und Schwert erwerben zu können, einen Acker und einen Sklaven verkaufen mußte, ist überliefert. Ein Lederhelm (*galea*) kostete 6 Schillinge; der Riemenpanzer (*lorica* im klassischen, *brunia* im Vulgärlatein), ein mit Eisenschuppen bedecktes Lederhemd, kostete 12 Schillinge; der Preis für die ledernen Beinschienen betrug 6 Schillinge. Der Schild (*scutum*) aus Weidengeflecht oder lederbezogenem Holz konnte rund sein, es gab aber auch dreieckige, die Haupt und Körper des Reiters deckten; auf jeden Fall mußte man mindestens 2 Schillinge dafür bezahlen. Weiter kosteten: die 2 m lange Lanze aus Eschenholz mit stählerner Spitze 2 Schillinge; der Bihänder (*spata*), für Hieb und Stoß gedacht, 0,9 bis 1 m lang, 7 Schillinge (vgl. Abb. 10). Schließlich vervollständigte ein Kurzschwert (*semi spata*), das am Gürtel getragen wurde, die Rüstung des gepanzerten Reiters. Darüber hinaus mußte er aber noch Reittiere und Ausstattung seiner Begleiter stellen und Verpflegung für drei Monate Kriegsdienst aufbringen. Unter diesen Umständen ist es verständlich, daß sich die schwere Reiterei nur aus der Schicht der reichen Grundbesitzer rekrutieren konnte.

Die sportliche Ausbildung

Von frühester Kindheit an bereiteten sich die Angehörigen des Adels auf das Kriegshandwerk vor. In einem Kommentar zu Vegetius' *Epitoma rei militaris* schreibt Hrabanus Maurus:
»Wir sehen heute, daß Kinder und Jugendliche in den Häusern der Großen dazu erzogen werden, Härten und Widrigkeiten wie Hunger,

Kälte und Sonnenglut zu ertragen. Ein uns bekanntes volkstümliches Sprichwort sagt: ›Wer nicht bis zur Pubertät im Reiterkampf fertig ausgebildet ist, wird diese Fähigkeiten in höherem Alter, wenn überhaupt, nur mit großer Mühe erlangen.‹«[2]
Wenn der Jüngling mit 14 oder 15 Jahren, manchmal auch früher, fähig wurde, die Waffen zu führen, erhielt er vom Vater sein Schwert. Damit gehörte er zur Welt der Erwachsenen. Das oft reich verzierte Schwert wurde sein Begleiter, erhielt einen eigenen Namen und wurde bis ins Grab bewahrt.[3] Ein Fresko in St. Benedikt in Mals zeigt einen Adligen, der sein Schwert wie ein Kreuz in den Händen trägt (vgl. Taf. 13).[4] Der junge Mann hatte noch einen zweiten Gefährten, von dem er sich um keinen Preis trennen wollte, sein Pferd. So ruft ein aquitanischer Adliger einem Sarazenen zu:
»Auch wenn du meine Mutter tötest, beeindruckt mich das nicht hinreichend. Denn mein Pferd, das du für sie forderst, wirst du nie von mir erhalten; es ist nicht für dein Zaumzeug bestimmt.«[5]
Die erste Vorbereitung des Heranwachsenden für das Kriegshandwerk

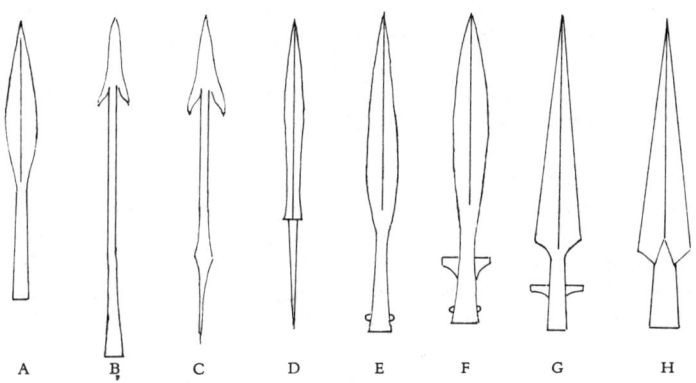

A   B   C   D   E   F   G   H

Abb. 10. Typenbeispiele für Speerspitzen aus der Völkerwanderungs-Wikingerzeit.

A: germanischer Stoß- und Wurfspeer. *B:* fränkischer Wurfspeer mit Widerhaken, langem Hals und Tülle. *C:* Wurfspeer mit Angel, westeuropäischer und nordischer Typ, 6.–7. Jahrhundert. *D:* Wurf- und Stoßspeer mit lanzettförmiger Klinge und Angel, 8.–9. Jahrhundert. *E:* karolingischer Stoßspeer, 8.–9. Jahrhundert. *F* und *G:* Flügellanze vom fränkischen Typ, etwa 8.–11. Jahrhundert. *H:* Stoßspeer, späte Wikingerzeit, um 950–1050.

war es, zu lernen, wie man ein Pferd besteigt. Gerald von Aurillac
»erlangte eine derartige Behendigkeit, daß er mühelos auf den Rücken
eines Pferdes springen konnte«.[6] Doch gab es auch gewalttätigere
Übungen: Zielschießen mit Pfeil und Bogen, Scheinkämpfe. Nithard
berichtet über Waffenspiele, die Ludwig und Karl 842 in Worms
veranstalteten:

»Dabei kam man da zusammen, wo es für das Zuschauen zweckmäßig
schien, und während hüben und drüben das ganze Volk stand, stürz-
ten zuerst von beiden Seiten in gleicher Zahl Sachsen, Gascogner,
Austrasier und Bretonen wie zum Kampf in schnellem Laufe aufeinander; darauf machten die einen kehrt und taten, als wollten sie sich, mit
dem Schild gedeckt, vor den Nachdrängenden durch die Flucht zu den
Ihrigen retten, dann aber suchten sie wieder die zu verfolgen, vor
denen sie flohen; bis zuletzt beide Könige, umgeben von der ganzen
jungen Mannschaft, mit lautem Geschrei, in gestrecktem Lauf, die
Lanzen schwingend vorstürmten und bald den einen, bald den anderen
nachjagten, wenn sie sich zur Flucht wendeten.«[7]

Die Jagd war eine andere Möglichkeit, sich auf den Kampf vorzuberei-
ten. Karl der Große gab Anweisung, daß seine Söhne nach fränkischer
Sitte Reiten, Umgang mit Waffen und Jagen lernten: »Genieße die
Vergnügungen des Waldes, mach hier oder dort mit Jagdhund oder
Falken einen Fang«, empfiehlt Ermoldus Nigellus dem jugendlichen
Pippin. Derselbe Autor schildert eine Jagdpartie nahe bei Ingelheim im
Jahr 826. Die Kaiserin Judith begleitete ihren Gemahl und hatte alle
Mühe, ihren damals dreijährigen Sohn Karl von der aktiven Teilnahme
an der Jagd abzuhalten:

»Sowie der Knabe Karl das Wild erspäht, will er es unbedingt nach
dem Vorbild seines Vaters verfolgen. Er fleht um ein Pferd, fordert
dringend Waffen: einen Köcher voll schneller Pfeile [...]. Hätten ihn
sein Erzieher und seine Mutter nicht zurückgehalten, würde er, eigen-
sinnig wie kleine Kinder sind, zu Fuß hinterherlaufen. Aber andere
junge Leute fangen das flüchtige Jungwild und bringen es unversehrt
zu Karl. Sofort greift er nach seinen Spielzeugwaffen und schlägt das
zitternde Tier.«[8]

Die Furcht der Mutter war nicht unbegründet, denn die Jagd war ein
gefährlicher Sport: Sie forderte zahlreiche Opfer, darunter z. B. Karls
des Kahlen Sohn Karl im Jahr 864 oder seinen Neffen, König Karlmann, im Jahr 884. Aber gerade die Gefahr erhöhte die Jagdleidenschaft. Die Adligen blieben bis zu ihrer letzten Stunde um ihre Meuten
bemüht; sie vermachten ihre Hunde den Erben und wachten über das

Wohlergehen ihrer Falken. Die Verteidiger des Turmes bei der Belagerung von Paris im Jahr 885 ließen vor der Übergabe ihre Falken frei, um sie nicht in die Hand des Feindes fallen zu lassen.[9]

Das Kriegswesen

Aber die wahre Jagd war doch die Menschenjagd, der Krieg. Jedes Jahr im Mai rief der König seine Großen zusammen (das sogenannte *campus maii*, Maifeld), denn in dieser Jahreszeit konnte Futter für die Pferde geschnitten werden. In seinem Kalender schreibt Wandalbert über den Monat Mai:
»Einer alten Lehre entsprechend werden in diesem Monat die ausgewählten Rekruten im Feldlager und in der Schlachtordnung erprobt und sogleich die übermütigen Feinde mit Reiterei und Fußvolk bedrängt.«
Tatsächlich wurde zur Heeresfolge (*ostis*) zwischen Mai und Juni aufgerufen. Karl der Große schreibt an einen Lehnsmann:
»Es wird Dir hiermit bekanntgegeben, daß wir unsere Reichsversammlung in diesem Jahr in das östliche Sachsen, nach dem Ort Staßfurt an der Bode einberufen haben. Daher befehlen wir Dir, daß Du mit allen Deinen Leuten an den 15. Kalenden des Juli [= 17. Juni] dorthin kommst. Deine Gefolgschaft muß vollständig ausgerüstet sein, mit Waffen, sonstigem Kriegsgerät, Lebensmitteln und Kleidung: Jeder Reiter muß einen Schild, eine Lanze, ein langes und ein kurzes Schwert, einen Bogen und einen pfeilgefüllten Köcher haben. In Euren Troßwagen müßt Ihr Kriegswerkzeuge aller Art und Lebensmittel mitführen. Vom Datum der Versammlung an muß der Proviant für drei Monate reichen. Waffen und Kleider sind für ein halbes Jahr mitzuführen.«[10]
Auf der Maifeld-Versammlung trafen sich alle Truppenarten: die Großen mit ihrer Gefolgschaft, Lehnsleute mit ihren Aftervasallen, schwere und leichte Reiterei, Fußvolk. Es war wichtig, nicht zu spät zu kommen:
»Zur Heeresfolge aufgerufene Gefolgsleute, die nicht rechtzeitig am angesagten Versammlungsort eintreffen, erhalten so viele Tage weder Fleisch noch Wein, wie sie sich nachweislich verspätet haben.«[11]
Alle Freien im Reich schuldeten den Heeresdienst (*ostis*); wer sich weigerte, wurde mit der hohen Buße von 60 Schillingen belegt, das entsprach dem Preis von 20 Stuten oder 30 Kühen. Dieser Betrag war

Abb. 11. Kampfszene aus dem *Liber Maccabeorum.*

sofort fällig, es sei denn, man hatte vor Zeugen seine Unfähigkeit zum
Heeresdienst feststellen lassen.

Gewiß brannten die Adligen darauf, in den Kampf zu ziehen, aber das
Gros des Heeres verließ nur ungern Familie und Feldarbeit. Die
Männer wollten so schnell wie möglich zurück nach Hause zur Ernte
und Weinlese. Deswegen kam es während der Kriegszüge häufig zu
Desertionen (*herisliz*), die mit dem Tod bestraft wurden. Karl der
Große erkannte durchaus, daß der Kriegsdienst nicht allen auferlegt
werden konnte, deswegen rief er 807 nur die Besitzer von wenigstens
drei Mansen (40 ha durchschnittlich) zur Heeresfolge auf; 808 gestand
er sogar zu, daß nur aufgerufen wurde, wer mindestens vier Mansen
besaß. Wer weniger hatte, mußte sich mit anderen zusammenschlie-
ßen, so daß je vier gemeinsam die Kosten für die Abstellung eines
Kriegers trugen. Über die zahlenmäßige Stärke der karolingischen
Heere gehen die Schätzungen weit auseinander, sie reichen von 30 000
bis zu 100 000 Mann. Einige Gelehrte rechnen sogar nur mit 3000
Reitern und 6000 bis 10 000 Mann Fußvolk; die lange Dauer der
Eroberungszüge Karls des Großen – 30 Jahre dauerte die Niederwer-
fung der Sachsen – erklären sie mit der zahlenmäßigen Unterlegenheit.
Es sollte aber auch nicht übersehen werden, daß Karl immerhin dort
Erfolg hatte, wo Rom gescheitert war.[12]

Sorgfältig bereitete der König mit seinen Ratgebern jeden Kriegszug
vor. Dazu gehörte die Kenntnis der Berichte von Kundschaftern
(Spionen) im Feindesland, das Studium aller verfügbaren Karten und
das Aufspeichern von Kriegsmaterial, das für einen längeren Feldzug
notwendig war. Ein Beispiel: Um das Abendland von der seit dem
7. Jahrhundert gegenwärtigen Avaren-Gefahr zu befreien, befehligte
Karl der Große auf jedem Donauufer eine Heeresabteilung; gleichzeitig ließ er eine Flottille flußabwärts fahren, die Verpflegungsnachschub
brachte und in Schwierigkeiten geratene Abteilungen jederzeit aufnehmen konnte. Nithard, der Karl den Kahlen auf seinen Feldzügen
begleitete, schildert, mit welcher Sorgfalt der König und seine Ratgeber den Beginn eines Kriegszugs vorbereiteten. Die Könige mußten
auf die strategischen Fähigkeiten der von ihnen bestellten Heerführer
vertrauen. Sie verließen sich auf die Elitetruppen, die *scarae*; das waren
kleine Abteilungen gepanzerter Reiterei, bei denen sich auch die Söhne
des Königs befanden (vgl. Abb. 11). Diese jungen Paladine waren in
der Lage, an einer besonders gefährdeten Stelle überraschend schnell
eine Offensive vorzutragen.[13]

Wenn das Aufgebot zusammengerufen war, wurde es auf den Kriegsschauplatz geführt. Diese Bewegung mußte sehr langsam durchgeführt werden, weil man sich von den Fahrzeugen (*basternae*) mit den Lebensmittelvorräten nicht trennen durfte. Die Wagen waren mit Leder bezogen, damit sie Wasserläufe ohne Schaden durchqueren konnten; sie enthielten Mehl, Wein, gepökeltes Schweinefleisch, Schinken und Werkzeuge (Äxte, Messer, Bohrer, Beile, Hacken, Schaufeln, Schleudern). Damit die Pferde diese schwer beladenen Wagen (eine Fuhre Wein wog mehr als eine halbe Tonne) ziehen konnten, wurde höchstwahrscheinlich schon das Kummet verwendet. Das Plündern war vor Erreichen des Feindeslandes verboten. Jeder Krieger war verantwortlich für alle Schäden, die seine Pferde auf der Ackerflur anrichteten. Brauchte er Getreide, konnte er es von den Bauern aufgrund seines Anspruchs auf Verpflegung (*fodrum*) verlangen. Entwendete ein Krieger Getreide, durfte der Bauer keine Selbstjustiz üben, sondern mußte sich an den Grafen oder Pfarrherren als Vermittler wenden. Wie konnten die Soldaten aber wirklich am Plündern gehindert werden? Die karolingischen Krieger waren mit Sicherheit wenig diszipliniert. Sie verkauften ihre Waffen an die Marketender und tranken übermäßig viel Wein. Wer betrunken angetroffen wurde, durfte nur noch Wasser trinken, bis er sein Vergehen eingesehen hatte.[14]

Im Feindesland angekommen, plünderten die einfachen Soldaten und ihre Anführer ohne Hemmung. So berichtet z. B. Ermoldus Nigellus über den Feldzug in die Bretagne:

»Wie im Herbst die Drosseln und andere Vögel in dichten Schwärmen in die Weinberge einfallen und die Trauben stehlen, so erschienen die Franken sofort bei Beginn der Erntezeit und plünderten den reichen Ertrag dieser Gegend. [. . .] Sie suchten nach den in Wäldern, Sümpfen und Gräben versteckten Reichtümern. Sie nahmen unglückselige Menschen, Schafe und Rinder mit. Die Franken verwüsteten alles. Die Kirchen wurden, wie es der Kaiser befohlen hatte, geschont, aber alles andere wurde in Brand gesteckt.«[15]

Die Schwierigkeiten auf dem Vormarsch, die Abwehrmaßnahmen des Feindes, begünstigt durch Wälder, Sümpfe und Bergland, zwangen die Führung, eine Politik der verbrannten Erde anzuwenden; und wer immer dem Aufgebot in die Hände fiel, wurde umgebracht. Aquitanien, die Bretagne, Sachsen, Septimanien und viele andere Gegenden wurden derart verwüstet, daß die Folgen jahrhundertelang spürbar blieben.

Dem Ideal und der Vorliebe der Adligen entsprechen andere Formen

des Kampfes. Von Jugend an bereiteten sie sich auf die rasche Entscheidung in offener Schlacht vor. Aber sie wurden enttäuscht: Die Geschichtsschreibung der Zeit vermerkt nur wenige wirklich große Schlachten. Das Treffen bei Fontenoy-en-Pusaye (25. Juni 841) wurde von einem Augenzeugen als große Feldschlacht bezeichnet. Sie blieb berühmt, weil »man noch nie zuvor ein solches Blutbad unter dem Volk der Franken gesehen hatte«, wie ein Chronist berichtet.[16]
»Tau, Wasser und Regenfälle sollen diese Walstatt nicht mehr netzen, auf der die tapfersten Helden gefallen sind, die nun von Vater, Mutter, Schwester, Bruder und den Freunden beweint werden. Auch auf der Seite Karls und Ludwigs war der Boden weiß von den Leinengewändern der Getöteten, so wie im Herbst die Felder weiß von Vögeln sind.«[17]
So äußert ein weiterer Augenzeuge seinen Schmerz in einem lateinisch geschriebenen Klagelied.
Da die Feldzüge meist auf den Sommer beschränkt blieben, war es unmöglich, den Gegner entscheidend zu besiegen. Vereinzelt mußten Unternehmungen auch im Winter weitergeführt werden, zur großen Enttäuschung der Leute. Oft zog sich die Belagerung von festen Plätzen oder Städten über einen längeren Zeitraum hin (vgl. Taf. 18). Barcelona z. B. wurde 6 Monate, Pavia 9 Monate belagert. Die Belagerungsmaschinen wurden rings um die Befestigungsanlagen aufgestellt. Man verwendete Rammböcke (Widder), Schleudern, Wurfmaschinen, hölzerne Türme auf Rädern, Mauerbrecher (eine Waffe, die erstmals bei der Belagerung von Angers im Jahre 873 angewendet wurde).[18] Nach uralter Tradition beschimpften sich die Gegner in heftigen Schmähreden.[19] »Die Belagerungsmaschine arbeitet ununterbrochen; an vielen Stellen werden die Mauern niedergelegt, der Kampf wird heftiger als jede frühere Schlacht ...«[20] Es wurde gekämpft, bis sich die Belagerten, vom Hunger getrieben, ergeben mußten.
Das Ergebnis eines Feldzugs war selten nur negativ. Gewiß, der karolingische Adel verlor viele seiner Besten im Kampf: Die Katastrophen am Süntel 782, von Roncesvalles 778 sind unvergessen. Aber solchen Rückschlägen stehen die Eroberungen Karls des Großen als Gewinn gegenüber. Die Franken profitierten von dem in Feindesland eroberten Gut. Der Herrscher und seine Großen teilten sich die Beute. Die Nachricht von der Wegnahme des Avarenschatzes wurde mit großem Jubel begrüßt: »Man kann sich nicht erinnern, daß sich die Franken je in einem anderen Krieg durch erbeutete Schätze und Reichtümer mehr bereicherten.«[21] 15 vierspännige Ochsenwagen wur-

den mit Gold, Silber und Gewändern beladen. Die bei den Sarazenen erbeuteten Waffen und Kleider wurden zwischen den Heerführern geteilt. Einer erhielt ein Seidengewand, ein anderer ein »Schwert aus Indien«. Die Schätze der Großen haben ihren Ursprung in solcher Kriegsbeute.[22]

Beute und Sieg wurden von Dichtern besungen: »Arme und Reiche, Adlige und ihr, Angehörige des geistlichen Standes, spendet alle Beifall!«[23] Nicht alle Kämpfe verdienten es, derart gefeiert zu werden, vor allem nicht die der Franken untereinander. »Diese Schlacht ist des Lobes nicht wert, sie braucht nicht besungen zu werden«, sagt der Dichter über das Treffen von Fontenoy.[24] Aber nach germanischer Tradition wurden die Siege über heidnische Völker im Lied gefeiert, in der Volkssprache, aber auch lateinisch. Der Sieg Pippins über die Avaren, der Ludwigs des Stammlers über die Normannen im *Ludwigslied*, aber auch die Katastrophe von Roncesvalles wurden rasch zur Legende.[25]

Der Kampf war für den Adel wohl ein Spiel: »Da trieben die Franken ihr Spiel«, schreibt der Verfasser des *Ludwigsliedes*. Aber die Auseinandersetzung mit Heiden und Feinden der Kirche war auch eine heilige Pflicht. Die Könige ließen sich von Feldgeistlichen begleiten: »Jeder Bischof soll drei Messen mit drei Psalmen feiern, eine für den König, eine für das Heer der Franken, die dritte für die augenblickliche Bedrängnis.« Vor dem Feldzug gegen die Avaren ließ Karl das Heer drei Tage fasten und beten und mit bloßen Füßen eine Prozession abhalten.[26] Das Aufgebot der Karolinger glich den Armeen der Könige des Alten Testament, und die Krieger schienen neue Makkabäer zu sein.[27] Im *Ludwigslied* wird Ludwig III. als Ritter Christi, Lehnsmann Gottes, geschildert. Gott spricht zu Ludwig und verlangt von ihm, sein Volk zu retten, das von den Nordmännern bedrückt wird. Ludwig ist einverstanden, empfiehlt sich Gott, entfaltet sein Banner gegen die Normannen und spricht zu seinen Gefolgsleuten: »Gott hat mich hierher geschickt und mir seine Befehle gegeben ...« Er führt seine Mannen in den Kampf, stimmt ein geistliches Lied an, und alle zusammen singen das *Kyrieeleison*.[28]

Der Laienstand

Durch die Definition des gerechten und heiligen Krieges verbindet der Klerus die Stellung des Adels mit Kirche und Mönchtum. Das war notwendig, weil in der vom Klerus beherrschten Gesellschaftsordnung die Laien oft an einer Art Minderwertigkeitskomplex litten. Der Laienstand wurde von den Geistlichen oft als Zugeständnis an die menschliche Unvollkommenheit betrachtet. Nur wer nicht die sittliche Kraft hatte, um in Armut und Zölibat zu leben, heiratete und verwaltete seinen Besitz. Diese Menschen bildeten den dem geistlichen untergeordneten Stand der Weltlichen. So schreibt Paulinus von Aquileia:»In den Herzen der Laien ist große Unruhe entstanden. Sie sagen: Was soll ich die Heilige Schrift lesen hören oder Priester und die Kirchen der Heiligen aufsuchen? Wäre ich Geistlicher, würde ich handeln, wie es die Kleriker sollen.«[29] Die Laien zweifelten daran, daß ihr ewiges Seelenheil garantiert war; sie hatten das Bedürfnis nach festen Lebensregeln, die ihnen, wie den Geistlichen, den Weg ins Paradies weisen konnten.

Um diesem Wunsch zu entsprechen, verfaßten Kleriker für sie *specula*, belehrende Abhandlungen, die für Laien die gleiche Rolle spielen sollten wie die *regula* für Weltgeistliche und Mönche. In seinem *Liber de virtutibus et vitiis* (Buch der Tugenden und Laster), verfaßt für Graf Wido, versicherte Alkuin, daß der Laienstand und weltliches Handeln die Himmelspforten nicht verschließen, solange man nach den christlichen Tugenden lebe.[30] Paulinus von Aquileia schickte Markgraf Erich von Friaul einen *Liber exhortationis*, damit er, obwohl Laie, zum Wirken für Gott angeleitet werde. Um 828 verfaßte Jonas von Orléans für Graf Matfrid eine kleine Schrift, deren Titel, *Institutio laicalis* (Unterweisung für Laien), die angestrebte Absicht klar macht. Gleichzeitig widmete er König Pippin von Aquitanien seinen *Liber de institutione regia*, der an die Pflichten eines christlichen Herrschers erinnert. Diese Abhandlung kann man mit weiteren Fürstenspiegeln vergleichen, verfaßt z. B. von Alkuin, Sedulius Scottus, Smaragdus von Saint-Mihiel, Hrabanus Maurus und Hinkmar. Auch Laien selbst wollten ihren Kindern vor dem Eintritt ins öffentliche Leben Ratschläge für richtiges Verhalten geben.

Zwischen 841 und 843 verfaßte Dhuoda, die Gattin Bernhards von Septimanien, den *Liber manualis* für ihren Sohn Wilhelm, als dieser im Alter von 16 Jahren in den Dienst Karls des Kahlen trat. Wilhelm sollte dieses Handbuch immer wieder lesen und als Anleitung dafür betrach-

ten, »wie er mitten in allen weltlichen Geschäften sein Seelenheil sichern könne«. Außerdem bat sie ihn, dieses Buch seinem jüngeren Bruder Bernhard vorzulesen, sobald er alt genug sei, es zu verstehen.[31]
Diese Fürsten- und Laienspiegel enthalten alle das im Grunde genommen gleiche Erziehungsprogramm: für die Herrscher Ratschläge zur Staatsführung, und für die Gesamtheit der Laien Anweisungen zur sittlichen Lebensführung.[32] Die Adligen wurden zur Kriegführung gegen alle Untugenden angehalten, die samt ihren schlimmen Folgen katalogartig aufgezählt wurden. Sie sollten die ihrer Stellung entsprechenden Tugenden üben: Gerechtigkeit gegenüber Abhängigen, Freigebigkeit gegenüber Kirche und Armen, Schutz für den Schwachen, Beistand für den Herrscher. Sie hatten die Unauflösbarkeit der Ehe anzuerkennen und ein Eheleben gemäß den kirchlichen Vorschriften zu führen. Schließlich hatten sie ihr Schwert in den Dienst von Recht und Glauben zu stellen. So konnten sie ihres Seelenheils gewiß sein. Denn wie Paulinus von Aquileia schreibt, hat Christus sein Blut nicht nur für die Geistlichen vergossen, sondern für die gesamte Menschheit, für alle, die ihm mit ganzer Kraft dienen. Die Laien haben demnach in der christlichen Gesellschaft ihre genau bestimmte Aufgabe. Sie bilden einen *ordo* wie Geistliche und Mönche. Die Verwendung dieses Ausdrucks kann seit dieser Zeit in Texten verschiedenster Art begegnen.[33] In einer christlichen Gesellschaft, auf der Suche nach ihrem Gleichgewicht, beginnt damals das alte indo-europäische Prinzip der Dreiteilung die Überlegungen der Gebildeten zu bestimmen. Neben dem zum Gebet verpflichteten Mönchsstand und dem für die Seelsorge zuständigen Stand der Weltgeistlichen wird der Laienstand gleichberechtigt. Man kann also von einer Aufwertung der Laien sprechen. Das gilt zumindest für die Adligen, die als *bellatores, milites* oder *militia saecularis* von der Masse des Volkes unterschieden werden. Von denen, die nur arbeiten, wird nicht gesprochen.

Kapitel IV

Die Spitzen der kirchlichen Hierarchie

Bischöfe und Äbte

Ihren Kindern ein Bistum oder eine Abtei zu sichern, war das Ziel der Bemühungen vieler Adliger. Dafür waren nicht nur die materiellen Vorteile maßgebend, sondern auch das hohe Ansehen, das die Führer der Kirche in einer sakral bestimmten Gesellschaft genossen. Seit Chlodwig hatten die fränkischen Könige das Recht, Bischöfe einzusetzen. In der Hoffnung, zuverlässige Berater zu gewinnen, haben sie von dieser *concessio regalis* häufig Gebrauch gemacht; wie Lupus von Ferrières berichtet, »folgte der König der Tradition seiner Vorfahren und machte häufig Hofgeistliche zu hohen kirchlichen Würdenträgern«.[1] Sobald ein Bischofssitz vakant wurde, beeilte man sich, auf jede nur mögliche Weise bei König oder Königin zum Nutzen eines Verwandten oder Freundes vorstellig zu werden. Notker von St. Gallen hat dazu viele wahre Begebenheiten als eindringliche Beispiele überliefert. Als Karl der Große einen einfachen Geistlichen zum Bischof erheben wollte, mußte er dem Widerstand seiner Umgebung begegnen:
»Da nun die Höflinge den Tod des Bischofs vernahmen, trachteten sie, wie sie ja immer auf den Sturz oder jedenfalls den Tod anderer lauern, ungeduldig und einer dem anderen mißgünstig, jeder für sich durch die Vertrauten des Kaisers die Bischofswürde zu erlangen [...]. Zuletzt schickte die Königin Hildegard erst die Vornehmsten des Reiches, dann trat sie persönlich vor den König, um dieses Bistum für ihren Geistlichen zu erlangen...«
Ein andermal erhielt ein reicher, adliger Geistlicher ein Bistum vom König:
»Vor Freude außer sich, lud dieser zahlreiche Höflinge zu sich in seine Wohnung, nahm auch sehr viele, die aus jenem Sprengel zu ihm kamen, mit großer Pracht auf und ließ für alle ein gar großartiges Mahl bereiten. An Speisen überladen, trunken vom Wein und ganz berauscht versäumte er in dieser so heiligen Nacht die nächtlichen Vigilien...«
Der Chronist ergänzt, daß der Kaiser seine Entscheidung rückgängig machte und das Bistum einem Würdigeren verlieh.[2]

Man muß anerkennen, daß Karl der Große es verstanden hat, fähige
Bischöfe um sich zu sammeln, die sich um die Erneuerung der Kirche
im Reich verdient gemacht haben. Es gelang ihm, gebildete und
fromme Männer auszuwählen, die auch imstande waren, seine Politik
zu unterstützen. Er vertraute ihnen Gesandtschaften an, setzte sie als
missi ein und machte sie zu seinen Lehnsleuten. Das Bischofsamt, mit
dem er sie belohnte, war ein *honor* wie das Grafenamt und konnte
ihnen im Fall eines Treuebruchs wieder genommen werden. Karl der
Große behielt auf diese Weise die Kontrolle über den Episkopat, was
seinen Nachfolgern weniger gut gelang. Als Angehöriger der Aristokratie hatte ein Bischof, wie weltliche Große, seine Gefolgschaft; nach
Möglichkeit brachte er Verwandte und Freunde in gehobene Stellungen und versorgte sie mit Besitztümern. Gewöhnlich machte ein
Bischof keinen Unterschied zwischen seinem persönlichen Besitz und
den Einkünften des Amtes. Sein Ziel war es, das Bistum einem Bruder
oder Vetter oder sogar seinem Sohn zu vererben. Während des 9. Jahrhunderts befreiten sich die Bischöfe allmählich von der Schutzherrschaft des Königs und übten, wie die anderen Adligen, auch die
weltliche Herrschaft selbständig aus.
Die gleiche Entwicklung ist bei Äbten und Äbtissinnen zu beobachten, die ebenfalls adliger Herkunft waren. Zunächst setzten die Könige
Äbte und Äbtissinnen ein, die ihnen durch Verwandtschaft oder im
Treueverhältnis verbunden waren. Die großen Abteien im Norden
und Osten des Frankenreichs, Saint-Denis, Corbie, Saint-Riquier,
Fulda, St. Gallen usw., blieben den Freunden des Herrschers vorbe-
halten.[3] Einige gelangten sogar in den Besitz mehrerer Abteien:
Alkuin war Abt von Ferrières, von Saint-Loup in Sens, von Saint-
Josse, von Flavigny, von Cormery und von Saint-Martin in Tours.
Einhard war Laienabt von Seligenstadt, von S. Giovanni in Pavia, von
Saint-Wandrille, von St. Servatius in Maastricht, von St. Peter und St.
Bavo in Gent. Helisachar leitete die Abteien Saint-Riquier, Saint-
Aubin in Angers und St. Maximin in Trier. Auch die Schwestern und
Töchter Karls des Großen erhielten Abteien, diese Art der Versorgung
wurde dann für viele karolingische Prinzessinnen üblich. Im 9. Jahr-
hundert suchte der Hochadel die Abteien unter seine Verfügungsge-
walt zu bringen und diese Einkommensquellen für die eigene Familie
zu sichern.

Das weltliche Leben des Klerus

Gleich ob die Bischöfe und Äbte der Karolingerzeit im Auftrag des Königs oder zu ihrem eigenen Vorteil tätig waren, ihre Lebensführung entsprach in jedem Fall weitgehend der des Adels. Obwohl ihnen durch das kanonische Recht verboten war, Blut zu vergießen, wurden sie durch Pflicht oder Neigung zur Teilnahme an Kriegszügen gebracht. Wenn zur Heeresfolge aufgerufen wurde, mußten – wie schon erwähnt – auch die Bischöfe und Äbte dem Herrscher eine bestimmte Anzahl Krieger zur Verfügung stellen. Manche nahmen auch ohne Zögern selbst an der Schlacht teil, z. B. Abt Odo von Corbie, an den Lupus von Ferrières schrieb: »Auch Euretwegen bin ich in großer Unruhe, denn ich erinnere mich daran, daß Ihr Euch oft unüberlegt und ohne Waffen mitten in die Schlacht stürzt, mit der Leichtigkeit der Jugend und getrieben vom brennenden Verlangen zu siegen.«[4] Lupus seinerseits war kein begeisterter Krieger, und es war ganz gegen seinen Geschmack, daß er dem Aufruf des Königs folgen sollte: »Wie Ihr wohl wißt«, berichtet er, »habe ich weder gelernt den Feind zu schlagen noch ihm auszuweichen. Auch alle anderen Pflichten des Kriegsdienstes zu Fuß oder zu Pferd sind mir fremd, aber schließlich braucht unser König nicht nur Kriegsleute.«[5] Lupus hat seine Handschriften und seine Studien der Teilnahme am Krieg entschieden vorgezogen. Die gleichen Klagen hat auch Bischof Claudius von Turin niedergeschrieben:
»Ich komme keinen Augenblick zur Ruhe, um mich meinen geliebten Studien zuzuwenden, denn ich bin jeden Tag im Dienst. Im Frühjahr packe ich meine Pergamenthandschriften und meine Waffen zusammen und ziehe bis an die Küste hinunter, um mit den Sarazenen und Mauren zu kämpfen. Am Tag führe ich das Schwert, nachts greife ich zu meinen Büchern und zur Feder; nur so kann ich versuchen, meine Träume zu verwirklichen.«[6]
Erzbischof Arn von Salzburg beklagt sich bei Alkuin darüber, daß die Bürde seiner weltlichen Verpflichtungen die gewissenhafte Erfüllung seiner Hirtenpflichten unmöglich mache. Alkuin seinerseits bedauert, daß »die Männer, die frei sein sollten, um Gott zu dienen, gezwungen werden, weite Reisen zu unternehmen«, trotzdem antwortet er Arn mit einer ganzen Reihe von Bibelzitaten über die Pflicht zum Gehorsam gegenüber der weltlichen Gewalt.[7] Vergeblich bot Aldrich von Le Mans dem König den Verzicht auf alle Ämter an, um sich ganz der Geistlichkeit und dem einfachen Volk zu widmen. Auf einem Konzil

versammelt, verlangten die Bischöfe 829 mehr Freiheit für die Erfüllung ihrer gottesdienstlichen Pflichten.[8] Derartige Beispiele von
Gewissensnot innerhalb des karolingischen Klerus könnten gehäuft
werden, aber das sollte nicht darüber hinwegtäuschen, daß sich viele
Geistliche vom Reiz und von den Vorteilen weltlicher Tätigkeit gefan-
gennehmen ließen.

Sehr viele Geistliche haben wirklich ein aufwendiges Leben nach dem
Vorbild der weltlichen Großen geführt. In ihren komfortablen Pfalzen
hielten sie Reitpferde und Hundemeuten, Sperber und Falken. Sie
gaben prunkvolle Empfänge und hielten auf den Ruf ihrer Tafel.
Sedulius bewahrte ein bleibendes Andenken an das Essen, das ein
Bischof von Lüttich gab:

»Die vornehme Versammlung geistlicher Würdenträger erfreut sich an
frommer Entspannung. Du sorgst, gefeierter Bacchus, für neues Vergnügen, du gibst uns den Friedenskuß, wenn du uns den Becher der
Freude reichst, du schlägst die Weisesten in Bann [...] Jeder möge
zwei Sester voll trinken, jeder Zecher möge ein iambisches Lied
vortragen, und alle im Chor sollen die sechste Strophe wiederholen.«[9]

Notker von St. Gallen schildert einen Bischof, der auf weichen
Daunenkissen sitzt, in kostbarste Seide gekleidet, und der die besten
Sänger und Musikanten mit allen möglichen Instrumenten kommen
läßt.[10] Das ist nicht nur auf die Vorliebe des Autors für bunte
Anekdoten zurückzuführen, denn auch Jonas von Orléans tadelt seine
Amtsbrüder,

»die nach Lust und Laune Speisen verschiedenster Art verlangen und
das Können der Köche bei der Zubereitung der delikatesten Gerichte
preisen, die aber, den Bauch prall vom Wohlleben und getränkt von
den feinsten Weinen, den Mund nicht zum Lob Gottes, sondern nur
zu lautem Gelächter aufmachen.«[11]

Alkuin schließlich beklagt die Anwesenheit von Possenreißern und
Zitherspielern bei den Mahlzeiten von Bischöfen und Äbten,[12] die er
ermahnt, die Schriften der Kirchenväter höher zu schätzen als germanische Heldenlieder. Viele Äbte und vor allem Äbtissinnen führen ein
weltliches und aufwendiges Leben wie Adlige. Das bezeugen die
Ermahnungen zu einem den Ordensregeln entsprechenden Lebenswandel in Kapitularien und durch Konzilsbeschlüsse: Klostergeistliche
hielten sich eigenes Gesinde, spielten anstatt zu beten, verfaßten
Liebeslieder, die »Winileodes«,[13] kleideten sich in Seide, empfingen
Besuche von Männern und Frauen. Eine Pilgerreise nach Tours oder

Rom diente vielen als Vorwand, das Kloster zu verlassen und ein lockeres Leben zu führen; Intrigen zum Sturz von Äbten oder Äbtissinnen waren an der Tagesordnung. Die Struktur des karolingischen Mönchswesens selbst – nämlich das starke aristokratische Element, der mehr oder weniger unfreiwillige Klostereintritt junger Adliger, die Ernennung von Laienäbten und Laienäbtissinnen – erschwerte ein den Regeln entsprechendes Klosterleben.[14]

Reformversuche

Es bleibt noch zu erwähnen, daß Karl der Große und seine Nachfolger diese Mißstände kannten und alles versuchten, um sie zu beseitigen. Karl beauftragte seine *missi* zu erfragen, was denn die Geistlichen unter »Weltentsagung« verstünden; er wollte wissen, »wie denn Menschen, die der Welt entsagten, zu unterscheiden seien von denen, die ein weltliches Leben führen; ob denn der Verzicht auf das Waffentragen und offizielle Eheschließung ihr einziges Merkmal sei?«[15] Durch Konzilsbeschlüsse haben die Könige zusammen mit den Bischöfen Mönche und Nonnen eindringlich daran erinnert, daß die Klausur vollständig zu sein hatte und daß der Dienst an Gott die allererste Pflicht war.

Benedikt von Aniane, mit dem Hof wohl vertraut, weil er selbst dort aufgewachsen war, verließ ihn, um auf eigenem Grund ein Kloster zu gründen; er beabsichtigte, allen Abteien die Regel des heiligen Benedikt vorzuschreiben.[16] Durch die Bemühungen einiger Bischöfe und König Ludwigs von Aquitanien wurden Saint-Martin-d'Ainay in Lyon, Micy bei Orléans, Cormery, Saint-Savin-sur-Gartempe, Gellone (= Saint-Guilhem-du-Désert bei Aniane), La Grasse und Psalmodi von der Reformbewegung erfaßt. Später, als Kaiser, berief Ludwig Benedikt nach Inden (heute Kornelimünster, etwa 6 km von Aachen); diese Abtei wurde zum Vorbild für das Frankenreich, man besuchte sie, um die neuen Regeln kennenzulernen: »Der Kaiser gab Benedikt Vollmacht über alle Klöster des Reiches; wie er Aquitanien und Gothien in der heilsbringenden Ordensregel unterrichtet hatte, so sollte er jetzt die ganze Francia mit ihr vertraut machen.« Glaubt man Ardo, dem Biographen Benedikts, war also eine Zentralorganisation der Klöster geplant, die der benediktinischen Regel an sich fremd war. Im Jahre 817 wurden sogar zahlreiche Äbte und Mönche in Aachen versammelt, wo sie einem Kapitular zustimmten, das in 83 Artikeln das Mönchsleben nach benediktinischer Tradition reglementierte.[17] Kontrollbeauftragte, voran Benedikt, sollten für die Durchführung der Beschlüsse sorgen. Es ist sicher, daß sie auf heftigen Widerstand stießen. Der Tod Benedikts von Aniane (821) und die politischen Probleme Ludwigs des Frommen kamen denjenigen Äbten und Äbtissinnen zugute, denen die von oben angeordnete Reform offensichtlich zu weit ging und die auf ihre alten Gewohnheiten nicht verzichten wollten. In der zweiten Hälfte des 9. Jahrhunderts wurde die von Benedikt von Aniane überarbeitete benediktinische Klosterregel kaum noch befolgt. Als Graf Gerald von Aquitanien 890 ein Kloster in Aurillac gründen wollte, konnte er kaum Mönche finden, die diese Bezeichnung verdienten. Er schickte junge Adlige nach Vabres in der Grafschaft Rouergue, damit sie die dort befolgte benediktinische Klosterregel kennenlernten; aber kaum zurück, fielen sie durch ihre Disziplinlosigkeit auf.[18] Eine offizielle Bestandsaufnahme der Zustände in den Klöstern brachte die Synode von Trosly im Jahre 905: Die Bischöfe beklagten, daß in den Klöstern Laienäbte residierten, die Frau, Kinder, Jagdhunde, Kriegspferde und Krieger mitbrachten und die Klostereinkünfte verschwendeten.[19]

Die einzige Möglichkeit, zu einem geregelten Ordensleben zurückzufinden, war der vollständige Ausschluß aller weltlichen Einflüsse: Als Graf Gerhard II. von Paris 863 ein Kloster auf seinem Eigenbesitz Vézelay gründete, beschloß er, es direkt dem Papst zu unterstellen und den Abt von den Mönchen selbst wählen zu lassen. Diesem Beispiel folgte Herzog Wilhelm der Fromme von Aquitanien, als er im Jahre 910 auf seinem Besitztum in Cluny Mönche einsetzte. Nur unterstellte er die Abtei nicht dem Papst, sondern direkt den Aposteln Petrus und Paulus, so daß jede weltliche und geistliche Oberhoheit ausgeschlossen war. Der Erfolg der Gründung von Cluny und die Bedeutung der Abtei für die Reformbewegung des 10. Jahrhunderts sind allgemein bekannt. Die Zeit der vom König oder Adel beherrschten Klöster war vorübergehend beendet.[20]

Kapitel V

Das Leben am Hof

Der Hof war Mittelpunkt für weltlichen und kirchlichen Adel, in der unmittelbaren Umgebung des Fürsten hoffte man auf Geschenke, Gunstbezeigungen, Amt und Würden. Der äußere Rahmen des Hoflebens war, wie erwähnt, die Pfalz, die der König mit seinem Gefolge einige Monate bewohnte; Sommer- und Winterresidenz wurden nach den Erfordernissen des Augenblicks gewählt: die Möglichkeit zur Jagd, die hohen Kirchenfeste, Reichsversammlungen spielten eine Rolle. Einzelheiten über die Daseinsbedingungen am Hofe berichten einige Geschichtsschreiber aus der Umgebung der Herrscher.[1]

Die Hofämter

Bevor der König samt Familie, Gesinde, Beamten, Geistlichen und Vasallen eintraf, hatten die *mansionarii* (Quartiermacher) die Pfalz bereits instandgesetzt und überprüft, ob die Vorräte für den Unterhalt aller ausreichten. Die beiden wichtigsten Würdenträger am Hof waren der Seneschall (*senescalcus*, d. h. Altknecht), zuständig für die Tafel des Königs, und der Mundschenk (*buticularius*); beide waren für eine reibungslose Haushaltsführung in der Pfalz verantwortlich. Der Connétable (*comes stabuli*) und seine Gehilfen, die Stallmeister (*marescalci*), sorgten für den Unterhalt der Pferde.[2] Der König war als erstes daran interessiert, seinen Königsschatz in den Privatgemächern sicher unterzubringen. Dafür war der Kämmerer (*camerarius*) verantwortlich, der deshalb eines der wichtigsten Ämter am Hofe innehatte. In der »Kammer« (*camera*) wurden alle außerordentlichen und ordentlichen Einkünfte angesammelt. Es handelte sich dabei einerseits um Kriegsbeute, Tributzahlungen für »Schutzleistungen«, Geschenke von Gesandtschaften, Kirchenopfer, die Jahresgeschenke der Großen, andererseits um den Ertrag direkter und besonders indirekter Steuern (Einkünfte aus Marktabgaben und Wegegeldern), um die Bannbußen und die jährlichen Geschenke der Abteien. In der »Kammer« waren auch die Edelmetallbarren gelagert, die es den Münzmeistern ermöglichten, das Silbergeld zu prägen. In Truhen verschlossen waren Schmuckstücke, goldene Kronen, Seidenstoffe und Luxuswaren, die von am Hof akkreditierten Kaufleuten herbeigeschafft wurden; dazu kamen noch die verzierten Preisverzeichnisse, die der König von Schreibern und Buchillustratoren anfertigen ließ; alles in allem war die »Kammer« ein regelrechtes Warenlager. Eine Vorstellung vom Umfang der *camera* Karls des Großen gibt dessen von Einhard über-liefertes Testament.[3] Der Königsschatz blieb, wie schon unter den Merowingern, das *instrumentum regni*. Die Treue der Großen hing davon ab, wie weit ihnen der König Hoffnung machen konnte, von seinem Schatz zu profitieren. Der *camerarius* konnte deswegen, wie z. B. unter Ludwig dem Frommen, als zweitwichtigste Persönlichkeit des Reiches gelten.

In einem anderen Teil der Pfalz, nahe der Kapelle, wurden Dienststel-len untergebracht, die man etwas hochtrabend als königliche Kanzlei bezeichnen kann. Im Interesse der Verwaltung des Reiches mußte sie so schnell wie möglich ihren richtigen Platz erhalten. Die Archive – auch eine Art Schatzkammer – bargen die Zweitschriften des Schrift-verkehrs, die Urkunden, die Berichte der *missi*. Hier fand Ansegis 827 die Materialien für seine Kapitulariensammlung.[4]

Seit der Regierungszeit Pippins benutzten die Kanzleibeamten Latein als Verwaltungssprache und verstanden es, korrekte Schriftstücke mit Hilfe von Formelsammlungen (*formulae*) zu erstellen; ihre Arbeit wurde vom Kanzler (*cancellarius*) geleitet, unterstützt wurden sie von Notaren, die in Tironischen Noten – der Stenographie des Mittelalters – schreiben konnten,[5] und von Schreibern, die in Kursivschrift oder in der neuen Minuskel ausgebildet waren. Theodulf beschreibt die Gestalt des *notarius* Erchanbald, »der eine doppelte Schreibtafel in der Hand hält und ein Diktat aufnimmt, das er lautlos wiederholt«.[6] Eigene »Notare« halfen dem König bei der Abfassung seiner Anspra-chen, bei der Formulierung von Fragen, die den *missi* mit auf den Weg gegeben werden sollten und bei der Vorbereitung der Verhandlungen mit Bischöfen, Äbten und Grafen während eines Hoftages. Karl der Große versuchte, die schriftliche Verwaltung in dem Umfang wieder herzustellen, wie sie in der Spätantike bestanden hatte und im Byzanti-nischen Reich noch immer bestand. Wie noch zu zeigen ist, lag in dieser Absicht ein wichtiges Antriebsmoment für seine Kulturpolitik. Der Kaiser scheiterte an der traditionellen Vorliebe unzivilisierter Völker für das gesprochene Wort und an der Unfähigkeit der weltli-chen Amtsträger, Lesen und Schreiben zu lernen. Aber mit der

Reorganisation seiner Kanzlei gab Karl immerhin ein Vorbild für die spätere französische Monarchie.

Zwischen Kanzlei und Hofkapelle gab es sehr enge Verbindungen, weil nur Geistliche imstande waren, den Kanzleidienst zu leisten. Aber die Angehörigen der Hofkapelle hatten auch einen eigenen, genau bestimmten und sehr wichtigen Hofdienst zu leisten: Sie mußten die Reliquien aufbewahren, die der König mit sich führte, darunter der berühmte Mantel (*cappa*) des heiligen Martin, der dem Gebetsraum des Königs, der Kapelle, den Namen gab; ferner hatten sie alle gottesdienstlichen Feiern für den König und sein Gefolge abzuhalten. Karl selbst besuchte die Kapelle morgens und abends, auch an den nächtlichen Gebeten nahm er teil. Er sang halblaut zusammen mit den Geistlichen, und nach dem Bericht Notkers von St. Gallen gab er jedem einzeln den Einsatz zum Wechselgesang.[7] Die Hofkapelle sollte das Vorbild für alle Kirchen sein, hier dominierte der römische Kirchengesang unbestritten, den Pippin und Karl im ganzen Reich einführen wollten. Der König selbst befahl auch, das Credo mit dem Zusatz *filioque* zu singen, eine Neuerung, die Papst Leo III. wenig gefiel. Unter Ludwig – mit dem bezeichnenden Beinamen »der Fromme« – wurde die Kapelle noch mehr zum Zentrum des Hofes. Die »Heerschar des Hofklerus«, so die Bezeichnung durch den König selbst, wurde immer größer und beeinflußte häufig die Meinungsbildung des Herrschers. Hilduin, Abt von Saint-Denis, 822 zum Erzkaplan ernannt, war einer der führenden Männer der kaiserlichen Partei; unter seinen Fittichen begann der Aufstieg des jungen Hinkmar. Er legte sich den neuen Titel eines *sacri palatii archicapellanus* bei. Die sehr begehrte Stelle wurde nacheinander besetzt mit Fulrad, Abt von Saint-Denis, Bischof Angilram von Metz und Erzbischof Hildebald von Köln. Der Erzkaplan war der wichtigste Ratgeber des Herrschers in Glaubensangelegenheiten, er machte ihm Vorschläge für die Besetzung von Bistümern und Abteien und half ihm bei der Vorbereitung von Synodalversammlungen, auf denen liturgische und theologische Probleme beraten wurden.

Der König und seine Großen

Der Erzkaplan hatte im übrigen die Rolle des Ratgebers mit allen weltlichen und geistlichen Würdenträgern am Hof zu teilen; denn der König pflegte nicht allein zu regieren. Er holte sich Ratschläge von allen Seiten und erteilte Aufträge in diplomatischer oder militärischer Mission: Truchseß Eggihard war unter den Gefallenen von Roncesvalles, Seneschall Audulf wurde 786 in die Bretagne geschickt, der Mundschenk Eberhard übernahm 781 eine Gesandtschaftsreise nach Bayern, eine nach Sachsen wurde 782 dem Kämmerer Adalgis übertragen. Jeremias, der 813 Kanzler war, ging 825 zusammen mit Bischof Jonas von Orléans nach Rom. Kanzler Helisachar wurde von Ludwig dem Frommen als Gesandter in die Armorica und nach Spanien geschickt. Genauso konnte aber auch ein einfacher *notarius*, sogar ein Türsteher vom Kaiser ins Vertrauen gezogen werden.[8] Der König konnte ferner die Teilnehmer an der jährlichen Reichsversammlung (*conventus generalis, placitum generale*) um Rat fragen: Grafen, Äbte, Bischöfe und Vasallen. Unter Karl dem Großen fiel die allgemeine Reichsversammlung mit dem Truppenaufgebot (Mai bis Juni; *campus magius*) zusammen. In der Folgezeit wurde sie davon getrennt zu einem anderen Termin abgehalten. Wenn es die Umstände erforderten, konnte der König auch eine weitere Versammlung in seine Pfalz einberufen.

»Zu dieser Versammlung kommen die kirchlichen und weltlichen Großen; die bedeutendsten unter ihnen, um zu beraten und Beschlüsse zu fassen, die weniger bedeutenden, um durch ihre Teilnahme Zustimmung zu bekunden. Manchmal treten aber auch diese in Beratungen ein, um die getroffenen Beschlüsse zu bekräftigen, nicht gezwungen oder aus blindem Vertrauen, sondern auf eigenen Antrieb und aufgrund eigener Einsicht.«

Dieses Idealbild einer Jahresversammlung entwarf Hinkmar 880 für den jungen Karlmann.[9] Ganz offensichtlich handelte es sich dabei keinesfalls um eine eigentliche Volksversammlung, auch wenn sich einige hundert Teilnehmer für Tage oder Wochen in der Pfalz aufhielten. Der König hatte Vollmacht, den *conventus* nach Geistlichen und Weltlichen zu trennen; er konnte dann die Beratungsergebnisse beider Gruppen in Ruhe überdenken. Durch den König zu einer Abfolge von Artikeln (*capitula*) zusammengefaßt, bildeten diese Beschlüsse den Inhalt der Kapitularien, denen dann die Gesamtheit der Versammelten ihre Zustimmung gab. Sicher hat bei der Meinungsbildung des Herrschers das Wort der ständigen Ratgeber oder auch von ausnahmsweise anwesenden engen Freunden besonderes Gewicht gehabt.

Die Teilnahme an der Jahresversammlung war Pflicht: Die Einladung erging schriftlich, und sich den Anweisungen des Königs zu widersetzen war gefährlich. Auch war es unmöglich, den Hof ohne die

Erlaubnis des Herrschers wieder zu verlassen. Darüber hat sich mancher beklagt: Lupus von Ferrières weist einen seiner Briefpartner nachdrücklich darauf hin, daß er bereits den vierten Monat am Hof verbringt, ohne den König auch nur einen einzigen Tag verlassen zu haben. Bischof Frothar von Toul war öfter am Hof als in seinem Bistum. Um sein Ausbleiben zu entschuldigen, berief sich Alkuin mit zunehmendem Alter auf seinen schlechten Gesundheitszustand. Auch Einhard berief sich auf Nierenschmerzen, Milzbeschwerden und eine heftige Enteritis, um 830 einer Reise nach Compiègne zu entgehen.[10] Man hat hier eine diplomatische Krankheit vermutet, weil Einhard vermeiden wollte, Partei für Ludwig den Frommen oder dessen Sohn Lothar ergreifen zu müssen. Aber auch in den normalen Zeiten, außerhalb der Versammlungsperioden, glich der Hof von früh bis abends einem aufgeregten Bienenstock. Die Türhüter mußten Bittsteller abhalten, von denen die königlichen Gemächer belagert wurden. Der eine Geistliche wünschte dringend ein Bistum, der andere eine Abtei. Darauf bezieht sich Lupus' von Ferrières Schreiben an einen Freund:

»Hier geht das Gerücht um, daß einige Hofgeistliche unbedingt verschiedene Klöster in ihren Besitz bringen wollen, nur um ihre Gier zu befriedigen und um die Diener Gottes zu unterdrücken.«
Aber Lupus selbst war interessiert:
»Im vergangenen Jahr gelangte ich mit Hilfe meiner Freunde vor den Kaiser und wurde von ihm wie von der Königin mit größtem Wohlwollen empfangen. Und heute, an den 10. Kalenden des Oktober [= 22. September], in der ersten Indiktion, begebe ich mich wieder an den Hof, gerufen von der sehr einflußreichen Königin; viele glauben, daß mir bald ein Ehrenamt übertragen wird.«[11]
Vasallen ohne Lehen, die also noch nicht zu den *vasalli casati* gehörten, hofften auf das Wohlwollen des Königs. Wie Einhard berichtet, mußte der König gleich nach dem Aufstehen die ersten vom Pfalzgrafen vorgelassenen Prozeßparteien anhören.[12]
Karl der Große schätzte fremde Reisende besonders und nahm sie mit allen Ehren auf. Wie Einhard schreibt, wurden sie so zahlreich, daß ihre Anwesenheit »nicht nur im Palast, sondern im ganzen Reich mit Recht als Last empfunden wurde«. Seit den Zeiten Pippins schickten auch auswärtige Mächte ihre Gesandten, die sich mit großem Gefolge am karolingischen Hof aufhielten. Besonders zu erwähnen sind Gesandtschaften des byzantinischen Kaisers oder des Kalifen von Bagdad, Vertreter der mohammedanischen Emire Spaniens oder der

angelsächsischen Könige, ferner sächsische, skandinavische und bulga-
rische Stammesführer. Der Königsschatz wurde durch die Geschenke
der Gesandten vergrößert, der einheimische Adel knüpfte Verbindungen mit diesen weitgereisten Männern an, die ganze karolingische
Kultur wurde durch neue Anregungen bereichert. Die Anwesenheit
von Geistlichen aus dem Osten benutzte Karl, um deren griechische
Wechselgesänge ins Lateinische übertragen zu lassen; auch die von
Byzantinern mitgeführte Orgel ließ er nachbauen.[13]

Unterhaltungsmöglichkeiten am Hof

Im Vergleich zu Bagdad oder Byzanz wirkte der karolingische Hof
zwar recht wenig entwickelt, trotzdem gab es vielerlei Zerstreuungen.
Eine besondere Rolle unter den zeitgemäßen Beschäftigungen spielte
der Sport. Karl der Große, selbst ein hervorragender Schwimmer,
nahm sein Gefolge in das Bad zu Aachen mit:
»Er lud nicht nur seine Söhne, sondern auch Adlige und Freunde,
manchmal sogar sein Gefolge und seine Leibwache zum Baden ein.
Oft badeten mehr als hundert Leute mit ihm.«[14]
Große Teile des Herbstes und des Winters wurden mit Jagden in den
Vogesen, in den Ardennen und in Franken verbracht. Zu Ehren der
Gesandten aus Bagdad veranstaltete Karl eine Jagd auf Auerochsen,
deren Anblick die Orientalen erschreckte. Als der Dänenkönig Harald
nach Ingelheim kam, lud ihn Ludwig der Fromme zur Jagd auf einer
Rheininsel ein:
»Überall im Wald hört man jetzt die Jagdhunde bellen. Hier ruft ein
Mensch, dort wird ein Trompetensignal gegeben. Das aufgescheuchte
Wild kämpft sich durchs Dickicht [...]. Von der Jagdleidenschaft
gepackt, erlegt der Kaiser eigenhändig zahlreiche Tiere; mit der
Behendigkeit der Jugend kann Lothar mehrere Bären niederste-
chen...«[15]
In der Umgebung der Pfalzen wurden Tiergehege und sogar Tiergär-
ten angelegt. Ermoldus beschreibt eine dieser Anlagen in der Nähe von
Aachen: Hinter dicken Mauern wurden Vögel aller Art, aber auch
wilde Tiere gehalten. Mit kleinem Gefolge jagte der König hier auf
Hirsche, Damwild und Hindinnen, im Winter kam er zur Falkenjagd
auf Federwild. Höchstwahrscheinlich wurden in diesem Tiergarten ein
Löwe und ein Bär – Geschenke eines afrikanischen Fürsten für Karl –
untergebracht und auch der berühmte Elefant A'bul Abbas, den der

Kalif von Bagdad dem Kaiser im Jahr 802 schickte. Das Tier lebte bis 810, sein Skelett wurde in Lippeham bis ins 18. Jahrhundert aufbewahrt.[16]

Für Menschen, die sich körperlich anstrengen, spielen die Mahlzeiten eine besondere Rolle im Tagesablauf: Karl der Große war ein starker Esser, er beklagte sich oft, daß ihm kirchlich vorgeschriebenes Fasten schädlich sei. Er hatte eine ausgeprägte Vorliebe für das Fleisch, das seine Jäger am Spieß brieten, und verschmähte den Rat der Ärzte, die ihm gekochtes Fleisch empfahlen.[17] Glaubt man den Moralisten, aßen die Karolinger sogar überreichlich. In einem Gedicht auf die Mäßigkeit schildert Milo von Saint-Amand humorvoll die Küchen der Königspfalz, die »Tag und Nacht rauchen, in denen die Köche schwitzen und vom Ruß ganz schwarz werden«.[18] Der Küchenmeister ist ein wichtiger Mann, aber auch oft Zielscheibe von Spötteleien. So erinnerten z. B. bibelfeste Geistliche daran, daß, leider Gottes! der Küchenmeister König Nebukadnezars Jerusalem belagern und plündern ließ. Besonders groß war auch die Verantwortung des obersten Mundschenks, denn die Mahlzeiten wurden sehr reichlich begossen. Obwohl Karl der Große persönlich Trunkenheit verabscheute, konnte er an den überlieferten Trinksitten der Franken nur wenig ändern: »Die Becher voll unvermischten, schweren Weins gingen von Hand zu Hand.« Aus dem Becher des Königs trinken zu dürfen, war ein gesuchtes Privileg.[18]

Die karolingischen Könige ließen ihre Gäste ganz hervorragend bewirten. Der Luxus der königlichen Tafel, der wohlorganisierte Ablauf der Festmähler erhöhten das Ansehen der Herrscher. Der anonyme Biograph Bischof Hugos von Rouen, eines Neffen Karl Martells, schildert die Freuden der Hoffeste.[19] Um die Gäste zu unterhalten, aber wohl auch, um eine gewisse Förmlichkeit zu bewahren, traten Musiker mit Leiern und Zithern auf, die meist weltliche Musik, viel seltener geistliche, spielten.[20] Ihnen folgten Schausteller, die sich bemühten, mit ihren Späßen die Gäste zum Lachen zu bringen.

Die gemeinsamen Mahlzeiten werden von Dichtern antikisierend beschrieben. So hat zum Beispiel Theodulf den Herrscher und die um ihn versammelten Vertrauten geschildert: Karl der Große läßt sich ermattet an der Tafel nieder, seine Söhne befreien ihn eilends von Mantel und Schwert, die Töchter stellen Blumen und Obst vor ihn. Thyrsis (der Kämmerer Meginfried) weicht nicht von der Seite seines Herrn, der Erzkaplan Hildebald tritt dazu, »voller Güte, mit heiterem Antlitz und frommen Herzens«, um zu sagen, was Karl zu essen und zu trinken gedenkt. Flaccus (Alkuin), der berühmteste der Dichter, ist ebenfalls anwesend, erläutert Glaubenssätze aus der Heiligen Schrift und bedient sich mit Leichtigkeit der verschiedensten Versmaße. Leider fehlt aber Homer (Angilbert). Lentulus bringt einen Korb mit erlesenen Äpfeln, Nardulus (Einhard) eilt hin und her, geschäftig wie eine Ameise. Menalcas (Truchseß Audulf) führt eine Schar von Bäckern und Köchen herein, vorsichtig tragen sie die Platten mit dem Festmahl, die er vor dem Königsthron präsentieren möchte. Eppinus (Mundschenk Eberhard) kommt mit kostbaren Krügen voller Wein. Nachdem Alkuin die Tafel gesegnet hat, setzt er sich und eröffnet die Mahlzeit. Nachdem alles wieder abgeräumt ist, trägt Theodulf, sein Pseudonym ist Pindar, eigene Gedichte vor; bei allen finden sie Gefallen, nur der Recke Widbodus schüttelt sein weinschweres Haupt. Als ihn der König plötzlich anruft, erhebt er sich auf schwankenden Beinen, sein aufgeblähter Bauch wölbt sich viel weiter vor als die Brust: »So erinnert sein Gang an Vulcanus, seine Stimme an Jupiter.«[21]

Während Theodulf den Vertrauten Karls also Beinamen aus der antiken Überlieferung gab, griffen andere Dichter auf die Bibel zurück: David für Karl den Großen, Aaron für Erzbischof Hildebald von Köln, Nathanael für Fridugis, Beseleel für Einhard. Auch die Söhne Ludwigs des Frommen erhielten biblische Beinamen: Lothar wurde Josuah genannt, Ludwig der Deutsche Jonathan und Karl, als der Jüngste, Benjamin.

Die Frauen am Hof

Alle Adligen, die sich unter Karl dem Großen und dessen Nachfolgern längere Zeit am Hof aufhielten, bewahrten eine Art Heimweh nach dieser glücklichen Zeit. Die karolingischen Herrscher hatten es verstanden, einen Lebensstil zu entwickeln, der den unkultivierten Hofhaltungen völlig fehlte. Am Hof war man empfänglich für den Charme der Prinzessinnen, der Frauen und Töchter Karls des Großen, der Gemahlinnen Ludwigs des Frommen. Auch von Dichtern wurde das Lob der Frau gesungen, z. B. von dem Iren Sedulius, der die Schönheit Irmingards, der Gemahlin Kaiser Lothars I., beschrieben hat: »Ihre goldene Stimme übertrifft bei weitem den Wohlklang der Zither. Ihr makelloses Antlitz ist weiß wie Schnee und rot wie Rosen. Die goldblonden Haare umgeben ihr Haupt mit dem Glanz des Chryso-

lith, ihre Augen funkeln wie Hyazinth, ihr Hals schimmert in milchi-
gem Weiß, ähnlich Lilien oder Elfenbein. Ihre fehlerlosen Hände sind
unerschöpflich freigebig.«[22]
Alkuin warnt einen seiner Schüler vor den »gekrönten Tauben, die in
den Räumen des Palastes herumfliegen«.[23] Die Warnung war durchaus
am Platz, denn es ist bekannt, wie gerne sich die Töchter Karls des
Großen von Adligen den Hof machen ließen. Bertha wurde von
Angilbert verführt, Rotrud von Graf Rorico, und bekanntlich hat der
alternde Karl seine Konkubinen am Hofe untergebracht. Nach der
Thronbesteigung mußte Ludwig der Fromme seine Schwestern in
Klöster schicken und die Prostituierten aus Aachen verjagen.[24]
Aber trotz seiner Sittenstrenge war der neue Herrscher weiblichen
Reizen gegenüber nicht unempfindlich. Nach dem Tod seiner Gattin
Irmingard (818) wollte er nicht in Enthaltsamkeit leben. Er ließ sich
die schönsten Heiratskandidatinnen vorstellen und wählte schließlich
Judith, eine Angehörige des bayerischen Grafengeschlechts der Wel-
fen. Es ist nicht ganz sicher, ob sie wirklich zu Ludwigs bösem Geist
geworden ist, ihn erst behext und dann mit dem Kämmerer Bernhard
und anderen betrogen hat. Gerüchte darüber gab es vor allem in der
Anhängerschaft von Ludwigs erstgeborenem Sohn Lothar, der seine
Stiefmutter, die Königin, haßte: »Die geringeren Leute machten sich
darüber lustig, die vornehmen und großen litten darunter, daß das
kaiserliche Lager beschmutzt, der Palast entehrt und der Ruf der
Franken verdunkelt wurde, weil die Herrin frivole Spiele sogar in der
Gegenwart von Geistlichen trieb.« Diese Schilderung gibt Agobard,
ein erklärter Gegner der Kaiserin, aber zur Rechtfertigung Judiths
wurde auch angeführt, es handle sich nur um »Verleumdungen der
Hofpartei«.[25] Lothars Parteigänger, angeführt von Abt Wala von
Corbie, wollten sich nicht damit abfinden, daß auch Judiths Sohn Karl
(der Kahle) Anspruch auf einen Teil des Reiches hatte; sie begannen
deswegen eine ungezügelte Verleumdungskampagne.

Das Standesbewußtsein des Adels

Durch Abstammung, Besitz und den unmittelbaren Zugang zum
König nahm der Adel eine bevorzugte Stellung im Frankenreich ein,
die er eifersüchtig bewachte. Da er den Abstand zu den anderen
Gesellschaftsschichten betonte, kann man durchaus von »Klassenbe-
wußtsein« sprechen. In einer Zeit, in der die Theologen, gestützt auf

Thesen des heiligen Augustinus, über die Prädestination disputierten, konnten einige von ihnen zu der naheliegenden Annahme verlockt werden, es gebe auch eine »gesellschaftliche Prädestination«.[26] Man war Adliger, Freier oder Leibeigener, ohne eigenes Zutun, und es gehörte sich nicht, seinen Stand wechseln zu wollen. Innerhalb des Adels selbst gab es Abstufungen: Der mit dem Königshaus verwandte Hochadel und Abkömmlinge berühmter Vorfahren verachteten den mittleren Adel. So wurde Ende des 9. Jahrhunderts Karl der Einfältige von Angehörigen des Hochadels kritisiert wegen seiner zu engen Freundschaft mit Hagano, »der von unbekannten Eltern« abstammte; sie drohten, den Rat zu verlassen, falls der König seinen Günstling weiter stützen werde. Dennoch entstammte Hagano dem niederen Adel.[27] Bis in das 11. Jahrhundert konnten die Könige nur mit Hilfe der führenden Vertreter des Adels herrschen.

Der Hochadel legte also wenig Wert auf die kleinen Krautjunker, für die Masse des Volkes hatte er nur Verachtung übrig. Die Geistlichen niedriger Herkunft, die Karl der Große gerne in seiner Umgebung sah, waren sehr schlecht angesehen. Ebbo, Milchbruder Ludwigs des Frommen, war Sohn eines freigelassenen Leibeigenen. Durch die Gunst des Kaisers konnte er zwar Erzbischof von Reims werden, nicht aber seine Herkunft aus dem Knechtstand vergessen machen. Höhnisch erinnert ihn einer seiner Gegner daran: »Der Kaiser machte dich frei, nicht edel, denn das ist unmöglich.«[28] Abt Waldo von Reichenau, im Gespräch über den Bischof von Konstanz, beteuert: »Solange mir wenigstens drei Finger an der rechten Hand bleiben, werde ich nie einen Vorgesetzten anerkennen, der mir an Herkunft unterlegen ist.« Die Ansichten der unteren Stände zählten nicht. Alkuin fand es tadelnswert, das Sprichwort *vox populi, vox Dei* zu zitieren: Auf das Volk dürfe man nicht hören, es müsse geführt werden.[29] Auch wenn ein Mann aus dem Volk Priester wurde, hatte er keinen Anspruch darauf, mehr geachtet zu werden. Brauchte ein Grundherr einen Kaplan, ging er zum Bischof und sagte: »Ich habe da einen Chorknaben, der mein Leibeigener war und den ich freigelassen habe. Ich möchte, daß du ihn zum Priester weihst, ich brauche seine Dienste.« Und der Geistliche gehörte de facto zum Gesinde der Adligen: Er bediente bei Tisch, pflegte den Wein, führte die Hundemeute auf der Jagd und leitete die Pferde der Damen. War er gebildet, verwendete ihn sein Herr auch als Sekretär oder als Verwalter. Wie jeder andere Bedienstete konnte er wegen Pflichtverletzungen geprügelt werden.[30] Im Karolingerreich bedeutete das Priesteramt also keineswegs sozialen Aufstieg.

Trotzdem gab es Geistliche, die unter Berufung auf den christlichen Glauben an den gleichen Ursprung von hoch und niedrig erinnerten. Zum Beispiel Theodulf von Orléans:

»Schweiß und Arbeit des Volkes haben dich reich gemacht. Der Reiche wird reich mit Hilfe des Armen. Aber die Natur hat euch beide dem gleichen Gesetz unterworfen. Ihr seid gleich bei der Geburt und im Tod, das gleiche Weihwasser hat euch getauft, ihr seid mit dem gleichen Öl gesalbt, Fleisch und Blut des Lammes Gottes sättigt euch alle gemeinsam.«[31]

Jonas schreibt über die Angehörigen der unteren Schichten:

»Ihr körperliches Unvermögen und ihr häßliches Äußeres, ihre schmutzige Kleidung und die Minderwertigkeit ihrer Unterhaltsmittel dürfen nie vergessen machen, daß sie Menschen sind genauso wie wir.«[32]

Das sind Gemeinplätze aus dem Gedankengut der Kirchenväter, gleichzeitig aber auch Ordnungsrufe, die immer dann wiederkehren, wenn die Mächtigen durch Übermut und Ausbeutung die Schwachen unterdrücken. In Kapitularien und Synodalbeschlüssen haben Herrscher und Bischöfe immer wieder auf die Pflichten der Großen gegenüber dem Volk hingewiesen.

Kapitel VI

Das Volk im Karolingerreich

Der kleinen Schicht der Mächtigen, die führen, Schlachten schlagen oder dem geistlichen Stand angehören, steht die große Masse derer gegenüber, die anspruchslos und in ärmlichen Verhältnissen ihren Lebensunterhalt zu sichern suchen. Der Quellenmangel macht es schwierig, genaueres über diese »schweigende Mehrheit« zu erfahren. Zu ihr gehören hauptsächlich die Landbewohner, die in den Dörfern der geistlichen und weltlichen Grundherrschaften leben; dazu gehört aber auch das Stadtvolk, Handwerker und Kaufleute, meist Christen oder auf dem Weg, es zu werden. Daneben spielte das jüdische Element eine Rolle, denn die Juden waren wirtschaftlich sehr aktiv und standen unter dem Schutz des Königs.

Die karolingischen Rechtsgelehrten unterschieden zwischen dem Stand der Freien und dem der Unfreien: Die Freien sind zum Kriegsdienst verpflichtet, stellen die Gerichtsversammlungen und leisten dem König den Treueid. Sie ordnen ihre persönlichen oder familiären Angelegenheiten in freier Selbstbestimmung, haben das Recht, sich ungehindert im ganzen Reich zu bewegen, sie können heiraten, wen sie wollen. Im Gegensatz dazu hatten die Unfreien keinerlei Rechte. Sie stehen unter der uneingeschränkten Gewalt ihres Herren, der sie ohne jede gerichtliche Kontrolle strafen kann und der die Vollmacht hat, ihre Ehen aufzulösen und sie selbst oder ihre Kinder zu verkaufen: Der Herr trifft alle Entscheidungen. Die Meinung, im westlichen Europa habe es keine Sklaverei mehr gegeben, ist überholt. Vielmehr haben die Eroberungskriege zu einem neuen Aufschwung des Sklavenhandels geführt. Wie noch zu zeigen ist, waren auf den Straßen oft ganze Sklavenkarawanen unterwegs, die innerhalb und außerhalb des Frankenreichs verkauft wurden. Eine andere Kategorie von Unfreien arbeitete auf den großen Landgütern oder als Handwerker in den Städten. Es gab Sklaven von Geburt, deren Eltern also schon Sklaven waren oder die aus der Ehe eines Freien mit einer Sklavin stammten; Sklave konnte man aber auch durch Verschuldung oder zur Strafe werden.[1]

Die rein rechtliche Unterscheidung zwischen Freien und Unfreien wird den differenzierten Verhältnissen der gesellschaftlichen Wirklichkeit nicht gerecht. Es gab Freie, die erbärmlicher als Sklaven existierten; es gab freigelassene Leibeigene, die genauso weiterlebten wie vor der Entlassung aus der Knechtschaft; und neben anderen gab es schließlich Menschen mit einem Zwischenstatus, die von der modernen Forschung als Minder- oder Halbfreie bezeichnet werden. Die tatsächlichen Lebensumstände der Bevölkerung können nur im Zusammenhang mit den gesellschaftlichen und wirtschaftlichen Bedingungen erfaßt werden. Zu beginnen ist mit den Bauern, die vier Fünftel der Gesamtbevölkerung ausmachten.

1. Die Landbevölkerung

Eine Fülle verschiedenartiger Daseinsbedingungen reichte vom Kleinbauern über den Pächter bis zum Lohnarbeiter. Nicht mehr aufrechtzuerhalten ist die vereinfachende Vorstellung vom Kolonen, der seine Hufe von einer großen Grundherrschaft erhält und dafür bestimmte Zinsen und Dienste schuldet. Bei der Darstellung des karolingischen Bauern haben die Historiker meistens auf Quellen zurückgegriffen, die sich auf die klassische geistliche oder weltliche Grundherrschaft beziehen und aus Gebieten nördlich der Loire stammen. So haben sie übersehen, daß es eine Mittelschicht freier, landbesitzender Bauern gab, die im westlichen und südlichen Frankreich, in Italien und in der Germania nachweisbar ist.[2]

Die Kleinbauern

Zahlreich belegt sind Kauf und Verkauf, Tausch und Schenkung von freiem, kleinbäuerlichem Besitz (Allodium). Das Land, auf dem sich der Bauer mit seiner Familie niederließ, heißt *mansus*. Dieses Wort, das von *mansio* (Behausung) abzuleiten ist und das noch im provençalischen »mas« begegnet, wurde im 7. Jahrhundert gebräuchlich als Bezeichnung für das Stück Land, von dem eine Familie leben konnte. Dem entspricht deutsch »Hube« oder »Hufe« und englisch »hide«, wofür sich bei Beda die Definition *portio unius familiae* findet. In der Folgezeit wurde das Wort *mansus* als Maßangabe der Abgaben und Dienstleistungen von durchschnittlich 12 bis 16 Hektar Land verwendet.[3] Die Besitzer der Mansen konnten über den Ertrag ihrer Arbeit selbst verfügen und den Landbesitz uneingeschränkt an die eigenen

Kinder vererben. Rief der König zur Heeresfolge (*ostis*) auf, mußten Besitzer von wenigstens vier Mansen persönlich Dienst leisten, weniger Begüterte schlossen sich zusammen, um einen Krieger für das Heer zu stellen. Das Land dieser freien Bauern wurde häufig von mächtigen Grundherren bedroht, die ihren Besitz ausweiten wollten und alle möglichen Druckmittel einsetzten, um ihr Ziel zu erreichen. Doch versuchten die Kleinbauern immer, wenigstens einen Teil ihres Landes zu retten. So übergab z. B. ein neustrischer Bauer dem Kloster Saint-Germain-des-Prés Acker-, Wiesen- und Weideland; seine vier Kinder bewirtschafteten den väterlichen Besitz als Kolonen weiter, behielten aber vier Morgen Land als Allodialbesitz.[4] Wollte ein Bauer seine Siedlerstelle vergrößern, konnte er einen Abt bitten, ihm auf Widerruf ein Stück Land zu leihen, das er dann als *precaria data* bearbeitete, solange er lebte. Nach seinem Tod fiel der Gesamtbesitz an das Kloster. War der Abt aber ein nachlässiger Verwalter, konnte es den Kindern gelingen, alles Land für sich zu behaupten. Auf einer Synode in Tours (813) wurde Sorge über diese Mißstände geäußert, die eine Bedrohung des Kirchengutes darstellten.

Zu vollem Eigen konnten Freie Brachland erwerben; ein gewisser Liudger kaufte 799 am Niederrhein Wald- und Weideland; er ließ es kultivieren und tauschte die so entstandene *hova* gegen weiteres Brachland, ohne auf seine grundherrlichen Rechte über das kultivierte Land zu verzichten.[5] Eine Rodungsgemeinschaft erhielt 845 vom Abt von Saint-Julien de Brioude Feldland, das bestellt und nach fünf Jahren geteilt wurde: eine Hälfte erhielt der Abt zurück, die andere behielten die Bauern. Darüber gibt ein »Teilbauvertrag« Auskunft.[6] In Gegenden, die von den Mohammedanern zurückerobert worden waren, zum Beispiel im Narbonnais, wurde spanischen Bauern gotischer Abstammung Rodungsland nach den Grundsätzen der *aprisio* (Erwerb freien Landes durch Rodung) zugeteilt; sie erhielten dafür freies Erbrecht zugesichert. Die karolingischen Herrscher mußten diese Rodungsfreien vor dem Neid der großen Grundherren und der Mißgunst der fränkischen Grafen schützen. In seinen Vorschriften zugunsten der *Hispani* erinnert Karl der Kahle 844 mit Nachdruck daran, daß diese Bauern ihren Besitz nach eigenem Ermessen verkaufen, tauschen und vermachen durften.[7]

Pächter und Lohnarbeiter

Wenn ein *pagensis* nicht genügend Land hatte, um seine Familie zu ernähren, mußte er zusätzlich Boden pachten. In Norditalien gab es die *libellarii*, Bauern, die mit einem Großgrundbesitzer Pachtverträge (*libelli*) abgeschlossen hatten. Nach antikem Vorbild war die Vertragsdauer auf 29 Jahre festgesetzt, gelegentlich auch auf zwei oder drei Generationen (Emphyteuse). So wird beispielsweise ein Gut des Klosters Bobbio im Jahre 862 von 47 freien Bauern, unterstützt von Landarbeitern, bewirtschaftet. Sie erhalten die gesamten Erträge, müssen dem Grundeigentümer aber feste jährliche Abgaben an Getreide, Wein und Schafen entrichten. Auch für Montier-en-Der und Prüm ist das Pachtsystem überliefert. Verpachtung gegen die Hälfte des Ertrags (Halbpacht) überwog in den Weingegenden.[8]

Zusätzlich zur Bestellung des eigenen Landes konnten die Bauern zu bestimmten Zeiten des Jahres auch gegen Entgelt für Großgrundbesitzer arbeiten. In Corbie beanspruchten die Klostergärtner die Mithilfe von Bauern, die Verpflegung erhielten und nach Abschluß der Arbeiten nach Hause zurückkehrten. Auch in Prüm wurden als *prebendarii* bezeichnete Bauern zu Dienstleistungen angefordert, sie erhielten dafür Lebensmittelzuteilungen, die *prebenda*.[9] Mit solchen Regelungen war beiden Seiten gedient: Der Grundherr erhielt die benötigten Arbeitskräfte, die notleidenden Bauern konnten für einige Tage ihren Hunger stillen und zusätzlich etwas Geld zurücklegen.

Innerhalb der Schicht freier Bauern gab es zweifellos große Vermögensunterschiede. Da gab es die reichen Bauern mit einem Besitz von vier Mansen oder mehr, die über Zugvieh verfügten und die von Mißernten profitierten, weil sie dann ihre Getreide- und Weinvorräte zu Höchstpreisen verkaufen konnten. Es gab aber auch Arme, die es nicht schafften, ihre Schulden abzutragen, die ihre Ernte auf dem Halm verpfänden mußten und denen nur übrigblieb, Hintersassen einer Grundherrschaft zu werden.

Die Grundhörigen

Diese Unfreien sind durch die überlieferten Polyptycha (Besitzverzeichnisse) gut bekannt. Sie wurden auf Land angesiedelt, das nicht unter Eigenwirtschaft des Grundherren stand (*terra indominicata*, Salland). Der ihnen zugewiesene Besitz war unterschiedlich groß, er umfaßte ein Haus mit Stallung und Scheune, den Gemüsegarten, Rebfläche, Ackerland und Weide. Der Grundhörige durfte ferner seine Schweine zur Eichelmast in die grundherrlichen Wälder treiben, wo er sich auch das nötige Brennholz holte, und er konnte schließlich sein Vieh auf den abgeernteten Äckern weiden lassen. Er verfügte selten über ein geschlossenes Stück Land, vielmehr wurden ihm meist Parzellen in Streulage verliehen. Da der Grundhörige jahreszeitlich bedingte Zu- und Abgangsmöglichkeiten brauchte, war wenigstens ein Minimum an Absprachen mit den Nachbarn notwendig. Die von den einzelnen bewirtschafteten Flächen waren unterschiedlich groß, mancher hatte zehnmal mehr als ein anderer. Durch Kauf, Tausch oder Rodung konnte ein Bauer das ihm zugewiesene Land vergrößern, so daß er auskömmlich von einigen Dutzend Hektar Anbaufläche leben konnte, während sich sein Nachbar mit einem Stückchen Acker bescheiden mußte. Die Mansen mögen ursprünglich für den Unterhalt von je einer Familie bestimmt gewesen sein, aber die Entwicklung ging dahin, daß oft zwei oder drei Familien auf einer Manse lebten, selbst wenn es in der Nähe unbesetztes Land gab. Nicht immer wurde diese Lage vom Grundherren verschuldet. So konnte beispielsweise ein Abt Grundhörigen, die auf wenigen Mansen zusammengedrängt waren, Rodungsland zur Niederlassung anbieten. Sie lehnten aber ab, weil sie zu wenig Großvieh und Geräte besaßen und weil sie häufig lieber beengt, aber in der vertrauten Umgebung lebten.[10] Unterschiede in der Organisation der Bauernmansen von Grundherrschaft zu Grundherrschaft und selbst innerhalb ein und derselben waren oft genug die Regel.[11] Außer an Bauern konnte Land auch an vom Grundherren angesetzte Neusiedler und sogar an Leibeigene verliehen werden.

Die Leibeigenen (*mancipia*) arbeiteten grundsätzlich in Gruppen auf dem Salland. Sie waren in den Gebäuden der *villa* untergebracht, versorgten das Vieh, bestellten Gemüse- und Obstgarten, bauten Ackergeräte, spannen und webten. Sie heirateten untereinander, sammelten Ersparnisse und hofften, früher oder später freigelassen zu werden. Die Grundherren erkannten aber, wie wenig sich der Einsatz solcher unfreien Arbeitskräfte lohnte, und berücksichtigten vielleicht auch die Unsicherheit ihrer Lebensbedingungen. Deswegen gingen sie mehr und mehr dazu über, die Leibeigenen auf Bauernstellen anzusiedeln. Derartige *servi casati* teilen im Grunde also das Geschick der Grundhörigen. Auch wenn ein Leibeigener freigelassen wurde, verließ er nur selten den Herrenhof. Aus Verehrung für den angestammten

Kirchenpatron oder aus mehr oder weniger ängstlicher Ehrfurcht vor seinen ehemaligen Herren war auch der Freigelassene bereit, eine Bauernstelle zu übernehmen, die Unterschiede zu den anderen Pächtern verwischten sich bald. So entstand die Sozialschicht der bäuerlichen Leibeigenen, der *homines* irgendeines Grundherrn, die zu Abgaben und Fronarbeit verpflichtet waren.[12]

Abgaben und Dienstleistungen

Jeder Inhaber einer Bauernstelle hatte, bei Strafe des Besitzverlustes, Abgaben in bar oder in Naturalien zu entrichten und Dienste für den Herrenhof zu leisten. Jahr für Jahr brachte der Bauer einige Silberstücke, Geflügel und Kleinvieh. Auch handwerkliche Erzeugnisse mußte er liefern: Stöcke, Gartengeräte, Bretter, Leinenstoff. Jedes Jahr bestellte er ein abgeteiltes Stück der Ackerfläche des Sallandes. Der für den Wirtschaftsbetrieb des Herrenhofes verantwortliche *villicus* oder *major* teilte jedem der Grundhörigen ein Stück Boden zu – im Nordosten »ansange« genannt –, mit der Verpflichtung, alle landwirtschaftlichen Arbeiten vom Pflügen bis zum Einfahren der Ernte durchzuführen. Er verpflichtete sie ferner zur Mithilfe bei den wichtigsten Saisonarbeiten: Heu- und Getreideernte, Weinlese. Schließlich konnte der Grundhörige auch noch zu Fuhrdiensten über größere Entfernungen herangezogen werden, wenn nämlich Weinfässer, Brennholz, Getreide oder Heu von der *villa* zum Kloster oder auf den Markt gebracht werden sollten.[13] Soweit die Gesamtheit der geforderten Leistungen. Was von dem einzelnen Grundhörigen wirklich verlangt wurde, wechselte allerdings sehr stark, selbst innerhalb einer Grundherrschaft von Bauernstelle zu Bauernstelle. Ein Bauer, dem ein *mansus ingenuilis* verliehen worden war, trug geringere Verpflichtungen als der unglückliche Inhaber eines *mansus servilis*, selbst wenn er persönlich kein Leibeigener war. Aber selbst für die Inhaber von *mansi ingenuiles* gab es unterschiedliche Regelungen. Ein Beispiel dafür ist das Inventar des Hofes Staffelsee in Bayern, der dem Bischof von Augsburg gehörte. Von den insgesamt 23 ausgegebenen *mansi ingenuiles* (freie Hofstellen) hatten fünf pro Jahr je 2 Ochsen zu liefern, die Inhaber hatten angemessenen Reiterdienst zu leisten; von sechs Mansen waren zu liefern: je 14 Scheffel Getreide, 4 Ferkel, eine bestimmte Menge Flachs, 2 Hühner, 10 Eier, 1 Metze Leinsamen, 1 Metze Linsen; ferner mußten je 5 Wochen Fronarbeit geleistet und

3 Tagewerk gepflügt werden, mußte 1 Fuder Heu auf der Herrschaftswiese geschnitten und Botendienst geleistet werden. Sechs andere Mansen sind belastet mit dem jährlichen Ackern, Einsäen und Abernten von 2 Tagewerk Herrschaftsland, dem Schneiden und Einbringen von 3 Fudern Heu sowie 2 Wochen Frondienst. Vier andere müssen zusätzlich Wein transportieren, Herrschaftsland düngen und Brennholz liefern.[14]

Ebenso wechselte die Belastung der Mansen von Grundherrschaft zu Grundherrschaft. Es waren z. B. vereinzelt nur wenige Tage Fronarbeit vorgeschrieben: in Arnheim 2 Wochen im Mai und 2 im Herbst; in St. Peter in Gent gab es überhaupt keine Fronarbeit. Im Gegensatz dazu mußten in Boussignies die Inhaber von Mansen wöchentlich zweimal mit ihrem Zugvieh erscheinen. Wenn nur geringfügige Abgaben erhoben wurden, war meistens die Belastung mit Diensten schwer. So hatten in Nouailly-en-Berry die Abgabepflichtigen nur zu liefern: jährlich 9 Hühner, 30 Eier, einige Reisigbündel und Latten, ferner 2 Schafe, um sich vom Fuhrdienst für das Heer freizukaufen, und 3 Pfennige. Dafür mußten sie aber im Herbst 8 Ruten Ackerland umpflügen und 26 Ruten im Frühjahr, mußten zur Erntezeit mitarbeiten, hatten die Einfriedungen des Herrenhofes zu reparieren; 2 Frachtwagen mit Brennholz und einer mit Lebensmitteln waren nach Paris und Angers zu liefern.[15]

Diese Beispiele ließen sich vervielfachen. Die Quellentexte erwecken den Eindruck, daß es den Grundherren vor allem darum ging, sich die Verfügung über Arbeitskräfte zu sichern. Betrachtet man die Sache aber aus dem Blickwinkel der Bauern, ist festzustellen, daß sie fast ausnahmslos nicht nach Belieben zur Fronarbeit herangezogen werden konnten. Sie haben offensichtlich über viel Zeit verfügt, um ihr eigenes Land zu bestellen, und hatten trotz der Ablieferungen an den Gutsverwalter ausreichende Einkünfte. Überdies ist bekannt, daß sie während der guten Jahreszeit ihre Ernteüberschüsse verkauften, daß sie die nahegelegenen ländlichen Märkte aufsuchten, ihr Getreide und ihren Wein aber auch über größere Entfernungen verkauften.

Die Dorfsiedlung

Die ländlichen Siedlungen – ob ein von Freien bewohnter *vicus* oder ein Weiler mit Grundhörigen – waren einander sehr ähnlich. Das Bauernhaus – zur Unterscheidung von der herrschaftlichen *domus* als *casa* bezeichnet – war aus ortsgebundenem Material errichtet. In Südfrankreich und im ganzen Mittelmeergebiet war das Bauernhaus meistens aus Stein (*casa petrinea*), es bestand aus Keller und einem Wohngeschoß.[16] In allen übrigen Landschaften war es dagegen die Regel, Häuser aus Bauholz (*materia*) und Lehm zu errichten. Es ist bezeichnend, daß das deutsche Wort »Wand« von winden (= flechten) abgeleitet ist, während Mauer (von *murus*) und Ziegel (von *tegula*) aus dem Lateinischen entlehnt sind. Die *Lex Baiuuariorum* gibt bei Hauszerstörungen die Geldbußen für alle wichtigen Bauteile an: 12 Schilling für den Firstbaum, 6 Schilling für den Stützbalken im Inneren des Hauses (*winchilsul*), je 3 Schilling für die Eckpfosten, die Schwellbalken und die äußeren, wandtragenden Balken (*spanga*).[17] Die ganz aus Holz gebauten Häuser waren leicht zerlegbar. Die Ausgrabungen altdeutscher Dorfsiedlungen in Gladbach (vgl. Abb. 12), Warendorf und anderswo haben gezeigt, daß die Häuser teilweise in den Boden eingetieft waren, daß das tragende Gerüst aus Balken aufgerichtet wurde und die Wände mit Hilfe von Gitterwerk und Kleiberlehm aus Holzplanken gefertigt waren. Das wahrscheinlich strohgedeckte Dach wurde durch außenliegende, hölzerne Strebebalken verstärkt. Die rechteckigen Häuser bestanden meist aus einem einzigen, unterteilten Raum und waren unterschiedlich groß:[18] in Warendorf erreichten sie eine Länge von 20 Metern, in Gladbach nur 3 bis 5 Meter. Durch die Unterteilung des Inneren verfügte der Bauer über zwei bis drei Räume zur Unterbringung von Mensch und Tier. Weitere Abteilungen lagen um den Zentralraum, in dem die Familie aß und wohl auch schlief. In der Mitte des Bauernhauses lag die Feuerstelle, der Rauch zog durch ein Loch im Dach ab.

Es gibt auch Beispiele dafür, daß mit der Errichtung von Nebengebäuden fortschrittlichere Wirtschaftsformen erreicht wurden. Die Quellen sprechen von eigens geheizten Wärmestuben (*pislum*) und verschließbaren Bauten, die *screona* genannt wurden, wovon das Wort »Schrein« abgeleitet ist.[19] Zum Schutz vor Strauchdieben und vor allem vor wilden Tieren war das ganze Gehöft mit einem Palisadenzaun oder einer gewachsenen Hecke umgeben.

Innerhalb des Hauses standen direkt auf dem Fußboden aus gestampftem Lehm der Tisch, einige Bänke, die für die Mahlzeiten nötigen Gerätschaften und die Lagerstätte, auf der die Eheleute schliefen, aber auch die jüngsten Kinder, die dabei in Gefahr waren, erstickt zu werden. Es war allgemein üblich, mit dem ersten Tageslicht aufzustehen. Der Bauer ging mit seinen älteren Söhnen zur Arbeit auf die

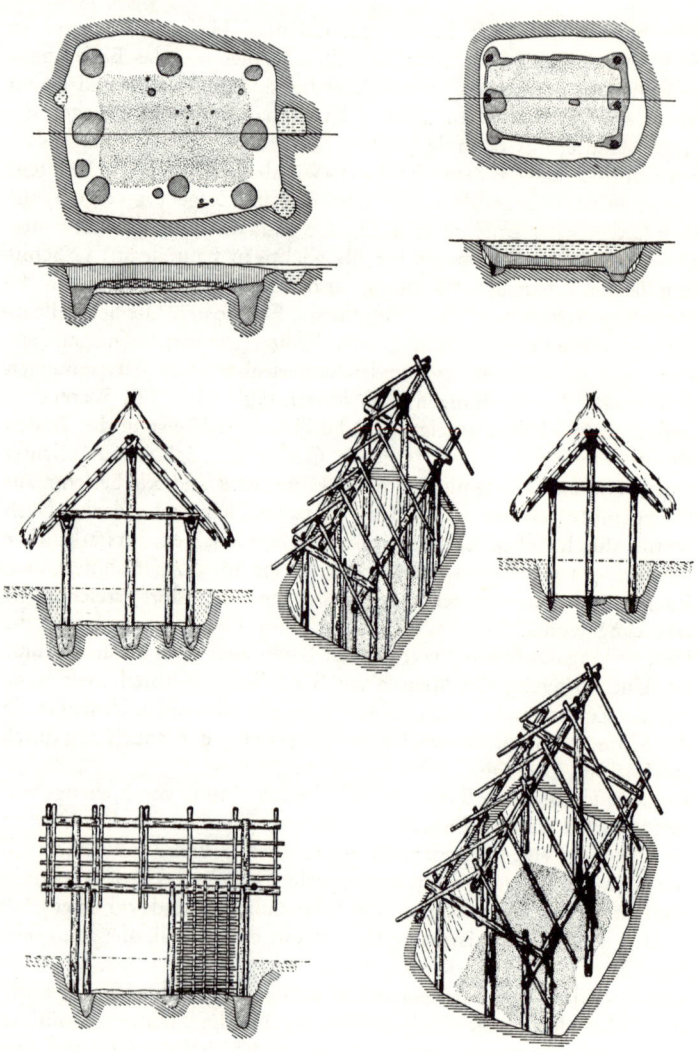

Abb. 12. Grabungsfund und Rekonstruktionsversuch für zwei Grubenhäuser. Gladbach, Kreis Neuwied.

eigenen oder die grundherrschaftlichen Felder. Zu den Pflichten der Bauersfrau und ihrer Töchter gehörte es, Brot zu backen, das Geflügel zu füttern, die Schafe zu scheren, Holz zu sammeln und beim Heuen zu helfen; nur ganz ausnahmsweise wurden sie auch zu Ackerarbeiten herangezogen. Als Gerald von Aurillac eine seiner Bäuerinnen pflügen sah, fragte er sie nach dem Grund dafür. Sie erwiderte, ihr Mann sei schon länger krank, sie sei allein, und es sei Zeit für die Aussaat. Da gab ihr Graf Gerald für jeden Tag der Saatzeit Geld, um einen Landarbeiter zu bezahlen, so daß »sie aufhören konnte, wie ein Mann zu arbeiten; denn«, führt Geralds Biograph fort, »Gott verabscheut alles, was gegen die Natur ist«.[20]

Der Stand der Agrartechnik, aber auch das Gemeinschaftsgefühl im Volk haben in karolingischer Zeit das Zustandekommen regelmäßiger Versammlungen gefördert. So mußten die Bauern in vielen Dingen untereinander Absprachen treffen: wann gepflügt und gesät werden sollte, wann die beweglichen Zäune zum Schutz der Ernte aufgestellt, wann das Vieh zur Weide auf das Gemeindeland getrieben, wann Stuten und Deckhengst zusammengebracht werden sollten. Ferner nahmen die Freien unter dem Vorsitz des Grafen oder seines Stellvertreters an den Gerichtsversammlungen teil, um die unvermeidbaren Nachbarschaftskonflikte beizulegen. Sie traten auch zusammen, um dem Abgesandten des Königs den Treueid zu leisten. Nur wenige Quellentexte erhellen das Alltagsleben dieser ländlichen Gemeinschaften, die eifersüchtig über die Bewahrung ihrer herkömmlichen Rechte wachten. Ein Fremder konnte sich nur mit der Zustimmung aller Einwohner im Dorf niederlassen; widersprach auch nur ein einziger, mußte er nach dreimaliger Aufforderung wieder abziehen. Wurde er aber zugelassen, erhielt er auch Anteil an Gras, Wasser und Wegen des Gemeindelandes.[21]

Der Landklerus

Grundsätzlich sollten die Bauern an jedem Sonntag eine Messe besuchen. So schrieben es König und Bischöfe vor, und selbst die Kuh- und Schweinehirten sollten von ihrer Arbeit freigestellt werden, so daß sie sich der christlichen Gemeinde anschließen konnten.[22] Mit viel Einsatz wurde die Zahl der Kirchen auf dem Land vermehrt, erhielten je zwei bis drei Dörfer und Weiler einen eigenen Pfarrer zugewiesen. Die Grundherren ließen auf ihren Herrenhöfen Kapellen für die

Leibeigenen und Grundhörigen errichten.[23] Diese inzwischen fast völlig verschwundenen Kirchen[23a] waren für die Bauern auch eine Art Gemeindehaus. Hier wurden nach der Messe Verträge abgeschlossen, nur mündlich oder zur Ergänzung auch schriftlich. Falls der Pfarrer gelernt hatte, Urkunden abzufassen, wurde er gebeten, als Notar zu fungieren. Die Männer und Frauen tanzten und sangen im Vorraum (atrium) der Kirche, manchmal auch in der Kirche selbst, aber ihre Lieder waren keineswegs fromme Hymnen; manchmal wurde auch der Pfarrer zu diesen sehr weltlichen Vergnügungen eingeladen. Häufig war er ohnehin niedriger Herkunft und teilte Alltag und Feste mit seinen Bauern. Er wurde in die Weinschenke und zu Hochzeitsessen eingeladen und gab dabei dank seiner Stellung meist den Ton an.[24] Man hatte Verständnis für seine Haushälterin. In seinem Synodalstatut hat Theodulf die Landpfarrer zu standesgemäßem Verhalten aufgefordert:

»Beachtet, daß ihr nicht zum Essen und Trinken in Tavernen gehen dürft. Ihr dürft auch nicht mit Frauen zusammen an Gastmählern teilnehmen, es sei denn, daß euch ein Familienvater in sein Haus lädt, der sich samt Frau und Kindern mit eurer Hilfe an geistigen Genüssen erfreuen will und der euch, dem Gebot der Nächstenliebe gehorchend, eine Mahlzeit anbietet. Falls euch ein Gläubiger irdische Speise reicht, sollt ihr ihn mit geistlichem Zuspruch stärken.«[25]

Zwischen dem geistlichen Hirten und seiner Herde konnte es aber auch zu Spannungen kommen, wenn es um die Bezahlung des Zehnten ging. Die karolingischen Herrscher hatten beschlossen, alle Bodenerträge mit dieser zehnprozentigen Abgabe zu belasten. Aber natürlich eilte es den Steuerpflichtigen nicht, die geschuldeten Anteile beim Pfarrer abzuliefern. In einigen Gegenden legten die Seelsorger Verzeichnisse der säumigen Schuldner an und verboten den Kirchenbesuch. Leistete jemand Widerstand, wurde er mit einer Buße belegt; erneuter Verweigerung folgte die gerichtliche Besitzbeschlagnahmung, wer dann noch ungehorsam blieb, wurde dem Gericht des Grafen übergeben.[26] Neben den Zehnt-Einkünften durfte ein Pfarrer noch über eine Manse von 60 Morgen (ungefähr 15 ha) mit vier Leibeigenen verfügen. Zumindest war dies im Idealfall vorgesehen.[27] Tatsächlich waren aber viele Landpfarrer genauso arm wie ihre Schutzbefohlenen. Die von ihnen in Scheuern oder oft auch in der Kirche selbst gespeicherten Zehntabgaben wurden von den geistlichen oder weltlichen Grundherren konfisziert. Das Bemühen um andere Einnahmequellen ließ manchen Geistlichen zum Wucherer oder Pfandleiher werden.

Darüber wurde zwar auf Konzilen und Synoden Klage geführt, aber wie es scheint, haben die Bischöfe nicht viel unternommen, um die Situation der Landpfarrer zu verbessern.

Bäuerlicher Widerstand

Es wäre unrealistisch, anzunehmen, die Bauern hätten fügsam und ohne Protest die ihnen auferlegten Lasten getragen. Zwar ist die Quellenlage schlecht, aber vereinzelt kann bäuerlicher Widerspruch und sogar Widerstand nachgewiesen werden. Gar nicht so selten sind Konflikte zwischen Grundherren und Bauern um das Weiderecht und den Holzeinschlag in den Wäldern. So konnte in St. Gallen nur durch königliches Schiedsgericht der Frieden wiederhergestellt werden; nach ausführlicher Erörterung des Standpunkts beider Seiten wurde entschieden, »daß jenseits des genannten Wasserlaufs alle Bauern ebenso wie die Hörigen des Klosters den Wald benutzen dürfen, um Holz zu schlagen, die Schweine zu mästen und das Vieh zu weiden [...]. Es wurde bezeugt, daß diese Regelung seit den Zeiten Kaiser Ludwigs bestand«.[28]

Anderswo weigerten sich Bauern, die Abgaben zu entrichten, weil sie außer Gebrauch gekommen seien, und man mußte erst nach der Urkunde suchen, in der sie schriftlich verzeichnet waren. Ein Grundherr nahm die Normanneneinfälle zum Anlaß, um die Zinslasten der Bauern zu erhöhen, doch erhob sich dagegen Widerspruch.[29] Karl der Kahle beklagt im Edikt von Pîtres (864), daß sich die Grundhörigen auf königlichen und geistlichen Domänen weigern, neuartige Fuhrlasten zu übernehmen, das sei vor allem beim Mergeldünger der Fall. »Und sie verweigern das Dreschen in der Scheune als Handdienst, obwohl sie unbestreitbar zur Fronarbeit verpflichtet sind.«[30] In dem gleichen Edikt tadelt Karl auch diejenigen, die ihre Mansen an Nachbarn verkaufen oder an den Pfarrer und nur noch ihr Haus behalten, so daß sie die aufgrund der Landverleihung geschuldeten Dienste verweigern können.

Manche Bauern versuchten auch, ihre Grundherrschaft zu verlassen. Ein bretonischer Lehnsherr forderte z. B. vom Abt des Klosters Saint-Sauveur in Redon die Rückgabe einiger entlaufener Bauern.[31] Odo von Cluny, der Biograph Geralds von Aurillac, berichtet: »Eines Tages begegnete Graf Gerald einigen seiner Bauern, die ihre Bauernstellen verlassen hatten und in eine andere Gegend ziehen

wollten. Nachdem er sie erkannt hatte, fragte er sie, wohin sie denn
mit ihrem Hausrat gehen wollten. Sie antworteten, er habe sie unge-
recht behandelt, obwohl er selbst ihnen das Land verliehen habe. Die
bewaffneten Begleiter des Grafen rieten ihm, diese Bauern strafen zu
lassen und zur Rückkehr in ihre Hütten zu zwingen, aber Gerald ließ
das nicht zu [...]. Er gewährte ihnen also den Wegzug, wohin sie
wollten, und erlaubte ihnen, die Herrschaft zu wechseln.«[32]
In Kapitularien und Chroniken werden auch Leibeigene erwähnt, die
ihren Herren entliefen. Wurden sie wieder eingefangen, strafte man sie
mit Schlägen oder Gefängnis.

Trotzdem bleibt es fraglich, ob man, wie einige Historiker, von
»Bauernaufständen« zur Karolingerzeit sprechen kann. Zwar werden
in einigen Kapitularien gelegentlich *coniurationes, conspirationes* und
sogar *coniurationes servorum* erwähnt,[33] aber es ist zu beachten:
Solche Unruhen sind meistens als Ansatz zur Selbstverteidigung gegen
Räuberbanden und Invasoren überliefert. So verbot Karlmann 884,
daß sich die Dorfbewohner gegen Plünderer organisierten, sie sollten
ihre Sache dem Ortsgeistlichen oder dem Vertreter des Grafen anvertrauen.[34] 859 entstand eine *coniuratio* des *vulgus* im Gebiet zwischen
Seine und Loire, aber dieser Erhebungsversuch des Volkes endete in
einem völligen Fehlschlag. In Westfriesland allerdings verweigerten
die Bauern 873 einem Normannenführer erfolgreich die Tributzahlung
mit dem Hinweis, sie wollten ihn nur an Ludwig entrichten. Sie griffen
zu den Waffen und konnten die Normannen schlagen.[35] Aber solche
Erfolge waren ganz selten. 882 versammelte sich ein Bauernheer in
dem von den Mönchen verlassenen Kloster Prüm. Aber die Normannen konnten das unbewaffnete und ungeübte Volk ohne Mühe ver-
nichtend schlagen.[36] Die öffentliche Gewalt mißtraute allen Äußerungen des spontanen Widerstands und verbot den hörigen Bauern das
Waffentragen: »Wenn ein Knecht (*servus*) angetroffen wird, der noch
nach dem Verbot eine Lanze trägt, so soll diese auf seinem Rücken
zerbrochen werden.«[37]

2. Die Kaufleute

Zwar gab es keinen Kaufmannsstand mehr wie in römischer oder
merowingischer Zeit, aber es gab Kaufleute, die in den Quellen als
negociatores oder häufig als *mercatores* bezeichnet werden.
Darunter ist zweierlei zu verstehen: der Krämer, der lokale oder

regionale Märkte aufsuchte, aber genauso der Fernhändler, der seinen Beruf international ausgeübt hat. Im Gegensatz zur lange vorherrschenden Meinung war die karolingische Wirtschaft nicht autark, es hat Warenaustausch auf allen Ebenen gegeben.[38]

Lokale und regionale Märkte

In den Städten und größeren Marktflecken gab es örtliche Wochenmärkte, die jeden Freitag oder Samstag abgehalten wurden. Hier konnten überschüssige Agrarprodukte verkauft und Handwerkserzeugnisse eingekauft werden, die in den örtlichen Werkstätten nicht erzeugt wurden. Noch als Hausmeier schrieb Pippin 744 den Bischöfen vor, *legitima fora* dort einzurichten, wo sie als Stätten öffentlich beaufsichtigten Warenaustauschs noch fehlten. Über ein Jahrhundert später waren diese Märkte so zahlreich, daß Karl der Kahle im Edikt von Pîtres (864) von den Grafen verlangte, sie schriftlich zu erfassen und zu vermerken, welche unter seinen Vorgängern gegründet worden seien und welche ohne Verleihung entstanden waren.[39] Die Könige bemühten sich um die Marktaufsicht einmal wegen der öffentlichen Sicherheit, aber auch, weil die Abgaben vom Warenverkehr ihren Einnahmen zugute kamen. Nur sehr ungern verliehen sie seit der Mitte des 9. Jahrhunderts das Marktrecht an die eine oder andere Abtei. Mengenmäßig war der Warenverkehr allerdings nicht sehr bedeutend. Ortsansässige Töpfer, Schmiede und Weber verkauften ihre Erzeugnisse und kauften pflanzliche Nahrungsmittel sowie Hühner, Eier und dergleichen. Es ist bezeichnend, daß das französische Wort für Lebensmittel – *denrée* – von *denarius* (Pfennig) abgeleitet ist, also von der Silbermünze, die Handelsgeschäfte erst möglich machte; darauf wird noch näher einzugehen sein. Manche Krämer zogen auch von Markt zu Markt, so ist z. B. ein *pauperculus* überliefert, der seinen Esel mit einer Last Salz von Orléans nach Paris führte.[40]

Es gab auch bedeutendere Märkte, die mehrere Tage dauerten, alljährlich an bestimmten Feiertagen abgehalten wurden und die deshalb als Jahrmärkte (Messen) zu bezeichnen sind. Einer der ältesten Jahrmärkte ist der von St. Denis, der am 9. Oktober begann, als weitere Beispiele können genannt werden: Chappes, nahe bei Bar-sur-Aube, dessen Messe normannische Seeräuber anlockte;[41] Saint-Maixent mit der Marktverleihung Pippins II. von 848; Cormery, wo der 843/844 verliehene Jahrmarkt am 24. Januar begann. Die Handelsgeschäfte fanden innerhalb der Klostersiedlung auf einer Wiese statt; um die Ungestörtheit der Mönche sicherzustellen, war es den Marktbesuchern verboten, einen festgelegten Bezirk zu überschreiten. Für Saint-Philibert in Granlieu ist überliefert, daß diese Begrenzung durch ein Kreuz angezeigt war.[42] Die Landbevölkerung kam aus weitem Umkreis, um Geschäfte abzuschließen, aber auch um den Schutzpatron an dessen Jahrtag zu verehren. Abgeschlossen wurde der Tag häufig in einer Taverne, wo schwer getrunken wurde. Ein Bauer aus Stablo hatte so eifrig gezecht, daß er die beiden auf dem Markt gekauften Ochsen verlor.[43]

Die Jahrmärkte wurden auch von Händlern aufgesucht, die als Berufskaufleute eingestuft werden können. Sie handelten auf eigene Rechnung oder auf die von adligen Teilhabern, Fürsten und Äbten; begehrte Lebensmittel oder Ausstattungsgegenstände verfrachteten sie auf Fuhrwerken und Schiffen von einem Ende des Reiches zum anderen. Sie sind in Norditalien nachweisbar, genauso aber auch in austrasischen Städten wie Bonn, Mainz, Verdun oder in Hafenorten wie Dorestad, Quentowik und in Rouen, wo sie über eine bedeutende Anzahl von Handelsschiffen verfügten. Die karolingischen Fernhändler hatten Verbindungen zu den Kaufleuten aus Friesland und sogar aus dem mohammedanischen Spanien. Ihre wichtigsten Handelsgüter waren Getreide, Wein, Salz, Eisen. Sie paßten überdurchschnittliche Ernten ab, um Getreide günstig einzukaufen, das sie besonders in Mangelzeiten dann mit gutem Gewinn verkaufen konnten. Mainz war ein wichtiger Ort für den Handel mit Getreide, das auf dem Main aus Franken herangeführt und auf dem Wasserweg weiter nach Friesland verfrachtet wurde. Im Streitgespräch um die größeren Vorzüge läßt der Dichter Ermoldus Nigellus die Vogesen den Rhein anschuldigen: »Gäbe es dich nicht, Rhein, wären meine Kornspeicher unberührt, angefüllt mit dem Ertrag unserer fruchtbaren Felder; aber du führst das Getreide weg, um es jenseits des Meeres zu verkaufen, so daß, o Unglück, unsere armen Bauern Hunger leiden müssen.« Die Vogesen beklagen auch, daß der Elsässer Wein zum Verkauf außer Landes geführt wird.[44] Großgrundbesitzer, die Ernteerträge nicht an Ort und Stelle verwerten konnten, übergaben ihre Überschüsse Kaufleuten. Von diesen wurde der Wein in Länder mit ungünstigen Anbauverhältnissen exportiert oder auf die Jahrmärkte von Saint-Denis gebracht, wo Sachsen und Friesen regelmäßig ihren Bedarf deckten.[45] Salz war für die Konservierung von Fleisch und Fischen unentbehrlich. Es wurde aus den Meersalinen des Atlantik (Batz, Guérande, Bourgneuf) und des Mittelmeers (Etang de Sigean) gebracht. Der Salzpreis wechselte je nach Jahr. Es gibt beispielsweise die Klage des Bischofs von Sens über eine Salzteuerung 817, verursacht durch Regenfälle, von denen der Ertrag der Meersalinen beeinträchtigt wurde. Das in Reichenhall, der Steiermark, Wich in Lothringen oder Halle in Sachsen gewonnene Steinsalz war solchen Zwischenfällen nicht unterworfen. Salzschiffe fuhren donauabwärts bis Mautern, gelegentlich sogar bis nach Mähren.[46] Auch Metalle wie Blei und Eisen waren Fernhandelsgüter; soweit es sich dabei um Waffen handelte, wurden sie geschmuggelt. Mehr als einmal hat Karl der Große den Waffenhandel verboten. Im Kapitular von Diedenhofen (805) schrieb er die Grenzorte für den Handelsverkehr genau vor: Bardowik und »Schezla« im Sachsenland, Magdeburg und Erfurt im Osten, nach Süden Hallstadt (bei Bamberg), Forchheim, Bromberg (bei Regensburg), Regensburg und Lorch an der Enns.»Die Kaufleute durften keine Waffen und Rüstungen zum Verkauf mit sich führen. Werden sie damit ertappt, wird ihr gesamtes Gut beschlagnahmt.«[47]

Die Fernhändler

Es gab auch Kaufleute, die über die Grenzen des Reiches hinausgingen; sie standen unter der Aufsicht und dem Schutz des Königs, der ihre Handelstätigkeiten für seinen eigenen Bedarf reservieren konnte. 818 wurde das *praeceptum negotiatorum* (Verordnung zugunsten der Kaufleute) erlassen; es zeigt das königliche Interesse an einer bestimmten Schicht privilegierter Kaufleute.[48] Der Herrscher wandte sich an seine Bischöfe, Äbte, Herzöge, Hausmeier, Vizegrafen, Zentenare und sonstige Getreue in der Francia, in Burgund, Septimanien, dem Königreich Italien, in der Toscana, in Rätien, Bayern und den slavischen Grenzmarken und ließ sie wissen, er habe ein Privileg für Kaufleute bewilligt. Es galt für jene Fernhändler, die alljährlich im Mai die Pfalz aufsuchten, um die kaiserliche Kammer zu versorgen, um also den Kaiser und dessen Familie mit jenen Luxusgütern zu beliefern, die, wie erwähnt, in der Schatzkammer des Herrschers angehäuft wurden. Die Kaufleute erhielten dafür Befreiung vom Kriegsdienst, von der Requirierung ihres Zugviehs und ihrer Schiffe, von verschiedenen Steuern und besonders von allen Zöllen innerhalb des Reichs. Diese Zollabgaben waren ein Erbe der Spätantike, sie wurden vom gesamten Verkehr, nicht nur vom Handel erhoben. Folgende Gelder wurden von den Beauftragten des Königs eingezogen: das *rotaticum* (Wagengeld) von Frachtwagen; das *portaticum* (Lastgeld) von Transporten mit Trägern; das *saumaticum* (Saumgeld) von Saumtieren; das *barganaticum* (Bootsgeld) vom Warenverkehr auf dem Wasser. Beim Passieren einer Brücke wurde das Brückengeld (*pontaticum*) gefordert, wer einen Paß überschreiten wollte, hatte das Paßgeld (*exclusaticum*) zu entrichten.[49] Von allen diesen Pflichten waren die privilegierten Hofkaufleute befreit. Nur die zehnprozentigen Abgaben in den Seehäfen Quentowik und Dorestad sowie auf den Gebirgspässen mußten auch von ihnen bezahlt werden. Auch die bedeutenderen Adligen wollten ihre eigenen Kaufleute haben und sie mit ähnlichen Immunitätsrechten ausstatten. Alkuin gab seinem *negotiator* ein Empfehlungsschreiben an den Bischof von Chur, damit er ohne Schwierigkeiten die in Italien eingekauften Waren nach Hause bringen könne. Der Bischof von Passau hatte eigene *negotiatores sancti*, und auch die Äbte bedeutender Klöster – wie Saint-Denis, Flavigny, Saint-Germain d'Auxerre, Jumièges – bestellten ihre eigenen Handelsbeauftragten und unterstützten deren Unternehmen.[50]

Nordländische und mediterrane Kaufleute

Die Fernhändler bemühten sich darum, ihre Aktivitäten über die Grenzen des Karolingerreiches hinaus auszudehnen (vgl. Karte 3); sie bevorzugten dabei Beziehungen zu den Zentren des damaligen Welthandels, den nordischen und mittelmeerischen Ländern und sogar zum Orient. Friesen und Skandinavier beherrschten die wichtigen Handelsrouten der Ostsee: Ihre mit Biber- und Marderpelzwerk beladenen Schiffe gingen von Hafenorten wie Haithabu, Birka oder Reric nach Hamburg und Bardowik im Elbegebiet, Bremen an der Weser und Dorestad an der Rheinmündung (vgl. Karte 4). Die Friesen fuhren auch rheinaufwärts und errichteten Niederlassungen in Köln, Mainz, Worms und Straßburg. In Mainz lenkten sie ihre Schiffe gegen die Pfeiler der hölzernen Brücke. Als Bischof Ansgar aufbrach, um in Dänemark zu missionieren, bestieg er in Köln ein Schiff und hielt sich bis Birka an die von den Kaufleuten befahrene Route.[51] Da die Normannen zugleich Händler und Seeräuber waren, wurden durch ihre Einfälle zugleich alte Handelsbeziehungen unterbrochen und neue geschaffen. Mitten in einer Zeit der Normanneninvasionen bat 873 der Dänenkönig Ludwig den Deutschen um Schutz für den Handelsver-

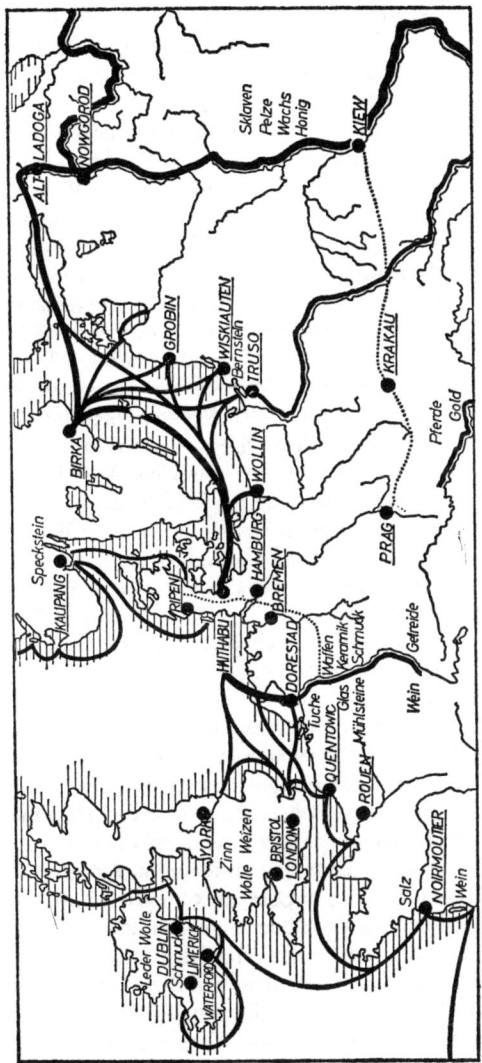

Karte 3. Wichtige Handelswege in Nord- und Osteuropa zur Wikingerzeit (nach H. Jankuhn).

kehr an den Küsten der Ostsee. Brügge, dessen Name vielleicht vom
norwegischen »brugge« (Hafen) abzuleiten ist, verdankt seinen ersten
Aufstieg vor der Versandung der Hafeneinfahrt der Anwesenheit
skandinavischer Kaufleute.[52]

In Birka, dem großen *emporium* des Nordens, konnten die Fernhändler Waren einkaufen, die aus Asien quer über die Ebenen Rußlands
bezogen wurden; es gab aber auch die kürzeren Verbindungen zum
Orient über das Mittelmeer. Im Gegensatz zur These von Pirenne
wurde der Mittelmeerhandel durch die Arabereinfälle nicht völlig
unterbrochen. Der Vorsteher des Postwesens, Ibn Kordadbeh, berichtet in seinem Itinerar über jüdische Kaufleute, die Radaniten (abzuleiten wohl von arabisch »rah dan«, kenntnisreich bezüglich der Straßen). Sie kamen in das Frankenreich, um Eunuchen, Textilien, Bären-
felle, Marderpelze und Schwerter zu erwerben; alle diese Waren
brachten sie dann zum Verkauf nach Ägypten. Moschus, Aloe, Kamp-
fer und Zimt ließen sie aus dem Orient nach Konstantinopel verfrachten und importierten diese Waren dann ins Abendland.[53] Jüdische
Großkaufleute in der Umgebung des Hofes oder von Bischöfen sind
mehrfach auch bei Chronisten erwähnt. Bekannte Beispiele sind der
Jude Isaak in Aachen, der die Gesandtschaft Karls des Großen zu
Harun al-Raschid begleitete, vor allem aber jener jüdische Händler,
der einem Bischof eine einbalsamierte Maus für teures Geld verkaufte
und dabei behauptete, er habe ein noch nie gesehenes Tier aus Judäa
gebracht.[54] Am Orienthandel beteiligten sich aber nicht nur die Juden.
Venedig, das formal noch byzantinisch, in der Praxis aber selbständig
war, schickte seine Handelsschiffe von Norditalien aus auf die Suche
nach Seidenstoffen und Gewürzen. Von 811 bis 877 wurde die Stadt
von der reichen Familie Partecipazio geführt, die ihr Vermögen Han-
delsunternehmungen im großen Stil verdankte. Das Testament des
Giustiniano Partecipazio von 829 belegt, daß dieser Doge 1200 Pfund
im Seehandel angelegt hatte. Lothar I. schloß 840 einen Vertrag mit
den Venezianern, um den Import der Orientwaren über Comacchio
und Pavia in das Königreich Italien zu regeln. Zwischen der Po-Ebene
und Venedig gab es dauernde Handelsbeziehungen. Eine Quelle
notiert zu 860, daß das Meer zufror und die Kaufleute ihre Waren zu
Pferd und auf Wagen nach Venedig bringen mußten.[55] Pavia war ein
bedeutender Ausgangspunkt für die Weiterverbreitung von Orientwaren. Als Gerald von Aurillac von seiner Pilgerreise nach Rom zurück-
kehrte, machte er auch in Pavia Station. Als venezianische Kaufleute
von der Ankunft eines reichen Adligen erfuhren, boten sie seinen

Karte 4. Fränkischer Import des 7. und 8. Jahrhunderts in Skandinavien.

Gefolgsleuten Stoffe und Wohlgerüche an. Gerald, der in Rom einen wertvollen Seidenmantel gekauft hatte, erfuhr bei dieser Gelegenheit, daß er ihn billiger als in Konstantinopel selbst erworben habe. Von seinem Gewissen geplagt, ließ er dem römischen Kaufmann den Differenzbetrag übermitteln.[56] Aus Italien wurden die Handelswaren weiter in die Gallia gebracht. Bei Theodulf findet sich die Nachricht, auf dem Markt in Arles finde man verschiedenfarbige Seidenstoffe, Weihrauch aus Saba, indisches Elfenbein, syrischen Balsam, Leder aus Cordoba und vieles mehr.[57] Nach Spanien gelangten diese begehrten Luxuswaren zur See über das Mittelmeer oder über Land auf den Straßen Afrikas.

Der Sklavenhandel

Den weitaus wichtigsten Teil des Warenaustauschs mit dem Orient bildete der Sklavenhandel, der im 8. und 9. Jahrhundert eher zu- als abnahm. Der Vorstoß karolingischer Heere in die slavischen Grenzgebiete gab ihm neuen Aufschwung.[58] Jüdische, aber auch christliche Händler kauften die *slavi* in Böhmen oder den wendischen Gebieten ein und transportierten sie quer durch das Reich, über Raffelstetten, Regensburg, Mainz oder Verdun zu den Häfen des Mittelmeers. Abt Sturmi von Fulda begegnete einer Schar Sklaven, die von Thüringen nach Mainz unterwegs war. Auf der Reise nach Rom trafen um 870 die Mönche von Sithiu (Saint-Bertin) auf eine Karawane, mit der Kaufleute aus Verdun Sklaven nach Spanien brachten. Andere Sklaven wurden nach Marseille, Venedig, Aquileia oder Rom verfrachtet. Um 750 erwarben Venezianer in Rom Sklaven zum Weiterverkauf an die Mohammedaner. Der Mönch Bernhard bemerkte 870 in Tarent sechs Schiffe mit 9000 Sklaven beladen und bestimmt für Ägypten und Nordafrika.[59] Zu den wichtigsten Abnehmern gehörte das Emirat Cordoba, besonders nachdem Al Hakam I. 822 beschlossen hatte, 5000 Sklaven zu beschaffen, um seine Truppen und seine Verwaltung zu verstärken und seinen Harem zu vergrößern.

Die karolingischen Herrscher standen dem Sklavenhandel nicht gleichgültig gegenüber, sondern versuchten ihn zumindest zu überwachen: Pippin verbot den Verkauf christlicher Sklaven an die Heiden, Karl der Große erließ 779 und 781 Ordnungen zum Sklavenhandel. Danach mußte der Verkauf in Gegenwart eines Grafen oder Bischofs und innerhalb der Reichsgrenzen stattfinden. Ludwig der Fromme wiederholte diese Anordnungen in seinem Schutzbrief für den Juden Abraham aus Saragossa. 845 berieten die in Meaux versammelten Bischöfe erneut über den jüdischen und christlichen Sklavenhandel. Sie wünschten, heidnische Sklaven würden von Christen zurückgekauft, damit sie getauft werden könnten und zugleich verhindert werde, daß sie die Zahl der Ungläubigen verstärkten, dieser »schrecklichsten Feinde des Reiches«.[60] Bischof Agobard von Lyon nahm Anstoß an der Nachricht, der Kaiser habe verboten, die Sklaven von Juden ohne Erlaubnis ihrer Besitzer zu taufen. Er äußerte seine Bereitschaft, den Kaufpreis von 20 bis 30 Schillingen für einen Sklaven zu erstatten, um die Seelen dieser Unglücklichen retten zu können. Er beschuldigte die Juden von Lyon, Knaben in zartem Alter zu stehlen, um sie als Kastraten nach Spanien zu verkaufen. Diese Anschuldigung scheint nicht ganz grundlos zu sein, denn man weiß, daß die Kaufleute von Verdun die Sklaven vor dem Verkauf nach Spanien zu Eunuchen machten.[61]

Preise als Voraussetzung des Warenverkehrs

Der örtliche und überregionale Warenaustausch folgt den Marktgesetzen und ist ohne das Vorhandensein von Bewertungsmaßstäben und Preisen nicht denkbar. Zwar wurde örtlich noch Tauschhandel betrieben, der aber ebenfalls bezifferte Wertanschläge voraussetzt. Für ein Stück Land ist z. B. überliefert, es gelte »sechs Denare [Pfennige] oder den Wert von sechs Denaren in Lebensmitteln, Kleidungsstücken, Wachs oder Vieh«. In Pamplona quittierte 835 ein Verkäufer dem Käufer: »Ich habe von dir als Preis erhalten 1 Ochsen, 1 Wollmantel und 12 Käse, das entspricht dem Wert von 4 Schillingen und 1 Triens.« Hier begegnet also das System der antiken *adaeratio*.[62] Es ist also nicht bedeutungslos, die Preise einiger Waren zu beziffern.[63]

Getreidepreise 794 (pro Scheffel):

Hafer: 1 Denar
Gerste: 2 Denare
Roggen: 3 Denare
Weizen (*frumentum*): 4 Denare

Dies waren vom König vorgeschriebene Taxpreise, in der Wirklichkeit war aber der Ernteausfall entscheidend. In Prüm galt im Jahr 900 der

Scheffel Roggen 2 Denare, in Sens wurden 868 dafür 7½ Schillinge oder 90 Denare gezahlt.

Brotpreise 794: Für 1 Denar erhielt man Brotlaibe von je 2 Pfund Gewicht, und zwar

	25	Haferbrote
oder	20	Gerstenbrote
oder	15	Roggenbrote
oder	12	Weißbrote.

Viehpreise:

1 Widder: 4–12 Denare
1 Schwein: 12–15 Denare
1 Kuh: 14 Denare
1 Ochse: 24–108 Denare
1 Stier: 72 Denare
1 Pferd: 240–360 Denare.

Der Preis für Pferde erscheint außerordentlich hoch, man muß hier zwischen den billigeren Zug- und teureren Reitpferden unterscheiden. Hunde für den Hühnerhof galten 12 Denare.

Kleiderpreise:

1 Stück Leinen: 4 Denare
1 Stück Serge: 12 Denare
1 Überrock aus Schaffell: 12 Denare
1 Pelzmantel aus Zobel: 120 Denare
1 kurzer Mantel: 120 Denare (Fixpreis von 808)
1 gefütterter Mantel: 140 Denare
1 Pelzmantel aus Marder oder Otter: 360 Denare
1 Mönchskutte: 60 Denare.

Waffenpreise:

1 Schwert: 60 Denare; mit Scheide: 84 Denare
1 Helm: 72 Denare
1 Brustpanzer: 144 Denare
1 Lanze und 1 Schild: 14 Denare.

Sklavenpreise: In Italien kostete 1 männlicher Sklave
im Jahr 725: 144 Denare
im Jahr 807: 170 Denare.

In Lyon lagen die Preise gleichzeitig zwischen 240 und 360 Denaren.

Diese nach Herkunft, Ort und Zeit uneinheitlichen Angaben können nur ganz ungefähre Vorstellungen über das Wertverhältnis verschiedener Güter geben. Die Spezialisten für karolingische Preisgeschichte haben einen unregelmäßigen, aber eindeutigen Preisanstieg festgestellt. Diese Preissprünge haben die karolingischen Herrscher zu wiederholten Eingriffen veranlaßt; sie bemühten sich um die Kontrolle des Marktes und um die Festsetzung verbindlicher Höchstpreise. Geschäfte mußten bei Tageslicht und vor Zeugen abgeschlossen werden. Nur ausnahmsweise durften Lebensmittel und Pferdefutter bei Nacht an eilige Reisende verkauft werden. Wer ein Pferd, einen Ochsen oder sonstige Zugtiere erwerben wollte, mußte den Verkäufer kennen oder wissen, wohin dieser gehörte.[64] Für den wucherischen Gewinn bei Handelsgeschäften gab es eine genaue Definition: »Wer zur Erntezeit oder während der Weinlese Getreide oder Wein nicht für den eigenen Bedarf erwirbt, sondern aus Habgier, und wer z. B. 1 Scheffel Getreide um 2 Denare einkauft und aufbewahrt, bis er ihn um 4 oder 6 oder mehr Denare wieder verkaufen kann, der sichert sich einen, wie wir das nennen, wucherischen Gewinn [*turpe lucrum*]. Wenn jemand aber notgedrungen einkauft, um den eigenen Bedarf zu decken oder an andere auszuteilen, so nennen wir dies einen Geschäftsabschluß [*negotium*].«[65] Karl der Große verurteilte also wucherische Aufkäufe und Spekulationsgeschäfte in Zeiten des Mangels; zugleich definierte er den frei gebildeten, gerechten Preis (*iustum pretium*). Durch eine augenblickliche Notlage erzwungene Verkäufe zu niedrigerem als dem gesetzlichen Preis wurden in Italien nach der Überprüfung durch *existimatores* für ungültig erklärt. Kaiser Ludwig II. erneuerte 850 und 865 die Anordnungen über den gerechten Preis. Auf der Synode von Paris (829) führten die Bischöfe Klage über weltliche und geistliche Große, die zur Erntezeit viel niedrigere Preise erzwangen, als die Bauern schon wenig später hätten erhalten können. Im Gegensatz zur landläufigen Meinung machen solche Äußerungen deutlich, daß der Handel nicht schlechthin als übel galt. Solange ein Kaufmann mit erlaubten Mitteln Gewinn machte, wurde er von der Gesellschaft nicht geächtet, doch mußte er die Moralgesetze achten. Die Stadt Verdun wurde 879 vom Heer Ludwigs III. (des Jüngeren) geplündert, weil sich die Einwohner geweigert hatten, Lebensmittel zum gerechten Preis zu verkaufen.[66] Das *iustum pretium*, das auch als Marktpreis bezeichnet wurde, hing von Angebot und Nachfrage ab, es gab aber Störungen in Mangelzeiten. Vielleicht gestützt auf die Gesetzgebung der Spätantike, griff Karl der Große deswegen mit der Festsetzung von Höchstpreisen in das Marktgeschehen ein. Da die Hungersnot 793 und 794 die Preise steigen ließ, bestimmte Karl der Große auf der Versammlung zu Frankfurt (794) folgende Höchstpreise:

»Weltliche und Geistliche dürfen weder zur Zeit des Überflusses noch der Hungersnot jemals Getreide, gemessen nach dem kürzlich festgelegten öffentlichen Scheffel [*modius publicus*], teurer verkaufen als: Hafer zu 1 Denar, Gerste zu 2 Denaren, Roggen zu 3 Denaren, Weizen zu 4 Denaren. Will jemand fertiges Brot verkaufen, so gilt: Für 1 Denar sind 12 Weizenbrote von je 2 Pfund Gewicht zu geben oder 15 Roggenbrote gleichen Gewichts, oder 20 Gerstenbrote gleichen Gewichts, oder 25 Haferbrote gleichen Gewichts.«

Um selbst ein Beispiel zu geben, schrieb der König für den Verkauf des Getreides von den eigenen Höfen einen niedrigeren Preis vor: 2 Scheffel Hafer für 1 Denar, 1 Scheffel Gerste für 1 Denar, 1 Scheffel Roggen für 2 Denare, 1 Scheffel Weizen für 3 Denare.[67] Eine neue Lebensmittelpreistaxe erließ Karl 805 und verbot gleichzeitig den Export von Getreide. Die von ihm 806 neu festgelegten Verkaufspreise zeigen dann einen deutlichen Anstieg: 2 Denare pro Scheffel Hafer, 3 Denare für Gerste, 3 Denare für nicht enthülsten Spelt (*spelta disparata*), 4 Denare für Roggen, 6 Denare für gesiebten Weizen (*frumentum paratum*).[68] Und Karl fügte noch hinzu: »Dabei ist der allgemein vorgeschriebene Scheffel zu verwenden, damit alle das gleiche Maß und denselben Scheffel haben.«

Die Maße

Das zuletzt angeführte Zitat gibt Anlaß, auf Probleme der karolingischen Gesetzgebung einzugehen. Im vorliegenden Fall wäre ihre Verwirklichung nur möglich, hätte es im ganzen Reich gleiche Maße und Gewichte gegeben, was nicht der Fall war.[69] Von den überkommenen römischen Maßen wurden einige im Karolingerreich bevorzugt verwendet. Als Längenmaß wurde der altrömische Fuß (0,296 m) oder der etwas größere Fuß des Drusus (0,333 m) benutzt. Größere Entfernungen wurden nach der *leuga* gemessen, die in der Forschung mit 2,5 bis 4 km angegeben wird; es gab ferner die römische Meile von 1,5 bis 1,8 km und die germanische Meile zu 0,75 bis 0,9 km.[70] Als Flächenmaße wurden verwendet: der Morgen, 120 Fuß im Quadrat, der unterteilt war in 12 Ruten (*pertica*); ferner die *andecinga*, die in Bayern

40 Ruten maß, die etwas größere *mappa* sowie das Joch (*iugerum*). Im 7. Jahrhundert wurde das *bonuarium* üblich und zum beliebtesten Feldmaß der Franken; man begegnet ihm im 9. Jahrhundert überall außer in Lothringen und in der Bretagne, es maß vielleicht 10 karolingische Morgen. Das wichtigste Hohlmaß war der Scheffel (*modius*), er faßte je nach Zeit und Ort zwischen 20 und 70 Liter. Er war in Drittel (*terciolus*) unterteilt sowie in Sester (*sextarius*), von denen 16 auf den Scheffel gingen. Der Sester faßte 2 Becher (*hemina*) oder 4 Viertel. Manche Maße wurden nur für bestimmte Erzeugnisse verwendet: der *corbus* oder Korb (= 12 Scheffel) für Spelt, der *staupus* für Senf, die *situla* (= 8 Sester) für Getränke. Als Fuder (*carrada*) schließlich wurde nicht nur das Maß für Heu und Holz, sondern auch für Honig und Bier bezeichnet. Gewogen wurde nach dem römischen Pfund zu 327,25 Gramm oder nach dem karolingischen Pfund zu 445 bis 491 Gramm; 12 Unzen waren 1 Pfund.

Die karolingischen Herrscher gaben sich Mühe, diese Vielfalt etwas zu vereinfachen. Pippin wollte, daß Maße und Preise unverändert blieben. Karl der Große bestimmte in seiner *admonitio generalis* von 789: »Alle sollen gleiche und richtige Maße und gleiche und richtige Gewichte verwenden, sowohl in den Städten, als auch in den Klöstern und auf dem Land, beim Verkauf wie beim Einkauf.« Um seiner Anordnung noch mehr Gewicht zu geben, zitiert der Herrscher noch aus dem Buch der Sprüche (20,10): »Zweierlei Gewichte und zweierlei Maße, beide sind für den Herrn ein Abscheu.« Im *Capitulare de villis* wird vorgeschrieben: »Jeder Amtmann muß in seinem Bezirk Maße für den Scheffel, den Sester, die *situla* zu 8 Sestern und für den *corbus* vorrätig haben, in der gleichen Größe, wie wir sie in der Königspfalz benützen.«[71]

Die Herrscher konnten offensichtlich neue Maße festsetzen, denn 794 ist von einem »offiziellen, neu festgesetzten Scheffel« die Rede, und Karl der Große bestimmte auch ein neues Pfundgewicht.[72] Es ist aber schwer zu beurteilen, ob sich diese Versuche zur Vereinheitlichung praktisch ausgewirkt haben. Das *bonuarium* (bonnier) als gebräuchliches Feldmaß verschwand wieder im 10. Jahrhundert. Die Einheitlichkeit der übrigen Maße wurde von den Nachfolgern Karls des Großen immer wieder gefordert, aber nur in ihrem engeren Einflußbereich. So konnten sich die 854 von Karl dem Kahlen zu einer sorgfältigen Überwachung der Maße und Gewichte ernannten Grafen nicht auf allen Domänen gleichermaßen durchsetzen.[73] Die regionale und sogar lokale Verschiedenheit der Maße wurde zur Regel.

Das Geld

Als die Karolinger die Macht übernahmen, war das Goldgeld bereits verschwunden. Als Vermächtnis des Römischen Reiches hatte der Schilling (*solidus*) als *triens* in den Reichen der Völkerwanderungszeit überlebt und war in Byzanz noch gültiges Zahlungsmittel (*nomisma*), das allerdings nur noch in Italien in Umlauf war. Der *triens* wurde durch die silbernen *sceattas* verdrängt, die in England und Friesland geprägt wurden, oder, seit 660/670, von einem Silberstück von 20 mm Durchmesser mit der alten römischen Bezeichnung »Denar«. Gleichzeitig entglitt das Prägerecht der königlichen Verantwortung und ging an die Münzwerkstätten von Abteien, Städten oder Privatleuten über (vgl. Taf. 14).[74]

Pippin wußte, daß Prägetätigkeit Einnahmen erschloß, aber auch ein Instrument der Machtausübung darstellte. Er begann daher seit 755 das Münzmonopol wieder in seine Hand zu nehmen, führte ein mit seinem Namen versehenes Geldstück ein und regelte dessen Herstellung.[75] Pippins Maßnahmen wurden von Karl dem Großen fortgesetzt, der die Unterteilung des Pfundes in 20 Schillinge und des Schillings in 12 Denare (Pfennige) beschloß. Er ließ Denare mit seinem Namen prägen und führte sie auch in Italien ein, wo noch Goldmünzen geschlagen wurden (Kapitular von Mantua, 781). 794 ließ er die Ausgabe neuer Pfennige verkünden: »Was die Pfennige betrifft, befolgt aufs genaueste unseren Erlaß, daß an jedem Ort, in jeder Stadt, auf jedem Markt die neuen Pfennige zu gleichem Kurs umlaufen und von allen angenommen werden, vorausgesetzt, sie tragen unseren Namen, haben das rechte Gewicht und sind von reinem Silber.«[76] Das rechte Gewicht ist durch die Auswertung der Münzfunde bekannt, es war um 25% höher als das der alten Pfennige (1,6 g gegenüber vorher 1,27 g).

Karls Vorschriften bestimmten das abendländische Münzsystem für Jahrhunderte: Der Schilling wurde zum fiktiven Rechengeld, die einzige wirklich ausgeprägte Münze war das Pfennigstück, das gelegentlich noch unterteilt wurde in Obolen (Halbstücke). König Offa von Mercia übernahm die karolingische Münzreform mit so gutem Erfolg, daß in Großbritannien bis 1970 nach diesem System (1 Shilling = 12 pence) gerechnet wurde.

Die Neueinführung der schweren Pfennige anstelle der leichteren alten wurde vielleicht durch einen Tiefstand der Silberpreise veranlaßt. Zugleich wurde eine Neufestsetzung des Pfundgewichts notwendig, das nun um ein Viertel über dem römischen Pfund lag. Diese Maßnahmen wurden freilich nur ungern befolgt, und die Herrscher mußten immer wieder gegen Falschmünzer und Verbreiter von Falschgeld vorgehen.[77] Karl der Große drohte Ungehorsamen mit 15 Schillingen Buße, falls sie Freie, und mit Schlägen, falls sie Unfreie waren... Grafen und Bischöfen kündigte er den Verlust ihrer Ämter an, falls sie die Reformen nicht durchführten. Auch Ludwig der Fromme ließ, um 819, neue Pfennige prägen, deren Gewicht er geringfügig heraufsetzte:

»Vor drei Jahren haben wir eine Münzordnung erlassen und gleichzeitig eine Frist gesetzt, nach deren Ablauf es nur noch eine einzige Münzsorte geben darf und alle anderen Prägungen außer Kurs gesetzt werden. Bezüglich dieser Münzordnung haben wir jetzt einen Aufschub bis Martini beschlossen; aber von diesem Tag an soll nur noch die genannte Münze in unserem Reich Umlauf haben.«[78]

Mit genauen Anweisungen zur Durchführung erließ Karl der Kahle 864 eine entsprechende Ordnung:

»Niemand soll sich von der verbreiteten Habgier oder Aussicht auf Gewinn dazu verleiten lassen, unsere Entscheidung leicht zu nehmen. Alle haben vom 1. Juli an ihr Silber in neue Münzen wechseln zu lassen, von diesem Tag an müssen die neuen Pfennige überall angenommen werden.«[79]

Karl der Kahle verfügte auch Maßnahmen gegen Leute, die außerhalb der rechtmäßigen Prägestellen münzen ließen. Für einen Erfolg der königlichen Münzpolitik wäre die Kontrolle der Prägestätten unerläßlich gewesen. Bis 794 sind ungefähr 20 Münzwerkstätten bekannt, Ende des 8. Jahrhunderts rund 30. Karl der Große beabsichtigte 805 und 808, die Münzprägung auf die Königspfalzen zu beschränken, aber er konnte sich nicht durchsetzen.[80] Karl der Kahle zählte für sein Reich 10 Münzwerkstätten auf: Quentowik, Rouen, Reims, Chalon, Sens, Paris, Orléans, Melle und die Residenz des Königs. In Wirklichkeit gelangten aber Bischöfe und Äbte seit der Regierungszeit Ludwigs des Frommen in den Besitz von Münzprivilegien. Corvey erhielt das Prägerecht 833, Hamburg 834, Prüm 861. Im Lauf der Jahre wuchs die Zahl der eigenen Münzstätten, und am Ende des 9. Jahrhunderts gelang es auch den Grafen, das Münzrecht zu usurpieren.

Die Arbeit in einem Münzatelier hat man sich so vorzustellen:[81] Je nach dem Betrag, der ausgemünzt werden sollte, wurden Edelmetallbarren in Pfundstücke geschnitten. Diese Stücke wurden gehämmert, bis die gewünschte Stärke des Geldstücks erreicht war; dann wurden

kleine Quadrate abgeschnitten, mit Hammerschlägen gerundet und
auf das vorgesehene Gewicht eingestellt. Die Münzstempel wurden
von Graveuren mit Hilfe von Sticheln angefertigt; es wurde beidseitig
geprägt, entweder mit dem Monogramm des Königs oder mit dem
Herrscherbild und dem Namen des Münzateliers: Eine in Melle
gefundene Münze, die im Museum von Niort aufbewahrt wird, trägt
die Aufschrift *Carolus rex Fr*. Auf dem Revers eines Pfennigs von
Ludwig dem Frommen sind zwei Hämmer und zwei Goldstücke
abgebildet, umgeben mit dem Wort *Metallum* (= Melle), dem Namen
der Prägestätte.

Die Prägung selbst ging so vor sich: Ein Schrötling wurde zwischen
zwei Stempel gelegt, durch Hammerschläge wurde das beidseitige Bild
eingedrückt. Die Münzer waren gesuchte Spezialisten, ihre Arbeit
wurde strikt überwacht. Das bezeugt das Edikt von Pîtres:
»Am 1. Juli erhält jeder Graf in Senlis 5 Pfund Silber aus den königlichen Beständen, damit er die Prägung der neuen Münzen beginnen
kann. Jeder Graf hat mit seinem Stellvertreter und dem verantwortlichen Münzmeister als Zeugen zu erscheinen. In ihrer Gegenwart wird
das Silber gewogen und sein Feingehalt nachgeprüft. Sechs Monate
später muß das Silber mit einer dem Gewicht entsprechenden Anzahl
ausgeprägter Pfennige in Senlis rückerstattet werden. Diese Pfennige
werden auf derselben Waage in Gegenwart derselben Zeugen gewogen.«[82]

Da Münzen desselben Typs auf der einen Seite das Monogramm des
Königs tragen, auf der anderen aber Namen verschiedener Orte,
wurde von Numismatikern vermutet, die königlichen Münzwerkstätten seien mobil gewesen. Neue Forschungen machen wahrscheinlich,
daß in diesen Werkstätten nicht nur die Münzen für ihren Standort,
sondern auch für die weitere Umgebung geprägt wurden. J. Lafaurie
nennt diese Betriebe »Fabriken«, die entsprechend der Nachfrage
arbeiteten; hier waren die Spezialisten tätig, deren Fachwissen eine den
Vorschriften der Zentralgewalt entsprechende Ausprägung sicher-
stellte. Der Leiter eines Münzateliers kam auf seine Rechnung, weil er
von jeder Prägung seinen Anteil erhielt.

Die fertigen Münzen kamen dann in Umlauf. Die Untersuchung von
114 Münzschätzen, die zwischen 752 und 888 vergraben worden
waren, hat ergeben, daß der Geldumlauf im allgemeinen regional
begrenzt war. So enthält z. B. der Fund von Glisy-lès-Amiens Münzen aus 57 Prägestätten: 113 Stücke stammen aus Quentowik, der
wohl aktivsten Münzstätte Galliens, 14 aus Amiens, 39 aus Reims, 35

aus Rouen, 31 aus Saint-Denis, 27 aus Saint-Quentin, 21 aus Paris, 18
aus Laon, 14 aus Soissons. Nur mit wenigen Stücken vertreten sind die
Münzateliers von Chartres, Orléans, Auxerre, Maastricht, Huy,
Namur, Dinan, Mouson, und ostfränkische Prägungen fehlen ganz.[83]
Die Münzen des westfränkischen Königs hatten zwar · das gleiche
Gewicht wie die des ostfränkischen Königs oder des Kaisers, aber sie
hatten eine abweichende Legende, so daß ihr Umlauf begrenzt war.
Als Lupus von Ferrières 849 nach Rom aufbrach, suchte er zuvor
Silbergeld des Königreichs Italien zu erhalten, weil nur dieses jenseits
der Alpen angenommen wurde; das ist ein erstes Beispiel für interna-
tionalen Geldwechsel.[84]
Außerhalb der Reichsgrenzen war Skandinavien das einzige Umlauf-
gebiet für karolingische Münzen, anderswo wurden sie nicht akzeptiert. Der arabische *dinar* und das byzantinische *nomisma*, beides
Goldprägungen, waren übermächtige Konkurrenten. Für die Forschung stellt sich die Frage, warum die Karolinger zur reinen Silber-
währung übergegangen sind und keine Goldmünzen geschlagen
haben, denn die Medaillenprägung von Uzès und einige Goldstücke
aus Dorestad und Aachen sind als Ausnahmen zu betrachten. Einige
Forscher haben vermutet, das Gold sei in den Orient abgeflossen,[85]
aber dem widersprechen die karolingischen Königsschätze. Das Gold
war nicht verschwunden, sondern es wurde in Barren eingeschmolzen
oder zu Schmuckstücken verarbeitet. Gold wurde auch gehandelt, sein
Preis war an den Silberwert gebunden: »In unserem Reich darf 1 Pfund
feines Gold nicht teurer als um 12 Pfund Silber verkauft werden«,
verfügte Karl der Kahle im Jahre 864.[86] Daß die Karolinger ausschließlich am Silbergeld festhielten, hat zwei Gründe: einmal verfügten sie
über die Erträge der Silberbergwerke im Harz, in Böhmen und in
Melle (*Metallum*) im Poitou; zum anderen wollten sie den regionalen
Warenaustausch fördern mit Hilfe einer stabilen, hochwertigen
Münze, die den veränderten Handelsbedingungen entsprach. Die Einführung des Silberpfennigs ist durchaus als Indiz für die Wiederbele-
bung des Handelsaustauschs im Karolingerreich zu werten.
Auch daß es Darlehen gegen Zins und Wucher gegeben hat, spricht für
den Umfang des Geldumlaufs. Zahlreiche Darlehensverträge und
Schuldbriefe nennen Kreditnehmer und Kapitalgeber; besonders häufig treten Abteien als Gläubiger auf.[87] Um ein Darlehen zu erhalten,
überschrieben manche ihren Landbesitz als Sicherheit zur pfandweisen
Nutzung, andere verpfändeten sogar den eigenen Status. Konnten sie
nicht rechtzeitig zurückzahlen, wurden sie zu Sklaven. Auch die

Staatsgewalt beschäftigte sich mit dem Geldhandel. Karl der Große definierte 806 den Wucher: »Es ist Wucher, wenn man mehr zurückfordert, als man ausgeliehen hat, z. B. wenn einer 10 Schilling geliehen hat, aber mehr zurückverlangt. [...] Das Darlehen ist gerecht, wenn nur soviel gefordert wird, wie vorher gegeben wurde.«[88] In einem anderen Kapitular belegt Karl die Wucherer mit einer Geldbuße von 60 Schillingen. Die Grafen waren verpflichtet, gegen Wucherer vorzugehen und sie vor das bischöfliche Gericht zu bringen, weil Wucher durch das Deuteronomium (5. Buch Mose) verboten ist: »Du darfst von deinem Nächsten keinerlei Zins fordern, weder für Geld noch für Lebensmittel oder sonst irgendeine Sache, die für Zins ausgeliehen wird.« Priester, die Wucher trieben, wurden bestraft, auch wenn sie ihr Geschäft verdeckt betrieben. Regino von Prüm hat in *De synodalibus causis* alle Wucherverbote zusammengefaßt.[89]

3. Die Juden

Die Bedeutung der Juden

Die für Christen verbindlichen Wuchergesetze gelten nicht für die Juden. Die Juden waren seit der ausgehenden Antike im Abendland seßhaft geworden und lebten noch im 8. und 9. Jahrhundert in ihren ursprünglichen Niederlassungen. Dies waren in Italien die Städte Rom, Ravenna, Pavia, Lucca, in Gallien die Städte Lyon, Vienne, Arles, Chalon, Mâcon, Uzès, Narbonne, Soissons und Nantes; im Norden kamen noch Aachen und Frankfurt dazu.[90] Sie übten städtische Gewerbe aus, waren Kaufleute, Goldschmiede, Ärzte und sogar Steuereinnehmer. Auf dem Land besaßen sie außerdem Weinberge und Felder. In einem Brief an den Erzbischof von Narbonne bedauert Papst Stephan III., daß die Juden Güter besitzen und christliche Landarbeiter beschäftigen dürfen. Nach den in Chartularien überlieferten Zeugnissen haben in Vienne und Mâcon viele Juden Weinberge besessen. So übergab z. B. der Jude Justus dem Kapitel von Mâcon einen Acker und einen Weinberg und erhielt dafür einen kleinen Hof und einen anderen Weinberg.[91]
Auch in der Umgebung von Herrschern und großen Adligen gab es Juden. Sie wurden mit Gesandtschaftsreisen in den Orient beauftragt und kehrten mit Stoffen, Wohlgerüchen und Gewürzen zurück. Ludwig der Fromme hat die Juden besonders gefördert: Er nahm sie in

seine *munt* (Königsschutz) und bewilligte ihnen Zollprivilegien wie
den Kaufleuten des Königshofs. Den Schutz der Juden vertraute er
einem *Magister Judaeorum* an. So wurde z. B. Eberhard zusammen
mit den kaiserlichen *missi* nach Lyon geschickt, um Streitigkeiten
zwischen Christen und Juden zu schlichten, bei seinem Schiedsspruch
begünstigte er diese. So berichtet es wenigstens Agobard, einer der
wenigen judenfeindlichen Bischöfe. In einem Brief an den Kaiser
beklagt er die »Anmaßung der Juden« und die Unterstützung, die sie
vom Hof erhalten. Wie Agobard schreibt, seien die Juden stolz darauf,
die reichen Mäntel vorzuzeigen, die ihre Frauen von Hofdamen
erhalten hätten; sie hätten beim Kaiser erreicht, daß der Markt-
tag verlegt wurde, weil der Samstag ihr Sabbat sei; sie erhielten die Erlaubnis, neue Synagogen zu errichten; sie brächten es fertig, die Taufe ihrer Sklaven zu verhindern, und vieles ähnliche mehr.
Agobards Nachfolger Amolo behielt die judenfeindliche Linie
bei und verlangte 841, daß die Anordnungen der römischen Kaiser
und Barbarenfürsten gegen die Juden wieder angewendet werden
sollten.[92]

Die Toleranz gegenüber den Juden

Es hat während der Karolingerzeit tatsächlich keine Judenverfolgun-
gen gegeben. Nur ausnahmsweise werden Anschuldigungen gegen die
Juden erhoben wie in den *Annales Bertiniani*, wo behauptet wird, die
Juden seien schuld am Tod Karls des Kahlen, an der Eroberung von
Bordeaux durch die Normannen (848) und am Verlust Barcelonas im
Jahr 852.[93] Die Juden lebten unbehelligt mitten unter den Christen. Sie
trugen keine besondere Tracht, benützten die Volkssprache und feierten ihre Gottesdienste in den Synagogen. Sie waren weitgehend in die
Bevölkerung des Karolingerreichs integriert, was auch durch die
Namensgebung belegt wird. Natürlich waren David, Abraham, Elea-
zar, Isaak, Joseph, Levi, Nathan, Samuel oder Sedechias häufig verwendete Namen, aber Nathan wurde zu Donatus, Isaak zu Gaudiocus
usw. Die Latinisierung der hebräischen Eigennamen wurde auch im
10. Jahrhundert fortgesetzt.[94] Aber was die Erzbischöfe von Lyon so
beunruhigte, war die Tatsache, daß die Juden Christen sogar zum
Übertritt brachten. Wer in ihren Diensten stand, ob Sklave oder
Freier, konnte zum Objekt ihres Bekehrungseifers werden. In den
Städten waren die judaisierten Christen (*Judaizantes*) gar nicht selten.

Abb. 13. Isidor und seine Schwester Florentina, aus: Isidor von Sevilla, *De Fide Catholica Contra Judaeos* (um 800).

Sie nahmen an den Mahlzeiten der Juden teil und lernten bei dieser Gelegenheit deren Lehre kennen. Darüber berichtet Agobard: »Trotz aller Menschlichkeit und Güte, mit der wir die Juden behandeln, gelingt es uns doch kaum je, einen von ihnen zu unserem Glauben zu bekehren. Aber viele der Unseren werden durch den Genuß ihrer leiblichen Mahlzeiten auch zu ihrer geistigen Nahrung verführt.« Es wurde sogar notwendig, die Christen Galliens oder Italiens daran zu erinnern, daß man den Sabbat nicht zu achten brauche. Mehr noch: Manche besuchten die Synagoge, weil ihnen, wie sie sagten, die Predigt des Rabbi lieber war als die des eigenen Pfarrers. Sie lernten, Jesus sei ein junger jüdischer Schullehrer gewesen, der als Zauberer hingerichtet und in einem Gemüsegarten begraben worden sei. Die Frauen erfuhren, daß die Juden als Abkömmlinge der Patriarchen und Propheten das wahre Volk Gottes bildeten und den wahren Glauben ausübten.[95]

Juden und Christentum

Zur großen Entrüstung der Bischöfe gab es Christen, die ohne Zögern zum Judentum konvertierten. Am bekanntesten ist der Fall des alemannischen Diakons Bodo, der von seiner frühesten Kindheit an am Hof aufgewachsen war. 838 hatte er vom Kaiser die Erlaubnis zu einer Pilgerreise nach Rom erbeten, verkaufte aber während dieses Unternehmens mit Ausnahme seines Neffen alle Begleiter in die Sklaverei. Er ließ sich beschneiden, ließ Bart und Haare wachsen, nahm den Namen Eleazar an und heiratete eine junge Jüdin. Da er nicht zurückkehren konnte, war er nach Saragossa gegangen.[96] Ein Laie aus Cordoba, Paulus Alvarus, selbst jüdischer Abstammung, schrieb mehrere Briefe an Bodo-Eleazar und beschuldigte diesen Neubekehrten, andere Christen zum Glaubenswechsel zu bewegen. Diesem Briefwechsel zwischen Bodo und Paulus in den Jahren 840/841 sind die Argumente zu entnehmen, die Juden und Christen austauschten, um die Richtigkeit ihres Glaubens zu begründen. Bodo behauptet, er habe sich abgewendet von einem »Glauben, der verdammt und niederträchtig, lügnerisch und verflucht, schrecklich und verabscheuungswürdig, ekelhaft und gemein« sei. Er habe sich vom Götzendienst zur Verehrung des wahren Gottes bekehrt, und er sei entsetzt gewesen über die Sittenlosigkeit des katholischen Klerus und die Abweichungen inner-

halb der christlichen Glaubenslehre. Während seines Aufenthalts am
Hof habe er 14 Christen gekannt, die alle unterschiedliche Glaubens-
meinungen vertreten hätten. Dem hält Alvarus entgegen, er kenne 72
verschiedene Häresien, und er versucht, Bodos Argumentation durch
Kommentare zu Stellen des Alten und Neuen Testaments zu widerlegen.[97]

Die Geistlichkeit im Karolingerreich blieb nicht untätig und versuchte
ebenfalls, die jüdische Beweisführung zurückzuweisen. Agobard forderte die Geistlichen auf, in den Synagogen zu predigen, und meldete
dem Kaiser die Bekehrung einiger junger Juden. Er fand es anerken-
nenswert, daß jüdische Eltern ihre Kinder nach Arles verschicken
mußten, um sie vor dem unerwünschten Bekehrungseifer des Klerus in
Lyon zu schützen. Auf den Einspruch der Juden hin ließ der Kaiser
den Versuch einstellen, mehr oder weniger erzwungene Taufen vorzunehmen. Mit seinem vielfach abgeschriebenen »Buch gegen die Juden«
(Liber contra Judaeos) schuf Amolo eine übersichtliche Sammlung von
Bibelstellen, die den Predigern sehr nützlich war.[98] Es ist aber zu
beachten, daß diese »christliche Missionstätigkeit« nicht lange gedau-
ert hat. Angeführt von Florus und Amolo, versuchten die Bischöfe auf
der Synode von Meaux vergebens, Karl den Kahlen zum Erlaß antijü-
discher Gesetze zu bewegen. Mischehen und der Bau neuer Synagogen
sollten verboten, die Elternrechte der Juden beschränkt werden, aber
der Kaiser lehnte diese Vorschläge ab.[99] Auch die Unterscheidung
zwischen Juden und Christen vor Gericht wurde abgeschwächt. Bis zu
neun Zeugen mußte ein jüdischer Kläger unter Karl dem Großen
stellen, aber die Nachfolger waren in dieser Hinsicht weniger
anspruchsvoll. Ein Kapitular des 9. Jahrhunderts, fälschlich Karl dem
Großen zugeschrieben, sah zwar besonders harte Wahrheitsproben für
Juden vor, aber es wurde offenbar nicht angewendet. Im ganzen sind
die Juden genauso wie die übrigen Untertanen behandelt worden. Die
Herrscher achteten darauf, aus einem Geist der Toleranz, aber auch
zum eigenen Vorteil, denn die Juden waren reich, und an ihrem
Reichtum konnte man teilhaben: Als Karl der Kahle 877 die Kaufleute
besteuerte, legte er fest, daß die Juden $\frac{1}{10}$, die Christen nur $\frac{1}{11}$ vom
Wert ihres Warenbesitzes zu entrichten hatten.[100]

Was die Bekehrung der Juden betraf, so würde sie ja auf alle Fälle am
Ende der Zeiten stattfinden: »Zwar ist die Synagoge noch nicht mit
Christus vereinigt, aber sie wird es sein, wenn die Vollendung der
Völker erreicht sein wird.« So schrieb Amalarius, der übrigens als
Freund der Juden galt und den man beschuldigte, Juden an liturgi-

schen Feierlichkeiten teilnehmen zu lassen.[101] Wie andere gebildete
Christen arbeitete er mit den theologischen Erkenntnissen der Rabbi-
ner. Aus verschleierten Anspielungen kann man die Existenz lebendi-
ger Talmud-Schulen in Italien und im Rheinland erahnen und darauf
schließen, daß es gelehrte Juden gab, die dogmatische Behauptungen
der Christen zu widerlegen vermochten.[102] Alkuin, der in Pisa an
einem Religionsgespräch zwischen dem Juden Lullus und Petrus von
Pisa teilgenommen hatte, erfuhr, daß der Wortlaut dieser Diskussion
aufgezeichnet worden war. Auch Bischof Claudius von Turin veranlaßte Disputationen mit den Juden, und er wies alle ab, die seinen
Bericht über biblische Zeiten bezweifelten, der auf Quellen jüdischer
Überlieferung beruhte. Die aus dem Alten Testament gespeiste Kultur
der Karolingerzeit fühlte sich der jüdischen Überlieferung naheste-
hend. Liturgie, Moral, Kirchenrecht und die politisch-kirchliche Ordnung schlossen sich so weitgehend an jüdische Gewohnheiten an, daß
einige Forscher vom heimlichen Einfluß des Judentums auf das christliche Bewußtsein sprechen konnten.[103]

Dritter Teil

Arbeitstechniken und Haushaltsführung

Kapitel I
Die Landwirtschaft

Die Gesellschaft der Karolingerzeit war, wie gezeigt werden konnte, in drei Schichten unterteilt: Krieger, Geistlichkeit und die arbeitende Bevölkerung, deren Ansehen bei der Aristokratie sehr gering war. Da die Mächtigen sehr dazu neigten, die Welt der Arbeit zu verachten, konnte sie Theodulf mit Recht daran erinnern, daß am Anfang ihres Reichtums Schweiß und Mühsal der Armen standen. Die Angehörigen der Oberschicht waren zwar keine Müßiggänger im antiken Sinn des Wortes, aber sie hielten Kriegsdienst und Gebet, das *opus Dei*, für die einzigen ihnen gemäßen Tätigkeiten. Um sie mit Nahrung, Kleidung, Behausung und den sonstigen Gütern des täglichen Bedarfs zu versorgen, war harte Arbeit notwendig, die sie gerne den anderen überließen. Die Bemühungen der Mönchsorden um die Aufwertung der körperlichen Arbeit wurden im religiösen Schrifttum der Zeit nur wenig berücksichtigt. Die Klöster verfügten über genügend Hilfskräfte, so daß eine weitgehende Arbeitsteilung durchgeführt werden konnte. Landpfarrer brauchten im allgemeinen nicht zu arbeiten, weil sie mehrere Bedienstete hatten. Falls ein Bischof oder Abt einmal körperlich arbeitete, tat er es ausnahmsweise, zur Kasteiung und als Bußübung, wobei ihm bewußt war, daß die Arbeit ein Fluch und Folge von Adams Sündenfall ist.

Die Karolinger und die Welt der Arbeit

Trotz dieser Einschränkungen werden Arbeit und Arbeiter in den Quellentexten der Karolingerzeit aber so häufig erwähnt, daß man von einer karolingischen Renaissance der Arbeit gesprochen hat.[1] Karl der

Große verabscheute Müßiggang und Trägheit, er verbot es, gesunde und arbeitsunwillige Bettler mit Almosen zu unterstützen. Nach seinem Willen sollten alle Untertanen einmal in der Woche Gott für alle empfangenen Wohltaten danken; auch wurde die Sonntagsruhe vom Kaiser genauer geregelt. In der *Admonitio generalis* von 789 behandelte er in einem eigenen Abschnitt die Welt der Arbeit: »Am Sonntag ist knechtliche Arbeit untersagt, die Männer dürfen keine Feldarbeiten verrichten. Sie dürfen die Weinberge nicht pflegen, keine Äcker pflügen oder ernten, nicht heuen, keine Zäune setzen, sie dürfen nicht roden oder Bäume fällen, keine Steine behauen, keine Häuser bauen und auch nicht im Garten arbeiten; Gerichtsverhandlungen und auch die Jagd sind verboten. Nur drei Arten von Fuhrdiensten sind am Sonntag erlaubt: für das Heer, zum Lebensmitteltransport und, wenn notwendig, für eine Bestattung. Den Frauen sind Näh- und Webarbeiten verboten: Sie dürfen keine Kleider zuschneiden, zusammennähen oder besticken; es ist unzulässig, Wolle zu zupfen, Flachs zu brechen, Wäsche öffentlich zu waschen oder Schafe zu scheren. So soll jeder den Sonntag durch Ruhe heiligen. Alle sollen zur feierlichen Messe in der Kirche zusammenkommen und Gott für alles Gute danken, das er uns an diesem Tag erwiesen hat.«[2]

Dichter und Maler haben die Landarbeit in ihrem jahreszeitlichen Wechsel gefeiert. Der Vergleich von antiken byzantinischen Monatsbildern mit einer um 820 in Salzburg entstandenen Bilderhandschrift zeigt: Der Künstler hat auf die traditionellen allegorischen Figuren verzichtet und statt dessen realistisch die verschiedenen Arbeitsleistungen eines Mannes dargestellt.[3] Bei der Neubenennung der Monate wählte Kaiser Karl die Namen zum Teil nach der jahreszeitlich charakteristischen Landarbeit: Der Juni wurde »Brachmanoth«, der Juli »Hewimanoth«, der August »Aranmanoth«, der September »Witumanoth«, der Oktober »Windumemanoth«.[4]

Die Landwirtschaft im Wechsel der Jahreszeiten

Arbeit war für die Menschen der Karolingerzeit im wesentlichen Landarbeit. Das Wort *laborare*, das ursprünglich ganz allgemein »arbeiten« bedeutete, meinte jetzt im speziellen Sinn »den Boden bearbeiten« (frz. labourer). Mehr und mehr hielt man den Boden für die einzige Quelle des Wohlstands. Theodulf von Orléans ließ seinen Bischofspalast mit einem Gemälde der »Erde« ausschmücken. Sie wurde dargestellt als schöne, kräftige Frau, die ein Kind stillt; als Attribute beigegeben wurden ihr unter anderem Körbe voll Früchte, Zimbeln, und zu ihren Füßen Hähne und Ochsen. Dazu erläuterte Theodulf: Die Zimbeln bedeuteten die Geräusche landwirtschaftlicher Geräte, die Hähne versinnbildlichten, daß die Aussat in den Schoß der Erde reichen Ertrag bringe, und die Ochsen bezeugten voller Unterwürfigkeit ihre vollständige Abhängigkeit von der Erde.[5] Die jahreszeitliche Abfolge der landwirtschaftlichen Arbeiten zur Karolingerzeit kann kaum verbindlich festgelegt werden, weil es deutliche regionale Unterschiede gab. Mit dieser Einschränkung läßt sich aus der genaueren Betrachtung der Salzburger Miniaturen und der Dichtungen der Zeit ein Jahreszyklus ermitteln, der auf die nördlichen Gebiete des Reiches zutraf (vgl. Abb. 14): Im Januar läßt der Frost Menschen und Fluten erstarren; im Februar kündigt sich schon der Frühling an; im März werden die Reben beschnitten; im April werden die Tiere wieder auf die Weide gebracht und Unkraut gejätet; im Mai wird das von der Reiterei benötigte Pferdefutter geerntet, und man bindet die Reben an Stöcken auf; der Juni ist der Monat des Pflügens, eine Neuentwicklung gegenüber der Antike, wo das Pflügen für Oktober oder November vorgeschrieben war; der Juli ist der Monat des Heuens, der August der des Erntens; im September und Oktober werden die Trauben gelesen und gekeltert, aber auch Wintergetreide ausgesät. Im November füllt der Bauer den Wein in Fässer, drischt das Getreide und treibt die Schweine zur Eichelmast, die er im Dezember schlachten will.

Bodenbearbeitung, Aussaat und Ernte

Die Technik der Bodenbestellung hatte sich seit dem Ausgang der Antike kaum verändert, der germanischen Zuwanderung war keine Revolutionierung der Landwirtschaft gefolgt. Die Bauern verfügten nur über ganz primitives Werkzeug, das meist aus Holz angefertigt war. Das Inventar des Königshofs Annapes verzeichnet für ein so großes Gut auffallend wenig Eisengeräte: 2 Sensen, 2 Sicheln, 2 Spaten. Die Bauern bearbeiteten den Boden im allgemeinen mit Hakenpflügen unterschiedlichen Entwicklungsstandes. Diese althergebrachten Geräte werden in den Bilderhandschriften der Zeit dargestellt.[6] Der Pflüger führt mit der einen Hand den Pflug, in der anderen schwingt er einen Stock, um das Ochsengespann anzutreiben. Die

Abb. 14. Monatsarbeiten, Astronomisch-komputistische Sammelhandschrift.

vielleicht mit einem eisernen Schuh verstärkte Pflugschar konnte den Boden nur oberflächlich aufreißen. Einige Quellen verwenden aber auch die Bezeichnungen *aratrum* und *carruca*. Es ist nicht sicher, ob damit der Räderpflug gemeint ist, der den Bauernvölkern Mitteleuropas offenbar schon bekannt war. Der große Vorzug liegt darin, daß man mit diesem Gerät auch die schweren Böden des nordwesteuropäischen Flachlandes tiefgründig umbrechen konnte. Allerdings brauchte man zur Herstellung viel Eisen, das teuer und selten war. Ermoldus Nigellus schlug vor, die Götzenbilder der Dänen für diesen Zweck zu verwenden: »Wenn eine der Figuren aus Eisen sein sollte, könnte sie gut zur Bestellung der Felder verwendet werden. Laß daraus doch Pflugscharen herstellen, denn ein Räderpflug, der den Boden wendet, wird dir nützlicher sein als dieser Gott.«[7]

Bauern, die nur den Hakenpflug besaßen, mußten in regelmäßigen Abständen ihre Felder mit dem Spaten umgraben, um den Boden fruchtbar zu erhalten. Man hätte statt dessen auch Dünger verwenden können, aber in dieser Hinsicht gab es kaum Fortschritte, es wurden lediglich die Stoppeln auf den Feldern abgebrannt. Als Innovation könnte man die Anwendung der Mergeldüngung feiern. Sie ist beiläufig im Edikt von Pîtres (864) erwähnt, wurde von den Bauern aber entschieden abgelehnt, weil sie Fuhrdienste erforderte. Karl der Kahle berichtet in diesem Kapitular, daß die Bauern »sich weigern, Mergel und anderes, was ihnen nicht gefällt, zu transportieren, weil man vor alters vielleicht keinen Mergel ausgefahren hat. Vielerorts hat man nämlich erst zur Zeit unseres Großvaters [Karls des Großen] und unseres Vaters [Ludwigs des Frommen] angefangen, den Mergel zu verwenden«.[8] Einige Quellen erwähnen das Mistbreiten als Fronarbeit auf dem Herrenland, aber wahrscheinlich wurde der wertvolle Dünger hauptsächlich für die Gemüsegärten verwendet. Unter diesen Umständen erschöpfte sich der Boden schnell, er konnte nicht alljährlich bestellt werden, sondern mußte ein oder zwei Jahre brachliegen, bevor man ihn wieder einsäen konnte. Es ist in der Forschung umstritten, ob die traditionelle Zweifelderwirtschaft mit ihrem Wechsel zwischen Brache und Anbau zur Dreifelderwirtschaft weiterentwickelt wurde. Einige wenige Quellen erwähnen allerdings Sommer- und Wintergetreide (vgl. Abb. 15). Ein Feldstück wurde im Herbst mit Mischgetreide, Roggen oder Gerste eingesät, das zweite im Frühjahr mit Hafer, das dritte blieb brach. Man begann zwar in Nordfrankreich, nach der neuen Methode anzubauen, aber ihre Verbreitung blieb noch sehr begrenzt. G. Duby sieht die Verhältnisse so: Es ist mit einem

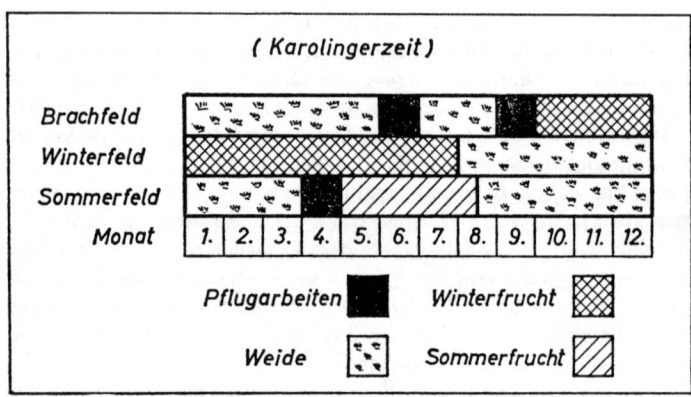

Abb. 15. Pflugarbeiten und Ackernutzung bei der Dreifelderwirtschaft im Jahresablauf.

breitgefächerten System von Anbaumethoden zu rechnen, das von der klassischen Dreifelderwirtschaft bis zur Brandwirtschaft mit fluktuierenden Anbauflächen gereicht hat. Bei diesem Wanderfeldbau auf schmalen Flurstreifen wurde zuerst das Gestrüpp abgebrannt, dann wurde der Boden einige Jahre ohne Unterbrechung genutzt, bis er vollständig erschöpft war.[9] Wegen des Anbauwechsels brauchte die karolingische Landwirtschaft sehr große Bodenflächen.

Für die Mehrzahl der Bauern, zumindest in den nördlichen Teilen des Reiches, war der Juni – Karl der Große nannte ihn »Brachmanoth« – der Monat, in dem sie die Brache bearbeiteten. Das Land wurde ein erstes Mal umgebrochen und dann nochmals vor der Aussaat im Herbst mit dem *aratrum* gepflügt. Diese zweifache Bearbeitung wird von einer Quelle aus der Abtei Redon belegt: »Der gute Landwirt bereitet den Boden sorgfältig vor. Er fällt die Bäume, verbrennt das Wurzelwerk, nimmt dann sein *aratrum* zur Hand, bricht die Erde auf und zieht Furchen. Er geht dann nach Hause und ebnet das Land erst viel später sorgfältig ein.«[10] War der Acker fertig vorbereitet, kam der Sämann mit prallgefülltem Sätuch und streute die Körner im Schwung aus. Alle Getreidearten wurden meist recht dünn gesät, nach einer Berechnung wurden im günstigsten Fall etwas mehr als 200 Liter pro Hektar verbraucht. Zwar konnte die Saat mit der Egge abgedeckt werden, trotzdem holten sich die Vögel ihren Teil. Sobald das Getreide zu sprießen begann, mußten die Bauern ihre Felder schützen: Um Groß- und Kleinvieh, aber auch Menschen den freien Durchgang zu verwehren, stellten sie vorübergehend Zäune auf. Die *Lex Salica* enthält in der von Karl dem Großen veranlaßten Überarbeitung Strafbestimmungen gegen Leute, die Flechtzäune einreißen und Eggen oder Pflüge über sprießende Saaten führen.[11]

Die Erntezeit war örtlich verschieden, nach dem Kalender Karls des Großen war der August der »Ährenmonat« (Aranmanoth). Der Schnitter griff eine Handvoll Halme unterhalb der Ähren und schnitt sie mit der Sichel ab. Frauen banden die Garben auf, sammelten und stapelten sie, bis sie dann auf Karren zu gedeckten oder offenen Scheuern gebracht wurden. Im St. Galler Klosterplan ist ein eigener Dreschplatz vorgesehen, eine Tenne (*area*), wo das Getreide von der Spreu getrennt wurde, entweder mit Dreschflegeln oder indem es von Tieren gestampft wurde. Adalhard von Corbie fand es für sein Kloster wünschenswert, daß das Getreide in Garben abgeliefert werde, weil man so auch das Stroh erhielt. Viele Bauern lieferten ihren Grundherren nämlich als Abgabe nur das ausgedroschene Korn.

Die Mühlen

Der Verwalter des Kornspeichers nahm das abgelieferte Getreide ein und hatte dafür zu sorgen, daß es vermahlen wurde. In der Forschung haben sich Streitfragen zum Aufkommen der Wassermühlen ergeben. Man hat vermutet, daß Mangel an Sklaven die Grundherren gezwungen hat, die Handmühlen durch wassergetriebene zu ersetzen.[12] Aber im vorangehenden Kapitel konnte gezeigt werden, daß es noch immer zahlreiche Sklaven gab. Außerdem mußten ja auch die freien Pächter Gerste und Weizen mahlen und sieben, sie mußten pünktlich Mehl liefern können. Jedenfalls nahm die Ausstattung mit Wassermühlen zu, die vereinzelt schon seit dem 6. Jahrhundert begegnen. In den germanischen Volksrechten werden Grundbesitzer genannt, die Stauwehre zur Errichtung von Mühlen bauen wollten. Im 9. Jahrhundert gehörten Wassermühlen bereits zur Ausstattung der großen Domänen. Für die Gegend um Paris gibt es dazu eine genauere Überlieferung: Das Polyptychon des Abtes Irmino nennt 59 Wassermühlen, von denen 8 ganz neu waren. In Annapes werden bei einer vom König veranlaßten Bestandsaufnahme 5 Wassermühlen gezählt. Adalhard hat über die mit drei oder sechs Rädern ausgestatteten Mühlen von Corbie ein ganzes Kapitel geschrieben: Sie wurden vom Müller instand gehalten, der auch die Stauanlagen herrichten und Mühlsteine beschaffen mußte. Für seine Arbeit erhielt er ein vollständiges Gewand und Befreiung von allen Abgaben.[13] Auch Ortschaften wurden nach dort errichteten Mühlen benannt, so Mülhausen in Franken oder Mülheim (heute Seligenstadt), wohin der Verwalter von Einhards Gütern den Getreideertrag schicken sollte. Derartige Namengebungen machen wahrscheinlich, daß Wassermühlen noch kostspielige und seltene Einrichtungen waren.

Die Ernteerträge

Der Getreideanbau verlangte sehr sorgfältige Pflege und brachte doch nur dürftige Ergebnisse. Bei der Frage nach der Höhe der Ernteerträge ist die Forschung zu sehr niedrigen Zahlen gekommen. So betrugen im Jahr der vom König veranlaßten Bestandsaufnahme in Annapes die Aussaatmengen bei Dinkel 36 %, bei Weizen 40 %, bei Gerste 38 % und bei Roggen 100 % des Ertrags. Es wurden also Ernteerträge zwischen 1,8:1 und 1:1 erzielt. Dieses Ergebnis überrascht, weil in der Spätantike nachweislich ein mittlerer Ertrag von 8:1 erreicht wurde. Vielleicht beruhen die Zahlen auf besonders ungünstigen Jahren, in denen Spätfröste oder zuviel Regen die Ernte verdorben haben. Andere Quellen des ausgehenden 9. Jahrhunderts machen jedenfalls einen drei- bis vierfachen Ernteertrag wahrscheinlich. Die Diskussion dazu ist noch im Gang, Ergebnisse sind nur möglich, falls genügend viele und genaue Zahlenangaben für verschiedene Landschaften des Karolingerreiches ermittelt werden können.[14]

Die Neulandgewinnung

Um die Anbaufläche zu vergrößern, konnten die Bauern Wald roden oder Heide und Sümpfe kultivieren. Dabei wurde aber nicht mehr gewonnen als verloren. Denn vor allem der Wald schenkte den Menschen der Karolingerzeit und des ganzen Mittelalters seine Reichtümer in unerschöpflicher Fülle. Niederwild und Waldfrüchte waren eine wichtige Nahrungsquelle. Man sammelte Heidelbeeren, Vogelbeeren, Äpfel, Birnen, Pflaumen, Kastanien, Pilze und den Honig wilder

Bienen. Der Wald gab auch Einstreu und Viehfutter, besonders Bucheckern und Eicheln, mit denen die Schweine gemästet wurden. Die Menschen holten sich im Wald nicht nur Feuerholz, sondern auch Bauholz – für Tragbalken, Schindeln, Bretter – und Holz, aus dem Schuhe, Werkzeuge und Schüsseln gemacht wurden. Holzkohle brauchte man zum Schmieden, Harzfackeln zur Beleuchtung, Eichenrinde zum Gerben der Häute, und schließlich lieferte der Wald auch noch Pech.[15]

Die Waldungen waren so groß, daß man zunächst ohne Gefahr bedeutende Flächen roden konnte. Um seine *foresta* zu schützen, schrieb Karl der Große an einen Beauftragten: »Wenn es zur Rodung geeignete Flächen gibt, soll man sie roden lassen. Aber es muß darauf geachtet werden, daß die Felder nicht auf Kosten des Waldes zu sehr ausgedehnt werden. Wo Wald stehen soll, darf er nicht gefällt oder geschädigt werden.« 813 beauftragte der Herrscher dann allerdings die Verwalter des Königsgutes, seine Leute mit Rodungsarbeiten zu beschäftigen.[16]

Die großen Abteien knüpften an die Ansätze des 7. und 8. Jahrhunderts an und ließen ohne die geringsten Bedenken roden. Güterverzeichnisse und Urkunden erwähnen sehr häufig urbar gemachten Boden. Der Abt von Fulda kaufte Land, das Bauern in Gemeinschaftsarbeit gerodet hatten. Fremde Kolonisten wurden angesetzt, um Felder anzulegen. Ganze Gutshöfe wurden auf Rodungsneuland angelegt. Die Bischöfe von Salzburg und von Passau begannen schon in der Karolingerzeit, in Bayern jenseits der Enns Lichtungen in die Wälder schlagen zu lassen.[17]

Im Süden des Reiches gab es die von den Arabern zurückeroberten Gebiete. Sie wurden erschlossen von Mönchen aus dem Roussillon und dem Tal der Aude, außerdem auch von den *Hispani*. Das waren gotische Flüchtlinge aus Spanien, denen die karolingischen Könige bedeutende Privilegien verliehen, z. B. das *ius aprisionis*. Wo die Vegetation von Sträuchern, Dornengestrüpp und Buschwald, durchsetzt mit Heide, nicht einfach durch Abbrennen beseitigt werden konnte, gab es genug Land, das auf die Urbarmachung wartete (*ruptura*). Bewässerungsanlagen wurden gebaut, und Weideland war vorgesehen. In seinem *Praeceptum pro Hispanis* (844) ruft Karl der Kahle diese Neulandgewinnung in Erinnerung und verfügt, daß die gesamten Rodungen unbeschränktes Eigentum der Neusiedler aus Spanien bleiben:

»Es hat uns auch gefallen, ihnen zuzugestehen, daß alle Gebiete, in welcher Grafschaft sie auch liegen mögen, die sie der öden Wildnis entrissen und der Bebauung erschlossen haben, sowie alles Land, das sie innerhalb ihrer *aprisiones* künftig roden werden, ihnen als unbeschränktes Eigentum erhalten bleiben. Dabei ist aber Voraussetzung, daß sie in der Grafschaft, in der sie ansässig sind, die dem König zustehenden Dienste leisten.

Es steht ihnen völlig frei, ihr Rodungsland zu verkaufen, zu vertauschen, zu verschenken und zu vererben. Haben sie keine Söhne oder Neffen, sollen ihnen andere Angehörige ihrem Gesetz entsprechend nachfolgen. [...]

Es steht ihnen zu, ihre Güter in Ruhe und Frieden zu besitzen. Nach altem Herkommen dürfen sie überall ihre Tiere weiden lassen, Bäume fällen und, wie es üblich ist, ohne Einspruch von irgendeiner Seite das notwendige Wasser herbeileiten, wohin sie es führen können.«[18]

Die Sonderkulturen: Wein-, Gemüse-, Obstanbau

Zusammen mit den Klosterneugründungen dehnten sich auch die Rebflächen in Europa weiter aus. Äbte und weltliche Große bemühten sich eifrig um Weinbergsbesitz, sie schätzten es, Gästen und Freunden den Wein des jeweiligen Jahres als Ehrentrunk zu reichen. Die Weine Italiens waren schon seit alters berühmt, die der Loire – Theodulf wird von Alkuin der Vater des dortigen Weinbaus genannt – und der Gegend um Paris hatten einen wachsenden Ruf. Und die Weinberge am Rhein waren so beträchtlich, daß Ludwig der Deutsche 843 im Vertrag von Verdun auf ihrem Besitz bestand.[19] Kleine Weingärten in der Nähe des Abtshauses wurden in vielen Klöstern angelegt, auch wenn die klimatischen Voraussetzungen ungünstig waren wie beispielsweise in der nördlichen Bretagne.

Der Weinbau war zu allen Zeiten vor allem Sache der Reichen. Er verlangte ja zahlreiche Arbeitskräfte und besonders sorgfältige Pflege. Außerdem sind Weinberge erst auf lange Sicht rentabel, weil sie erst fünf Jahre nach der Neuanlage volle Erträge abwerfen. Häufig übertrugen die Weinbergsbesitzer Pächtern die Pflege des Weinbergs. Die wichtigsten Arbeiten des Winzers (*vinitor*) waren: das Anpflanzen des Weinbergs, die Absicherung durch eine Einfriedung, das Vermehren durch Ableger, das Zuschneiden im März und schließlich die Lese, meist im Oktober, dem *Windumemanoth*. Die abgeernteten Trauben wurden in das Kelterhaus gebracht und dort meistens mit den Füßen

ausgepreßt. Karl der Große wollte diese Arbeitsweise verbieten: »Die Keltern auf unseren Krongütern sollen zweckmäßig eingerichtet sein. Die Amtmänner haben darauf zu achten, daß sich niemand untersteht, unsere Trauben mit den Füßen zu keltern, sondern daß alles reinlich und sauber zugeht.« Der Most wurde in Fässer gefüllt, die im voraus hergerichtet waren. Der Zimmermann (Küfer) hatte Stückfässer (*pontae*) angefertigt, sie verpicht und mit Eisenreifen beschlagen. Der St. Galler Klosterplan zeigt verschieden große Fässer, die in den Weinkeller eingelegt sind. Nach Abschluß der Weinlese überschlug der Eigentümer, wieviel er verkaufen konnte. Der Transport wurde auf Karren oder zu Schiff durchgeführt. Anhand von Abt Irminos Polyptychon wurde nachgewiesen, daß im Kloster Saint-Germain-des-Prés der größte Teil des Ertrags verkauft wurde. Die ertragreichsten Weingüter lagen in Flußnähe, so war es leicht, die Fässer zu Schiff auf den Oktober-Weinmarkt zu Saint-Denis zu verfrachten oder nach Rouen und Quentowik und weiter nach England führen zu lassen.[20]
Wie noch genauer zu zeigen ist, erforderten die Nahrungsgewohnheiten der Karolingerzeit Gemüse in großen Mengen. Vom einfachen Bauern über Äbte bis zu den Bischöfen hatte jeder einen Garten beim Haus.[21] Im St. Galler Klosterplan sind auch Gemüsebeete (*olera*) eingezeichnet und die Sorten angegeben, die gepflanzt werden sollten: Zwiebeln, Knoblauch, Lauch, Schalotten, Sellerie, Petersilie, Koriander, Kerbel, Dill, Kopfsalat, Mohn, Bohnenkraut, Kohlrabi, Pastinaken, Karotten, Kohl, Mangold, Feldsalat. Einige dieser Pflanzen werden auch im *Capitulare de villis* und in Walafrid Strabos Gedicht über den Gartenbau genannt. Walafrid, der Abt von Reichenau war, hat sich mitten in der Arbeit gegen Ende des Winters dargestellt: Er reißt Brennesseln aus, ebnet Maulwurfshügel ein, lockert den Boden, macht aus Brettern Einfassungen um die Beete, zerkleinert die Erdschollen mit einer gegabelten Hacke und breitet Dünger aus. Frühlingsregen und Mondschein werden den Rest besorgen. Im Garten mußte jeden Tag gründlich gearbeitet werden, denn das Unkraut wächst schnell, Raupen und Insekten bedrohen alles mit Vernichtung. Ein als Gärtner beschäftigter Mönch der Abtei Redon fand eines morgens seine Beete von Raupen kahlgefressen.[22] In Corbie beschäftigten die *fratres hortulani* eigene Arbeitskräfte für die Pflege der vier außerhalb der Klostermauern gelegenen Gärten. Sie gruben um, säten, setzten Pflanzen um, jäteten, reparierten die Einzäunungen. Man kennt die Werkzeuge, die sie verwendeten: Hacken (*fossorii*), Spaten, Beile, Sicheln (*falcicula*)[23] ... Die für den Gartenbau zuständigen

Klosterangehörigen bemühten sich um besonderes Saatgut. Als z. B. die Mönche der Reichenau in der *Francia* keinen Mangoldsamen finden konnten, wandten sie sich an einen weit entfernten Abt.[24] Wie der Gemüsegarten, und häufig mit diesem verbunden, war auch der Obstgarten nahe bei den Wohngebäuden angelegt. In einem eigenwilligen Entwurf hat der Zeichner des St. Galler Klosterplans den Obstgarten mit dem Friedhof der Mönche zusammengelegt. Man kultivierte folgende Arten: Äpfel, Birnen, Pflaumen, Mispeln, Lorbeer, Edelkastanien, Feigen, Quitten, Pfirsiche, Haselnüsse, Mandeln, Maulbeeren und Walnüsse. Im *Capitulare de villis* werden zusätzlich Kirschen und Vogelbeeren erwähnt und mehrere Sorten süßer und saurer Äpfel unterschieden, deren Namen althochdeutsch sind: Gosmaringer, Geroldinger, Krevedellen, Speieräpfel.[25] Die fruchttragenden Bäume wurden von den Volksrechten geschützt: Wer einen Obstbaum außerhalb von Einfriedungen fällte, hatte 3 Schillinge zu zahlen, innerhalb von Einfriedungen betrug die Buße 15 Schillinge. In den großen Klöstern wurden die Obstgärten von Spezialisten gepflegt. In Corbie kümmerten sich zwei Bedienstete um einen neuangelegten Obstgarten, in Bobbio wurde die Ernte von einem »Fruchtwart« beaufsichtigt.[26] Obst konnte auch über erhebliche Entfernungen verschickt werden. So schreibt Lupus scherzend an Abt Odo von Corbie:
»Die versprochenen Pfirsiche habe ich dem Euch bereits hinlänglich bekannten Boten mitgegeben. Wie ich fürchte, wird er die Früchte verzehrt haben und klagen, sie seien ihm gewaltsam geraubt worden. Bringt ihn in diesem Fall durch dringende Bitten dazu, zumindest die Kerne herauszugeben – wenn er die nicht ebenfalls verschlungen hat –, damit Ihr an den saftigsten Pfirsichen wenigstens irgendeinen Anteil habt.«[27]

Die Viehhaltung

Die Viehzucht hat im germanischen Kulturkreis immer eine besondere Rolle gespielt. Die im 7. und 8. Jahrhundert aufgezeichneten Volksrechte bringen dafür überzeugende Belege: Diebstahl oder Verstümmelung von Vieh werden mit schweren Strafen geahndet; die Größe der Herden, die verschiedenen Gattungen, die Aufgaben der Hirten und ihrer Hunde werden in allen Einzelheiten beschrieben.[28] Wie ihre Vorfahren waren auch die Karolinger mehr an der Viehzucht als am

Ackerbau interessiert. Zahlreiche, sehr genaue Anweisungen des *Capitulare de villis* beziehen sich auf die Viehhaltung:
»Für die Zuchthengste, die *waraniones*, haben die Amtmänner gut zu sorgen und dürfen keinesfalls dulden, daß sie lange an einem Ort eingestellt werden, damit sie dadurch nicht etwa unbrauchbar werden. Ist einer untauglich und alt geworden oder gar eingegangen, so haben die Amtmänner uns das zu melden und zwar rechtzeitig, bevor die Hengste unter die Stuten gelassen werden sollen.
Die Amtmänner haben unsere Stuten gut zu pflegen und die Hengstfohlen beizeiten abzusondern; haben die Stutenfohlen eine hinreichende Zahl erreicht, so soll man auch sie absondern und für sich vereinigen.
Unsere Hengstfohlen sind unbedingt bis zum St. Martinsfest im Herbst [11. November] zur Pfalz zu schicken.«
Und an einer anderen Stelle des *Capitulare* heißt es:
»Jeder Amtmann hat zu bestimmen, wieviel Hengstfohlen in einem Stall stehen müssen und wieviel Wärter sie versorgen können . . .«[29]
Bedenkt man die große Bedeutung der karolingischen Reiterei, wird klar, daß Karl mit diesen Vorschriften die Leistungsfähigkeit seiner Gestüte steigern wollte. Er hat aber auch die zur Fleischversorgung notwendigen Rinder und Schafe nicht vergessen: Jede *villa* mußte Kühe, Schweine, Schafe, Ziegen und Böcke, Ochsen sowie eigens gemästete Schafe halten.[30] Zu bedenken ist aber, ob sich die großen geistlichen Grundherren vielleicht weniger um die Viehhaltung gekümmert haben, weil ihr Fleischbedarf geringer war. Reit- und Zugpferde sowie Lasttiere für den Transport ihres Gepäcks brauchten Äbte und Bischöfe freilich genauso wie die Laien. Fleisch benötigten sie zur Versorgung der *familia*, der Gäste und der Kranken. Tierisches Fett wurde zur Verbesserung der Gemüsegerichte und zur Herstellung von Kerzen verwendet. Die Bischöfe und Äbte waren deswegen nicht weniger als die Laien an der Vermehrung ihres Viehbestandes interessiert. Aldrich, Bischof von Le Mans, hinterließ seinem Nachfolger eine beträchtlich vergrößerte Viehhaltung: Auf die verschiedenen *villae* der Kirche von Le Mans verteilten sich 80 Stutenherden mit den dazugehörigen Hengsten und 200 Kuh-, Schaf-, Ziegen- und Schweineherden. Der Abt von Fulda erhielt Ländereien in Friesland, die nach der Anzahl der darauf zu haltenden Tiere bemessen waren: Land für 16 Schafe, für 15 Kühe, für 12 Ochsen, für 40 Hammel.[31]
Das Vieh konnte im Sommer auf dem eigens dafür reservierten Land (*pascus*) weiden, aber auch auf dem Brachland. Einzelne oder mehrere

Viehhüter und Hirtenhunde (*canes pastorales*) bewachten die Herden Tag und Nacht vor Dieben. Ganz im Freien wurden die Schweine gehalten: Sie lebten ziemlich verwildert in den Wäldern, wo sie Eicheln, Bucheckern, Kastanien und andere Waldfrüchte als Nahrung fanden. Die Schweine wurden auch als Maßeinheit benützt, um die Fläche eines Waldes zu taxieren. In der Gegend von Paris rechnete man im Durchschnitt 1000 Schweine auf 153 Hektar Wald. Die Eichelmast im Herbst ermöglichte ihnen, den nötigen Winterspeck anzusetzen. Eine bestimmte Anzahl Schweine wurde auch bei den Mühlen gehalten und hier eigens gemästet.

Auf jedem Gutshof gab es Stallungen für Pferde und Vieh. Im St. Galler Klosterplan ist ein Stallkomplex von ungefähr 1500 m² Grundfläche eingezeichnet: Hallenartige Gebäude mit einem Innenhof, in dem sich die Ställe befinden, sind für Hammel, Ziegen und Schafe bestimmt, Rinder und Pferde sind geräumiger untergebracht. Die Vieh- und Pferdehüter wohnen in einem angrenzenden Gebäude, das weitere Stallungen im ersten Stock einer Heuscheuer umfaßt.[32]

Das zur Winterfütterung nötige Heu wurde im Juli von feuchten Wiesen eingebracht, die vor dem Heuen nicht zur Viehweide benützt werden durften. Von der Arbeit der Mäher geben Quellentexte und Buchillustrationen eine Vorstellung:[33] Männer mit den großen zweigriffigen Sensen, den Wetzstein am Gürtel, schneiden das Gras (vgl. Abb. 16); Frauen bündeln das Heu und beladen die Wagen. Die Arbeit mußte sehr schnell getan werden, die Bauern brauchten sich aber auch nicht sehr lange damit aufzuhalten, weil das Grasland weit weniger umfangreich war als das Ackerland. In Saint-Germain-des-Prés gab es – im Widerspruch zum Ortsnamen – nur 91 Hektar Wiesen (frz. prés) gegenüber 4630 Hektar Ackerland. Eine ähnlich untergeordnete Bedeutung des Graslandes ist auch für andere Klostergüter überliefert, doch ist der Anteil des Graslandes an der Gesamtfläche verschieden: Er erreicht 20 % in Coyecques im Artois auf einer *villa* des Klosters Saint-Bertin, aber nur 1,5 % einer *villa* des Klosters Lobbes zu Leernes in Brabant.

Großgrundbesitzer und einfache Bauern bemühten sich gleichermaßen um den Erhalt und die sinnvolle Nutzung ihres Viehbestandes. Die Verwalter erhielten brieflich genaue Anweisungen. Einhard beanstandete, daß die ihm gelieferten Schweine zu klein seien und gab Anweisungen zum Schlachten der Ochsen. Der Amtmann eines alemannischen Bischofs erhielt wegen eines bevorstehenden Besuchs folgende Anweisung:

Abb. 16. Martyrologium des Wandalbert (Monat Mai).

»Nimm von 12 Zinspflichtigen je ein Schaf und füttere die Tiere täglich mit Salz und gut gemischtem Futter, damit sie rechtzeitig gemästet sind; nimm von dem Leibeigenen das Schwein, das er heuer zu liefern schuldig ist, und mäste es gut mit Getreide und Mehl [. . .], besorge 6 Hennen oder Junghühner und füttere sie mit reichlich Gerstenmehl...«[34]

Tier- und Menschenseuchen werden von den Annalisten als gleichrangige Katastrophen mitgeteilt.[35] Die Mönche kopierten immer wieder Traktate über die Veterinärkunst, und das Volk hielt sich an magische Formeln, um krankes oder lahmendes Vieh zu heilen.

Kapitel II

Das Handwerk

»Jeder Amtmann soll in seinem Bezirk tüchtige Handwerker zur Hand haben: Grob-, Gold- und Silberschmiede, Schuster, Drechsler, Stellmacher, Schildmacher, Fischer, Falkner, Seifensieder, [...] Leute, die Netze für die Jagd, für Fisch- und Vogelfang zu fertigen wissen, und sonstige Dienstleute, deren Aufzählung zu umständlich wäre.«[1]

Diese Anweisungen im *Capitulare de villis* beweisen, daß Karl dem Großen eine Neuentwicklung hin zur Arbeitsteilung wünschenswert erschien. Man braucht nicht so weit zu gehen wie der österreichische Forscher Dopsch,[2] der vom Wiederaufblühen der Gewerbe spricht, aber ohne Zweifel begannen die Karolinger sich für handwerkliche Leistungen zu interessieren. Bekanntlich wurden die Traktate über Technik in den *scriptoria* wiederholt kopiert, und von Johannes Scottus Eriugena wurden die *artes mechanicae* gleichrangig neben die *artes liberales* gestellt.[3] Sein Schüler Manno erläuterte einem Freund in Laon, was man unter *mechanica ars* verstehe, und Schriftsteller fanden es nicht unter ihrer Würde, die Herstellung eines Gefäßes in Versen zu beschreiben.[4] Karolingische Adlige, umgeben von Handwerkern, die oft Künstler waren, ließen sich von schöpferischer Arbeit faszinieren.

Die einzelnen Handwerksberufe

Wie die Königshöfe hatten auch alle großen Klöster ihre eigenen Handwerker. In Saint-Riquier saßen sie in geschlossenen Wohnbezirken (*vici*), Vorläufern der Handwerkerviertel mittelalterlicher Städte. Die Grobschmiede versorgten das Kloster mit dem nötigen Eisengerät (*ferramenta*); Walker und Lederarbeiter fertigten Filze (*filtra*) und Ledersorten, Schuster und Sattler produzierten Schuhe und Sättel.[5] In Corbie sind 6 Grobschmiede, 1 Walker, 2 Goldschmiede, 1 Pergamenter, 4 Zimmerleute nachweisbar. Die Gewohnheiten dieses Klosters versuchte Wala in Bobbio einzuführen und ordnete an, der Kämmerer solle Sattler, Pergamenter und Drechsler beaufsichtigen. Der St. Galler

Klosterplan sah Unterkünfte und Werkstätten der Handwerker in einem der Viertel des Klosterbezirks vor. Rund um Wohnung und Amtsräume (*officina*) des Kämmerers waren Drechsler, Sattler, Schuster, Schwertfeger und Poliere (*emundatores*) untergebracht; durch einen Gang getrennt arbeiteten gegenüber Grobschmiede (*fabri ferramentorum*), Goldschmiede und Walker.[6] Manche Handwerker erhielten Bauernwirtschaften und mußten ihrem Herrn dafür einen Teil ihrer Produktion abliefern. In Boissy-en-Drouais (Eure-et-Loir) z. B. betrug die Abgabe des Pächters Anton 6 Wurfspieße, die des Pächters Ermenulf, eines Schmiedes, 6 Lanzen, usw. Schmiede saßen auch auf Ländereien des Erzbischofs von Salzburg, auf den Gutshöfen von Fulda waren Schuster untergebracht, und auch Glaser können nachgewiesen werden. In Aurillac war ein Junge beim Schmied des Herrenhofs in der Lehre.[7] In den Städten gab es zwar noch keine berufsdifferenzierten Wohnviertel, aber die Handwerker hatten ihre Werkstätten. Die Quellen erwähnen Goldschmiede – einer wird als *magister* bezeichnet – in Monza, Kupferschmiede in Lucca. In Mailand sind für das 9. Jahrhundert außer Goldschmieden auch Kürschner, Kunstschmiede und Schneider nachweisbar.[8] In Worms besteht ein Teil der Bevölkerung aus Handwerkern und Kaufleuten.[9]

Ein Großteil der Handwerker stand in den Diensten des Hochadels und lieferte diesem die so begehrten Luxusartikel. Steinmetzen, Goldschmiede, Maler, Emailleure waren, ob freien oder unfreien Standes, bei den Großen lebhaft gefragt. Facharbeiter bestellte man bei der Errichtung von Klöstern, so Angilbert für Saint-Riquier und Gerald für Aurillac.[10] Ebbo von Reims bot einigen *artifices* Wohnungen an, um sie in seine Stadt zu ziehen. Ludwig der Fromme, der mit ihm befreundet war, bot ihm aus der Schar seiner Sklaven einen Goldschmied als Geschenk an.[11] Goldschmiede, die in der Umgebung des Königs arbeiteten, waren allgemein hoch geschätzt. Lupus von Ferrières schickte zwei seiner Bediensteten nach Saint-Denis; dort sollten sie ihre Kunst vervollkommnen, »denn es hatte sich allgemein der Ruf verbreitet, Abt Ludwig verfüge über besonders geschickte Goldschmiede«.[12] Durch Inschriften sind einige »Meister« als Werkstattleiter namentlich bekannt: so »magister« Ursus, Bildhauer in Ferentillo, oder »magister« Volvinius, ein Goldschmied, dem der berühmte Goldaltar von S. Ambrogio in Mailand zugeschrieben wird (vgl. Taf. 8).[13]

Wie in den Zeiten davor, blieben auch zur Zeit der Karolinger

Schmiede und Goldschmiede die angesehensten Handwerker. Sie waren seit Jahrhunderten durch ein erhöhtes Wergeld geschützt, nach der *Lex Alamannorum* betrug es beispielsweise 40 Schillinge.[14]

Der Grobschmied

Der Schmied, den bei der Bearbeitung des geschmolzenen Metalls Funkengarben umsprühten und der allein die vielbegehrten Waffen herstellen konnte, erschien leicht als Zauberkünstler, den man bewunderte und zugleich fürchtete. Während des ganzen Mittelalters und bis in die Neuzeit behielt dieses Handwerk sein besonderes Ansehen. Ganz selbstverständlich wird ein im Jahre 868 den Himmel überquerendes Feuerzeichen vom Annalisten mit der im Schmelzofen Funken aussprühenden Eisenschmelze verglichen.[15]

Ebenso wurde das Ansehen der Meister durch ihre Seltenheit gesteigert. Auf den Gütern der Klöster Montier-en-Der und Prüm, aber auch auf dem Königshof Annapes gab es weder Schmiede noch Schmiedewerkstätten. Bevorzugter Werkstoff der karolingischen Kultur war allgemein das Holz. Bekanntlich waren die landwirtschaftlichen Geräte nur selten aus Metall gefertigt; Eisen war knapp und blieb einigen bevorzugten Anwendungsbereichen vorbehalten. Der König besaß Schmieden und befahl seinen Amtleuten eine alljährliche Überprüfung; zusätzlich verfügte er auch über Erz- und Bleigruben.[16] Den Rohstoff zur Versorgung der Schmieden gewann man aus Erzvorkommen in Vorarlberg, Rätien und im Lahngau, die schon seit alters abgebaut wurden.[17] Kleinere Gruben gab es auch in anderen Gegenden, sehr wahrscheinlich hat beispielsweise Lupus von seinem Hof in Ferrières einiges Metall bezogen, das er nach auswärts verkaufte.[18] Das völlige Fehlen von Metallgegenständen als Beigaben in Gräbern der Karolingerzeit kann wahrscheinlich genauso mit dem Wunsch nach Weiterverwendung der Waffen wie mit religiösen Anschauungen erklärt werden.

Von der Leistungsfähigkeit der Waffenschmiede hing die Schlagkraft der karolingischen Heere ab. Bekannt ist Notkers Kommentar über das eisenstarrende Heer, das Karl der Große gegen den Langobardenkönig Desiderius führte: »O Eisen! Ach Eisen! [...] wegen des Eisens erzitterte die Festigkeit der Mauern und die Tapferkeit der Jungen, und der Rat der Alten verging vor dem Eisen.« Ludwig der Deutsche setzte normannische Gesandte in Staunen, weil er eiserne

Waffen ihrem Gold vorzog.[19] Die in karolingischen Schmieden ange-
fertigten Waffen waren wegen ihrer Dauerhaftigkeit und Schärfe in
aller Welt begehrt. Die Technik der Langschwert-Herstellung konnte
anhand archäologischer Funde nachgewiesen werden: Um den Kern
der Klinge herzustellen, hämmerte der Schmied Schienen aus weichem
und aus kohlenstoffhaltigem Eisen zusammen und formte daraus eine

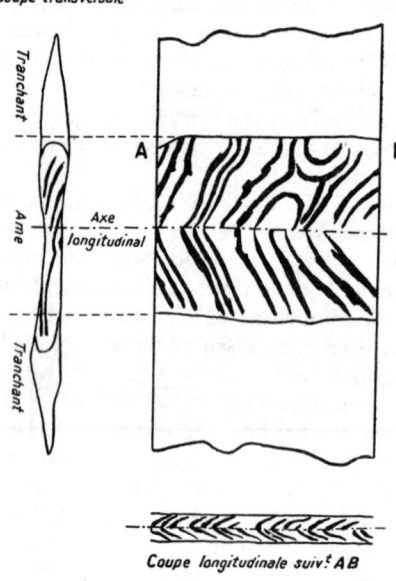

Coupe transversale

Tranchant

Ame

Axe
longitudinal

A   B

Tranchant

Coupe longitudinale suiv.ᵗ A B

Abb. 17.
Schematischer Längs-
und Querschnitt durch
ein Langschwert.

Stange mit rechteckigem Querschnitt. In einer mit Holzkohle befeuer-
ten Esse verschweißte er die verschiedenen Schichten und machte den
Kern damit strapazierfähig. Die Schneiden wurden in einem weiteren
Arbeitsgang angebracht; sie waren aus Stahlschienen gefertigt und
wurden angeschweißt (vgl. Abb. 17 und 21). Mit Schleifstein oder
Feile erhielt das Rohstück dann den letzten Schliff. Ein einziges Mal
hat sich der Maler des Utrechter Psalters offenbar von seiner antiken
Vorlage freigemacht und das Schleifen und Polieren eines Langschwerts dargestellt (vgl. Abb. 18).[20]

In diesem Zusammenhang ist auch an Wieland den Schmied zu erinnern, der in vielen germanischen Volkssagen als Held gefeiert wird.
Eine nordische Saga schildert ihn so:
»Der König sagte: ›Das Schwert ist gut‹, und wollte es selbst haben.
Wieland entgegnete: ›Das ist noch nicht sonderlich gut. Es soll noch
viel besser werden, ehe ich aufhöre.‹ Der König kehrte gutgelaunt in
seine Halle zurück. Wieland setzte sich wieder in seine Schmiede,
nahm eine Feile, zerfeilte das Schwert zu ganz kleinen Spänen und
mischte Mehl darunter. Dann ließ er zahme Vögel drei Tage hungern

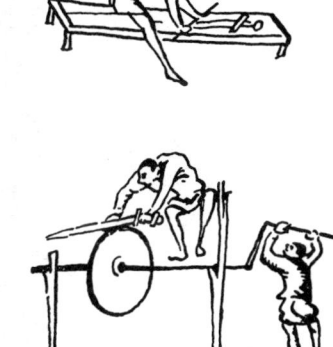

Abb. 18.
Polieren und Schleifen
des Langschwerts.

und gab ihnen hinterher die Mischung zu fressen. Den Vogelkot tat er
in die Esse, schmolz und glühte aus dem Eisen alle verbliebenen
Schlacken, und daraus schmiedete er dann wieder ein Schwert; das war
kleiner als das erste [...]. Dazu war es sehr handlich, die ersten
Schwerter, die Wieland gemacht hatte, waren nämlich größer gewesen
als üblich. Wieder suchte der König Wieland auf, betrachtete das
Schwert und beteuerte, es sei das schärfste und beste, das er je gesehen.
Sie gingen abermals zum Fluß, und Wieland nahm eine drei Fuß dicke
und ebenso lange Wollflocke in die Hand und warf sie in den Fluß.

Abb. 19. Schwert mit silberbeschlagenem Gefäß, Typ H, und Klinge mit flachem Winkeldamast, »Wurmbunt«, vgl. Abb. 21.

Abb. 20. Gefäß, Typ D entlehnt, silberbeschlagen und mit karolingischer Verzierung, um 800 oder etwas später.

Das Schwert hielt er ruhig ins Wasser, die Flocke trieb gegen die
Schwertschneide, und das Schwert zerschnitt die Flocke ebenso glatt
wie den Strom selbst.«[21]
Die fränkischen Schwerter waren im Orient ebenso berühmt wie im
Abendland (vgl. Abb. 19 und 20). Radanitische Juden kamen, um sie
einzukaufen. Die Sarazenen verlangten im Jahre 869 für den von ihnen
gefangenen Erzbischof von Arles als Lösegeld unter anderem
150 Mäntel und 150 Schwerter.[22] Bereits erwähnt wurde, daß Karl dem
Großen der Waffenschmuggel an der Ostgrenze des Reiches Sorgen

Abb. 21. Fränkische Klingeninschriften auf Wikingerschwertern, ULFBERT
und INGELRI ME FECIT. – Fränkische Gefäßinschrift HILTIPREHT (vom
Handgriff geteilt). – Unten: schematisches Typbeispiel für Wurmbunt-Damas-
zierung. Der Kern (getüpfelt) konnte auf verschiedene Weise gewickelt werden, schräg oder im Winkel, mit dünneren oder dickeren Drähten von verschie-
denem Kohlegehalt, was verschiedene Muster und Farben ergab. Beide Kanten
waren aus Stahl, um die Schneiden schärfen zu können.

bereitete. Die Normannen kauften und raubten Schwerter in so
großem Umfang, daß Karl der Kahle jedem die Todesstrafe androhte,
der »als Verräter an Vaterland und Christenheit« den Feind mit Waffen belieferte. Aber trotz aller Gesetze wurden karolingische Schwerter nach dem Norden gebracht;[23] skandinavische Archäologen haben
sie in großer Zahl ausgegraben. Auf einigen Exemplaren steht, einge-
rahmt von zwei Kreuzen, der Name des Schmiedemeisters Ulfbert
(vgl. Abb. 21).[24]
Neben den Schmieden gab es auch Metallgießer, die Glocken herstell-
ten. Es war nämlich üblich geworden, Kirchtürme mit einem Geläute
zu versehen. Notker der Stammler erzählt, wie einem im Bronzegie-
ßen besonders geschickten Mönch eine bestimmte Menge Silber geliefert wurde. Damit sollte der Klang der Glocke, an der er arbeitete,
verbessert werden. Der Mönch unterschlug aber das Silber und verwendete nur die übliche Legierung aus Kupfer und Zinn.[25] Auf der
fertigen Glocke wurde der Name des Abtes oder Bischofs angebracht,
der sie in Auftrag gegeben hatte, dann der Name des Meisters.
Metallgießer brauchte man auch, um Kirchen mit Bronzeportalen und
Gitterwerk ausschmücken zu lassen. Einhard rühmt die Schönheit der
Balustraden und Tore aus massiver Bronze, die Karl der Große, eine
antike Tradition aufnehmend, in der Aachener Pfalzkapelle anbringen
ließ; sie sind bis heute erhalten (vgl. Taf. 2 und 3). Nahe bei der Pfalz
wurden Reste einer Gießerei ausgegraben, die beweisen, daß die
Stücke an Ort und Stelle angefertigt wurden.[26]

Die Goldschmiedekunst

Der Überlieferung nach war Wieland bei der Verarbeitung von Gold
und Silber genauso geschickt wie als Waffenschmied. In der *Lex
Alamannorum* wird für Schmiede und Goldschmiede das gleiche
Wergeld von 40 Schillingen festgesetzt. Eisen war, wie erwähnt, im
Karolingerreich knapp; wie die Verzeichnisse von Kirchenschätzen
beweisen, gilt das für Gold nicht im gleichen Maße. Die karolingischen Herrscher haben eher aus wirtschaftlichen Erwägungen als aus
Mangel an Edelmetall die Goldprägung eingestellt.[27] Das Gold
stammte aus Schätzen der Antike oder wurde bei Feinden erbeutet, es
wurde aber auch in Bergwerken abgebaut und aus Flüssen gewonnen.
898 erlaubte König Arnulf den Passauer Goldwäschern, den
Schwemmsand der Flußläufe auszubeuten. Zum Lob und Preis der

Franken dichtete Otfried von Weißenburg um 862: »Im Land der Franken gewinnt man Erz und Kupfer und, wahrhaftig, sogar Kristall; dazu kommt reichlich Silber und Gold, das an manchen Orten im Sand gefunden wird.«[28] Das »Rheingold«, von dem schon Ermoldus berichtet, war also keine bloße Legende. Silber kam aus Gruben im Harz und in Böhmen und aus den großen Vorkommen von silberhaltigem Blei in Melle. Auch neue Bergwerke wurden angelegt; Ludwig der Fromme z. B. schenkte der Abtei Montier-en-Der ein Stück Königsland, auf dem Blei abgebaut werden konnte.[29]

Adlige Auftraggeber lieferten dem Goldschmied aus dem Vorrat ihrer »Kammer« Metallbarren oder -platten, wenn sie eine wertvolle Arbeit anfertigen lassen wollten. Die Werkzeuge dieser Handwerker und Künstler sind aus Grabfunden der Völkerwanderungszeit bekannt: Schmelztiegel aus Graphit, Zangen, Scheren, Feilen, Hammer, ein kleiner Amboß, eine Waage. Zur Materialersparnis wurde das Edelmetall in Folien verarbeitet, die nur Bruchteile von Millimetern stark waren. Dhuoda erwähnt in ihrem *Liber manualis* beiläufig *fabricatores metallorum*, denen die Kunst der Blattgoldherstellung geläufig war.[30] Figürliche Reliquiare erhielten einen Holzkern: Zwar ist die Goldstatue verloren, die der Bretonenherzog Salomo Papst Hadrian II. schenkte, aber anhand des Reliquiars von Sainte-Foy in Conques, einer Arbeit des späten 9. Jahrhunderts, kann die damalige Herstellungsweise erschlossen werden. Die karolingischen Kunsthandwerker griffen auf die germanisch-nordische Goldschmiedetechnik zurück und vervollkommneten sie für ihre Zwecke: zur Anfertigung von Fibeln, Gürtelschnallen, Schwertscheiden, Kelchen, Patenen, Votivkronen, Buchdeckeln und goldenen Altarbekleidungen (vgl. Taf. 8), wie sie in allen größeren Museen Europas zu besichtigen sind; ferner für das Fassen von Gemmen, Saphiren, Smaragden, Jaspis, Topasen, Schmucksteinen aus Glas und für Emailarbeiten.[31] Zu den üblichen Aufgaben gehörte aber auch die Wiederverwendung antiker Schmuckstücke, die in den Besitz reicher Adliger gelangt waren. Das Kloster Saint-Maurice d'Agaune erhielt von Karl dem Großen eine Kanne geschenkt, die sich bis heute erhalten hat (vgl. Taf. 5); sie ist mit Emailarbeiten verziert, die wahrscheinlich byzantinischen Ursprungs sind und von den Avaren erbeutet wurden. Eine Augustus-Kamee schmückt das Lotharskreuz in Aachen, und eine Judith-Kamee krönte den »Escrain de Charlemagne«, den Karl der Kahle dann an Saint-Denis schenkte (vgl. Abb. 22 und Taf. 10).

Karolingische Goldschmiede waren nicht ausschließlich auf die Aus-

Abb. 22. »Escrain de Charlemagne«. Nach einer Zeichnung des 17. Jahrhunderts. Vgl. auch Taf. 10.

bildung bei einem Meister angewiesen, sie konnten auch von Traktaten profitieren, die in den Abteien aus antiken oder byzantinischen Texten abgeschrieben wurden: ein wichtiger Aspekt für die Renaissance des Handwerks. Der Bibliothekskatalog des Klosters Reichenau aus dem Jahre 822 verzeichnet auch eine Schrift über das Goldmachen (*Mappae clavicula de efficiendo auro*). Abhandlungen über das Probieren von Gold und Silber, über die Gußtechnik mit Metallen und Wachs, gab es in Corbie, Laon, Saint-Quentin. Eine Handschrift des späten 8. Jahrhunderts aus Lucca vermittelt Vorstellungen über den Inhalt dieser Technik-Traktate: Man findet Anweisungen zur Herstellung von Folien aus Gold, Silber und Zinn (»Nimm einen dünnen, länglichen Metallstreifen guter Qualität; ist er lang genug gehämmert, schneide ihn in Hälften und hämmere sie erneut...«). Ferner wird beschrieben, wie aus Goldfolien Golddraht gemacht, wie Eisen vergoldet wird, wie Kupfer einen goldenen Glanz erhält, wie Blei und Glas geschmolzen werden, wie Goldpaste hergestellt wird, wie Silber, Kupfer und Zinn gelötet werden, wie Bronze legiert wird, wie man mit Gold auf Pergament, Glas oder Marmor schreiben kann...[32]

Kapitel III

Das Bauhandwerk

Obwohl nur ganz wenig davon erhalten blieb, ist doch bekannt, daß in der Karolingerzeit zahlreiche Großbauten in Angriff genommen wurden. In der Regierungszeit Karls des Großen werden 232 Klöster, 16 Kathedralen und 65 Pfalzen gezählt, die neu errichtet oder wiederhergestellt wurden.[1] Bereits erwähnt wurden die in Lyon, Le Mans, Reims, Auxerre und Rom durchgeführten Baumaßnahmen. Manche Bischöfe und Äbte entwickelten eine wahre Bauwut, die auf ihre Umgebung beunruhigend wirkte: So beklagten sich 812 die Mönche von Fulda über Abt Ratger, weil er kostspielige, überflüssige Gebäude errichten lasse und die Brüder von den geforderten Arbeitsleistungen überanstrengt seien.[2] Auch die Weiterentwicklung der Liturgie, die Überführung von Reliquien oder die Neugründung von Domkapiteln gaben Anlaß zu reger Bautätigkeit.

Holz- und Steinbauten

Die meisten karolingischen Baudenkmäler sind untergegangen, weil sie aus Holz waren. »Aus meinem Holz werden Pfalzen und Kirchen gebaut, ich liefere die ausgewählten Balken«, so rühmen sich die Vogesen gegenüber dem Rhein in einem Gedicht von Ermoldus Nigellus. In einigen Quellentexten werden Kirchen aus Holz (*ecclesia lignea*) und aus Planken (*ecclesia ligneis tabulis fabricata*) erwähnt.[3] Manchmal gelingt es Archäologen, in Torfmooren neben Hüttenfundamenten die Spuren solcher hölzerner Kirchen aufzudecken. Auch die Hütten der Bauern und sogar die Häuser der Städte waren aus Holz. Eindringlich schildert Sedulius, wie unbequem er in Lüttich untergebracht war:
»Unsere Behausung ist in ewige Nacht getaucht, im Inneren fehlt jeder willkommene Lichterglanz. Die Mauern entbehren der anmutigen Schönheit bunter Bemalung, kein Schlüssel, kein Türschloß sichert den Eingang. Das Gewölbe schimmert nicht in gefälligem Anstrich, sondern Ruß verdunkelt die Decke. Wenn du, o Neptun, den unangenehmen Regen fallen läßt, durchdringst du unser Haus mit schädlicher

Nässe. Wenn der wilde Schrei des Eurus widerhallt, zittert und bebt diese alte Hütte [. . .]. Glaube mir, sie ist keine Wohnung, geeignet für Gelehrte, die das Geschenk blitzenden Lichtes lieben. Hier können höchstens Eulen und Scharen von Maulwürfen leben.«[4]

Auch die Königspfalzen bestanden mindestens zum Teil aus Holzbauten. Darauf deuten Berichte der Geschichtsschreiber über Unglücksfälle, von denen Herrscher betroffen wurden. Der Einsturz eines Säulengangs, das Durchbrechen eines Söllers werden erwähnt.[5] Aber die Könige waren darum bemüht, ihre Residenzen und Kapellen in soliderer Bauweise errichten zu lassen. Die Königshalle in Annapes war »sehr schön aus Stein gebaut und umfaßte drei Gemächer«, während 17 Häuser im Innern des Hofes nur aus Holz waren. Von dieser Anlage hat sich nichts erhalten, aber es gibt noch Denkmäler der Karolingerzeit: so die im »römischen Stil« (*more romano*) gehaltenen Bauten in Aachen, Germigny und Steinbach oder die kleinen Dorfkirchen in Graubünden.

Die Bauherren ersetzten Holz durch Stein, wo immer es möglich war. Einhard ließ deswegen seine Basilika in Seligenstadt errichten, als Ersatz für eine bescheidene Holzkirche (*lignea modica constructa*). Ludwig der Fromme veranlaßte, daß das Kloster Charroux in Stein wiederaufgebaut wurde. Benedikt hatte sich in Aniane zunächst mit der Verwendung von Holz begnügt, aber 772 ließ er eine große neue Kirche mit Portikus und Marmorsäulen bauen.[6]

Die Vorarbeiten

Bevor ein Bau begonnen werden konnte, mußten die Architekten, wie zu allen Zeiten, Entwürfe vorlegen und Pläne erarbeiten; sie griffen dabei auf die Architektur-Traktate der Spätantike zurück. Die Schriften Vitruvs wurden in den Klöstern kopiert, und Einhard empfahl diesen Autor einem seiner Schüler. Auch die Zusammenfassung der Lehren Vitruvs bei Faventius wurde gerne gelesen. Bei der Errichtung von Mauerwerk und Brücken konnte man auch überlieferte Baupläne zugrunde legen.[7] Als der Abt von St. Gallen den Neubau des Klosters in die Wege leitete, ließ er zunächst einen Entwurf zeichnen, der mehr als eine schematische Skizze ist: Es handelt sich um einen maßstabgetreuen Bauplan (vgl. Abb. 2 und Taf. 19), der auf der Basis eines Moduls von 40 karolingischen Fuß (etwa 12,86 m) entwickelt wurde. An das Schachbrettmuster antiker Städte erinnert der rekonstruierte

Grundriß der Pfalz zu Aachen. Ein großes Zentralquadrat von 360 ×
360 Fuß ist in 16 kleine quadratische Felder unterteilt und wird im
Osten von einem gleichschenkligen Dreieck flankiert.[8] Um den Aufriß
eines Bauwerks zu entwerfen, wurden auch, wie beispielsweise in
Saint-Germain d'Auxerre, Wachsmodelle angefertigt.[9]

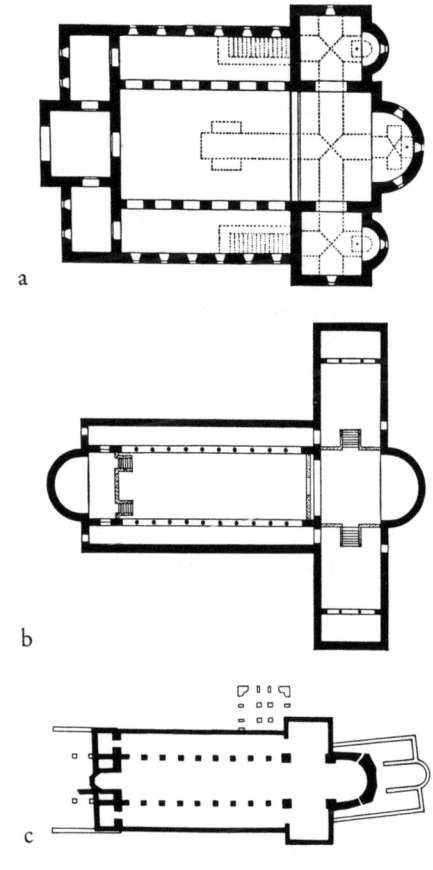

Abb. 23. Grundrisse.

a) Einhardsbasilika Steinbach,   b) Dom Fulda,   c) Saint-Denis, Paris.

Die Architekten konnten zwischen verschiedenen Bauschemata wählen. Es gab z. B. den klassischen Grundriß der Basilika mit einer Apsis, wie er in Steinbach oder St. Pantaleon zu Köln begegnet; nach dem Vorbild von St. Peter in Rom konnte man aber auch die Kreuzesform zugrunde legen und zwischen Apsis und Hauptschiff ein Querschiff einfügen. Bei großen Abteikirchen wie Agaune, Fulda, St. Gallen setzten die Architekten eine Gegenapsis an das Ende des Kirchenschiffs. Eine andere Möglichkeit war die Gliederung des Bauwerks in drei Teile: Das Vorschiff, von den Kunsthistorikern als Westwerk bezeichnet, hatte ein Untergeschoß und eine Oberkirche mit Emporen, wie man es in Corvey sehen kann. Im Osten wurde das Hauptschiff um einen weiteren Altarraum erweitert, den man über der Krypta mit den Heiligenreliquien errichtete. Auch das Schema für Zentralbauten war noch bekannt: In der Kirche von Germigny-des-Prés, die Theodulf erbauen ließ, wurde es verwirklicht. Schließlich war auch die Kombination verschiedener Entwürfe möglich. Aus der Überschneidung von kreuzförmigem Grundriß und Zentralbau entwickelte der Architekt der Aachener Pfalzkapelle das berühmte Achteck.[10]

War der Bau begonnen, wurden die Arbeiten von einem geistlichen oder weltlichen Werkmeister beaufsichtigt, der auch ortsansässige Arbeitskräfte einstellte oder Handwerkerkolonnen anwarb, die von Baustelle zu Baustelle zogen.[11] Der Verfasser der Vita des heiligen Maurus schildert, wie Glanfeuil erbaut wurde und wie sich *artifices* (Meister) und *operarii* (Werkleute), Zimmerer und Schreiner einfanden; sie alle standen unter der Leitung »eines Geistlichen, der in der Baukunst bewandert war«.[12] Die Geschichtsschreiber erwähnen auch, mit welchen Schwierigkeiten das Dasein der Arbeiter verbunden war: Manchmal wurden sie von den Werkmeistern ausgebeutet, manchmal liefen sie, sobald sie konnten, von der Baustelle fort oder wurden das Opfer von Arbeitsunfällen.[13] In Italien enthalten die Gesetze der letzten Langobardenkönige Ansätze zu einer Handwerksordnung für Maurer und eine »Lohnskala« in Bargeld und Verpflegungsleistungen.[14]

Die Bautechnik

Über die Bautechnik ist wenig bekannt. Für Gebäude aus Holz wurde das Rohmaterial aus den benachbarten Wäldern geholt. Die Lebensbeschreibung des heiligen Pardulf gibt einen anschaulichen Bericht über einige Arbeitsgänge: Der Werkmeister der Kirche Saint-Aubin in Guéret schickte Zimmerleute in den Wald. Das gefällte Holz (lat. *materia* oder *materiamen*, davon frz. merrain) wurde auf einen Karren geladen und zur Baustelle gebracht. Beim Abmessen der Balken stellte sich aber heraus, daß sie um 1½ Fuß zu kurz waren. Da griff der heilige Pardulf ein, und durch ein Wunder verlängerte er die Balken sogar über das vorgesehene Maß hinaus. Das überschüssige Holz wurde abgesägt und in der Kirche aufgehängt, Gegenstand der Heiligenverehrung.[15]

Das Material für Steinbauten wurde aus Steinbrüchen, noch häufiger aber aus römischen Ruinen beschafft. So erhielt Erzbischof Ebbo von Reims die Erlaubnis, Quadern der antiken Stadtmauer für die Errichtung der Kirche Notre Dame zu verwenden. Einhard ließ für seine Kirche in Seligenstadt Sandsteine aus einem römischen *castrum* holen. Die Mönche von Saint-Wandrille besorgten sich Steine aus Lillebone, die von Lehon in der Bretagne bauten mit Steinen der alten Stadt Corseul.[16]

Zur Baustelle gebracht, wurden die Steine von den Maurern (*maciones, cementarii*) behauen und dann aufgesetzt; Kalköfen sind in den Quellen erwähnt und bei Grabungen entdeckt worden. Ansegis von Fontenelle ließ das Dormitorium des Klosters Fontenelle »mit schönen Quadersteinen und Mörtel aus Kalk und Sand« aufführen.[17] Auf einem sorgfältigen Mauerverband aus Quadern wurde vor allem bei den Fundamenten, Pfeilern und Bögen geachtet, während die Wandflächen häufig nur in Mischmauerwerk ausgeführt wurden; nach antikem Vorbild wurden zur Verstärkung Bänder aus Ziegelsteinen eingezogen. Einhard gab einem seiner Amtleute den Auftrag, von einem sachverständigen Handwerker quadratische Ziegelsteine anfertigen zu lassen: 60 Stück mit einer Kantenlänge von 2 Fuß und 4 Finger dick, und 200 kleinere Backsteine von ½ Fuß, 4 Finger Kantenlänge und 3 Finger dick.[18] Bei den großen Sakralbauten wurden nur Seitenschiffe und Krypten eingewölbt, den offenen Dachstuhl über dem Schiff deckte man mit Ziegeln, die von den abgabepflichtigen Bauern zu liefern waren. Gelegentlich, wenn das Material dafür ausreichte, wurde das Dach auch mit *tabulae* aus Blei eingedeckt. Einhard berichtet einem Abt, welche Schwierigkeiten er mit der Bedachung der Basilika in Seligenstadt hat, und veranschlagt die Kosten mit 50 Pfund. Lupus von Ferrières bittet den König der Angelsachsen, ihm Blei nach Etaples liefern zu lassen, damit er seine Kirche vollenden kann.[19] Gewöhnliche Gebäude deckte man mit Schindeln (*scandulae*), die auf

Abb. 24. Darstellung eines Zimmermanns, aus dem Ebo-Evangeliar (Kanontafel) in Epernay.

Bretter (*axiles*) genagelt wurden. Die Bauern des Klosters Saint-Germain-des-Prés waren z. B. verpflichtet, jährlich 40 000 Schindeln und 20 000 Bretter zu liefern. Herrscher und Bischöfe erinnerten daran, daß die Dächer der Dorfkirchen vorschriftsmäßig instand zu halten waren.[20] Abbildungen in einer Handschrift aus Reims vermitteln eine Vorstellung von der Arbeitstechnik der Zimmerleute und Dachdecker unter Anleitung eines *magister carpentarius* (vgl. Abb. 24).[21]

Die künstlerische Ausgestaltung

Während der Kirchenbau aufgeführt wurde, bereiteten sich andere Handwerker schon darauf vor, ihn auszuschmücken. Spezialisten für Glasarbeit (*vitrearii* oder *vitri factores*) fertigten aus farbigen Glasstükken bleigefaßte Fensterscheiben. Bemalte Kirchenfenster gab es in Fontenelle, Beauvais, Reims, Auxerre, Lüttich, Rom. Die Mönche der Reichenau wandten sich an einen Meister der Glasmalerei, der seine Kunst jungen Mitbrüdern beibringen sollte.[22] In der bereits erwähnten Handschrift aus Lucca wird die Technik der Glasmalerei in einem eigenen Abschnitt behandelt. Ebenfalls für den Kirchenbau beschäftigt waren Bronzegießer, die Gitterwerk und Portale schufen, und Mosaikkünstler, die Bildvorlagen für Fußböden oder Kuppeln entwarfen. Aus Marmor oder anderen Steinarten wurden Schranken, Lesepulte (*ambones*) und Altaraufbauten (*ciboria*) von Steinmetzen vorgefertigt. Ein Flachrelief in Ferentillo zeigt, wie ein »magister« Ursus, den Stock in der Hand, Steinhauer bei ihrer Arbeit anleitet.[23] Weil die Marmorbrüche von Saint-Béat seit Beginn des 8. Jahrhunderts geschlossen waren, mußte man auf antike Bauwerke als Rohstoffflieferanten zurückgreifen. Als z. B. Graf Konrad und dessen Gemahlin Adelheid beschlossen hatten, die Abtei Auxerre wiederaufzubauen, holten Mönche auf dem Wasserweg Marmor aus Marseille und Arles. Aus Ravenna und Rom ließ Karl der Große Marmor nach Aachen und Saint-Riquier bringen.[24] In den Pfalzen und Kirchen waren alle Wandflächen mit Fresken bemalt. Zeugnisse dafür haben sich in Mals (Südtirol), auf der Reichenau, in Trier, Auxerre und Rom erhalten. In der Torhalle des Klosters Lorsch (vgl. Taf. 4) ist das obere Stockwerk mit antikisierender Architekturmalerei ausgeschmückt: Marmorsäulen, die auf einer niedrigen Mauer ruhen, tragen einen feingegliederten Architrav; verschiedenfarbige Quadrate überziehen schachbrettartig die Wand.[25] Der Freskenschmuck von Speisesaal und Prunkräumen in Pfalzbauten wird von Dichtern beschrieben. In Ingelheim waren Szenen aus der antiken und fränkischen Geschichte dargestellt. Eine andere Quelle erwähnt als Wandbilder: bewaffnete Männer, Landarbeiter bei der Ernte und Weinlese, aufrecht in ihrem Boot stehende Fischer, Jäger, die Fallen stellen oder Hirsche und Rehe verfolgen.[26] Häufig holten sich die Maler auch Anregungen aus der Mythologie: Sonne und Mond mit strahlenumkränztem Haupt, die Winde, die Monate, die Jahreszeiten, die personifiziert und bekleidet oder nackt abgebildet wurden.[27] Aber von all dem hat sich leider nichts erhalten. Die Karolinger haben zwar den Bilderkult in Kirchen abgelehnt – darauf ist später noch genauer einzugehen –, aber sie haben jedenfalls die Schönheit einer Darstellung und die Arbeit der Künstler hochgeschätzt. Erfahrene Maler wußten, wie sie den Malgrund vorzubereiten hatten. In Auxerre wurde zuerst ein Putz aus Sand, Kalk und eisenhaltigem Ton in dicker Schicht aufgetragen und dann mit einem dünnen Überzug aus Kalk versehen. Auf dieser Grundierung wurde in Vier-Farben-Technik gemalt. Dafür waren gelber und roter Ocker, Weiß und Grün vorbehalten. Der Maler war gehalten, in harmonischer Linienführung zu entwerfen und die Umrißlinien kunstvoll auszufüllen. Er mußte die Farbenlehre und die Gesetze der Proportion beherrschen, wie sie in der Antike, vor allem von Vitruv, festgelegt worden waren.[28] Bildvorlagen ermöglichten ihm, in der herkömmlichen Weise zu malen; es gab z. B. den bewaffneten Adligen, oder die Apostel, jeder mit eigenen Attributen (Matthäus mit Bart, Petrus kahlköpfig, Johannes und Zebedäus jugendlich).[29] Johannes Diaconus beschreibt die in Rom gemalten Porträts der Eltern Papst Gregors des Großen; dabei wird deutlich, daß die Gesichter nach den Regeln des konventionellen Schönheitsideals und nicht der Wirklichkeit entsprechend dargestellt waren.[30] Die Bischöfe und Äbte hatten die Wahl des Malers zu verantworten und den Fortgang seiner Arbeit zu beaufsichtigen. Um das Refektorium von Saint-Wandrille ausmalen zu lassen, ließ Abt Ansegis einen Künstler aus Cambrai kommen. Um die Maler, die seine neue Kirche ausschmückten, mit Farben versorgen zu können, wandte sich Bischof Frothar von Toul an einen Freund und bat ihn um Übersendung seiner gesamten Vorräte an Goldfarbe, Indigo, Mennige, Lasur, Grün und Quecksilber.[31]

Die Bauzeiten

Die großen Bauvorhaben erforderten einen hohen Aufwand an Geldmitteln und Arbeitskräften. Es ist deswegen verständlich, daß sich die Fertigstellung oft sehr verzögerte. Mit 91 m Länge und 20 m Breite gehörte der Dom in Köln, dessen Fundamente seit 1946 untersucht werden, zu den größten Bauwerken der Karolingerzeit; er wurde um 800 begonnen und erst 870 geweiht.[32] Die Kathedrale von Reims, 816 unter Ebbo begonnen, wurde unter dessen Nachfolger Hinkmar 862 geweiht. Um die Arbeiter anzufeuern oder zu erschrecken, offenbarten bei einem anderen Bau die Mönche, ihnen sei im Traum der

Kirchenpatron erschienen, ungeduldig über den langsamen Fortschritt der Arbeiten.[33]

In der zweiten Hälfte des 9. Jahrhunderts hielt die Bautätigkeit zwar an, aber wichtiger als die Errichtung neuer Gebäude war es zunächst, die *villae*, Abteien und Pfalzen mit Ringmauern zu sichern und befestigte Verteidigungsplätze zu schaffen. Der Verfasser der Wundertaten des heiligen Bertinus beschreibt, wie das *castrum* von Saint-Omer angelegt wurde: Nachdem der Verlauf der Befestigungen abgesteckt war, rodete man den Wald zwischen Saint-Omer und Saint-Bertin. Damit wurde zugleich Bauholz beschafft und ein möglicher Schlupfwinkel der Feinde beseitigt. Rings um die Abtei hob man Gräben aus und schüttete Erdwälle auf, die von hölzernen Palisaden überragt wurden.[34] An besonders gefährdeten Plätzen errichtete man auch *castra*, hölzerne Türme mit einem Unterbau aus Steinen.

Kapitel IV

Hausrat und Bekleidung

1. Der Hausrat

Verglichen mit der vorhergehenden Periode, hat sich in der Karolingerzeit an der Einrichtung der adligen Wohnbauten wie der Bauernhäuser nur wenig geändert. Es gab hölzerne, mit Stoff bezogene Sitzbänke, Stühle mit gepolsterter Rückenlehne und gelegentlich auch Sessel. Karolingische Bilderhandschriften, vor allem mit Darstellungen der Evangelisten, können eine Vorstellung vom Aussehen dieser intarsienverzierten Sitzmöbel vermitteln (vgl. Taf. 21).[1] Es gab auch zusammenklappbare Stühle, deren Streben aus Metall gearbeitet waren; ein Beispiel dafür ist die mit Gold- und Niello-Ornamenten reich geschmückte *sella plicatilis* von Pavia.[2] Als Symbole geistlicher und weltlicher Macht waren die Throne den Großen vorbehalten (vgl. Abb. 25).[3] Karl der Kahle machte Papst Johannes VIII. einen Thron zum Geschenk, der im Petersdom erhalten geblieben ist; zusammen mit einer Darstellung im Psalter des Kaisers (vgl. Taf. 12) war so eine vergleichende wissenschaftliche Untersuchung möglich.[4]

Wohn- und Schlafräume

Bei Tisch lag man nicht, sondern saß, auch wenn Ermoldus Nigellus, in diesem Fall allzusehr antiker Überlieferung verhaftet, das Gegenteil berichtet.[5] Auf dem St. Galler Klosterplan sind im Refektorium Tische und Sitzbänke eingezeichnet. Vor dem Platz des Abtes ist eine U-förmige Gästetafel angeordnet. Als der Erzbischof von Augsburg im Jahr 908 St. Gallen besuchte, ließ er die Sitzbänke der Mönche mit Federkissen polstern, das Vorlesepult mit einem bebilderten Behang verkleiden und die Tische mit leuchtend bunten Tüchern bedecken.[6] In diesem Kloster waren die Schlafräume mit je fünf Betten ausgestattet. Karl der Große erließ die Vorschrift, daß in jeder *villa* ein vollständiger Vorrat an Bettzeug zu halten sei: Decken, Federkissen, Leintücher.[7] Die Inventare von Triel und Annapes verzeichnen Matratzen, federgefüllte Kopfkissen, Bettücher, Rollen, Decken und

Abb. 25. König Lothar auf dem Thron. Lothar-Evangeliar von Tours.

Steppdecken.[8] Damit konnte man sich auch außerhalb des Bettes gegen Kälte schützen: Die Mönche von Aniane nahmen im Winter ihre Bettdecken (*lectaria*) mit, wenn sie die Vigil beteten.[9] Auch Tierfelle wurden als Zudecken verwendet. Kleidungsstücke und Wertgegenstände wie Schmuck und Urkunden wurden in Holztruhen (*scrinia*) aufbewahrt. Eltern und Kinder schliefen gemeinsam in einem Familienbett, über dem zum Schutz gegen Angriffe des Teufels ein Fläschchen mit Weihwasser hing. Nahe dabei war die Wiege aufgestellt, so daß sie vom Bett aus geschaukelt werden konnte.[10] Die Großen nahmen auf ihren Reisen Zelte mit, in denen ihre zerlegbaren Betten aufgeschlagen wurden.[11] Zu ihrem Gepäck gehörten auch Vorhänge (*cortinae*) und Teppiche (*tapetia*), mit denen in ihren Unterkünften Wände behängt und Böden ausgelegt werden konnten.

Küchengeräte und Geschirr

In der Küche gab es die Feuerstelle (*fornax*) und verschiedene Gerätschaften: Feuerböcke, Ketten und Kesselhaken (*cramaculi*), Kochkessel aus Kupfer und Eisen, Salzfässer, Brotkästen und zahlreiche weitere Küchengeräte aus Holz.[12] Teller aus Blei, Krüge aus Zinn, Blei, Eisen und Holz wurden in Schränken (*toreuma*) aufbewahrt.

Das Tongeschirr wird in den Quellentexten nicht erwähnt. Aber Bruchstücke von Töpferware sind ausgegraben worden, und Archäologen haben versucht, sie zu datieren und nach Typen einzuteilen (vgl. Abb. 26, 27).[13] Bekannt ist die »Badorfer Ware« (nach einem Ort nahe bei Köln benannt), die zwischen 720 und 860 produziert wurde. Typisch dafür sind feinstrichige Rollradmuster aus Kleinrechteck-Stempeln. Einhenkelige Krüge, schlanke Flaschen, Amphoren mit eiförmigem Umriß und zwei Bandhenkeln konnten als Leitformen herausgestellt werden (vgl. Abb. 28). Eine neue Gattung begegnet um die Mitte des 9. Jahrhunderts; sie wird als »Pingsdorfer Ware« bezeichnet, ihr Kennzeichen ist eine einfache rote Bemalung. Der Münzschatz von Zelsate an der Scheldemündung war in einer Art zweihenkeligen Feldflasche geborgen, die aus einer Pingsdorfer Werkstätte stammen dürfte. In örtlichen Töpfereien wurden gleichzeitig Kugeltöpfe angefertigt; nach Ansicht einiger Archäologen waren sie zur Verwendung über Torffeuern bestimmt. In Frankreich haben Funde bleiglasierter Scherben in Doué-la-Fontaine (Maine-et-Loire) und bemalter Keramik in Beauvais das Wissen über die karolingische Töpferei vermehrt.[14]

Nur sehr selten haben sich Gefäße aus Glas erhalten. Sie wurden von gesuchten Handwerkern hergestellt. In einem Brief an Erzbischof Lul von Mainz bat ein angelsächsischer Abt seinen Landsmann, ihm Werkleute zu schicken, die *vitrea vasa* anfertigen könnten.[15] Auf Pachtland angesetzt waren Glasbläser (*vitrearii*) im Norden Frankreichs, bei Douai und im Aisne. Schmelzöfen für Glas werden auch in

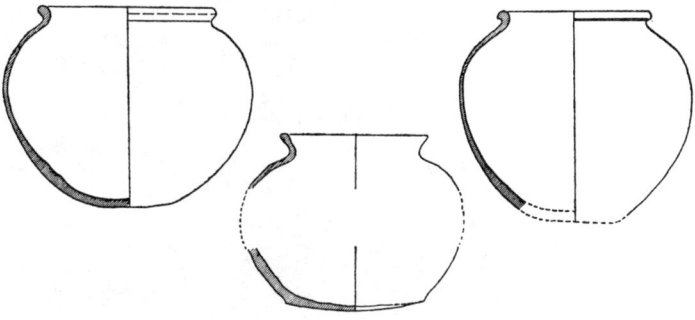

Abb. 26. Karolingische Kugeltöpfe von Walberberg, Kreis Bonn, und Frankfurt (Mitte).

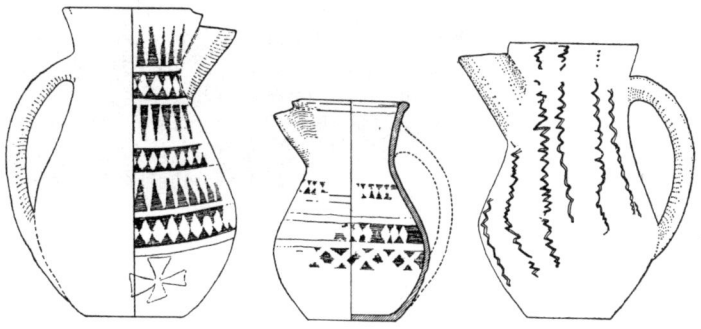

Abb. 27. Kannen des 9. Jahrhunderts aus Birka (Schweden), Nordfriesland, Trier.

Abb. 28. Reliefband-Amphore aus Neuß, Münster St. Quirin.

Quellentexten erwähnt, an der Herstellungsweise hat sich seit der Merowingerzeit nichts geändert.[16] Im Testament Graf Ekkards wird eine *ampula*, d. h. ein Glasfläschchen, erwähnt, ferner ein Kelch aus blaugefärbtem Glas. Auch im Testament seines Zeitgenossen Graf Eberhard sind gläserne Kelche verzeichnet.

In diesen beiden Quellen findet sich ferner eine Aufzählung verschiedenartiger Gefäße aus Marmor, Gold, Silber, Horn, aus gold- und silberverziertem Ahorn und Nußbaum. Erwähnt werden die herkömmlichen *phiali, calices scyphi*, aber auch Humpen – eine Bezeichnung germanischen Ursprungs –, und vor allem silberne *garali*, von denen sich das Wort »Gral« ableitet. Das reichenauische Glossar unterscheidet den Trinkbecher (*poculum*) vom Weinkrug (*craterus*, in anderen Quellen *copa*) und verzeichnet auch die Flasche (*botilia*). Weiter besaßen die Adligen zum täglichen Gebrauch silberne Wasserkannen und Handwaschbecken, gleich den zu gottesdienstlichen Zwecken verwendeten; auch Löffel und Messer sind noch zu erwähnen.[17]

2. Die Kleidung

Kleidung des Volkes und der Mönche

Jeder Gesellschaftsschicht ihre eigene Tracht: Diese in Europa für Jahrhunderte gültige Norm wurde schon in der Karolingerzeit beachtet.[18] Theodulf berichtet, wie sich ein Prälat als Bauer verkleiden wollte: Er trug eine Kapuze mit Umhang, ein Hemd aus grobem Wollstoff, einen weißen Rock; die Beine waren geschnürt, die Füße steckten in plumpen Schuhen, und um die Verkleidung vollständig zu machen, steckte ein Messer in seinem Gürtel.[19] Die Kleidung eines Mönchs war der eines Bauern ziemlich ähnlich, bestand aber aus viel mehr Einzelteilen. Nach einer Kleiderordnung von 817 bekam ein Mönch jährlich: 2 Hemden (*camisia*) und 2 Chormäntel, die *cuculla* und die *cappa* – beide Bezeichnungen werden meist synonym für einen Umhang mit Kapuze verwendet. Ferner erhielt er: 4 Paar Strümpfe (*pedules*), 2 Paar Unterhosen (*femoralia*), 1 Leinengewand (*roccum*), 2 bodenlange, pelzgefütterte Mäntel, 2 Gamaschen (*fasciolae*), Sandalen und Fingerhandschuhe für den Sommer, Holzschuhe und Fäustlinge aus Schaffell für den Winter.[20] In Corbie erhielt jeder Klosterbruder als Jahreszuteilung: 3 Untergewänder, davon zwei in Weiß und

eines gefärbt, 2 Paar niedrige Stiefel, 3 Paar Kniehosen, 2 Paar
Strümpfe, Handschuhe und 2 Umhänge. Alle drei Jahre gab es neue
Pelzmäntel, Umhänge und Kopfbedeckungen; die alten Kleidungsstücke wurden an die Armen im Klosterhospiz verteilt.[21] Die Kleider-
zuteilung an die Mönche von Monte Cassino bestand aus 3 Unterge-
wändern, davon zwei warme für den Winter und ein leichtes für den
Sommer, dazu 3 Umhänge, aber keine Kutten, weil diese nach Abt
Theodemar in Italien zu teuer waren.[22] Weltgeistliche durften die
Kutte nur zum Schutz vor Kälte tragen; der kapuzenlose Laienmantel
(*mantellum* oder *cotta*) war ihnen verboten, ihre Kleidung mußte ganz
einfach sein.[23] Graf Gerald von Aurillac, der wie ein Geistlicher lebte,
erreichte »die rechte Mitte zwischen leerem Pomp und grober Bäuer-
lichkeit«. Er trug Kleider aus Wolle und Leinen und eine Kopfbedek-
kung, die sein Biograph eigenartigerweise als Turban (*tiara*) bezeichnet.[24]

Die Kleidung des Adels

Die Adligen kleideten sich nach der Mode des Landes. Die Aquitanier
trugen Rock, Pluderhose und Stiefel,[25] die Italiener bevorzugten weite
Gewänder, während die Kleider der Franken enganliegend geschnitten
waren. Einhards Schilderung beweist, wie entschieden Karl der Große
an der fränkischen Tracht festgehalten hat:
»Auf dem Körper trug er ein Leinenhemd, die Oberschenkel bedeckten leinene Hosen; darüber trug er eine Tunika, die mit Seide eingefaßt
war; die Unterschenkel waren mit Schenkelbändern umhüllt. Sodann
umschnürte er seine Waden mit Bändern und seine Füße mit Stiefeln.
Im Winter schützte er seine Schultern und Brust durch ein Wams aus
Otter- oder Marderfell. Darüber trug er einen blauen Umhang. [...]
An hohen Festtagen trug er goldgewirkte Kleider und Schuhe, auf
denen Edelsteine glänzten. Sein Umhang wurde von einer goldenen
Spange zusammengehalten, und er schritt im Schmucke eines Diadems
aus Gold und Edelsteinen einher. An anderen Tagen unterschied sich
seine Kleidung nur wenig von der des gewöhnlichen Volkes.«[26]
Ähnliche Kleidung trugen auch die Nachfolger Karls des Großen und
nordische Fürsten, die sich nach der fränkischen Mode richteten. So
erhielt z. B. der Dänenkönig Harald bei seinem Besuch in Ingelheim
im Jahr 826 als Geschenk Ludwigs des Frommen Kleider, die Ermoldus Nigellus ganz genau beschreibt: ein edelsteingeschmückter, gegür-

teter Rock mit schmalen Ärmeln; ein geschlitzter Umhang, von einer
Fibel gehalten; weiße Handschuhe; um die Hüfte geschlungen ein
Wehrgehänge, daran befestigt die Schwertscheide[27] ... Diese Schilderung stimmt überein mit den Darstellungen Kaiser Lothars und Karls
des Kahlen in Bilderhandschriften und mit den Fresken von St.
Benedikt in Mals.[28]
Die Kleidung der adligen Damen ist durch eine Reihe von Bilderhandschriften und die Beschreibungen von Hofdichtern überliefert.[29] Zu
einem Untergewand mit weiten Ärmeln trug die modische Frau einen
großzügigen Umhang. Um die hochgeschnürte Taille lag ein edelstein-
verzierter Gürtel, der bis zu drei Pfund wiegen konnte.[30] Der Schleier
wurde von einem durch Schmucksteine betonten Goldband gehalten.
Besonders fasziniert waren die Dichter aber von der Fülle der Juwelen:
Anhänger und Halsketten, die bis zum Gürtel reichten, wie das auch
in einigen Bilderhandschriften dargestellt ist. Der Biograph Hathumo-
das schildert, wie die spätere Äbtissin von Gandersheim alles verschmähte, was ihr nach Vermögen und Stellung der Eltern zustand:
schöne Hauben, Schleifen, Haarnadeln, Ohrringe, Broschen, Halsketten, Armbänder, Ringe, Gürtel, Döschen mit Wohlgerüchen usw.[31]
Die adligen Damen der Karolingerzeit haben sicher viel Zeit für ihre
Toilette gebraucht. Zwar fehlt ein Tertullian, um die weibliche Ver-
schwendungssucht dieser Epoche anschaulich zu machen, aber hier
und da gibt die Kritik geistlicher Sittenprediger einen Anhaltspunkt,
wenn sie sich an allzu eitle Äbtissinnen wenden.

Die Kleiderproduktion

Die Angehörigen der karolingischen Oberschicht, Männer wie
Frauen, bezogen ihre Alltagskleider aus den Werkstätten der eigenen
Gutshöfe. Frauen bearbeiteten Flachs und Wolle, allein oder in Grup-
pen. Sie schoren die Schafe, wuschen die Vliese, strichen die Wolle mit
Disteln, kämmten, spannen und webten sie.[32] Flachs wurde in kleinem
Umfang überall angebaut, er gehörte zu den regelmäßigen Abgaben
und wurde geröstet, gewaschen, gebrochen und schließlich verwebt.[33]
Die so erzeugten Stoffe wurden von den Frauen mit Waid, Krapp oder
Scharlach gefärbt.[34] Sie hatten ganze Leintücher abzuliefern oder
Hemden, Unterhosen und Binden anzufertigen. Manche Güter waren
auf die Lieferung von Textilien spezialisiert: Abt Ansegis von Saint-
Wandrille veranschlagte, daß ein bestimmter *pagus* 60 Kleidungsstücke

und 20 *drappi* zur Anfertigung von Hemden zu liefern habe; ein anderer *pagus* hatte zwei ganze Tücher für Hemden abzuliefern. Kleider gehörten zu den regelmäßigen Abgaben von acht Gutshöfen des Klosters Saint-Germain-des-Prés.[35]

Auch adlige Frauen verbrachten ihre Mußestunden mit Spinnen und Weben. Karl der Große wollte verhindern, daß seine Töchter im Nichtstun aufgingen, er ließ sie in der Verarbeitung von Wolle, im Umgang mit Spinnrocken und Spindel unterweisen und ließ sie »alles erlernen, was eine ehrbare Frau können muß«. Häufig wurden Herrscherinnen oder Äbtissinnen gepriesen für das Geschick, mit dem sie Umhänge aus golddurchwirkten oder -bestickten Geweben für Kaiser und Bischöfe anfertigten. Judith webte ein *peplum* für ihren herrscherlichen Gemahl und Johannes Scottus (Eriugena) lobte Irmintrud für ihre vollendeten Leistungen in der »Kunst der Pallas Athene«.[36]

Leder wurde nur von spezialisierten Handwerkern verarbeitet, denen man Häute von Rindern, Böcken, Schafen und Wölfen lieferte. Jedes Kloster hatte seine eigene Schusterwerkstatt, wo Stiefel, Schuhe und »Galoschen« (»gallische« Schuhe) mit Holzsohlen hergestellt wurden. Für Pelzwesten verwendete man meist die Felle von Schafen, Mardern, Maulwürfen, Ottern oder Bibern. Manchmal wurden Pelze aus weit entfernten Gegenden geliefert: So stammten Biberfelle, die Ludwig der Fromme dem Abt von Fontenelle schenkte, vom Schwarzen Meer.[37]

Die Kleider-Importe

Mit Kleidern wurde auch gehandelt. Ein Beispiel sind die oft genannten Friesenmäntel (*pallia fresonica*), deren Herkunft in der Forschung seit langem umstritten ist.[38] Karl der Große beklagte sich 796 in einem Brief an König Offa von Mercia, daß aus England zu kurze Gewänder geliefert würden.[39] Nach Notker dem Stammler kritisierte Karl der Große, daß die neuen kurzen friesischen Mäntel so teuer wie vorher die großen verkauft wurden: »Was nützen diese kleinen Fetzen? Im Bett kann ich mich nicht damit zudecken, auf dem Pferd kann ich mich nicht gegen Wind und Regen schützen, und wenn ich austreten muß, komme ich um, weil mir die Beine erstarren.«[40] Woher nun die *panni frisonici* kamen, ob aus England, Flandern oder sogar Syrien, ist eine kaum zu entscheidende Streitfrage. Auch neue Ausgrabungen in Birka und Holland haben die Herkunft dieser Gewänder nicht endgültig klären können. Jedenfalls waren die Friesen eher Zwischenhändler als

Produzenten; sie importierten selber Hemden aus England, die unter der Bezeichnung *berniscrist* bekannt sind.[41]

Besonders begehrt beim karolingischen Adel waren Seidengewänder (*pallia*), die aus dem Orient oder über italienische Märkte, vor allem in Pavia und Venedig, bezogen wurden.[42] Bekanntlich hat Karl der Große bei einem Aufenthalt in Norditalien über Höflinge gespottet, die bei der Rückkehr aus Pavia in reiche Seidengewänder gekleidet waren. Er nahm sie auf der Stelle mit auf die Jagd, so daß Regen, Dornsträucher und Unterholz schnell mit dem Luxusstoff fertigwurden.[43] Aus Byzanz oder Bagdad erhielten die Herrscher Prachtgewänder als Geschenk, die sie an ihre Anhänger weitergaben. Diese Kleidungsstücke wurden an Festtagen getragen und von den weltlichen und geistlichen Großen als Teil ihres Schatzes aufbewahrt. Die Testamente der Großen und die Inventare der Kirchenschätze beschreiben die vielfältig variierende Pracht dieser *pallia transmarina*.[44] Als man das Grab König Bernhards von Italien öffnete, der 818 in S. Ambrogio zu Mailand bestattet worden war, fand man einen Mantel aus weißer, damastartiger Seide, der über 15 m lang war. Die Erwerbungen Abt Angilberts für Saint-Riquier geben eine Vorstellung davon, was zu weltlichem und kirchlichem Bedarf an Textilien benötigt wurde; unter anderem sind verzeichnet: 78 ganze Tuche bester Qualität, 24 seidene Dalmatiken, 6 römische Alben mit den zugehörigen Schultertüchern aus Brokat, 5 Stolen und 10 Schultergewänder aus Brokat, 5 Polster und 5 Decken aus Seide, 10 purpurgemusterte Meßgewänder, 6 aus kreuzförmig gemusterter Seide, 1 pfirsichfarbenes Meßgewand, 15 aus Purpurseide und 5 aus einem leichten Seidengewebe. Manche dieser *pallia* waren mit eingewebten exotischen Tieren verziert. Papst Paul I. beschenkte Pippin mit einem pfauengeschmückten Mantel, Papst Gregor IV. ließ Kleider anfertigen, die Löwen unter Bäumen und Greifen zeigten. Theodulf wurden in Arles verschiedenfarbige *pallia* angeboten, auf denen abgebildet war, wie das Kalb der Kuh und die Färse dem Stier nachfolgt; der Dichter vermutet, daß der Stoff arabischer Herkunft war.[45] Zeugnisse für die Webkunst dieser Zeit werden in vielen Kirchenschätzen und den Museen Europas, vor allem im Textilmuseum zu Lyon, aufbewahrt.

Kapitel V
Beleuchtung, Heizung und Körperpflege

1. Beleuchtung und Heizung

Die Beleuchtung

Schreiber, die an einer Kopie weiterarbeiten wollten, Adlige, die ihre Abendmahlzeit ausdehnten, und Mönche, die sich auf den nächtlichen Gottesdienst vorbereiteten, brauchten nach dem Einbruch der Dunkelheit künstliche Beleuchtung, die aber nur mittelmäßig und zudem teuer war. In einigen großen Abteien hatten *luminarii* oder *cerarii* genannte Hörige Talg und Wachs für die Kerzenbeleuchtung zu liefern. Nahe der Küste gelegene Klöster erhielten Tran und Fischöl. Es gab auch Gutshöfe, die darauf spezialisiert waren, Beleuchtungsmittel zu erzeugen. So hatte eine *villa* von Saint-Wandrille 200 Pfund Wachs, 180 Pfund Öl und 8 Scheffel Talg abzuliefern. Die Bauern von Bitry schuldeten dem Abt von Saint-Germain-des-Prés lediglich 22 Pfund Wachs oder 8 Sester Öl.[1] Fackeln und Wachskerzen gehörten zu den üblichen Abgaben der Hörigen. In Lampen, die den antiken sehr ähnlich waren, wurde am Mittelmeer Olivenöl, weiter im Norden Nuß- oder Mohnöl verbrannt, aber diese Art von Beleuchtung galt als Luxus. Auch das Wachs wurde hauptsächlich zu kirchlichen Zwecken verwendet. So reservierte z. B. Graf Gerald von Aurillac alles als Abgabe gelieferte Wachs für die Beleuchtung von Altar und Reliquienschreinen seiner Kapelle und befahl den Hausbediensteten, Fackeln aus der Rinde von Birken oder Nadelbäumen anzufertigen.[2] Seine Maßnahme entsprach der üblichen Verhaltensweise. Fackeln und Kerzen wurden auf Wandhalter und Leuchter aus Metall gesteckt. Bilderhandschriften zeigen die in den Kirchen verwendeten Kronleuchter; mit Hilfe eines Seils konnten sie höher oder tiefer gehängt werden. Die Kirche in Aniane wurde von sieben goldenen Kandelabern, sieben silbernen Kronleuchtern und sieben Altarlampen so gut erhellt, daß man glaubte, es sei Tageslicht – jedenfalls hat dies ein Mönch berichtet. Die Bischöfe von Auxerre begabten ihre Kirchen mit zahlreichen silbernen Kronleuchtern und Kandelabern. Dem Kloster Saint-Riquier schenkte Abt Angilbert 13 silberne Kronleuchter, 2 goldene, 6 silberne Leuchter und 12 aus Kupfer. Im Jahr 870 wurden in Saint-Trond 7 Kandelaber, 5 Leuchter aus Silber und 7 aus Zinn inventarisiert.[3] Vor den Reliquienschreinen brannten Tag und Nacht viele Lichter: Das macht verständlich, daß die Gläubigen beim Besuch einer Kirche von tiefer Verwunderung bewegt wurden. Sie selbst waren ja an das ärmliche Licht einer Fackel gewöhnt oder mußten sich sogar mit dem Schein ihres Herdfeuers begnügen.

Die Heizung

»In diesem Jahr war der Winter streng und ungewöhnlich lang; unermeßlich viel Schnee [...] hinderte die Menschen daran, die Wälder aufzusuchen und Holz zu sammeln. Daher geschah es, daß [...] auch sehr viele Menschen durch Kälte umkamen.«[4] Unabhängig von der Exaktheit dieses Berichts der Fuldaer Annalen steht fest, daß die Menschen der Karolingerzeit alljährlich mit dem Problem ausreichender Beheizung konfrontiert wurden. Die Armen mußten Holz sammeln oder benützten Torf, der mehr Rauch als Wärme entwickelte. In den Pfalzen und Klöstern waren von den Baumeistern in den wichtigsten Räumen Kamine eingeplant. Auf dem St. Galler Klosterplan hat jeder größere Wohnraum eine seitliche oder zentrale Feuerstelle (*caminata*, *pyralis*), deren Rauch durch eine Öffnung in der Decke abzog. Die Wohnung des Abtes, das Gästehaus und das Infirmarium waren auf diese Weise beheizt. Ein als Wärmestube (*calefactoria domus*) bezeichneter Bau mit Feuerstelle und Kamin (*evaporatio fumi*) stand mit der Kirche in unmittelbarer Verbindung.[5]
Ähnliche Anlagen gab es auch in Saint-Denis und Saint-Wandrille. In Corbie konnten sich die Mönche vor und nach dem Gottesdienst aufwärmen und ihre Kleider trocknen. Sie schwatzten und lasen und schliefen dabei »wegen der angenehmen Wärme« ein.[6] Im *scriptorium* war dagegen offensichtlich keinerlei Beheizung vorgesehen, und mancher Schreiber hat geklagt, ihm seien die Finger vor Kälte erstarrt. Der Verzicht auf Heizung galt als Beweis asketischen Lebenswandels. Pardulf, Mönch in Guéret, erlaubte sich nur die Wärme der Sonnenstrahlen; erst im Alter ließ er sich auch »Wärmesteine« geben – Vorfahren der noch von unseren Großeltern benützten Bettziegel.[7] Das karolingische Heizungssystem, das offenbar nicht sehr verbreitet war, begegnet später auch noch in den ottonischen Pfalzen. Zum Unterhalt der Feuer in Pfalzen und Klöstern hatten die Hörigen regelmäßig

Holz in großen Mengen anzuliefern. Karl der Dicke erlaubte den Mönchen von Saint-Germain in Auxerre, täglich zwei Fuhren Holz aus den Wäldern des königlichen Fiskus holen zu lassen.[8]

2. Hygiene und Körperpflege

Bäder, Aderlaß und Anwendung von Hausmitteln

Im St. Galler Klosterplan ist neben der Wärmestube ein Baderaum eingezeichnet, zwei weitere befinden sich neben Infirmarium und Noviziat. Im Gegensatz zur landläufigen Meinung haben die Menschen im Mittelalter keineswegs auf Körperpflege verzichtet. Eine Pfalz, die diese Bezeichnung verdiente, mußte mit kalten und warmen Bädern ausgestattet sein. Um zu beweisen, daß ein gewisser Gottschalk kaum Teilnahme verdiene, teilte Hinkmar von Reims mit, daß dieser Mönch als Gefangener in Hautvilliers nicht nur ablehnte, sich zu wärmen, sondern auch, sich zu waschen.[9] Die karolingischen Herrscher nahmen jeden Samstag ein Bad und wechselten die Wäsche. Das entsprach wohl germanischen Gewohnheiten, denn noch heute wird der Samstag in Skandinavien als »Badetag« bezeichnet.[10] In Saint-Denis und Corbie waren die Bäder nahe beim Kreuzgang eingerichtet. Nach der Mönchsregel von 817 mußte ihre Benützung vom Abt überwacht werden. In Murbach war nach den *statuta* vorgesehen, das Gemeinschaftsbad durch einzelne Bütten zu ersetzen, deren Benützung der Abt kontrollieren sollte. Kranke Mönche durften, außer in der Fastenzeit, nach Belieben baden, die übrigen nur an Weihnachten und Pfingsten.[11] Der Verzicht auf das Bad gehörte sogar zu den asketischen Übungen, und er war Bestandteil der Strafe bei öffentlich zu leistender Buße.[12]

Um sich vor gefährlichen Krankheiten zu schützen, benützten die Menschen der Karolingerzeit einfache, überkommene Mittel. Vorstellungen darüber kann die Darstellung der Krankenhausstation auf dem St. Galler Klosterplan vermitteln: Vorgesehen waren in dem Hauptgebäude dieses Traktes ein heizbarer Raum (*pisalis*), Speise- und Schlafsaal, ein Extrazimmer für prominente Kranke und die Unterkunft der Pfleger. Ferner sollten in drei Nebengebäuden untergebracht werden: Küche und Bad, ein Raum, wo zur Ader gelassen und Heiltränke verabreicht wurden – hier gab es einen Kamin und Bänke –, schließlich die Behausung des Arztes mit der Hausapotheke und einem eigenen

Raum für lebensgefährlich Erkrankte. Nahe dabei war ein Garten mit
Heilkräutern geplant. Außer Bädern waren also Aderlaß und heilkräftige Pflanzen die wichtigsten Mittel zur Erhaltung der Gesundheit.
Der Aderlaß (*flebotomia*) wurde regelmäßig angewendet. Mönchsregeln empfahlen, ihn nicht im Übermaß zu gebrauchen und nur bei
gleichzeitiger Beschränkung im Essen und Trinken.[13] Ein Kapitular
von 789 spricht die Sorge aus über das blasse Aussehen von Nonnen,
verursacht durch zu häufigen Aderlaß.[14] Der Arzt mußte die für
diesen Eingriff günstigsten Tage kennen und im Bedarfsfall ein Beda
Venerabilis zugeschriebenes Werk konsultieren. Ungeschicklichkeiten
des Arztes waren gefürchtet, in einer Handschrift aus Laon heißt es
dazu: »Wer es wagt, einen Aderlaß vorzunehmen, muß sich vorsehen,
daß seine Hand nicht zittert.«[15]
Die Verwendung heilkräftiger Pflanzen wurde als Hausmittel unverändert empfohlen. Zu den Gärten von weltlichen und klösterlichen
Gütern gehörten auch Rabatten, in denen Heilkräuter wuchsen. Auf
dem St. Galler Klosterplan sind für den *herbularius* siebzehn Pflanzen-
sorten angegeben. Ein Gedicht Walafrid Strabos enthält genaue
Anweisungen dafür, wie Heilkräuter verwendet werden sollen: Die
Eberraute (*Artemisia Abrotanum L.*) heilt die Gicht, Fenchel wird bei
Verstopfung, Husten und Augenkrankheiten empfohlen, Kerbel stillt
Blutungen, Wermut senkt das Fieber, eine Minzenart (*Mentha pule-
gium L.*) hilft bei Hitzschlag, die Sellerie wirkt harntreibend.[16] Es
wurde empfohlen, nicht unüberlegt zu diesen Hausmitteln zu greifen,
sondern sich zu vergewissern, in welchen Zeiten des Jahres sie vorteil-
haft anzuwenden waren. Eine in Laon verfaßte Abhandlung empfahl
für den August mit Pfeffer gewürzten Salbei, für den September
Heilziest und Pfeffer, für den Oktober Wacholder und Salz, im
November und Dezember solle Bohnenkraut für den Magen genommen werden, usw.[17]
Man glaubte, daß Pfeffer, Zimt und andere exotische Gewürze die
Wirkung von Heilpflanzen verstärken könnten. Eine Handschrift aus
Echternach enthält mehrere Heilverfahren, die auf der Anwendung
von Gewürzen beruhen: Gegen Schlaflosigkeit sollte man bestimmte
Heilkräuter mit Zimt und 56 Gran Pfeffer nehmen, gegen Kopf-
schmerz Gewürznelken, Myrrhe, Aloe und Weihrauch. Gegen Nie-
renschmerzen wurde Wein empfohlen, der mit Heilkräutern und 90
Gran Pfeffer versetzt war (Würzwein oder *pigmentum*). Bei Augen-
krankheiten wurde Ammoniaksalz mit verschiedenen Sorten Pfeffer,
Majoran, Ysop und Ingwer verschrieben. Andere Quellen überliefern

ähnliche Behandlungsmittel: Um die Leber zu unterstützen, sollte man täglich einen Löffel Honig, gemischt mit Essig, Senf und 10 Gran Pfeffer einnehmen. Gegen Magendrücken sollte der Saft gekochter Äpfel mit Honig und 20 Gran Pfeffer helfen. Rezepturen dieser Art begegnen in den Quellen immer wieder, in einigen zweisprachigen Handschriften sogar auf lateinisch und althochdeutsch.[18]

Ernährungslehre

In ihrer naturverbundenen Lebensweise waren die Karolinger auch Anhänger der Ernährungslehre. Sie griffen dabei auf die Lehren spätantiker oder merowingischer Traktate zurück. Die Schrift *De observatione ciborum*, die der byzantische Arzt Anthimos für Theoderich den Großen verfaßt hatte, wurde häufig abgeschrieben. Ein gewisser Pfalzgraf Grimoald, der als Erzieher am Hof weilte, widmete dem König seine *dieta ciborum*.[19] Als Bischof Pardulf von Laon erfuhr, daß sein Amtsbruder Hinkmar eben von einer Krankheit genesen war, schickte er ihm Ratschläge für eine zuträgliche Ernährung: Übermäßiges Fasten, frisch gefangene Fische und eben geschlachtetes Geflügel seien zu vermeiden; mit Schmalz gekochte dicke Bohnen hätten eine reinigende Wirkung.[20] Medizinische Kalender führten die Vorsichtsmaßnahmen auf, die je nach Jahreszeit und Monat notwendig waren: Um sich im Winter vor Erkältungen zu schützen, mußte man warme Speisen essen, sich genügend Bewegung verschaffen, den Kopf nur selten waschen und sich regelmäßig purgieren. Im März sollte man Bäder nehmen, aber den Aderlaß meiden, der dafür im April empfohlen wurde, zusammen mit dem Verzehr von Frischfleisch und dem Verzicht auf Wurzelgemüse. Im Mai durfte man kein Wasser auf nüchternen Magen und Bier überhaupt nicht trinken. Ein Glas Wasser gleich nach dem Aufstehen, gekochte Milch und Salbei galten im Juni als bekömmlich. Im Juli wurde vom Geschlechtsverkehr abgeraten, weil er verdrießliche Stimmungen wecke, usw.[21]

Die Heilkunde

Wer von einer schweren Krankheit niedergeworfen wurde, mußte sich an einen Arzt wenden. Die Herrscher hielten sich Laien, Geistliche und Juden als Ärzte. Manche Äbte oder Bischöfe, wie z. B. Pardulf

von Laon, konnten aufgrund ihres Wissens als Ärzte wirken. Weil
Geistliche kein Blut vergießen durften, war ihnen nach kanonischem
Recht eigentlich verboten, die Heilkunde auszuüben; trotzdem
gehörte sie zu den ihnen vorgeschriebenen Studienfächern.[22] Manche
Gelehrten zählten die Medizin als achte zu den herkömmlichen sieben

Abb. 29. Darstellung der abführenden Wirkung des Thapsia-Krautes, aus
Dioscorides, *Materia Medica.*

artes liberales. Die meisten Klosterbibliotheken besaßen medizinische
Abhandlungen, die aus antiken Traktaten zusammengeschrieben
waren (vgl. Abb. 29–31). In Echternach z. B. machte der Schreiber
Anleihen bei den Aphorismen des Hippokrates, bei Galen, Soranos,
Heliodor und Justus. In Laon, einem regen Zentrum medizinischer

Abb. 30. Behandlung von Skrofeln, aus Rogerius Salernitanus, *Chirurgia*.

Studien, stützte man sich vor allem auf Marcellus Empiricus und Oribasias.[23] Der Bestand von über 30 karolingischen Handschriften heilkundlichen Inhalts in der Pariser Bibliothèque Nationale kann einen guten Überblick über den Wissensstand der Epoche vermitteln.[24] Verglichen mit dem der Byzantiner oder Araber erscheint er recht niedrig. Bunt gemischt findet man Krankheitsbeschreibungen, Abhandlungen über Tierheilkunde, Rezepte, heilkräftige Zauberformeln. Daß selbst gynäkologische Lehrbücher nicht fehlen, überrascht,

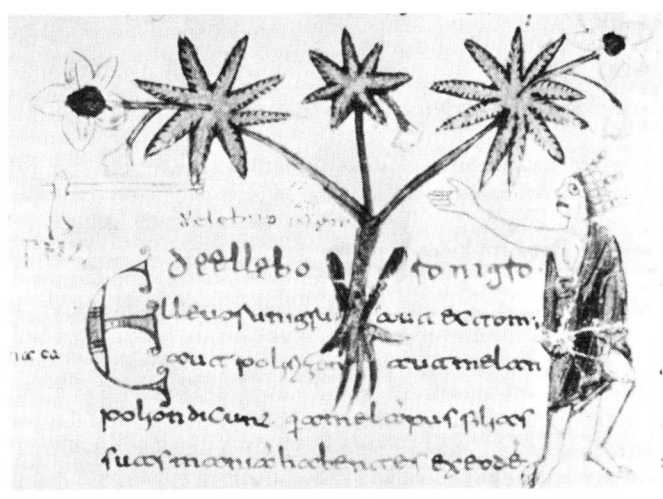

Abb. 31. Darstellung der Behandlung eines Geisteskranken, aus Dioscorides, *Materia Medica.*

weil die Mönche das weibliche Geschlecht sonst kaum der Erörterung für wert befunden haben. Einige Schriften über Chirurgie erwähnen die Namen von Instrumenten und beschreiben die Durchführung von Operationen.[25] Sie waren als Anleitung für die Pflege verwundeter Krieger gedacht. Graf Eudo, der Held der Belagerung von Paris, verlor im Kampf seine rechte Hand. Nach dem Bericht Abbos ließ er sie durch eine eiserne ersetzen, die kaum weniger beweglich und stark war.[26]

Kapitel VI

Nahrungsmittel und Getränke

Die Angst vor dem Hunger bestimmte das Alltagsleben der Menschen im Karolingerreich.[1] Vom Bauern bis zum Aristokraten fürchteten alle die Übergangsmonate vor der neuen Ernte und versuchten, sich Vorräte anzulegen. Freilich hatte nicht jeder die gleichen Möglichkeiten dazu.

Unterschiedliche Verpflegungsweisen

Die Bauern deckten ihren Haushaltsbedarf an Hülsenfrüchten – Erbsen, Wicken, Saubohnen – aus den eigenen Gärten. Sie vervollständigten ihre Nahrung mit dem, was sie aus Unterholz, Sumpfgebieten und Flüssen an Eßbarem holen konnten.

Mönche, die der Regel des heiligen Benedikt folgten, durften im Winter einmal, im Sommer zweimal täglich eine Mahlzeit zu sich nehmen, die als *collatio* (mittags) und *cena* (abends) bezeichnet wurde. Nach der Mönchsregel gab es als Tagesration 1 Pfund Brot und 1 Becher Wein (etwa ¼ bis ½ l) oder die doppelte Menge Bier. Es war den Mönchen verboten, zwischen den Mahlzeiten Früchte oder Salate zu sich zu nehmen. Jede vollständige Mahlzeit umfaßte drei Gerichte (*pulmentaria*), die aus Milch und Hülsenfrüchten bestanden.[2] Auf der Reichenau konnten die kranken Mönche um das *warmosium* bitten, ein Gericht, dessen Grundbestandteile anscheinend Rahm und Lauch waren.[3] In den großen Klöstern wurden die Kirchenfeste und die Jahrestage der Herrscher mit einer besonderen Mahlzeit (*refectio*) gefeiert: Geflügel, gemästete Hühner, Gänse und Kuchen wurden aufgetragen.[4] Daran nahmen die Asketen der Bretagne Anstoß, die selbst nur von Brot aus einem Gemisch von Gerste, Kleie und Asche sowie von Mehlbrei und Mus lebten und die niemals Fische oder Muschelfleisch aßen.[5] Nur am Samstag und Sonntag nahmen sie ein wenig mit Wasser verrührten Käse. In Guéret verschmähte der heilige Pardulf alles Geflügel und aß lieber von den Pilzen, die ihm Bauern brachten.[6] Walafrid Strabo empfahl Genügsamkeit in Maßen: »Etwas Salz, Brot, Lauch, Fisch und Wein – das sind unsere

Speisen; die aufwendigen Tafeln der Könige würdige ich keines Blickes.«
Herrscher und Adel konnten auf Fleisch und vor allem Braten nicht verzichten. Karl der Große faßte eine Abneigung gegen seine Ärzte, weil sie ihm rieten, statt des gewohnten Bratens gekochtes Fleisch zu essen. Gewürzte Gerichte waren an den Tafeln der Großen besonders geschätzt; in Erinnerung an ein Festmahl in Aachen schreibt Theodulf von Orléans: »Weg mit dem faden Brei und der zu Klumpen gekochten Milch; jetzt sollen gewürzte Speisen aufgetragen werden.«[7]

Die wichtigsten Lebensmittel

Obwohl kein karolingischer Speiseplan überliefert ist, sind die Hauptbestandteile der Ernährung bekannt.
Das Brot, vor allem Weißbrot, ist Grundnahrungsmittel der bessergestellten Schichten, auch der Kanoniker und Mönche. In Corbie wurden täglich 450 Brote gebacken, und vom Backofen in St. Gallen hieß es, er könne sogar die 1000 Brote auf einmal fassen. In Saint-Denis gab es Weißbrot nur für Mönche und Gäste, das Gesinde mußte sich mit Roggenbrot zufrieden geben. Ferner war in diesem Kloster ein Teil des Mehls zur Herstellung einer Speise bestimmt, die in den Quellen als *pulmentum* oder *polenta* bezeichnet wird. Für viele Bauern mußten Gersten- und Hafermus das Brot ersetzen.[8] Das meiste Fleisch lieferte die Jagd. Als der Koch Graf Geralds von Aurillac jammerte, daß es ihm an Fleisch fehle, fiel wundersamerweise ein Hirsch zu seinen Füßen nieder. Nun konnte er »eine schmackhafte Mahlzeit bereiten, die seines Herrn würdig war«. Auch das Fleisch von Rindern, Schafen und sogar von Ziegen wurde gegessen.[9] Die Schweine sind eigens zu berücksichtigen: Ein ganzes Kapitel der *Institutiones* des Adalhard von Corbie handelt von ihnen. Vorgesehen war für das Kloster ein Verbrauch von 600 Schweinen pro Jahr, davon waren 50 für den Haushalt des Abtes bestimmt.[10] Um die Versorgung während des ganzen Jahres sicherzustellen, mußten die Kellermeister der Klöster und die königlichen Amtleute Fleisch räuchern oder einsalzen lassen. Im *lardarium* von Corbie hingen eingesalzene Schweine (*baccones*); zwar mußten die Innereien rasch verbraucht werden, aber der Speck hielt sich so für mehrere Monate.
Während der Fastenzeit aß man im Karolingerreich Fisch. Karl der Große schrieb seinen Amtleuten vor: »Die Fische aus unseren Teichen

soll man teils verkaufen, teils dort belassen, damit man immer Fische zur Hand hat.« Die am Hof aufgetragenen Fische wurden mit Gewürzen zubereitet; bei den byzantinischen Herrschern war es verboten, den Fisch auf dem Teller umzuwenden.[11] Der Kellermeister der Reichenau lieferte den Fischern die Netze, teilte ihnen die richtigen Jahreszeiten für den Fischfang im Rhein mit und belohnte alle mit einem Becher Wein, die Fische einbrachten. Viele Quellen berichten zwar über Fischfang und Fischereigebiete,[12] aber über den Sortenreichtum geben sie wenig Auskunft. Der Abt von Saint-Denis bezog dicke Fische, die im Cotentin gefangen wurden, und flache aus dem Ponthieu. In der Rance gab es den Meeraal; 200 Aale, eine sehr begehrte Fischsorte, wurden alljährlich dem Abt von Saint-Germain-des-Prés geliefert.[13] Zu Festtagen häuften sich in den Küchen der geistlichen und weltlichen Großen die Eier und Geflügel aller Art, wie Gänse, Hühner und Hähnchen. Karl der Große, der gern Geflügel aß, ordnete an, daß auf den größeren Königshöfen mindestens 100 Hühner und 30 Gänse gehalten würden, auf den kleineren mindestens 50 Hühner und 12 Gänse. Die Abtei Prüm verfügte 893 über rund 2000 Pachthöfe, auf denen nach einer modernen Schätzung jährlich 20 000 Eier erzeugt wurden.[14]

Schwieriger war es, andere Milcherzeugnisse als Käse und Butter zu erhalten. Ein Bischof, dem bei einem Besuch Karls des Großen Fische fehlten, ließ statt dessen Käse auftragen. Er wunderte sich, daß der nach seinem Geschmack beste Teil, die Rinde, vom Kaiser weggeschnitten wurde. Um seinem Gastgeber Anerkennung zu zeigen, bat ihn Karl, alljährlich zwei Wagenladungen von diesem Käse nach Aachen zu schicken. Die Mönche aßen viel Käse. Die abgabepflichtigen Bauern von Saint-Germain-des-Prés lieferten 160 *pensae* Käse. Veranschlagt man die *pensa* mit 75 Pfund, entsprach diese Lieferung also 12 000 Pfund. Die Gutshöfe von Boulogne und Mérouanne lieferten dem Kloster Saint-Wandrille 21 *pensae* Käse, während in Corbie der Bedarf durch zehn Schäfereien gedeckt wurde. Eingeladen beim Bischof von Utrecht, erhielt Alkuin ein vorzügliches Abendessen mit Honig, verschiedenen Arten Brei und Butter, weil es in Friesland, wie er berichtet, weder Öl noch Wein gibt. An fleischlosen Tagen und in der Fastenzeit ersetzte die Butter Schweineschmalz und andere verbotene Fettsorten.[15]

Fragt man nach dem Gemüseverbrauch, muß man grundsätzlich zwei Arten unterscheiden: einmal die Hülsenfrüchte (*legumina*), wie Saubohnen, Linsen, Erbsen, Bohnen, Kichererbsen, die auf Feldern angebaut wurden, zum anderen die eigentlichen Gemüse (*olera*), Kräuter und Knollengewächse, die im Garten gezogen wurden, wie Lauch, Knoblauch, Salate, Zwiebeln, Karotten usw. Eine vollständige Liste aller Gartengewächse gaben das *Capitulare de villis* und der St. Galler Klosterplan. Die Angehörigen der Domkapitel sollten täglich mit Gemüsen aus den bischöflichen Gärten verpflegt werden. Am häufigsten aß man Bohnen und Lauch. Einige Bauern des Klosters Saint-Denis hatten täglich verschiedene »zerriebene Kräuter zum Würzen des Gemüses« zu liefern.[16]

Obst war allgemein hochgeschätzt. So sind Klagen darüber überliefert, daß Klosterschüler die Obstgärten plünderten. Im *Capitulare de villis* werden einige Apfelsorten namentlich genannt und danach unterschieden, ob sie süß oder sauer sind, ob haltbar oder ob sie sofort verbraucht werden müssen. Die Amtleute gaben sich große Mühe, möglichst lange irgendwelches Obst liefern zu können; in Bobbio hatte sich ein eigener *custos pomorum* um die Apfelvorräte zu kümmern. Karl der Große empfahl den Besitzern von Weinbergen, Trauben an Reifen aufzuhängen, um sie so haltbarer zu machen.[17]

Am Ende dieses Überblicks über die Ernährung in der Karolingerzeit ist noch daran zu erinnern, wie wichtig Honig und Gewürze waren. Mit Honig konnte man Speisen süßen und viele verschiedene Getränke herstellen: Met, Honigwein, ein Gemisch aus Bier und Honig. Auf den königlichen Domänen gab es eigene Verwalter, die sich besonders um das Schleudern des Honigs zu kümmern hatten. Acht Gutshöfe waren damit beauftragt, das Kloster von Saint-Wandrille regelmäßig mit Honig zu beliefern. Einhard führt in einem Brief an seinen Verwalter Klage darüber, daß der Ertrag an Honig hinter seinen Erwartungen zurückgeblieben sei.[18]

Die Küche der Karolingerzeit konnte auf Spezereien und Gewürze nicht verzichten. Pfeffer, Kümmel, Gewürznelken, Zimt erhielt man von Kaufleuten, die Handelsverbindungen nach dem Orient unterhielten. Ein Quellentext, dessen Datierung umstritten ist, berichtet, wie die Mönche von Corbie auf den Gewürzmarkt von Cambrai gingen, um rund 100 Kilogramm Gewürze einzukaufen. Nach Mainz gelangten Zimt, Galanga, Gewürznelken, Mastix und Pfeffer.[19] Eine Handschrift des 9. Jahrhunderts aus Echternach überliefert das Rezept für *garum*, ein Würzmittel hauptsächlich aus Fisch, das in der Antike sehr verbreitet war. Die Zubereitung begann so:

»Man nehme Fisch, Salz, Anis und verrühre alles von einem Tag auf den anderen; dann gebe man Kräuter dazu: Minze, griechischen

Fenchel, Lorbeer, Salbei [...]. Das ganze muß auf die Hälfte der
ursprünglichen Menge eingedickt werden, dann vom Feuer genommen, durchpassiert und in gut verschlossenen Krügen aufbewahrt
werden.«[20]

Die Getränke

»He, Weinschenk! Spül meinen Becher aus und bring anderen, besseren Wein. Im Namen des Herren, trink mir mit einem Zug aus, was
man dir jetzt vorsetzt, mein Freund!«
Dieses Gedichtfragment aus einer Handschrift des 9. Jahrhunderts ist
nicht einfach antiken Trinkliedern nachgeschrieben, sondern entspricht den Verhältnissen des Alltagslebens. In allen Gesellschaftsschichten wurde viel und bis zum Exzeß getrunken. Äbte und
Bischöfe gaben selbst das schlechte Beispiel: »In Angers, erzählt man,
gab es einen Abt, der den Namen des ersten Menschen trug. Es heißt,
daß er allein soviel trank wie alle anderen Einwohner des Ortes
zusammen. Eia, eia, eia, Lobpreis, eia, Lobpreis sei dem Gott des
Weines.«[21]
Zu diesen Zeilen eines unbekannten Scholasters oder Klosterschülers
passen folgende Bemerkungen Theodulfs von Orléans: »Ein Bischof
sollte sich nicht herausnehmen, anderen den Wein zu verbieten, wenn
er sich selbst damit den Hals vollschüttet. Er sollte nicht Nüchternheit
predigen, wenn er selbst betrunken ist.« Alkuin vermied zwar solches
Übermaß, verachtete aber weder Wein noch Bier; damit hat er sich,
wie überliefert ist, die Kehle freigemacht für Unterricht und Gesang.
Für eine Reise nach England forderte Alkuin von seinen Mönchen in
Saint-Martin einige Fässer, und er bat einen seiner Schüler, ihn beim
Trinken zu vertreten, solange er ein trauriges Dasein fern dem
gewohnten Quell der Freude fristen müsse. Einer seiner Schüler, mit
dem Beinamen Kuckuck, befolgte diesen Rat allzu gründlich und
bezog den verdienten Tadel durch Arn von Salzburg; Alkuin reagierte
darauf mit dem Ausruf: »Weh mir, falls Bacchus den Kuckuck in
seinen Fluten ertränkt hat!«[22] Überall in Stadt und Land gab es
Tavernen. Man fand sie auf dem Dorf, wo sie oft von Pfarrherren
visitiert wurden, in Marktorten, bei Wallfahrtsstätten, auf dem Gutsbesitz von Königen, Bischöfen und Äbten. Es wurde um die Wette
gesoffen; in einem Beichtspiegel findet sich die Ermahnung: »Hast du
dich betrunken aus törichter Prahlerei, um den Kumpanen deine

Überlegenheit im Saufen zu beweisen? Falls ja, 30 Tage Fasten.«[23] »Ich habe keine Daseinserwartungen mehr, mein Verstand ist verwirrt, weil mir der Wein fehlt«, klagte ein Gelehrter, der sogar versuchte, auf dem Marktplatz der Stadt eine Grammatik gegen ein paar Becher Wein zu tauschen, »aber niemand wollte das Buch oder hat es auch nur beachtet.«[24] Das Gedicht, aus dem diese Zeilen stammen, ist möglicherweise nur ein literarischer Scherz, aber es reflektiert eine Alltagssorge. Auch die in Vulgärlatein verfaßte Parodie der *Lex Salica* enthält übertreibend erfundene Geldstrafen für übermäßiges Trinken. Die zweisprachigen Anleitungen zu Gesprächen, gleich ob Lateinisch-Griechisch oder Lateinisch-Althochdeutsch, beginnen stets mit dem Satz: »Gib mir zu trinken.«[25] Sittenprediger versuchten, vor den Auswüchsen der Trunksucht und den dadurch verursachten Krankheiten zu warnen. Weltliche und kirchliche Rechtsprechung verurteilte die Trunksucht von Priestern, Laien, Soldaten; sie richtete sich auch gegen die Angehörigen von religiösen und weltlichen Vereinigungen, die sich vor allem in Trinkgelagen (*potationes*) manifestierten. Getrunken wurde zu jeder Stunde des Tages und zu jedem Anlaß, gleich ob es sich um einen Vertragsabschluß oder das Fest eines Heiligen handelte.[26]

Es bleibt zu fragen, was denn getrunken wurde: an erster Stelle natürlich Wein. In einem vorangehenden Abschnitt wurde bereits dargestellt, mit welchem Eifer Bischöfe und Äbte die Weinlese auf ihren Besitzungen überwacht haben, und ferner, wie sie Wein zu Wasser und Lande herbeischaffen ließen, wenn sie keinen eigenen hatten. Wenn Mönche wegen eines Normanneneinfalls fliehen mußten, versuchten sie meist vergeblich, auch ihre Fässer wegzuschaffen. Die Mönche von Saint-Germain dankten 845 bei der Rückkehr ins Kloster Gott und ihrem Schutzpatron, weil die Normannen ihren Weinkeller unberührt gelassen hatten, so daß die Vorräte bis zur nächsten Lese ausreichten.[27] Wein wurde nicht nur für das Meßopfer gebraucht, er wurde auch zu den Mahlzeiten der Mönche und Kanoniker gereicht, und der beste sollte durchreisenden Gästen vorbehalten sein. Auf einer Synode in Aachen wurde 818 festgelegt, wieviel Wein pro Tag Kanoniker erhalten sollten.[28]

Gab es keinen Wein, mußte man sich mit Bier zufrieden geben, was manche als Strafe empfanden. Sedulius Scottus konnte sich nach seiner Niederlassung in Lüttich nicht an das einheimische Bier gewöhnen und bedankte sich beim Bischof für ein Weingeschenk. In einem Lobgedicht feierte er seinen Gönner Robert, dessen Keller mit 1000

Fässern reinsten Weines gefüllt waren und der sich mit einem Geschenk von 300 Flaschen Moselwein revanchierte.[29] Im Norden und Osten des Karolingerreichs war aber Bier das Hauptgetränk. Aus Getreide wurde in der Mälzerei (*malatura* oder *camba*) das zum Bierbrauen benötigte Malz hergestellt, von Spezialisten wurde es dann gekocht und mit Hopfen versetzt. Einige Vorschriften aus Klöstern wie Saint-Denis, Saint-Trond, Corbie und anderen enthalten Angaben darüber, wie die Brauereien ausgestattet waren und wie das zeitgenössisch als *cerevisia* bezeichnete Bier zubereitet wurde. Auf dem St. Galler Klosterplan verfügt das Gästehaus über eine eigene Brauerei. Wie der Wein war auch das Bier nicht besonders haltbar, es mußte je nach dem Bedarf gebraut werden.[30]

Gelegentlich werden auch andere, durch Vergärung gewonnene Getränke erwähnt: der Apfelwein (*pomaticum*), meist aus Holzäpfeln hergestellt, oder der Birnenmost, den Lupus von Ferrières seinen Briefpartnern empfohlen hat. Man konnte aber auch Brombeerwein und Met oder sonstige mit Honig zubereitete Getränke zu sich nehmen.[31]

Viele tranken ganz einfach Wasser. Lupus von Ferrières berichtet über die Furcht vor Mangel an Birnenmost und Bier wegen einer schlechten Obst- und Getreideernte: »Wir werden also alle zu einem gesunden, natürlichen Getränk greifen, das bisweilen sogar der Gesundheit von Körper und Seele nützt. Nur darf man es nicht aus einer schlammigen Zisterne nehmen, sondern muß es aus klaren Brunnen oder rasch fließenden, durchsichtigen Bächen schöpfen.«[32]

Bischöfe und Äbte im Karolingerreich kümmerten sich auch um die Trinkwasserversorgung. Bevor Bischof Aldrich einen Aquädukt errichten ließ, wurde das Wasser der Sarthe um einen Pfennig pro Scheffel verkauft.[33] Der Abt von Saint-Denis war sehr darum bemüht, das Flußbett des Crou im Bereich des Klosters regelmäßig ausräumen zu lassen. Die beste Lösung war natürlich, eine Quelle zu fassen und das Wasser mit Röhren zu den Brunnen des Kreuzgangs oder in die Küche zu leiten. Diese Maßnahme wurde aber nicht überall verwirklicht.[34] Die Mönche von Laon klagten darüber, sie müßten ihren Durst ausschließlich mit kaum trinkbarem Wasser stillen: »Kein Bacchus netzt uns in der Sommerhitze die ausgedörrten Kehlen, unsere Bäuche müssen wir mit ungesundem Wasser füllen.«[35] Ganz offensichtlich gehörte das Weintrinken zu den großen Leidenschaften dieser Zeit.

Vierter Teil

Das religiöse und kulturelle Leben der Gesellschaft

Kapitel I

Glaubenswelt und Wesensart der Religiosität

In einem so ausgedehnten und uneinheitlichen Reich wie dem der Karolinger kann man nicht von *dem* Glauben schlechthin sprechen. Zwar wurde überall das Christentum gepredigt, aber es war ihm noch nicht gelungen, die eingewurzelten Überreste heidnischer Glaubenslehren römischer, germanischer und keltischer Überlieferung ganz zu beseitigen. Der andauernde, beharrliche Kampf gegen den Aberglauben bestimmt die Geschichte der Kirche von der Karolingerzeit über das Mittelalter bis in die Gegenwart. Nicht nur im Volk, sogar im Klerus gab es noch Anhänger animistischer und magischer Praktiken. Das konnte auch gar nicht anders sein, denn die Menschen lebten inmitten einer unbezwungenen Natur und fühlten sich von Kräften beherrscht, die sie nicht kontrollieren konnten. Sie versuchten mit allen verfügbaren Mitteln, ihre Angstgefühle zu überwinden, ihre Körper und Seelen durch rituelle Handlungen zu schützen. Bodenverbunden durch ihren Lebensablauf und die tägliche Arbeit, beobachteten die Menschen das mit den Jahreszeiten geheimnisvoll wechselnde Aussehen der Erdmutter, deren Fruchtbarkeit sie durch Zaubersprüche beeinflussen wollten.

Heidentum und heidnische Überreste

In weiten Teilen Germaniens, wo sich das Christentum nur oberflächlich durchsetzen konnte, war der heidnische Glaube noch tief verwurzelt.[1] Heilige Bezirke, Bäume, Felsen und Quellen waren Gegenstand der Verehrung. Könige und Missionare gaben sich alle Mühe, sie zu zerstören. Bonifatius ließ in Geismar eine heilige Eiche fällen, Karl der

Große vernichtete die Irminsul der Sachsen, einen Baum, von dem geglaubt wurde, er trage das Himmelsgewölbe. Die Verehrung von Waldheiligtümern (*nimidae*) wurde unterdrückt, Opfer zu Ehren der germanischen Gottheiten Odin und Donar waren verboten. In der *Capitulatio* von 785/790 werden drakonische Maßnahmen gegen heidnische Kulthandlungen verkündet:

»Wer einen Verstorbenen nach heidnischem Brauch den Flammen übergibt, so daß dessen Gebeine zu Asche verbrannt werden, wird mit dem Tod bestraft.

[...] Wer Quellen, Bäume oder Haine anbetet und ihnen nach heidnischer Sitte opfert oder an einem Mahl zu Ehren böser Geister teilnimmt, hat folgende Buße zu entrichten: 60 Schillinge, wenn er adlig ist, 30 Schillinge, wenn er frei geboren ist, 15 Schillinge, wenn er ein Höriger ist. Wer nicht genug besitzt, um bezahlen zu können, wird so lange zum Dienst für die Kirche verpflichtet, bis seine Schuld beglichen ist.

[...] Wir gebieten, daß christliche Sachsen nach ihrem Tod auf kirchlichen Friedhöfen, nicht in heidnischen Grabhügeln [*tumuli*] beigesetzt werden ...«[2]

Das waren gewiß Extremfälle, aber daneben überdauerten verbreitet heidnische Traditionen in abgeschwächter Form; ohne festen Kult überlebten sie in abergläubischen Bräuchen aller Art. Wie in der Antike feierten die Menschen den Jahresanfang mit Freudenfesten an den Kalenden des Januar (1. Jan.). Bonifatius beklagte sich beim Papst, als er in Rom miterlebte, wie Tag und Nacht Sänger und Tänzer, mit Tiermasken verkleidet, ihre Spiele direkt auf den Stufen der Peterskirche trieben und dabei gottlose Lieder anstimmten.[3] Man glaubte, der glückliche Verlauf eines Jahres sei von bestimmten Festveranstaltungen, dem Austeilen und Erhalt von Geschenken abhängig. Die Lupercalia im Februar, das Wiedererwachen der Natur im Frühling, die Sommersonnenwende im Juni wurden zum Zeichen der Verbundenheit mit den Jahreszeiten gefeiert und gaben Anlaß zu Trinkgelagen und sexueller Zügellosigkeit. Wie in vielen primitiven Kulturen, sind hier Fest und Orgie Ausdruck des Bedürfnisses der Menschen, sich zu erneuern, bevor sie in den gleichmäßigen Ablauf des Alltagslebens zurückkehren.[4] Andere abergläubische Gewohnheiten gehörten zum täglichen Leben: Man beobachtete den Krähenflug sowie mäusefressende Tiere und hielt Niesen für bedeutsam. Man versuchte Tage auszuwählen, die für den Antritt einer Reise oder das Spinnen der Wolle besonders geeignet waren; manche legten ihre Hochzeit auf einen Freitag (*Veneris dies*), den Tag der Venus, freilich ohne von dieser Göttin genaueres zu wissen.

Heidnischer Aberglaube verband sich auch mit dem Totenkult. Quellen aus der Mitte des 8. und dem Ende des 9. Jahrhunderts erwähnen eine besondere Art Totenwache, *dadsisa* genannt, die Anlaß gab zu Tanz, Gesang und Totenmahl. Man hielt es für notwendig, die Seele des Verstorbenen zu besänftigen, um sie davon abzuhalten, die Lebenden zu beunruhigen. Manche legten dem Verstorbenen Geldstücke oder eine Hostie in den Mund – eine Erinnerung an den antiken Brauch, dem Toten einen Obolus für Charon mitzugeben.[5]

Magie und Hexenkunst

Der überlieferte, brauchtumsähnliche Aberglauben erscheint harmlos gegenüber den magischen Praktiken, die von den Hexern und ihren Anhängern ausgeübt wurden. In den Kapitularien des 8. und 9. Jahrhunderts findet man Anschuldigungen gegen Zauberer, Beschwörer, Wahrsager, Traumdeuter und Seher, aber es wird nicht genau erklärt, welche Betätigungen mit diesen unterschiedlichen Bezeichnungen gemeint sind.[6] Eigens erwähnt werden die *tempestarii*, die Unwetter entfesseln können. Agobard hat eine Schrift »Gegen die törichte Volksmeinung über die Entstehung von Unwettern« verfaßt; darin berichtet er, in seiner Gegend glaubten Adlige und einfache Leute, Alte und Junge, sobald sie einen Donnerschlag hören, es hätten sogenannte Wettermacher durch Zauberei einen Sturm, *Aura levatitia*, entfesselt. Nach dem Volksglauben würden die Wettermacher die vom Unwetter vernichtete Ernte Leuten zuschieben, die aus einem Land namens Magonia in fliegenden Schiffen herbeigekommen seien – ein frühes Beispiel für das Auftreten von fliegenden Untertassen. Agobard weiter:

»Ich selbst habe mehrere dieser Narren gesehen, die so absurde Behauptungen für Wahrheit hielten. Sie zeigten der versammelten Menge drei Männer und eine Frau, die angeblich aus diesen über den Wolken fliegenden Schiffen gestürzt waren und seit mehreren Tagen in Ketten gehalten wurden. Jetzt wurden sie vor mich gebracht und sollten gesteinigt werden.«[7]

Agobard, der selbst nicht an Hexenkünste glaubte, konnte die Menge noch rechtzeitig von ihrem Irrtum überzeugen. Aber der Hexenglaube war so allgemein verbreitet, daß die staatliche Gewalt eingreifen mußte. Auf einer Synode in Paris im Jahr 829 wurden darüber unter anderem folgende Beschlüsse gefaßt:

»Andere verderbliche Übel sind zweifellos als Reste heidnischer Gewohnheiten zu betrachten. Wir zählen dazu die Magier, Wahrsager, Weissager, Giftmischer, Zukunftsdeuter, Zauberer, Traumdeuter, die alle nach göttlichem Gesetz unerbittlich bestraft werden müssen. Es kann gar keinen Zweifel darüber geben, und viele wissen es genau: Durch Zauberei und teuflisches Blendwerk kann mit Hilfe von Zaubertränken, Speisen oder Amuletten manchen Menschen der Verstand derart verwirrt werden, daß sie allgemein für verrückt gehalten werden, ihre Schmach aber selbst nicht erkennen können. Man sagt, daß die Zauberer auch Sturm und Hagelschlag verursachen können, die Zukunft vorhersagen, Feldfrüchte und Milch dem einen wegnehmen und einem anderen zukommen lassen und zahllose ähnliche Dinge vermögen. Wenn Männer oder Frauen entdeckt werden, die solche Taten begangen haben, muß man sie ganz besonders streng bestrafen, weil sie sich nicht scheuen, ganz offen dem ruchlosen Teufel zu dienen.«[8]

Weil er erfahren hatte, daß Zauberer und Hexen in seinem Reich den Tod vieler Menschen verursachten, befahl Karl der Kahle in einem Kapitular (873) seinen Grafen:

»Jeder hat in seinem Bereich allen Eifer aufzuwenden, damit die Urheber aufgespürt und ergriffen werden. Wer dieses Verbrechens überführt wird, gleich ob Mann oder Frau, muß nach den Bestimmungen von Recht und Gesetz hingerichtet werden. Wenn sie aber nur angezeigt werden oder verdächtig erscheinen, aber nicht überführt werden können, müssen sie sich einem Gottesurteil unterwerfen. Und nicht nur die Urheber dieses Verbrechens, auch alle Mitwisser und Helfer sind hinzurichten, damit zugleich mit ihnen auch die Kunde einer so großen Untat aus unserem Reich beseitigt wird.«[9]

Wie zu allen Zeiten wurden die Hexenkünste vor allem Frauen nachgesagt. Regino von Prüm erwähnt Schilderungen des nächtlichen Ausritts der Hexen unter Dianas Befehl und verurteilt den Glauben an solche Dinge. Er erwähnt ferner Frauen, »die von sich behaupten, mit Hilfe von Zauberei und Hexenkunst das Gefühl der Menschen von Haß zu Liebe und von Liebe in Haß verwandeln und Besitz schädigen oder ganz wegnehmen zu können«.[10] In der *Lex Salica* wird es unter Strafe gestellt, einen anderen als Hexendiener (*herbugium*) zu verleumden und zu behaupten, er trage den Kessel dorthin, wo die Hexen brauen. Wird eine Freie als Hexe (*stria*) bezeichnet, verdreifacht sich die Buße; erwähnt wird ferner durch Hexen verübter Kannibalismus, was in den *Leges Langobardorum* und der *Capitulatio de partibus Saxoniae* von 785 ausdrücklich als Aberglaube verurteilt wird.[11] Frauen, deren Tod man wünschte, wurden oft der Hexerei beschuldigt. So geschah es z. B. mit Gerberga, der Schwester Bernhards von Septimanien, die Lothar 834 wie eine Verbrecherin als Hexe und Giftmischerin in der Saône ertränken ließ. Zu dieser Zeit beschuldigten die Parteigänger Lothars auch ihre Gegnerin, die Kaiserin Judith, sie habe ihren Mann mit heimtückischen Zaubermitteln und teuflischen Kräften behext.[12]

Die Kunst der Hexerei konnte auf vielerlei Arten wirksam werden: Die Aussaat anderer Leute wurde, wie Agobard berichtet, durch Zauberpulver oder durch Besprechen am Keimen gehindert; das Vieh eines Nachbarn wurde unfruchtbar gemacht; Knoten in der Leibbinde eines Verstorbenen sollten den Hinterbliebenen Schaden zufügen.[13] Um die Leidenschaft des Ehemanns zu erregen oder die Sehnsucht eines Geliebten auf sich zu ziehen, wurden Liebestränke verwendet, die aus Sperma oder Menstruationsblut und Aphrodisiaca zubereitet waren. In seinem Bericht über eine Nonne, die Hilfe bei einem Hexenmeister suchte, nennt Hinkmar auch die Bestandteile eines Liebestranks: Gebein von Toten, Asche und Kohle, Haupt- und Schamhaare, verschiedenfarbige Fäden, diverse Kräuter, Schnecken und Schlangen . . . Als Hexenwerk galten auch Mittel, die unfruchtbar machten oder abtreibend wirkten.[14]

Die üblichen Zauberpraktiken wurden vor allem angewendet, um Beistand und Heilung zu erlangen. Gefangene, die sich aus ihren Fesseln befreien wollten, und Bauern, die fürchteten, ihre Pferde könnten lahmen, sprachen Schutzformeln, wie sie in althochdeutschen Texten überliefert sind.[15] Wenn ein Kind erkrankte, brachte man es auf einen Dachgiebel, man sammelte unter Beschwörungsformeln Heilkräuter.[16] Wer sich schützen wollte, konnte Talismane und Amulette mit einigen Schriftzeichen darauf kaufen. In Rom trugen Frauen um die Mitte des 8. Jahrhunderts Talismane und Reifen am Arm und Bänder am Unterschenkel.[17] Anderswo hängte man hölzerne Gliedmaßen an Bäumen oder Wegkreuzungen auf, um so die Heilung eines Armes oder Beines zu erlangen.[18] Und schließlich wurde noch immer die aus der Antike überkommene Kunst des Wahrsagens praktiziert: Man beobachtete, in welcher Richtung Rauch abzog, untersuchte die Exkremente oder das Gehirn von Tieren, man stieg auf Hausdächer, deutete Träume oder schlug willkürlich einen Text auf.

Sogar die Geistlichen wandten sich an Seher, Wahrsager und Traumdeuter.[19] In Textabschriften, die von Mönchen angefertigt wurden,
findet man magische Quadrate aufgezeichnet, mit denen man den
Verlauf einer Krankheit vorhersagen konnte: dazu mußten die Buchstaben des eigenen Namens mit dem Datum der Erkrankung kombi-
niert werden.[20]
Die im Volk verbreiteten Zauberpraktiken auszurotten war völlig
unmöglich. Die Kirche gab ihnen ein christliches Gewand und versuchte Gott zurückzugeben, was des Teufels war: Bäume und Quellen
wurden Heiligen geweiht, Gebete um Regen, Fruchtbarkeit und Heilung von Kranken ersetzten die heidnischen Beschwörungen. Es
wurde zulässig, beim Sammeln von Heilkräutern ein *Paternoster* oder
Credo zu sprechen, einen Bienenschwarm im Namen des Herrn
einzufangen oder sich von Würmern zu heilen, indem man dreimal das
Paternoster betete. Man kennt die Beschwörungsformeln, mit denen
Blutungen, Wassersucht, Augenleiden und andere Krankheiten geheilt
werden sollten. Zum Beispiel: + *cardia* + *media* + *cardis* + *simphonis*
+ *eumata* + *leumata* + *agorlia* + *hismet* + *met* + *agyos* + *sancta
crux*, oder die *adjuratio contra malas oculorum* (Beschwörung gegen
Augenkrankheiten):

+ *Alias* + *nec lia* + *nec gallina*
+ *supra rypa maris sedebat macula* +
+ *famuli tui illius sive alba, christus* +
+ *spergat; sive rubra, Christus deleat* +
+ *sive nigra, Christus deficiat* + *Ayos* + *Ayos*
+ *Ayos* + *sancta crux* + *Amen* +[21]

Die Astrologie

Zum Abschluß des Überblicks über die karolingische Glaubenswelt ist
daran zu erinnern, welche Bedeutung die Gestirne und deren Umlauf
für die damaligen Menschen hatten. Die volkstümliche Astrologie
zeigt deutlich abergläubische Züge. Viele glaubten an die Einwirkung
des Mondes auf Krankheiten: Eine Erkrankung im ersten Viertel des
Mondes dauerte lange, im Halbmond ging sie rasch vorüber, im
letzten Viertel des Mondes war der Tod nahe.[22]
Eines Abends, als sich Hrabanus Maurus zurückgezogen hatte und
eine Predigt vorbereitete, hörte er ungeheures Lärmen. Auf seine

Frage, was das solle, wurde ihm erklärt, daß das Volk dem Mond helfe, der sich verfinstert hatte:

»Man hörte das Getöse von Hörnern, als ob zum Krieg gerufen werde, und das Gegrunze von Schweinen; man sah Männer, die Pfeile und Geschosse in Richtung des Mondes schleuderten, andere, die Feuerbrände nach allen Himmelsrichtungen warfen [...]. Sie versicherten, daß irgendwelche mir unbekannte Ungeheuer den Mond bedrohten und ihn verschlingen würden, wenn sie keine Hilfe leisteten. Wieder andere schließlich zerbrachen zu demselben Zweck Tongefäße, die sie mitgebracht hatten.«[23]

Es handelt sich hier offensichtlich um eine Beschwörung der *Vince luna* – des siegreichen Mondes –, wie sie regelmäßig, aber anscheinend erfolglos auf den Synoden angeprangert wurde.

Bevor man etwas Wichtigeres unternahm, bemühte man sich, die Gestirnskonstellation des Tages festzustellen. An dem einen Tag durfte man nicht arbeiten, an einem anderen nicht zur Ader gelassen werden, wieder an einem anderen den Weinberg nicht bestellen. Für die Reihe der *dies egyptiaci* (Unglückstage) gab es verschlüsselte Merkverse, die nur den Gebildeten verständlich waren, dem Ungebildeten aber erklärt werden mußten.[24]

Auch die Gebildeten nahmen Rücksicht auf den Stand der Gestirne, sie ließen silberne Tische und Pergamenthandschriften mit Himmelskarten anfertigen. In seiner Aachener Pfalz besaß Karl der Große einen silbernen Tisch, auf dem der ganze Weltkreis, der gestirnte Himmel und die Planetenbahnen eingezeichnet waren. Die verschiedenen Gestirnskonstellationen ließ er um 810 in mehreren Handschriften zusammenfassen, die bis heute erhalten sind (vgl. Taf. 22). Viele Bibliotheken besaßen das astronomische Lehrgedicht des Aratos in lateinischer Übersetzung.[25] Mit den Sternen beschäftigte man sich nicht nur aus wissenschaftlicher Neugier: Bevor der Kaiser einen Feldzug unternahm, befragte er den Himmel. Er verlangte von Alkuin und dem Iren Dungal Deutungen der Kometen, des Mars und der Sonnenfinsternis.[26] Stets galt der Lauf der Gestirne als Vorzeichen bedeutender Ereignisse. Wie Einhard schreibt, gab es in den drei letzten Jahren vor dem Tod Karls des Großen »sehr viele Sonnen- und Mondfinsternisse, und an der Sonne bemerkte man sieben Tage lang einen schwarzen Flecken«. Ein Komet erschien 837 unter dem Sternzeichen der Jungfrau und durchschritt in 25 Tagen die Sternbilder des Löwen, des Krebses und der Zwillinge. Ludwig der Fromme befragte

deswegen Einhard und andere Gelehrte. Darüber berichtet der Biograph Ludwigs, der sogenannte Astronomus:
»Als der Kaiser, der sich viel mit diesen Dingen beschäftigte, dieses Gestirn erstmals gesehen hatte, erkundigte er sich darüber, bevor er sich zur Ruhe begab. Er ließ also jemanden holen, d. h. mich, der ich dies geschrieben habe und von dem man glaubte, daß er sich auf diese Wissenschaft verstehe, und fragte, was ich darüber dächte [...]. Er sagte mir: ›Geh in das Nebenhaus und melde uns, was du beobachtet hast. Denn ich weiß, daß ich diesen Stern am vergangenen Abend gewiß nicht gesehen habe.‹«
Ludwig vermutete, ein solches Zeichen deute auf Veränderung des Reiches und Tod des Fürsten; er dankte Gott dafür, daß er ihm auf diese Weise einen Fingerzeig gegeben hatte. Sein Biograph berichtet dann weiter, daß ein im Zeichen des Skorpions erscheinender Komet den Tod Pippins von Aquitanien ankündigte und daß dem Tod des Kaisers eine Sonnenfinsternis vorausging. Nithard berichtet von einem Kometen, der durch das Sternbild der Fische aufstieg und zwischen Andromeda und Arcturus wieder verschwand – gerade am Tag, nachdem die Straßburger Eide (842) geschworen worden waren. Die Reichsteilung von 843 wurde nach Florus von Lyon durch einen Kometen angezeigt, der mit seinem langen Feuerschweif den Himmel zu unheimlichem Leuchten entflammte.[27] Selbst ein so gebildeter Mann wie Lupus von Ferrières konnte folgendes ohne Bedenken an einen Mönch schreiben:
»Die derzeit sichtbaren Kometen sind wohl eher zu scheuen als zu erörtern. Und weil über sie in der Heiligen Schrift nichts zu finden ist, müssen wir vermuten, besser befürchten, daß die Heiden durch Erfahrung von diesen Erscheinungen lernten. Denn sie haben uns überliefert, daß die Kometen Seuchen, Hungersnöte und Kriege ankündigen.«[28]
Volk und Klerus der Karolingerzeit haben den Himmel immer wieder nach Vorzeichen abgesucht. Die Chronisten haben Jahr für Jahr außergewöhnliche Wetterverhältnisse notiert, die sie ebenfalls für beunruhigende *prodigia* (Anzeichen) hielten.

Der Wunderglaube im Karolingerreich

In der Karolingerzeit lebten die Menschen, gleich ob gebildet oder nicht, in ständiger Berührung mit Übernatürlichem. Gott griff ständig in die von ihm geschaffene Welt ein, die nur als Abbild der eigentlichen Wirklichkeit aufgefaßt wurde. Die Wunder, von denen man berichtete, schienen so selbstverständlich wie die Folge von Tag und Nacht, kein Mensch konnte ihre Bedeutung übergehen. Mit allen Sinnen erfuhr man das Übersinnliche: Man *sah* feurige Heerscharen am Himmel, *schmeckte* die Verwandlung von Bier und Wein, man *roch* den Duft, den Reliquien wunderbarerweise während einer Prozession verströmten, und den Gestank, den ein teuflischer Dämon verbreitete...[29] Traumdeutungen waren zwar verboten, aber Visionen wurden als Vorzeichen des Heils gläubig aufgenommen. Mönche und Weltgeistliche verfaßten Berichte über solche Erscheinungen und machten sie allgemein bekannt. Einhard erfuhr während eines Aufenthalts an der Pfalz in Aachen im Jahre 828, daß der Erzengel Gabriel einem Blinden erschienen war und diesem befohlen hatte, zwölf Kapitel nach Art einer Gesetzessammlung niederzuschreiben und dem Kaiser vorzulegen. Ludwig der Fromme beachtete diese Botschaft kaum; deswegen sah ihn sein Sohn Ludwig der Deutsche später (im Jahr 874) in höllische Qualen gestürzt, zur Strafe für die Nichtbeachtung der zwölf Kapitel, die der Erzengel diktiert hatte. Der Inhalt dieses Textes ist zwar nicht überliefert, aber sehr wahrscheinlich handelte es sich eher um sittliche als um politische Belehrungen.[30] In Laon sah sich eine ekstatisch entrückte arme Frau von einem Mann im Mönchsgewand an einen düsteren Ort geleitet. Dort erblickte sie die Kaiserin Irmingard, die von drei Mühlsteinen auf Kopf, Brust und Rücken ins Wasser gedrückt wurde. Außerdem sah sie Bego, einen Schwiegersohn Karls des Großen, dessen Geiz berüchtigt war; er mußte flüssiges Gold trinken, während ihm Dämonen immer wieder zuriefen: »Dein ganzes Leben hast du nach diesem Gold gedürstet, ohne deinen Durst je stillen zu können. Jetzt trinke, bis du genug hast!« Walafrid Strabo führt in der *visio Wettini* seine Leser zuerst in die Hölle zu den Geistlichen, die wegen reichgedeckter Tafeln auf die Reichtümer von Geist und Seele verzichtet hatten; es folgen das Fegefeuer, wo Karl der Große für seine sittlichen Verfehlungen büßt, und schließlich der Himmel, bestimmt für alle, die enthaltsam und jungfräulich gelebt haben. Die Karolinger stellten sich das Jenseits sehr realistisch vor. So sah Karl der Dicke während einer Vision die schlechten Bischöfe in Tälern voller heißem Pech, Schwefel, Blei, Wachs und Ruß. Er merkte, wie ihn tiefschwarze Dämonen mit eisernen Haken festhalten wollten und feuerspeiende Drachen ihn zu verschlingen suchten. Er rettete sich auf Berge, wo alle Arten Metall schmelzflüssig waren. Später gelangte er in ein Tal mit zwei Quellen, von denen eine kochendes, die andere kühles Wasser gab. Er sah seinen Vater Ludwig den Deutschen dazu verurteilt, jeden Tag abwechselnd in eines der Quellbecken getaucht zu werden. Schließlich erreichte Karl den Himmel, wo er von überhellem Licht geblendet wurde und die Auserwählten auf einem Topas ungewöhnlicher Größe sitzend fand.[31]

Nach den zeitgenössischen Vorstellungen gab es in der Welt eine ständige Konfrontation zwischen den Kräften des Guten und des Bösen, war der Teufel stets bemüht, sein Reich auszudehnen. Paulinus von Aquileia sieht den Teufel als »verkörperte Lüge, Erfinder aller Leiden, Urheber der Hoffart und aller Laster, Eingeber aller Schandtaten«.[32] Er bedient sich der menschlichen Schwäche, um die Länder zu verwüsten, die Ernten zu vernichten, und dezimiert die Herden durch Viehseuchen: So läßt es jedenfalls Einhard einen Diener des Teufels durch den Mund einer jungen »Besessenen« mitteilen. Die Ausführungen des Mädchens – obwohl es ungebildet ist, in lateinischer Sprache – enthalten auch eine heftige Kritik der Gesellschaft und ihrer Sitten.[33] Der Teufel konnte auch das verführerische Aussehen eines Boten des Lichts annehmen. In dieser Gestalt machte sich ein Teufel im Jahr 873 an Karl, den Sohn Ludwigs des Deutschen, heran und überredete ihn, aus seinen, des Dämons Händen, die Kommunion zu empfangen. Zugleich mit der Hostie aber fuhr der Satan in den Prinzen, der wahnsinnig wurde und nur mit Hilfe bestimmter Reliquien geheilt werden konnte. Wenn der Teufel eine Ortschaft in Besitz nahm, hagelte es Steine, Häuser wurden durch Feuer vernichtet, und es wurden heimliche Sünden geoffenbart, die von Priestern begangen worden waren, welche kamen, um die heimgesuchte Stätte mit Weihwasser zu besprengen.[34]

In einer Welt, in der sich Himmel und Hölle begegneten, in der Zeit und Ewigkeit zusammentrafen, war der Tod ein gefürchtetes, aber trotzdem vertrautes Ereignis. Männer und Frauen nahmen ihn schicksalsergeben, aber nicht gefühllos hin. Die Dichter der Karolingerzeit beweinten in Klageliedern (*planctus*) den Verlust teurer Freunde und vor allem den Tod von Herrschern und Kriegshelden. Beim Hinscheiden Hildegards, der geliebten Gemahlin Karls des Großen, wurden »die ehernen Herzen der Krieger zu Tränen gerührt, ihre Zähren sah man zwischen Schild und Schwert niederrinnen«. Unter lauten Klagen geleiteten die Klosterfrauen ihre Äbtissin Hathumoda zu Grabe. Seine Betroffenheit angesichts von Todesfällen und anderen Katastrophen äußerte das Volk in tiefen Seufzern und Gebärden der Verzweiflung:

»Der gesamte Klerus war in Tränen aufgelöst, die Mönche weinten, die Luft war erfüllt von Schmerzensschreien [...]. Die Frauen rauften sich die Haare aus, schlugen sich mit Fäusten auf die nackte Brust, die Fingernägel krallten sich in das Antlitz ...« So schildert Abbo das Verhalten der Einwohner von Paris bei der Ankunft der Normannen im Jahr 885.[35]

Kapitel II

Die theologische Ausbildung des Klerus und der Unterricht für das Volk

Die karolingischen Herrscher übernahmen mit der Salbung auch die Aufgabe, das ihnen anvertraute Volk zum ewigen Heil zu führen. Sie mußten ihm dazu verhelfen, die Wahrheit zu erkennen und heidnischem Aberglauben zu entsagen – was zweifellos eine sehr ehrgeizige Zielsetzung war. Die große Masse der Landbewohner, die Handwerker und die Händler mußten im christlichen Glauben unterrichtet werden, die heidnische Bevölkerung der neu eroberten Gebiete war zu missionieren. Karl der Große wollte Josia nacheifern, »der darum bemüht war, das ihm von Gott anvertraute Königreich durch häufiges Besichtigen, Besserungsmaßnahmen und Ermahnungen zum wahren Glauben zurückzuführen«.[1] Nach dem Willen des Herrschers sollte es möglich sein, in allen Gegenden des Reiches Männern und Frauen die christliche Heilsbotschaft zu verkünden, und dazu brauchte er gut unterrichtete Geistliche.

1. Die Ausbildung der Geistlichkeit

Karls des Großen »Schulpolitik«

Unter dem Gesichtspunkt dieses Erziehungsauftrags sollte die »Schulpolitik« Karls des Großen neu bewertet werden, an der seine Nachfolger bis Ende des 9. Jahrhunderts festgehalten haben. Solange dazu keine neueren Zeugnisse vorliegen, wird es fraglich bleiben, ob Karl der Große schon vor seinem Treffen mit Alkuin in Parma (781) beschlossen hatte, das Schulwesen zu reorganisieren. Die früheste überlieferte Anordnung zur Eröffnung der Schulen findet sich in der *Admonitio generalis* von 789, also rund zwanzig Jahre nach Karls Thronbesteigung. Zwar gab es seit dem 6. Jahrhundert von Priestern, Bischöfen und Mönchen geleitete Schulen, aber sie hatten in der Krise des 8. Jahrhunderts Rückschläge erlitten und mußten erst erneuert werden.[2] Der Herrscher ordnete an, »Schulen zu errichten, an denen die Kinder lesen lernen können. In jedem Kloster, an jedem Bischofssitz sollen gelehrt werden: Psalmen, die *notae* [d. h. die Schriftzeichen der damaligen Stenographie], Kirchengesang, Rechnen, Grammatik. Es ist dafür zu sorgen, daß genügend und gründlich verbesserte Bücher des rechten Glaubens vorhanden sind«.[3] Dieses Unterrichtsprogramm entsprach dem, was auch früher Schulstoff war: Lesen, Kirchengesang, Rechnen, Latein. Neu war dagegen die Vorschrift, an allen Klöstern und Bischofssitzen Schulen zu eröffnen. Karl fügte noch die Empfehlung an, das Abschreiben der Psalter und Meßbücher nur erfahrenen Männern anzuvertrauen; dieser Aspekt seines Reformwerkes wird an späterer Stelle berücksichtigt.

Die Anordnungen konnten natürlich nicht ohne Schwierigkeiten verwirklicht werden, das bezeugen die zahlreichen Ermahnungen der Folgezeit. In der *Epistula de litteris colendis* wurde von allen Bischöfen und Äbten verlangt, Männer auszuwählen, die fähig und willens waren zu studieren und sich wünschten, später andere zu unterrichten. Auf der Synode von Frankfurt (794) wurde den Bischöfen empfohlen, ihre Geistlichen auszubilden. Nach 800 werden Schulen zwar kaum mehr erwähnt, aber die *missi* und Bischöfe waren mit der Unterrichtung des Klerus befaßt und hatten, wie noch eingehender zu zeigen ist, die Abschlußprüfungen vorzubereiten. Auf den großen Reformsynoden des Jahres 813 wurde erneut über die Instruktion des Klerus hinsichtlich Laienunterricht und Liturgie verhandelt. Auf einer dieser Zusammenkünfte, zu Chalon, wurde das Ausbildungsprogramm präzisiert, dessen Grundelemente nach wie vor das Lesen und die Heilige Schrift waren.[4]

Die »Schulpolitik« nach Karl dem Großen

Unter Ludwig dem Frommen gehörte der Komplex »Wiedererrichtung der Schulen und Belehrung des Volkes« zu den hauptsächlichen Sorgen der Bischöfe und Äbte. Der Kaiser und seine Ratgeber wußten, daß das Bildungsniveau des Stadtklerus am ehesten gehoben werden konnte, wenn man ihn zwang, als brüderliche Gemeinschaft in der Umgebung des Bischofs und gemäß der kanonischen Regel zu leben. Diese Regel hatte Chrodegang von Metz um die Mitte des 8. Jahrhunderts festgelegt; sie verpflichtete die Geistlichen zur Teilnahme an den Gottesdiensten, zum zeitlich festgelegten Bibelstudium und zur öffentlichen Predigt. Wer diese Vorschriften nicht befolgen konnte, wurde von Chrodegang nicht zur Priesterweihe zugelassen.[5] Karl der

Große hatte gewünscht, daß in allen Bischofsstädten die Geistlichen durch Kanonikerkapitel neu organisiert würden. Er war aber auf heftigen Widerstand gestoßen, weil der Pfarrklerus lieber selbständig bleiben wollte und ein klosterähnliches Leben ablehnte. Ludwig der Fromme, den Benedikt von Aniane beriet, wollte der Reform neue Impulse geben. Dies war dringend notwendig, denn zur gleichen Zeit wurde den Klöstern verboten, Weltliche als Schüler aufzunehmen; die Klosterschulen sollten allein den Novizen vorbehalten sein. Die Leiter aller Kathedralschulen erhielten die Aufgabe, Vorleser und Vorsänger auszubilden und die Fortschritte der Geistlichen zu überprüfen.[6] Im Jahr 818 wurde erneut an die Pflicht der Bischöfe erinnert, alle Geistlichen zu unterweisen, die nicht in brüderlichen Gemeinschaften lebten. In Attigny (822) wurde die gleiche Angelegenheit beraten: »Wir verlangen, daß die Schulen errichtet werden, denen wir bisher weniger Interesse zugewandt haben als unseren Pflichten entsprochen hätte.« In Paris (829) wünschten sich die Bischöfe dringend Schulen »zum Nutzen und wegen des Ansehens der Kirche«, sowie für die Ausbildung von Soldaten Christi, d. h. Pfarrern. Die nach dem Tod Ludwigs des Frommen 845 in Meaux versammelten Bischöfe erneuerten die Forderung, jeder von ihnen müsse ständig einen Schulmeister für die Unterrichtung der Geistlichen zu seiner Verfügung haben.[7] Ganz offensichtlich war es also sehr schwierig, den Anordnungen der Herrscher Geltung zu verschaffen.

Auch in Italien war man um die Reform des Schulwesens bemüht. Lothar mußte im Jahr 824 feststellen, daß die theologische Bildung vollständig untergegangen war, eine Folge der Nachlässigkeit und Gleichgültigkeit derer, die mit ihrer Pflege betraut gewesen waren. Er beschloß, neue Schulen an acht Zentralorten zu organisieren: Turin, Pavia, Cremona, Verona, Vicenza, Cividale, Florenz und Fermo. Ferner schrieb er vor, welche Städte zu diesen acht Bezirken gehören sollten.[8] Es ist unbekannt, auf welchen Voraussetzungen dieser erste Entwurf eines italienischen Schulsystems beruhte, man weiß nicht einmal, wie weit dieser Reformplan verwirklicht wurde. Immerhin ist bekannt, daß Papst Eugen II. ein Jahr später beschloß, in allen Bischofsstädten und Pfarreien Schulmeister einzusetzen, die in Schreiben und Glaubenslehre Unterricht erteilen konnten.[9] Der Papst übertrug Lothars Anordnungen auch auf den Kirchenstaat.

Schließlich ist noch zu erwähnen, daß die Bischöfe im Jahr 829 Ludwig dem Frommen den Vorschlag machten, wenigstens an drei Orten im Reich *scolae publicae* (staatliche Schulen) einzurichten. Diese außergewöhnliche Bezeichnung überrascht. Man könnte vermuten, es handle sich um Laien wie Geistlichen unbeschränkt zugängliche Schulen, deren Lehrprogramm vielseitiger als das der bischöflichen Schulen gewesen wäre; doch dies ist wenig wahrscheinlich. Die auf der Synode von Savonnières 859 dringend empfohlene »öffentliche Schule« sollte unter der Leitung des zuständigen Bischofs stehen und »der Erkenntnis Gottes und der Menschen« dienen. Sie entsprach also weitgehend dem überall gültigen Schulungsprogramm. [10]

Das Bildungsprogramm für den Weltklerus

Es handelte sich dabei, wie zugegeben werden muß, um ein recht bescheidenes Bildungsprogramm. Es kam nie in Frage, den Weltklerus auch in den Sieben Freien Künsten zu unterrichten, was an den bedeutenderen Klosterschulen dagegen möglich war. Bischöfe und Herrscher wünschten vor allem, daß der Klerus unter Aufsicht kam und auf seine seelsorgerischen Aufgaben vorbereitet wurde. Der Pfarrer der Karolingerzeit mußte Latein können, weil es die Sprache der Bibel und der Liturgie war. Man erwartete freilich nicht von ihm, daß er viel Zeit für das Studium der lateinischen Grammatik aufwandte. Es reichte, wenn er imstande war, Messe zu lesen und Gebete zu sprechen, ohne zu grobe Schnitzer zu machen wie ein bairischer Mönch des 8. Jahrhunderts, dessen Taufformel so lautete: *in nomine patria et filia*, also ungefähr »im Namen das Vaterland und die Tochter«. [11] Ein durchschnittlicher Pfarrer mußte *Credo* und *Paternoster* auswendig kennen, die liturgischen Meßgebete beherrschen, Psalmen entsprechend ihrer Einteilung in Verse modulieren können und Bibelauslegungen zu lesen wissen, von denen er einige auch auswendig bereit haben mußte. [12] Weil die Handschriften ohne Interpunktion geschrieben waren, kamen Männer geringer Bildung beim Vorlesen in Schwierigkeiten. Selbst die Hofgeistlichen verstanden nur unvollständig, was sie vorlasen. [13] Wenn Meßbücher fehlten, was häufig vorkam, mußte sich der Priester für Predigt und Gebete auf sein Gedächtnis stützen. Er mußte auch singen können, durfte aber nicht durch das Nachahmen weltlicher Sänger einen billigen Erfolg anstreben. Agobard äußerte sich abfällig über Kirchensänger, die wie auf der Bühne agieren und ihre Lieder in übermäßig süßen Tönen vortragen: »Es heißt zwar, die Musik verjage Dämonen, aber derartige Gesänge lassen sie ins Herz eindringen.« Als Kirchengesang empfohlen wurde der *cantus roma-*

nus, den Pippin und Karl der Große unter Schwierigkeiten im Karolingerreich eingeführt hatten. Er sollte allmählich die regional unterschiedlichen abendländischen Liturgien ersetzen: In Rouen wurde die Gottesdienstreform durch römische Priester durchgeführt, die den Klerus der Stadt unterrichteten, in Metz sorgte Chrodegang für ihre Verwirklichung. Von hier kam die neue Gottesdienstordnung nach Lyon. Erzbischof Leidrad berichtet darüber mit Genugtuung an Karl den Großen:

»Sobald ich Eurem Befehl gemäß die Leitung jener Kirche übernommen hatte, wandte ich, soweit es meine unbedeutenden Kräfte erlaubten, alle Mühe darauf, für den Kirchendienst genügend Geistliche zu gewinnen; durch die Gnade Gottes versehen sie ja gegenwärtig auch in großer Zahl ihre Ämter. Dies wurde möglich, weil Eure Frömmigkeit bereitwillig und freudig meiner Bitte um Überstellung eines Geistlichen aus Metz entsprach. Durch diesen Mann, die Gnade Gottes und Eure Unterstützung war es möglich, den *ordo psallendi* in der Kirche von Lyon zu erneuern. Soweit unsere Fähigkeiten dazu ausreichen, werden jetzt die Gottesdienste überall ganz entsprechend den liturgischen Vorschriften abgehalten, teilweise den Gewohnheiten der Pfalzkapelle folgend. Ich habe nämlich Schulen für den Kirchengesang begründet, von denen die meisten so gut ausgestattet sind, daß von ihnen ausgehend weitere Schulen eingerichtet werden können...«[14]

Neben der Gottesdienstordnung sollte auch die Spendung folgender Sakramente vereinheitlicht werden: Taufe, Buße, Kommunion, Letzte Ölung. Die Priester mußten die Gebete der römischen Liturgie auswendig können und einige ganz unentbehrliche Bücher besitzen. So verlangte Bischof Riculf von Soissons von seinen Geistlichen den Besitz des Wortlauts der Taufzeremonie in vier Exemplaren, ferner der Texte für die Weihe des Taufbeckens und des Weihwassers sowie einer Aufzeichnung des Begräbnisritus.[15] Regino von Prüm legte in seinem Visitationsschema die Fragen fest, die dem Pfarrer vorzulegen sind: Besitzt er eine schriftliche Auslegung des Glaubensbekenntnisses und des Vaterunsers gemäß der Überlieferung der rechtgläubigen Kirchenväter, versteht er sie vollständig, und unterrichtet er seine Gemeinde darin? Besitzt er ein Martyrologium, um seiner Gemeinde die genauen Heiligentage ankündigen zu können? Besitzt er die vierzig Homilien (Bibelauslegungen) Gregors des Großen, liest er sie eifrig und versteht er sie auch? Besitzt er die römischen Bußvorschriften? usw.[16]

Die Überprüfung des Klerus

Um sich über den Kenntnisstand des Klerus zu vergewissern, verfügten die Bischöfe eine Vielzahl von Wissensprüfungen.[17] Bevor ein Geistlicher ordiniert wurde, mußten die charakterliche und geistige Eignung des Kandidaten durch den Bischof nachgeprüft werden. In einer Handschrift aus Weißenburg ist das Muster einer solchen Befragung überliefert:

Frage: Sage mir, warum wirst du zum Priester geweiht?
Antwort: Um das Wort Gottes zu verkünden, zu taufen und die
         Sünden durch das Sakrament der Buße zu tilgen.
Frage: Warum feierst du die heilige Messe?
Antwort: Um den Tod des HERRN in das Gedächtnis zu rufen.
Frage: Wie feierst du die Messe?
Antwort: Ich opfere in der Gestalt des Brotes den Leib Christi.

Der Befragte mußte auch *Paternoster* und *Credo* kommentieren, und aufzählen, welche Laster bekämpft werden müssen.[18] Wenn die Geistlichen am Gründonnerstag den Bischofssitz aufsuchten, um das geweihte Öl abzuholen, waren sie vom Archidiakon besonders über den Taufritus zu befragen. Aufgrund der Erfahrungen erkannte man aber im Jahr 818, daß die Ausdehnung der Diözesen und die Vielzahl der Pfarreien den Besuch jedes einzelnen Geistlichen unmöglich machten. Die Abholung des Chrisam wurde deswegen an Delegierte übertragen. Dagegen waren alle Geistlichen verpflichtet, an der Diözesansynode teilzunehmen, die ein- bis zweimal im Jahr stattfand. Hier ließ der Bischof Auszüge aus dem *Liber regulae pastoralis* Gregors des Großen oder eine Evangelienhomilie vorlesen und regelte die Überprüfung des Klerus. Theodulf schlug vor, die Pfarrherren sollten die Synoden in Begleitung einiger Kapläne aufsuchen und liturgische Geräte mitbringen, um so nachzuweisen, ob sie ihre Amtspflichten erfüllten.[19] Der Bischof reiste auch selbst durch seine Diözese und überprüfte während der Visitationen die Arbeit der Seelsorger. Diese Visitationen waren bei der Geistlichkeit gefürchtet, denn die Beherbergung des Bischofs samt Gefolge stellte eine schwere Belastung dar. Karl der Kahle erließ im Jahr 844 Vorschriften zugunsten der Pfarrherren in Septimanien, um sie vor den Ansprüchen der Bischöfe zu schützen: Die Unkosten sollten auf fünf Pfarreien verteilt und die Leistungen festgelegt werden; die Bischöfe sollten die Zahl des begleitenden Gesindes und der mitgeführten Pferde verringern. Es war kein

Einzelfall, daß bestimmte Bischöfe mit ganzen Pferdeherden erschienen, die Tiere auf Kosten des Pfarrers füttern ließen und sie dann während ihrer Visitationen verkauften.[20] Anlaß zur Besorgnis gab auch die bischöfliche Kontrolle mit anschließender Wissensprüfung. Regino von Prüm verfaßte für den Erzbischof von Mainz ein Handbuch, das alle Fragen enthält, die an Klerus und Laien zu richten waren, dazu eine Übersicht einschlägiger kanonischer Entscheidungen. Wenn politische Ziele oder Verwaltungsaufgaben einen Bischof am Reisen hinderten, vertraten ihn innerhalb ihrer Amtsbezirke die Archidiakone. Bischof Walter von Orléans gab ihnen den Auftrag nachzuprüfen, wieviel die Geistlichen wissen, nach welcher Ordnung sie die Messe lesen und wie sie taufen.[21]

Innerhalb seiner Diözese war der Bischof nicht nur verantwortlich für die Kontrolle der Seelsorger; er mußte auch die ortsungebundenen Geistlichen (Vaganten) überwachen, die von Gegend zu Gegend zogen. Jeder Priester, der aus einer fremden Diözese kam, mußte ein von seinem Bischof ausgestelltes Empfehlungsschreiben vorweisen. Die Könige mißtrauten diesen Männern, die unstet von einer Provinz in die andere zogen, zwar mit mehr Erfolg predigten als die ansässige Geistlichkeit, dabei aber Gefahr liefen, Irrlehren zu verkünden. Den Herrschern waren dabei Aldebert und der Ire Clemens als bekannte Beispiele gegenwärtig: Diese beiden Irrlehrer hatten Mitte des 8. Jahrhunderts fehlgeleitete Massen in Schwärmerei versetzt. Aldebert berief sich auf einen vom Himmel niedergefallenen Brief Christi und auf die Verkündigung eines Engels; überall baute er Kapellen und errichtete Kreuze auf den Feldern oder neben Quellen. Er verteilte seine Fingernägel und Haupthaare wie Reliquien, ferner behauptete er, man könne auf Amtskirche und Sakramente verzichten. Clemens dagegen lehrte, Gott sei in die Hölle hinabgestiegen, um alle zu befreien – die wahren Gläubigen, die Gott verehrten, genauso wie die ungläubigen Götzendiener. Auf der Synode von Soissons (744) und danach auf einem römischen Konzil (745) wurden die beiden Abenteurer samt ihren Anhängern verurteilt.[22] Das Auftreten von Männern wie Aldebert und Clemens war stets zu befürchten. Volkstümliche Irrlehren wie die, von denen Ratramnus von Corbie Nachricht gibt, konnten überall aufleben.[23] Zum Schutz davor mußten fremde Kleriker überwacht und Prüfungen unterzogen werden. Einblick in das Verfahren gibt ein Text aus der Zeit Ludwigs des Frommen:

»Wo bist du geboren, wo bist du ausgebildet worden, wo hast du die Tonsur erhalten? Bist du von Pfarrei zu Pfarrei gezogen, oder hast du

stets am selben Ort gelernt? Wer hat dich ordiniert? Hast du etwa für
die Priesterweihe Geld gezahlt? An welcher Kirche bist du eingesetzt
worden? Wenn du die Taufe erteilst, kannst du dann im Latein
maskuline und feminine Endungen sowie Singular und Plural unterscheiden? Auf welche Weise bekennst du die Dreifaltigkeit und Einheit der göttlichen Personen? Ist Christus wesensgleich mit Gottvater,
und ist er auf ewig eins mit ihm?...«
Die beiden letzten Fragen zielten ganz offensichtlich auf Verfechter
des Adoptianismus, einer 794 verworfenen Irrlehre, die aber noch im
9. Jahrhundert Anhänger fand. Das Frageschema befaßte sich noch
weiter mit der Taufe und der Auferstehung der Toten, die richtige
Antwort war jedesmal dazugesetzt – wie wenn man befürchtete, der
Fragesteller könnte seiner Sache selbst nicht ganz sicher sein.[24]

2. Der Glaubensunterricht für das Volk

Um das Weiterleben heidnischer Traditionen zu bekämpfen und um es
jedem Gläubigen möglich zu machen, selbst für sein Seelenheil zu
sorgen, brauchte man einen gründlichen Religionsunterricht. Karl der
Große und seine Nachfolger haben sich mit Eifer und Ausdauer darum
bemüht. Es wäre langweilig, alle Vorschriften der Kapitularien anzuführen, die sich auf die Unterweisung des Volkes in Glaubensfragen
beziehen: Von der Mitte des 8. Jahrhunderts an sind sie sehr zahlreich
und wiederholen sich bis ins 9. Jahrhundert beständig. Es reicht zu
erwähnen, daß die meisten Vorschriften jene zwei Bereiche betreffen,
die für die Einführung in das Christentum am wichtigsten sind: Taufe
und Predigt.[25]

Taufe und Unterweisung der Kinder

Wenn ein Kind geboren war, mußte es getauft werden. Weil der
Taufritus landschaftlich verschieden war, ließ Karl der Große um 811
allen Erzbischöfen Fragen darüber vorlegen, in welcher Form ihre
Priester tauften und wie sie die Zeremonie den Gläubigen erläuterten.
Einige Antworten sind erhalten geblieben.[26] Daraus ergibt sich, daß
die Kinder nicht gleich nach der Geburt getauft wurden, sondern daß
die Eltern, es sei denn in einem Notfall, bis zu den Samstagen vor
Ostern und Pfingsten damit warten mußten. Die Priester benützten

die Predigten der Fastenzeit, um Eltern und Paten die wichtigsten Glaubenslehren wieder in das Gedächtnis zu rufen und sie dringend aufzufordern, wenigstens die zwei unentbehrlichsten Gebete, *Paternoster* und *Credo*, auswendig zu lernen, wobei die Wahl zwischen Volkssprache oder Latein freistand. In Ländern, die noch nicht vollständig für das Christentum erobert waren, mußten die neubekehrten Erwachsenen vor der Taufe unterrichtet werden. Paulinus von Aquileia kritisierte Massentaufen ohne die notwendige Vorbereitung, so wie sie in Sachsen durchgeführt worden waren. Christus hatte nicht gesagt: »Gehet hin, tauft alle Völker und lehrt sie dann meinen Glauben«, sondern: »Gehet hin, predigt und tauft dann.« Die Ursache für den Glaubensabfall der Sachsen nach der Taufe sah Alkuin darin, daß versäumt worden war, feste Glaubensfundamente in ihren Herzen zu verankern. Aus Formelbüchern ist der Wortlaut althochdeutscher Taufgelöbnisse mit Befragung und Antworten des Neubekehrten überliefert:

Widersagst du dem Teufel?
Ich widersage.
Widersagst du den Werken und allen Wünschen des Teufels?
Ich widersage.
Widersagst du allen Blutopfern, die von den Heiden dargebracht werden, und allen Abgöttern und Götzenbildern, die sie als Gottheiten verehren?
Ich widersage.
Glaubst du an den Gottvater?
Ich glaube.
Glaubst du an Christus, den Sohn Gottes und Erlöser?
Ich glaube.
Glaubst du an den Heiligen Geist?
Ich glaube.
Glaubst du an den allmächtigen Gott in seiner Dreifaltigkeit und Einheit?
Ich glaube.
Glaubst du an die heilige Kirche Gottes?
Ich glaube.
Glaubst du an die Vergebung der Sünden in der Taufe?
Ich glaube.
Glaubst du an das Leben nach dem Tod?
Ich glaube.[27]

Vollzogen wurde die Taufe stets durch dreimaliges Eintauchen im Wasser des Taufbeckens; an Bischofskirchen angebaut gab es auch eigene Baptisterien (Taufkapellen), die manchmal nach antiken Vorbildern errichtet waren.[28] Nur der Bischof konnte die Firmung erteilen, deswegen mußten die Kinder auf dem Land auf seinen Seelsorgebesuch warten, um gefirmt zu werden.

Durch die Taufe erhielt das Kind seinen christlichen Namen; welches die beliebtesten waren, könnte durch eine namenskundliche Untersuchung geklärt werden. In den Adelsfamilien erhielt der Sohn im allgemeinen den Namen des Großvaters. In den anderen Schichten trugen die Kinder häufig Namen, die von denen ihrer Eltern abgeleitet waren. Beispiele gibt das Polyptychon des Abtes Irmino: Die Kinder des Aldaldus heißen Aldoardus und Aldoildis, die Nachkommen des Madalgaudus werden Madalcarius, Madalgis, Madalberta und Madalgudis genannt ... Manche Eltern mit germanischen Namen geben ihren Kindern betont christliche: Clementia, Bona, Benedictus, Deodata, Natalis. Manchmal werden auch Namen aus dem Alten Testament gewählt: Abraham, Benjamin, David, Samuel, Josef usw. Da die Namen bekanntlich symbolische und sogar magische Bedeutung hatten, wäre eine Gesamtuntersuchung wünschenswert.[29]

Eltern und Paten waren zuständig für die Unterrichtung der getauften Kinder, die zusammen mit den Erwachsenen an religiösen Feiern teilnahmen und aus der Predigt lernen konnten, die für die gesamte Gemeinde gehalten wurde. Nach dem Wunsch Karls des Großen hätten die Kinder Gelegenheit haben sollen, an den Priesterschulen Lesen und Schreiben zu lernen. Auf der Mainzer Synode von 813 wurde den Eltern empfohlen, ihre Kinder auf Kloster- oder Pfarrschulen zu schicken; dort sollten sie *Credo* und *Paternoster* lernen, so daß sie es nach ihrer Rückkehr auch anderen beibringen konnten. Und wer diese Gebete nicht auf Latein beherrschte, sollte sie wenigstens in seiner Muttersprache erlernen. Theodulf von Orléans wünschte, daß die Priester auf den großen Gütern und in den Dörfern – *per villas et vicos* – Schule hielten. Und wenn ihnen Gläubige Kinder zur Unterrichtung im Lesen und Schreiben anvertrauen wollten, sollten sie Aufnahme und Unterweisung nicht verweigern ... Sie sollten dafür keinerlei Bezahlung fordern und höchstens kleine, freiwillige Geschenke der Eltern annehmen. Ende des 9. Jahrhunderts wollte Bischof Walter, ein Nachfolger Theodulfs, erreichen, daß jeder Landpfarrer eine Schule eröffnete, »falls er die Möglichkeit dazu hätte«. Bei Reims und Soissons wurden einige ländliche Schulen eingerichtet, in der Stadt Soissons verlangte man vom Pfarrer, Mädchen und Jungen zu trennen – ein schwacher Anhaltspunkt dafür, daß auch die Mädchen Unterricht erhielten.[30]

Die Predigt

An Orten ohne Schule ersetzten Kirchenfeiern und Predigten den Unterricht. Zu predigen ist die wichtigste Pflicht der Bischöfe, unermüdlich wurde dieser Grundsatz in Kapitularien und auf Synoden wiederholt: »Es ist ganz klar, daß das Seelenheil des Volkes vor allem auf Unterweisung und Predigt beruht.« Alkuin sagte: »Predige, predige, gleich ob es paßt oder ungelegen kommt.«[31]
Der Bischof mußte in seiner Kathedralkirche predigen und sich durch einen Kleriker vertreten lassen, falls er verhindert war. In den Quellentexten wird immer das Predigen an erster Stelle genannt, wenn von den Pflichten der Priester die Rede ist; wie gezeigt wurde, haben diese dafür eine besondere Ausbildung erhalten. Alkuin erinnerte Karl den Großen daran, daß ausnahmsweise auch *boni laici* predigen dürfen. Die Predigt sollte für alle verständlich sein und deswegen in der Volkssprache gehalten werden. Maßgebend für ihre Gestaltung sollte das Publikum sein, an das sie gerichtet war, das forderte schon im 6. Jahrhundert Gregor der Große, dessen *Liber regulae pastoralis* häufig zitiert wurde.[32]
Prediger, die zu den Heiden geschickt wurden, erhielten genaue Anweisungen. In einem berühmten Brief erklärt Daniel von Winchester, wie Bonifatius die Germanen überzeugen könne, die er bekehren sollte. Der Missionsprediger mußte mit den Heiden diskutieren, er mußte sie zu dem Eingeständnis bringen, daß ihre Götter nie existiert hätten, und ihnen vor Augen führen, daß das Christentum fast die ganze Menschheit umfasse:
»Wenn die heidnischen Gottheiten mächtig sind, wie ist es dann zu erklären, daß die Christen Länder mit Überfluß an Getreide und Olivenöl und überhaupt die fruchtbarsten Gegenden besitzen, während den Heiden nur eisige Regionen verbleiben? Alle Argumente dieser Art sollen mit freundlicher Mäßigung, nicht im Ton eines leidenschaftlichen, ärgerlichen Streites vorgebracht werden.«
Als Ebbo von Reims zu den Dänen geschickt wurde, empfahl ihm Ludwig der Fromme ebenfalls Geduld und Mäßigung und entwarf ihm in großen Zügen den Inhalt der Predigten.[33]

Eben bekehrten Gläubigen wurde anders gepredigt, Theodulf von Orléans gab seinen Geistlichen folgende Empfehlungen: »Allen, denen die Bibel bekannt ist, sollen sie über die Bibel predigen; allen, die sie nicht kennen, sollen sie wenigstens verkünden: Haltet euch fern vom Bösen, tut Gutes, bemüht euch um Frieden.« Im Schema sind hier also zwei verschiedene Arten von Predigten erkennbar. Um die Auslegung der Heiligen Schrift zu erleichtern, wurden Homiliensammlungen angelegt, die in vereinfachter Form Lehren der Kirchenväter enthielten. Paulus Diaconus und Alkuin schrieben solche Zusammenfassungen. In italienischen Handschriften sind vierzehn Homilien überliefert, die im 9. Jahrhundert bei liturgischen Feiern vorgelesen wurden. Sie stützen sich auf Augustinus, Gregor den Großen, Beda Venerabilis und Caesarius von Arles. Den Priestern waren Besitz und Gebrauch derartiger Homiliensammlungen dringend empfohlen.[34]

Der Inhalt von Homilien konnte auf einige wenige Glaubenssätze beschränkt sein:

»Jeder Bischof soll zur Unterrichtung des ihm anvertrauten Volkes einige Homilien besitzen, in denen die fundamentalen katholischen Glaubenswahrheiten behandelt werden: immerwährende Belohnung der Guten und ewige Verdammnis der Bösen, künftige Auferstehung, Jüngstes Gericht, Wege zum ewigen Leben und Irrwege, die davon ausschließen.«

Wer keine Homilien besaß, sollte die Gläubigen einfach an die wesentlichsten katholischen Glaubenswahrheiten erinnern. Das letzte Kapitel der *Admonitio generalis* von 789 enthält eine Paraphrase des *Credo*: »Die Priester sollen aufrichtig predigen; sie dürfen dem Volk keine unkanonischen, neuartigen Gleichnisse erzählen, die sie nach ihrem eigenen Geschmack erfunden und nicht der Heiligen Schrift entnommen haben.«[35] Es folgen die Festlegungen der Person Gottes, der Dreifaltigkeit, der Menschwerdung Christi, der Erlösung, der Auferstehung und des Jüngsten Gerichts, eine Aufzählung der Sünden und der Tugenden schließt das Kapitel ab. In dem Brief des Hrabanus Maurus an Haistulf von Mainz und in vielen anderen Texten sind Predigten mehr moralisierenden als dogmatisierenden Inhalts überliefert: Der Christ hat Hoffart, Prahlerei, Unzucht, Geiz zu meiden, er muß nach Keuschheit, Demut, Bescheidenheit, Nächstenliebe usw. streben. Der Priester sollte ihn ferner unter anderem eindringlich daran erinnern, den Zehnten zu zahlen, Kerzen zu stiften, zu Beichte und Kommunion zu gehen, an Feiertagen die Messe zu besuchen, anstatt zu arbeiten, in der Kirche nicht zu schwätzen, sich von heidnischem Aberglauben fernzuhalten.[36] Diese Ratschläge waren gewiß nicht wertlos, aber sie mußten die zerstreuten Zuhörer auch erreichen. Der Prediger konnte die Aufmerksamkeit seines Auditoriums zurückgewinnen, wenn er seine Ansprache mit Beispielen aus Heiligenleben ausschmückte. Alkuin verfaßte zweimal die Lebensbeschreibung des heiligen Willibrord, metrisch für die Gebildeten und in Prosa für die Mönche, daran schloß er noch eine Homilie an, die dem Volk vorgelesen werden konnte. In Saint-Riquier fand Alkuin zwei Viten des Klostergründers, eine in besserem Latein geschrieben, die andere zwar länger, aber in Sprache und Stil dem Volk leichter verständlich.[37] Insgesamt wurden solche hagiographischen Texte für volkstümliche Predigten aber nur selten verwertet, sie blieben Feiertagen oder Wallfahrts-Gottesdiensten vorbehalten. Anscheinend mißtrauten die Bischöfe derartigen Schriften, weil sie ihren Ursprung nicht feststellen konnten.

Selbst wenn sich Moralprediger allgemeinverständlich ausdrückten, waren sie in Gefahr, ihre Zuhörer nicht sehr lange fesseln zu können. Immer wieder begegnen Klagen über Männer und vor allem über Frauen, die in der Kirche schwätzen. Der Priester konnte sich nur durchsetzen, indem er den störrischen Gläubigen mit dem Jüngsten Gericht und den Qualen der Hölle drohte: »Ihr sollt die Höllenpein derart fürchten, daß ihr fähig werdet, ihr zu entkommen.«[38]

Die Unterweisung des Volkes blieb also weitgehend auf negative Verhaltensvorschriften beschränkt; zwar wurden auch Anweisungen für richtiges Handeln gegeben, aber im Vordergrund standen doch die Verbote. Die Wertschätzung äußerlicher Vorschriften schloß sich an den Formalismus des Alten Testamentes an. Man bestrafte die Übertretung eines Gesetzes, man gab dem Gruppeninteresse den Vorzug vor der geistigen Entwicklung des Individuums. Bischöfe und Priester wirkten daher eher wie Polizisten, die dem Recht Geltung zu verschaffen haben, als wie Männer des Geistes, die darum kämpften, jeden auf den Weg zum rechten Glauben zu geleiten. Die Laien zögerten immer häufiger, Geistlichen ihr Vertrauen zu schenken, die oft ungebildet, verweltlicht und rücksichtslos beim Eintreiben des Zehnten waren. Manche verließen sich lieber auf Mönche, hier beginnt bereits andeutungsweise der Konflikt zwischen Säkular- und Regularklerus im Bereich der Seelsorge.

Kapitel III

Der Bildungsstand des Adels

1. Die Träger der Erneuerung

Die karolingische Schulpolitik hatte ein genau umrissenes Ziel: den Klerus so auszubilden, daß er in der Lage war, das Volk zu unterrichten. Die ursprünglichen Absichten wurden dann aber von den Ergebnissen übertroffen, welche zu einer Entwicklung führten, die als »Karolingische Renaissance« bezeichnet wird. Auf den Gelehrtenstreit über den Begriff »Renaissance« braucht hier nicht eingegangen zu werden, es reicht die Feststellung, daß die literarische Produktion auf allen Gebieten von der Mitte des 8. bis zum Ende des 9. Jahrhunderts umfangreicher war als je zuvor.[1]

Die Fremden

Die kulturelle Erneuerung begann nicht unvermittelt erst mit der Thronbesteigung Karls des Großen. Sie wurde vorbereitet durch den zeitlich früheren geistigen Neubeginn in Spanien, auf den Britischen Inseln und in Italien, sie wurde dann gefördert durch die Ankunft von Fremden in der Francia. Wegen der arabischen Eroberung kamen Flüchtlinge aus Spanien, die sich in Gallien niederließen; sie brachten ihre Handschriften und ihr Wissen mit. Zeugen der westgotischen Kulturtradition sind Leidrad und Agobard in Lyon, Claudius in Turin, Benedikt von Aniane in Aachen, Theodulf in Orléans, Prudentius in Troyes. Bei seiner Rückkehr aus Italien wurde Karl der Große von mehreren einheimischen Gelehrten begleitet: voran der hochbetagte Petrus von Pisa, ein Grammatiker; ferner der Mönch Paulus Diaconus aus dem Kloster Monte Cassino, ehemaliger Lehrer am Hof von Pavia; der Grammatiker Paulinus, der Erzbischof von Aquileia geworden war; der Dichter Fardulf, der seine Laufbahn als Abt von Saint-Denis beschließen sollte. Auch der angelsächsische Kulturkreis war im Frankenreich vertreten und stellte mit Alkuin den wichtigsten Initiator der Karolingischen Renaissance. Er war Leiter der Domschule von York und kam im Alter von 37 Jahren nach Italien, wo er

Petrus von Pisa am Hof von Pavia traf. 13 Jahre später, 780, wurde er bei einer weiteren Italienreise Karl dem Großen vorgestellt, der sich in Parma aufhielt. Alkuin begleitete den Herrscher einige Jahre und kehrte dann nach England zurück. Endgültig ließ er sich 793 in Francien nieder und erhielt einige Abteien, darunter Saint-Martin in Tours, wo er 804 im Alter von 75 Jahren starb. Sein Schüler Fridugis folgte ihm als Abt nach, später wurde er Kanzler Ludwigs des Frommen. Weitere Angelsachsen kamen als Bischöfe nach Sens und Bremen, als Abt nach Echternach; da konnten sie ihre Landsleute wiedersehen, die früher von Bonifatius in den Abteien Germaniens eingesetzt worden waren. Wesentlich gefördert wurde die Neubelebung der Wissenschaften auch durch eine größere Anzahl Irländer, die sogenannten *Scoti*. Zu ihnen gehörten: Clemens und Dungal am Hof Karls des Großen; Dicuil, der sich nach dem Vorbild eines anderen Iren, Virgils von Salzburg, mit der Kosmographie beschäftigte; Sedulius Scottus, der um 884 nach Lüttich kam. Vor allem muß aber Johannes Scottus Eriugena genannt werden, ein gebürtiger Ire, wie sein Beiname besagt. Er wurde von Karl dem Kahlen protegiert, erweckte zusammen mit einigen Schotten die Schule von Laon zu neuem Leben und machte sie zu einem Studienzentrum für Griechisch und Philosophie. Durch ihre freie Redeweise, ihre weltlichen Kenntnisse, ihre geistige Kühnheit erregten die Iren Verwunderung, manchmal sogar Anstoß. Sie waren »Männer, die in weltlichen wie geistlichen Schriften unvergleichlich bewandert waren; sie riefen der zum Kauf herbeiströmenden Masse zu: ›Wer Weisheit begehrt, komme zu uns und empfange sie, denn bei uns ist sie zu haben.‹« Ein anderer Chronist meinte: »Dem trennenden Meer zum Trotz ist fast das ganze Irland samt seinen vielen Gelehrten in unsere Gegenden ausgewandert.«[2] Zwischen den verschiedenen Fremdengruppen, aber auch zwischen den Fremden und den Franken gab es manchmal gespannte Beziehungen. Man war aufeinander eifersüchtig, schrieb verletzende Epigramme, beschuldigte sich gegenseitig der Glaubensabweichung: Die karolingische Gelehrtenrepublik war alles andere als harmonisch.

Durch den Einfluß dieser Fremden konnte sich die Karolingische Renaissance, nach dem bescheidenen Beginn unter Karl dem Großen, während der Regierung seiner Nachfolger voll entfalten. Freilich wurden von der kulturellen Erneuerung nur eine kleine Eliteschicht und einige bevorzugte Klöster oder Bischofssitze erfaßt. Bedeutende Studienzentren bildeten sich nicht nur in Italien, sondern auch im Norden und Osten des Reiches. Ihr Erfolg hing von mehreren Fakto-

ren ab: vom Vorhandensein einer gut ausgestatteten Bibliothek, von
der Leitung durch einen besonders fähigen Wissenschaftler und von
der Möglichkeit, persönliche Beziehungen zu anderen Gelehrten oder
zum Hof herzustellen. Die Fuldaer Schule glänzte während der Amtszeit von Abt Hrabanus Maurus, einem Schüler Alkuins, nach ihm
verlor sie stark an Bedeutung. Lyon profitierte von der Aufnahme
mehrerer Spanienflüchtlinge und vom Vorhandensein eines *scriptorium*, in dem Hunderte von Handschriften kopiert wurden.[3] Die
Schule von Laon büßte ihren Ruf Ende des 9. Jahrhunderts ein, aber
dank Heiric, einem Schüler des Johannes Scotus, wurde Saint-Germain d'Auxerre zu einem neuen, blühenden Zentrum irischer Gelehrsamkeit. Nur an wenigen Orten, darunter z. B. Sankt Gallen, konnten
die Schulen ihre Leistungsfähigkeit über viele Jahrzehnte bewahren.
Außerdem zeigt das Kartenbild der Ausbreitung des karolingischen
Kulturaufschwungs große weiße Flächen: Mit Ausnahme des von
Katalonien beeinflußten Septimanien nahm ganz Aquitanien nicht an
der Entwicklung teil. In der Provence gab es kein einziges Studienzentrum. Seltsamerweise wurde dagegen die Bretagne durch die Klöster
Redon, Saint-Pol-de-Léon und Landeveneck wenigstens von einem
bescheidenen Neubeginn erreicht, durch die Normanneneinfälle
wurde dann aber alles vernichtet.[4] Schließlich versteht es sich wohl
von selbst, daß nur geistliche und auch weltliche Angehörige der
Adelsschicht über genügend Reichtum und Muße verfügten, um an
der Karolingischen Renaissance teilzuhaben.

Die Rolle des Hofes

Seit der Regierung Pippins wurde die geistige Erneuerung von den
Herrschern gefördert; die Fortbildung des Klerus hielten sie für
wünschenswert, damit der bestmögliche Glaubensunterricht des Volkes gesichert werde. Unter dem Einfluß von Italienern, Angelsachsen
und Iro-Schotten haben sie deswegen versucht, ihren Hof zu einem
Bildungszentrum zu machen, ähnlich wie es der langobardische
Königshof zu Pavia gewesen war.[5] Einige Historiker nehmen an, es
habe eine »Hofschule« und sogar eine »Hofakademie« gegeben, aber
was hat man sich darunter vorzustellen? Eine berühmte Anekdote
Notkers von St. Gallen zeigt Karl den Großen, wie er die faulen jungen
Adligen mit heftigen Worten tadelt, die anderen Schüler niedriger
Herkunft dagegen beglückwünscht, und daß diese Geschichte in allen

Stücken frei erfunden ist, scheint fraglich.[6] Es gab am Hof sicher eine Schule, an der die Beschäftigten der Kanzlei für ihre künftigen Aufgaben ausgebildet wurden, und es gab eine Gesangsschule für die jungen Geistlichen der Pfalzkapelle. In einem Karl dem Großen gewidmeten Gedicht schildert Alkuin die Unterrichts-Aktivitäten am Hof:
»Sulpicius leitet die weißgekleidete Schar der Vorleser, denen er beibringt, keine Akzente zu verfehlen. Idithum bildet die Kinder im Kirchengesang aus und erklärt ihnen, daß die musikalische Wirkung auf der Verbindung von Versfuß, Wohlklang und Takt beruht. Es folgt der Unterricht im Schreiben und in der Heilkunst.«
Der Dichter erwähnt die Schüler (*pueri palatini*) und Karls des Großen Tochter Rotrud, »die während der Stille der Nacht zu den Sternen aufblickt« ...
Alle jungen Leute, die in der Umgebung der Herrscher lebten, hatten die Möglichkeit, ihre Kenntnisse zu erweitern.[7] Wie Einhard berichtet, ging Karl selbst mit gutem Beispiel voran:
»Die Sieben Freien Künste pflegte er mit großem Eifer, achtete seine Lehrer sehr und erwies ihnen große Ehrbezeigungen. Der Diakon Peter von Pisa, der schon ein alter Mann war, lehrte ihn Grammatik. Ein anderer Diakon, Albinus, genannt Alcuin, ein Mann sächsischer Abstammung aus Britannien, der der größte Gelehrte seiner Zeit war, unterrichtete ihn in den übrigen Wissenschaften: der König verwendete viel Zeit und Mühe auf das Studium der Rhetorik, Dialektik und besonders der Astronomie. Er lernte Rechnen und verfolgte mit großem Wissensdurst und aufmerksamem Interesse die Bewegungen der Himmelskörper. Auch versuchte er sich im Schreiben und hatte unter seinem Kopfkissen im Bett immer Tafeln und Blätter bereit, um in schlaflosen Stunden seine Hand im Schreiben zu üben. Da er aber erst verhältnismäßig spät damit begonnen hatte, brachte er es auf diesem Gebiet nicht sehr weit.«[8]
An anderer Stelle berichtet sein Biograph, daß Karl die Unterweisung seiner Söhne und Töchter in den Freien Künsten wünschte. Davon profitierten auch die an den Hof geschickten jungen Adligen. Die Nachfolger Karls des Großen waren alle in einem Maß gebildet, daß Heiric von Auxerre zu Karl dem Kahlen bemerken konnte: »Der Hof verdient es, als Schule bezeichnet zu werden, weil auch seine höchsten Angehörigen täglich nicht weniger Zeit für Studien als für Kriegsübungen aufwenden.«[9]
Die Bezeichnung »Akademie«, die sich bei Alkuin findet, war auf den engsten Kreis der um den Herrscher versammelten Gelehrten

beschränkt. Diese gescheiten Leute trugen Gelegenheitsgedichte vor und übten sich im Stellen von Rätselaufgaben, wie sie durch die Angelsachsen in Mode gekommen waren. Beispiele dafür bringt die *Disputatio* zwischen Karls Sohn Pippin und Alkuin. Pippin fragt: »Was ist das Jahr? – Der Himmelswagen. – Wer zieht ihn? – Tag und Nacht, Sommer und Winter. – Wer lenkt ihn? – Sonne und Mond. – Wie viele Paläste hat das Jahr? – Zwölf. – Wer bewacht sie? – Die zwölf Sternbilder des Tierkreises ...« Oder: »Was macht den Menschen nie überdrüssig? – Der Gewinn.« Dagegen gibt Alkuin dem Königssohn unter anderem folgendes Rätsel auf: »Ich habe eine Frau fliegen sehen, mit eisernem Haupt, einem Körper aus Holz und einem gefiederten Schweif, die den Tod mit sich bringt. – Das ist die Gefährtin der Soldaten« (d. h. der Pfeil).[10] Neben solchen, freilich sehr gehobenen Salonspielereien beschäftigten die Gelehrten auch ernstere Probleme. Sie fragten nach dem wahren Wissen, nach der Bedeutung der Gestirnsbewegungen und erörterten theologische Streitfragen. Karl bat Fridugis um Auskunft darüber, ob die Finsternis und das Nichts eine eigene Existenz hätten, und der Geistliche widmete ihm eine Abhandlung darüber, die auch für die ganze Hofgesellschaft bestimmt war. Die Gespräche wurden oft bei Tisch und sogar noch im Bad fortgesetzt.[11] Karl der Kahle nahm Johannes Scottus gegen alle Verleumder in Schutz, weil er sich für die philosophischen Werke des Iren interessierte. Er verschmähte aber auch die Hofpoeten nicht, die ihm »Figurengedichte« widmeten. Zu diesen *carmina figurata*, den Vorläufern unserer Kreuzworträtsel, gehört auch das berühmte »Gedicht über die Kahlköpfe« (*Ecloga de calvis*), dessen 146 Zeilen alle mit dem Buchstaben C beginnen. Der Wert solcher Zeugnisse virtuoser Wortbeherrschung mag zweifelhaft sein, aber sie hatten jedenfalls großen Erfolg.[12]

2. Die Mittel zur Erneuerung

Die Schreibstuben der Kopisten

»Hier sollen alle sitzen, die den Wortlaut der Heiligen Schrift abschreiben. Sie sollen sich vor jedem leichtfertigen Wort hüten, damit nicht wegen solcher Leichtfertigkeiten ihre Hand irrt. Sie sollen sich um die Herstellung fehlerfreier Bücher bemühen und ihre eilende Feder auf dem rechten Weg führen.«[13]

Abb. 32. Der Evangelist Lukas. Fulda (Mitte 9. Jh.).

Diese Zeilen ließ Alkuin über die Türe zum *scriptorium* des Klosters Saint-Martin in Tours schreiben. Jedes größere Kloster, jeder Bischofshof verfügte über eine eigene Schreibstube. Überall im Reich waren Kleriker, Mönche und sogar Laien als Kopisten tätig. Dank der Arbeit dieser nach Tausenden zählenden Spezialisten wurden im 8. und 9. Jahrhundert viele Tausende von Handschriften angefertigt, von denen rund 8000 bis zur Gegenwart erhalten geblieben sind (vgl. Abb. 32 und Taf. 17).[14]

Der Anstoß kam auch auf diesem Gebiet von höchster Stelle: Karl der Große und seine Mitarbeiter haben ganz genaue Anweisungen für das erneute Kopieren schlecht geschriebener Texte gegeben. Der Kaiser hat auch die Einführung einer neuen Schrift gefördert, die leichter lesbar und regelmäßiger war; man bezeichnet sie als Karolingische Minuskel. Sie erscheint gleichzeitig in verschiedenen Schreibstuben, aber ihr Ursprung kann nicht genau ermittelt werden. Schritt für Schritt verdrängte sie die älteren Schriftformen und setzte sich im ganzen Abendland durch. Jahrhunderte später griffen die Buchdrucker der Renaissance auf diese Minuskel zurück, die so zum Ausgangspunkt der modernen Typographie (Antiqua-Schrift) wurde.[15]

Man kann sich gut vorstellen, wie die Schreiber in voller Tätigkeit in ihrer Stube saßen, umgeben von ihren Arbeitsgeräten (vgl. Taf. 16): da waren Truhen voller Pergamentblätter; Tintenhörner, Federn, Messer zum Radieren und vieles andere. Das Pergament wurde aus Kalbs- oder Schafshäuten hergestellt. Die Rohhäute wurden mehrere Tage lang in Kalkwasser gelegt, danach gespannt und beidseitig abgeschabt. Es folgte das Zuschneiden und, falls man Pergament für Prunkhandschriften brauchte, das Einfärben mit Purpur.[16] Weil das Pergament sehr teuer war, wurden auch bereits beschriebene Seiten aus unvollständigen oder abgenützten Handschriften sorgfältig abgekratzt und dann wiederverwendet. Solche Palimpseste, die in Germanien und Italien häufiger waren als in der westlichen *Francia*, ermöglichen unter der karolingischen Beschriftung die Entdeckung antiker oder vorkarolingischer Texte, die sonst verloren wären. Das fertig präparierte Pergament wurde mit Hilfe von Markierungsstichen genau liniert. Man konnte vier übereinandergelegte Bögen auf einmal linieren; zusammengefaltet bildeten sie die 8 Blatt einer »Lage« (*quaternio*). Nun konnten die Schreiber mit ihrem Werk beginnen. Sie saßen auf Bänken, die Füße auf Schemel gestützt, und legten das Pergament auf ein Pult oder auch nur auf ihre Knie. Neben sich hatten sie die Handschrift liegen, die sie kopieren sollten, aber noch öfters schrieben sie nach dem Diktat eines Vorlesers (*lector*). Zuvor erprobten sie aber ihre Feder und schrieben einige Buchstaben oder die ersten Verse eines Psalms an den Rand der Seite. Da die Schreiber keine Bemerkungen untereinander austauschen konnten, notierten sie manchmal auch persönliche Betrachtungen am Seitenrand: »Wie haarig ist doch dieses Pergament – heute ist es sehr kalt – die Lampe gibt schlechtes Licht – ich fühle mich heute nicht wohl – es ist Zeit, mit der Arbeit zu beginnen – jetzt ist es Zeit zum Essen« usw.[17] Die Arbeit des Schreibers war, vor allem im Winter, sehr hart; um so größer war aber auch die Freude, wenn das Werk vollendet war.

»Wie den Seemann der langersehnte Anblick des vertrauten Gestades nach mühevoller Reise aufheitert, so jubelt auch der von Erschöpfung überwältigte Schreiber, der das ungeduldig erwartete Ende seines Buches nahen sieht. Wer nicht schreiben kann, schätzt die Mühen des Abschreibers gering ein; wer diese Arbeit aber einmal unternommen hat, weiß, wie hart sie ist.«[18]

Es ist verständlich, daß die Schreiber ihre Seele dem Gebet derer empfohlen haben, die ihre Texte benutzen.

Selten arbeitete ein Kopist allein. In den großen *scriptoria* beteiligten sich nach den Anweisungen des Leiters der Schreibstube ganze Gruppen an der Abschrift von Manuskripten. Eine in Tours angefertigte Titus-Livius-Handschrift verzeichnet am Ende einer jeden Lage die Namen von acht Mitarbeitern. Auch wenn die Namen fehlen, ist es nicht schwer, einen Wechsel der Hand festzustellen, wenn eine Vorlage auf mehrere Schreiber aufgeteilt wurde oder sie sich turnusgemäß ablösten. Durch solche Arbeitstechniken wurden sehr rasche Fortschritte erzielt, aber es hing von den Qualitäten der Kopisten ab, wie lange die Fertigstellung einer Handschrift dauerte. Mancher Schreiber brüstete sich damit, die *Lex Salica* (vgl. Taf. 15) in zwei Tagen oder Augustins Traktat über den 1. Johannesbrief in sieben Tagen abgeschrieben zu haben, was einer Schreibleistung von 30 Seiten pro Tag entspräche. Im Durchschnitt brauchte man zwei bis drei Monate, um einen Text mittleren Umfangs zu kopieren.[19]

War eine Abschrift fertiggestellt, mußte man sie durchlesen, um die recht zahlreichen Fehler zu verbessern. Die Schreiber waren nämlich oft nur ungeübte Anfänger und manchmal ganz ohne Bildung. Manche schrieben die Texte rein mechanisch ab, ohne etwas vom Inhalt zu verstehen. Florus von Lyon klagt darüber, welche Fehler von Kopisten, die wohl schlafend schrieben, in einer Psalter-Abschrift stehengelassen wurden. Die Schreiber kannten ihre eigene Unwissenheit und baten den Vorleser oder den Leiter der Schreibstube, ihre Fehler zu verbessern. Der Vorsteher mußte also die Manuskripte überprüfen, er verbesserte Interpunktion oder Orthographie, kennzeichnete unverständliche Wörter durch Punktieren und setzte den passenden Ausdruck an den Rand usw. Ein genaues Studium der Handschriften ermöglicht so, die schwierige Arbeit im *scriptorium* zu rekonstruieren.[20]

Wenn eine Abschrift abgeschlossen war, konnte auf die Arbeit des Schreibers noch die des Buchmalers folgen. Dies war der Fall, wenn es sich um einen Pracht-Psalter, um ein vom Herrscher oder Bischof bestelltes Evangeliar oder aber um literarische und wissenschaftliche Werke der Antike handelte. Der Buchmaler verzierte die Initialen, umrahmte die Seiten und bemalte freigelassene Blätter nach seinem eigenen Geschmack oder im Stil der Schule, an der er ausgebildet worden war. Der Vergleich von Illuminationen läßt Schulen wie die von Tours, Reims oder Metz erkennen, er zeigt aber auch, daß die Buchmaler wie andere Kunsthandwerker von Werkstatt zu Werkstatt ziehen konnten (vgl. Taf. 12). Lupus von Ferrières z.B. empfahl einem seiner Briefpartner einen bestimmten Illuminator.[21] Durch ihre Techniken unterschieden sich zwar Buch- und Wandmalerei, aber es ist sehr wahrscheinlich, daß alle Maler eine geschlossene Gemeinschaft bildeten, deutlich abgehoben von den Schreibern.

Nach Korrektur und Dekoration mußten die einzelnen Blätter und Lagen der fertigen Abschrift noch zu einem *codex* zusammengebunden werden, und besonders wertvolle Bücher erhielten einen schützenden Einband. Diese ziemlich neue Technik machte im Zeitalter der Karolinger große Fortschritte. Sollte eine Handschrift – z.B. die Bibel oder liturgische Texte – besonders wertvoll eingebunden werden, mußte man Goldschmiede oder Elfenbeinschnitzer beauftragen (vgl. Taf. 9). Die Buchdeckel des Sakramentars Bischof Drogos von Metz oder des Psalters Karls des Kahlen sind bewundernswerte Werke unbekannter Künstler.[22]

Die Bibliotheken

Die mühselige Anfertigung und Verzierung von Handschriften macht es verständlich, daß Bücher einen wesentlichen Bestandteil der Kirchenschätze ausmachten und daß sie mit großer Sorgfalt aufbewahrt werden mußten. Neben dem *scriptorium* waren eigene Räumlichkeiten vorgesehen, die als Bibliothek dienen sollten.[23] Die Bücher wurden in Truhen eingeschlossen, seltener in versperrbaren Schränken aufgehoben; der Schlüssel wurde einem Aufseher, dem *claviger librorum*, anvertraut. Den Inventaren liturgischer Geräte entsprechend legte man auch Bücherkataloge an, die regelmäßig auf den neuesten Stand gebracht wurden. So umfaßte z. B. der St. Galler Bibliothekskatalog zunächst 284 Bände, nach verschiedenen Zuerwerbungen stieg er auf 428 Nummern an.[24] Der Bibliothekar untergliederte den Bücherbestand in verschiedene Abteilungen: Bibeln, liturgische Werke, Schriften der Kirchenväter, Sammlungen des kanonischen Rechts, Arbeiten von Grammatikern, Dichtern und Historikern, römisches und germanisches Recht, medizinische Abhandlungen usw. Er vermerkte gelegentlich den Zustand einer Handschrift – »sauber geschrieben; alt; unleserlich« –, viel häufiger aber brachte er in Form von Glossen »Leihvermerke« an. Die Bücher wurden ja an Benutzer ausgegeben, wie zu allen Zeiten drohten deswegen Verluste. Die Mönche in einer Klostergemeinschaft erhielten regelmäßig, vor allem aber in der Fastenzeit Bücher, die sie in der Wärmestube oder dem Unterrichtsraum lesen sollten.[25] Häufig ermahnte der Abschreiber oder der Stifter eines Bandes den Leser auf der letzten Seite zur sorgfältigen Benutzung: »Dieses Buch wurde Gott und der Gottesmutter von Bischof Dido [von Laon] geschenkt. Wer es vernichtet, erregt den Zorn Gottes und beleidigt Maria.« Bücher wurden trotz aller damit verbundenen Risiken auch nach auswärts verliehen. Wollte man ein fehlendes Werk im *scriptorium* kopieren lassen, wandte man sich nicht nur an benachbarte, sondern auch an weiter entfernte Bibliotheken. Lupus von Ferrières ließ sich die benötigten Handschriften aus Prüm, Fulda oder Tours schicken und verpflichtete sich zur sofortigen Rückgabe, sobald die Abschrift fertiggestellt war.[26] Viele Ausleiher waren aber weit weniger gewissenhaft: Hrabanus Maurus klagte darüber, daß er ein Exemplar des Traktats zum Matthäus-Evangelium an Kopisten in Utrecht ausgeliehen und noch nicht wieder zurückerhalten habe. Walafrid Strabo schickte ein kosmographisches Werk an einen Freund mit den Worten: »Lies es durch, schreibe es ab und gib es zurück« (*perlege, scribe, reduc*).[27] Zwischen den beiden benachbarten Klöstern St. Gallen und Reichenau rissen die Streitigkeiten über nicht zurückgegebene Bücher kaum ab. Gegen derartige Nachlässigkeiten wurden verschiedenartige Maßnahmen ergriffen. So enthielten manche Bücher selber eine Ermahnung: »Lieber Leser, denke daran, mich an Sankt Nazarius [in Lorsch] zurückzugeben, weil ich unmöglich einem anderen Besitzer gehören kann.« Sicherer war es aber, beim Ausleihen ein Pfand zu verlangen. Alle diese Mittel konnten freilich nicht verhindern, daß viele Bücher verlorengingen, weil sie der Entleiher behielt oder weil sie beim Transport gestohlen wurden. Man kennt eine Liste von 40 Büchern, die Mitte des 9. Jahrhunderts der Kölner Bibliothek abhandengekommen waren; ob sie an ihren Standort zurückgekehrt sind, ist nicht überliefert. Um Lücken zu füllen und verlorene Werke zu ersetzen, waren Bischöfe und Äbte sehr am Erwerb von Handschriften interessiert.[28] Der Bibliothekar von Murbach verzeichnete in seinem Katalog alle Texte, die er suchte, um den vorhandenen Bestand von 335 Bänden zu erweitern.[29] Man bevorzugte die Dienste von Skriptorien, deren hohes Ansehen man kannte. Deswegen erschienen bestimmte Abteien wie Tours, Saint-Denis, St. Gallen geradezu in der Funktion von »Verlagshäusern«. Den Klöstern kamen die Schenkungen von Adligen zugute, die selber reichhaltige Bibliotheken besaßen. Viele Handschriften, die von Laien bei den verschiedenen *scriptoria* in Auftrag gegeben worden waren, fanden so den Weg zurück in kirchliche Bibliotheken.

3. Der Schulalltag

Die Erziehungsmethoden

Wenn ein Kind mit sieben Jahren seinen zweiten Lebensabschnitt erreichte, war es fähig, am Unterricht teilzunehmen; es kam aber auch vor, daß noch kleinere Kinder in den Klöstern aufgenommen wurden. Viele Eltern übergaben ihre Söhne und Töchter, sobald sie entwöhnt waren. Im Prinzip konnten die Kinder nach Erreichen der Mündigkeit den Entschluß ihrer Eltern bestätigen oder widerrufen, aber seit dem Beginn des 8. Jahrhunderts wurde diese liberale Regelung aufgegeben. Man war der Ansicht, daß die Entscheidung der Eltern das Kind für sein ganzes Leben verpflichte und daß man nicht zurücknehmen könne, was man Gott geschenkt habe. Dieses Geschenk bestand nicht nur aus der Person des Kindes, sondern auch aus den Ländereien, die bei der Oblation übergeben wurden. Viele Kinder akzeptierten ihre Bestimmung, ohne sich berufen zu fühlen, sicher zum Schaden des Klosterlebens; nur einige protestierten heftig. Das bekannteste Beispiel dafür ist der sächsische Grafensohn Gottschalk, der sehr jung der Abtei Fulda übergeben worden war. Als Jüngling verlangte er dann

seine Freiheit zurück. Abt Hrabanus Maurus verweigerte diesen
Wunsch und verfaßte eine ausführliche Abhandlung über dieses
Thema, um die Gültigkeit der elterlichen Entscheidung zu rechtferti-
gen. Trotzdem gab dann die Mainzer Synode von 829 dem jungen
Mann nach, der in der Folgezeit durch recht unorthodoxe Thesen zur
Prädestinationslehre berühmt wurde.[30]
Im Kloster wurden die Kinder von betagten Mönchen erzogen und bei
Tag und Nacht beaufsichtigt. Ob freilich die Erziehungsmethoden so
rauh waren, wie allgemein angenommen wird, muß genauer untersucht werden. Gewiß, der Lehrer hatte eine Rute in der Hand und
benützte sie auch, um widerspenstige Zöglinge zu bändigen oder faule
anzutreiben: »Nicht Kind, nicht Jüngling sollen verschont werden; die
unerbittlichen Ruten sollen alle arbeitsunlustigen Kinder heimsu-
chen.« So schrieb ein Dichter im Vorwort seines Werkes. Auf einem
Fresko im Bischofspalast Theodulfs waren die *artes liberales* dargestellt; die Grammatik wurde durch eine Frau verkörpert, die in der
linken Hand eine Rute trägt. Hier handelt es sich also ganz offensichtlich um einen literarischen und künstlerischen Topos, den man richtig
interpretieren muß. Man weiß, daß zumindest die Benediktinermön-
che von Anfang an die brutalen Mittel der antiken Pädagogik ablehn-
ten und statt dessen auf die natürlichen, angeborenen guten Eigenschaften der Kinder vertrauten. Der heilige Benedikt fand, man müsse
auch das Urteil der jungen Mönche respektieren, »weil Samuel und
Daniel von Kindheit an über die Ältesten gerichtet haben«; er meinte
ferner, auch die Jüngeren sollten Zutritt zum Kapitel haben, »weil der
HERR oft dem Jüngsten enthüllt, was am besten zu tun ist«. Beda
Venerabilis erinnerte gern an die vier Tugenden des Kindes: »Es
verharrt nicht im Zorn, es ist nicht rachsüchtig, es findet keinen
Gefallen an der weiblichen Schönheit, es spricht, wie es denkt.« In
einem Kommentar zu der Redewendung »Die Torheit wohnt im
Herzen des Kindes« erläutert Beda, daß »Kind« hier nur einen
bestimmten Geisteszustand bedeute: »Denn wir kennen viele Kinder,
die sich sehr um Weisheit bemühen.«[31] Es galt also durchaus als
richtig, auf Kinder Rücksicht zu nehmen und sie nicht zu mißhandeln.
Chrodegang von Metz meinte dazu: »Wenn man ein Gefäß entrostet,
riskiert man, es zu durchlöchern. Fehler müssen mit Umsicht und
Güte abgestellt werden, dabei gilt die Maxime ›keine Übertreibungen‹.« In seinem Kommentar zur Benediktregel gab Paulus Diaconus
auch einige Ratschläge für Lehrer:
»Der Schulmeister muß maßvoll handeln und darf die Kinder nicht

schlagen, weil sie sogleich nach der Strafe in die gleichen Torheiten
verfallen. Man muß den Lehrer beschwichtigen und zurechtweisen,
wenn er in seinem Zorn ein Kind unverhältnismäßig schwer bestraft.
Gewaltsame Erziehungsmethoden können Kinder nur verschlech-
tern.«
Paulus sah vor, daß die Kinder in Zehnergruppen von je 3–4 Lehrern
betreut werden sollten. Er wollte ferner, daß die Kinder nicht in allzu
primitiven materiellen Verhältnissen leben mußten; sie sollten über
behagliche Kleidung, reichlich Nahrungsmittel und im Winter über
geheizte Räume verfügen können.[32]
Sehr mißtrauisch waren die Schulmeister gegenüber den Heranwachsenden. Sie mußten auf die jungen Männer aufpassen, wenn deren
sexuelle Wünsche erwachten, und sie veranlassen, keusch zu bleiben.
Sorgen machten ihnen die »kindlichen Spielereien« – so die verschämte
Bezeichnung durch einen irischen Bußprediger –, aber auch die pro-
blematischen Freundschaften zwischen Älteren und Jüngeren. Verstöße wurden mit 40 bis 100 Tagen Fasten bestraft.[33] Paulus Diaconus
allerdings vertrat eine abweichende Meinung:
»Die Heranwachsenden müssen bewacht und beaufsichtigt werden,
bis sie ein Alter erreicht haben, in dem sie ohne Lehrmeister auskom-
men können. Wenn ein junger Mann von 15 Jahren einen hinreichend
vernünftigen Eindruck macht, soll er aus der Vormundschaft entlassen
werden. Der Abt soll ihn dann einem wohlanständigen, frommen
Mönch anvertrauen, der auf ihn achtet und ihn beim Studium begleitet.«
Alkuin gab den Lehrern und Schülern seiner Abtei Saint-Martin in
Tours Empfehlungen zu maßvollem Verhalten:
»Ihr Erwachsenen sollt die jungen Leute im Geist der Nachsicht
erziehen [...]. Haltet die Jünglinge wie eigene Söhne [...]. Geht ihnen
mit gutem Beispiel voran [...]. Ihr Jünglinge sollt euren älteren
Vorgesetzten gehorsam sein wie euren Vätern...«[34]
Kann man Kinder jemals am Spielen hindern, selbst wenn es sich um
Klosterzöglinge des 9. Jahrhunderts handelt? Zwischen den Gottesdiensten und den Stunden geistiger oder körperlicher Arbeit mußten
die Lehrer wenigstens kurze Erholungspausen vorsehen. Beim Entwerfen des St. Galler Klosterplans wurden auch Räume für die Freizeit
(*vacatio*) nicht vergessen. Paulus Diaconus forderte: »Um die Kinder
zu ertüchtigen und um ihren natürlichen Bedürfnissen entgegenzu-
kommen, soll man sie nach dem Ermessen des Lehrers einmal pro
Woche oder einmal pro Monat auf eine Wiese oder einen anderen

geeigneten Platz führen. Dort können sie eine Stunde unter Aufsicht ihres Lehrers spielen.« Nach heutigen Maßstäben erscheint freilich eine Stunde pro Monat oder Woche viel zu wenig ... Die Jugendlichen brauchten zusätzliche Entspannungsmöglichkeiten. An Sonn- und Feiertagen war der Tagesablauf weniger strikt eingeteilt. Auch die Ankunft eines Gastes von Rang konnte für unterhaltsame Abwechslung sorgen. König Konrad beschloß an Weihnachten 910, zur Erinnerung an seinen Besuch, den Klosterschülern für ewige Zeiten drei zusätzliche freie Tage zu schenken. Ferner erhielten die jungen Mönche das Recht auf Narrenfreiheit, sie durften sogar die Gäste des Klosters festhalten. Dies ist eines der ältesten Zeugnisse für das Fest der Unschuldigen Kinder (28. Dezember), das in der Folgezeit von allen Geistlichen und Mönchen des Abendlandes gefeiert wurde.[35]

Die Lehrer

Für die Unterweisung der Kinder waren verschiedene Fachlehrer zuständig, die in den Quellen allgemein als *magistri scolae, scholastici, capita scolae* oder seltener auch als *doctores* und *praeceptores* bezeichnet werden. Die Unterscheidung zwischen Unterrichtung in geistlichen und geistigen Dingen war eine Neuerung des 9. Jahrhunderts. »Die Kinder müssen der Obhut eines altbewährten Schulmeisters unterstellt sein, auch wenn ein anderer ihnen Unterricht erteilt«, so wurde im Jahre 816 auf einer Synode beschlossen.[36] Eine solche Aufteilung der Zuständigkeiten konnte aber sicher nur an den bedeutendsten Schulen verwirklicht werden.

Im Karolingerreich gab es berühmte Lehrer, deren Ruf sich über alle Grenzen weg ausbreitete. Lupus, der in Ferrières aufwuchs, ging später für acht Jahre zu Hrabanus Maurus nach Fulda. Der Franke Hrabanus seinerseits war nach Tours gekommen, um dem Unterricht Alkuins zu folgen, der eine Reihe von Schülern heranzog, die später große Lehrmeister im Reich wurden. Man könnte gewissermaßen genealogische Abfolgen herstellen: Alkuin »zeugte« Hrabanus Maurus, der »zeugte« Lupus, den Erzieher des Heiric von Auxerre, der seinerseits Lehrer des Remigius wurde. Sehr arme Klöster bemühten sich darum, wenigstens die zeitweise Mitwirkung berühmter Schulmänner zu erlangen. So brachte der Abt von Granval (im Birstal) den St. Galler Schulmeister Iso dazu, den Unterricht in seinem Kloster

2

3

4

5

6

7

8

9

10

11

12

13

a
b
c
d
e
f
h

14

15

16   17 ▶

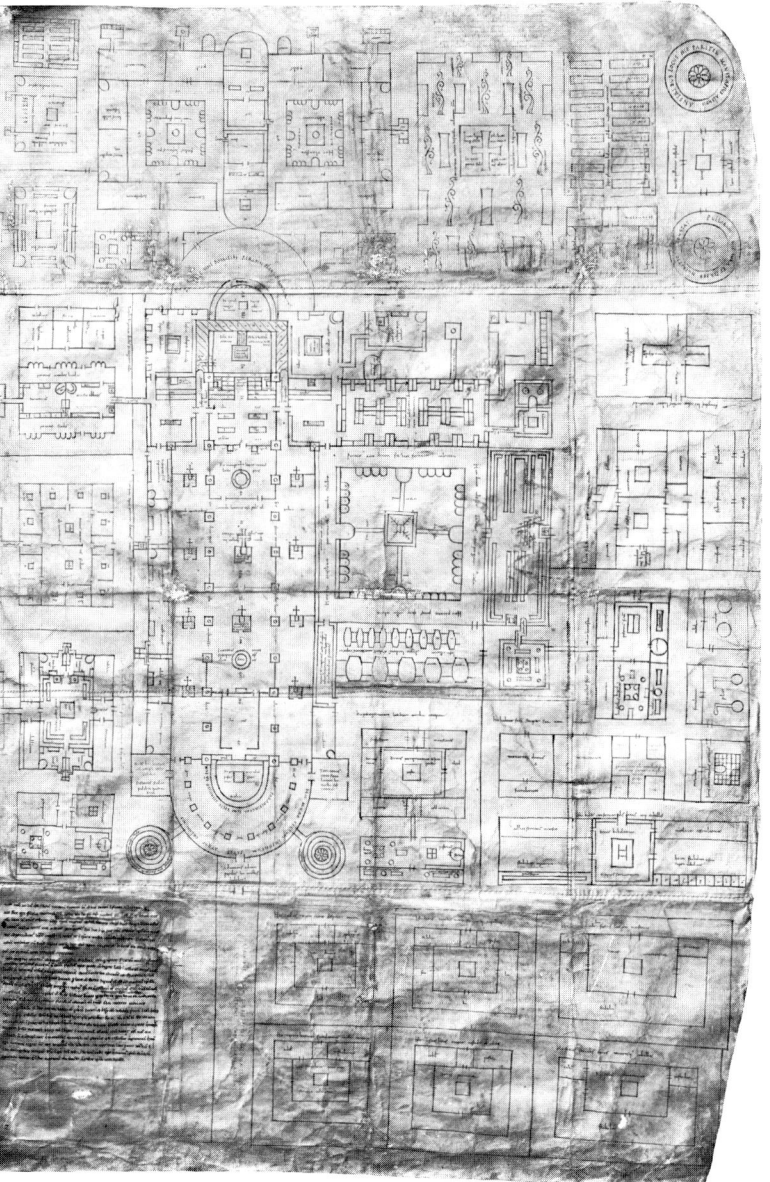

19

20

21

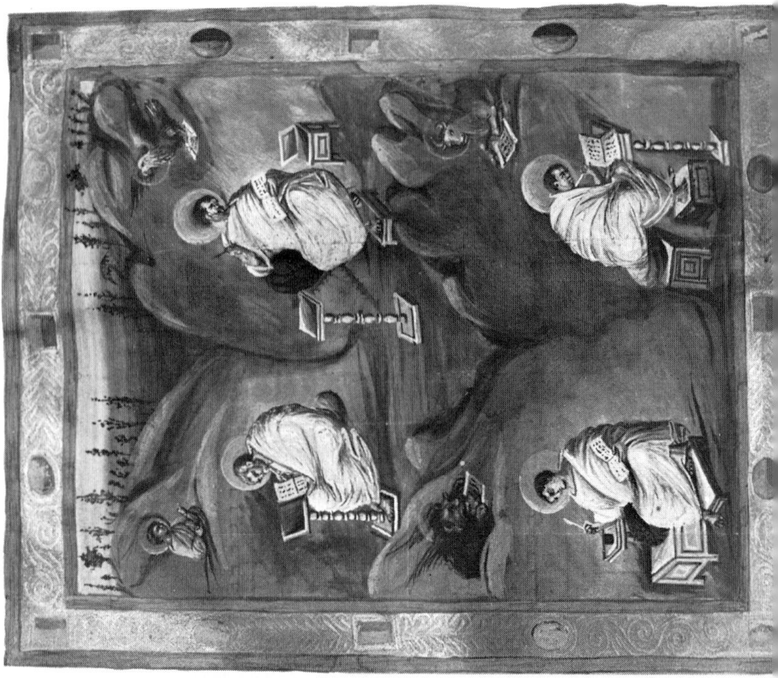

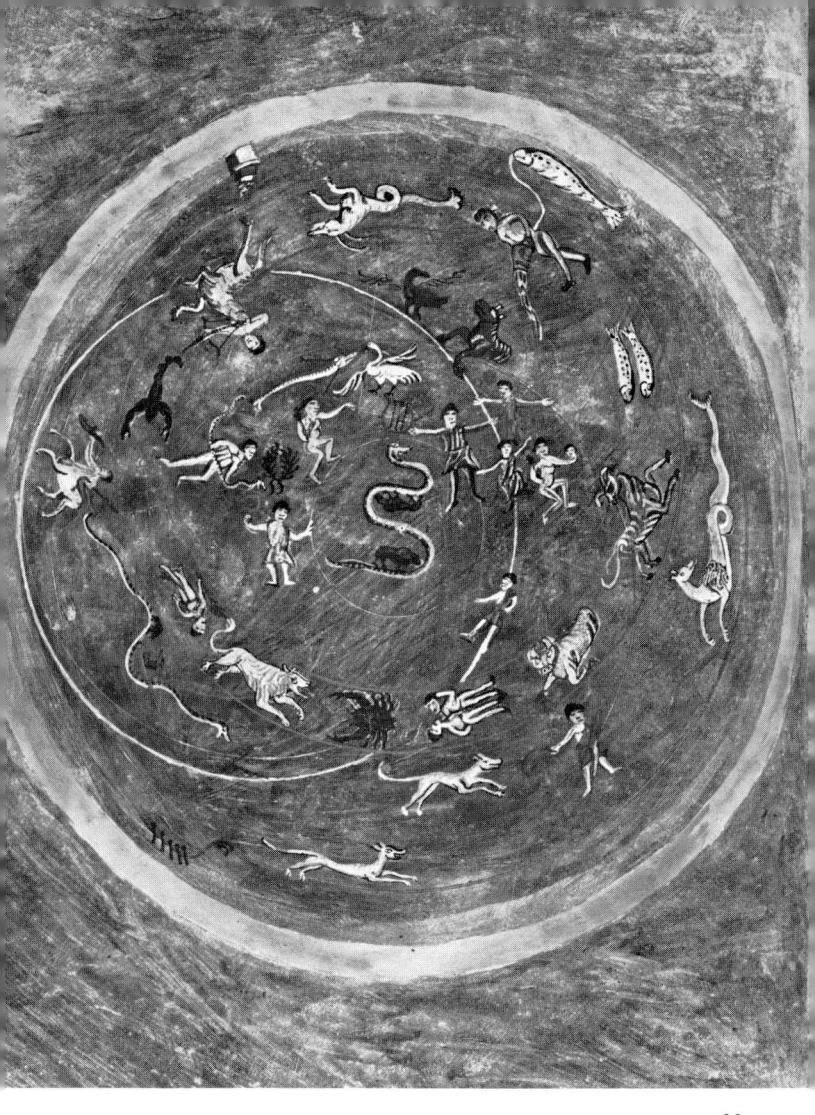

unter der Bedingung zu übernehmen, daß er dreimal jährlich nach Hause gehen dürfe.[37]
Die Lehrer konnten ihre Schüler, wie z. B. in Utrecht, trimesterweise abwechselnd unterrichten oder konnten sie, wie in York, in Gruppen nach den Fächern aufteilen: Lektüre, Schreibkunst, Kirchengesang. An den großen Schulen gab es zur Unterstützung der Lehrer Gehilfen, die dann oft ihre Nachfolger wurden. Auch erfahrene Schüler, *seniores*, wurden mit der Unterstützung der Anfänger betraut. Die Verehrung von Lehrern vor allem durch ihre ehemaligen Schüler ist durch überlieferte Briefe vielfach bezeugt, die wechselseitige Verbundenheit überdauerte oft viele Jahre. Der Meister verfolgte die Laufbahn seines Zöglings, er wünschte ihn von Zeit zu Zeit bei sich im Kloster zu sehen und zitierte dann aus Dichtungen, die an glückliche Zeiten des wechselseitigen Gedankenaustauschs erinnerten.[38]
Der wahre Lehrer zeichnete sich durch sein Wissen, aber auch durch Hingabe und Uneigennützigkeit aus, er unterrichtete ohne Entgelt. In einem Distichon verweist Alkuin mahnend den Wanderer auf die Entscheidung zwischen zwei Wegen: einer führe in die Taverne, wo er für den Wein zahlen müsse, der andere in die Schule, wo er die Heilige Schrift verstehen lerne und umsonst unterrichtet werde.[39] Klöster und Bistümer waren ja auch vermögend genug, um für den Unterhalt der Schulmeister zu sorgen. Zudem hatten die Eltern, wie oben gezeigt wurde, in Form von Landschenkungen an das Kloster ein Schulgeld für ihre Kinder zu entrichten. Manche Schüler wollten ihre Lehrer auch gerne beschenken können. Robert, der spätere Bischof von Metz, besuchte in jungen Jahren die St. Galler Klosterschule; damals schrieb er an seine Eltern, um ihnen mitzuteilen, er sei glücklich über den Unterricht, wünsche aber für sich neue Kleider und ferner Mittel, um sich seinen Lehrern erkenntlich zeigen zu können.[40]

Die Schüler bei der Arbeit

Von der St. Galler Schule, die Robert besuchte, kann der zeitgenössische Klosterplan einen genaueren Eindruck vermitteln. Das Schulhaus (*domus communis scolae*) lag nördlich der Abteikirche, eine umlaufende Einfriedung begrenzte den Bereich, in dem sich laut Aufschrift »die stattliche Schuljugend« aufhalten sollte. Das rechteckige Gebäude enthielt zwei große, durch Dachluken erhellte Aufenthaltsräume, darum herum lagen zwölf kleine Zimmer, 4×4 Meter, die Wohnstuben der Lehrer (*mansiuncula scolasticorum*). Gegenüber dem Eingang führte ein Flur zu den Latrinen, die 15 Plätze hatten. Neben dem Langhaus der Kirche lag das Haus des Schulmeisters; es umfaßte zwei Gemächer: das Empfangszimmer und den Wohnraum, dazu kam ein Abort. Seit der im Jahr 817 von Benedikt von Aniane durchgesetzten Klosterreform stand die *scola communis* auch Laien offen, die am Unterricht der Mönche teilhaben wollten. Die zum Mönchsleben bestimmten Laienbrüder und Novizen wurden in einer eigenen, internen Schule ausgebildet, die zusammen mit den Unterkünften der Novizen östlich der Kirche lag.[41]

An externen, internen und bischöflichen Schulen verwendeten die Schüler gleiche Geräte: Wie in der Antike hatten sie Wachstafeln und Schreibgriffel. Was sie damit vorzeichneten, konnten sie auf Pergament wiedergeben. So machten sich die Schüler des Smaragdus auf ihren Täfelchen Notizen, die sie dann auf Pergamentblätter (*membranae*) übertrugen. Aus Angst, das Wesentliche des Unterrichts bei Alkuin zu vergessen, legte sich Hrabanus Maurus ein Notizbuch mit Kommentaren an.[42] Es sind einige Manuskripte erhalten geblieben, bei denen es sich offensichtlich entweder um Schülerhefte oder um stichwortartige Aufzeichnungen von Lehrern handelt. Eine dieser Schriften, auf 813 datiert, enthält Fragereihen über die Verfasser medizinischer Schriften und über die Laute verschiedener Tiere (*bos mugit, equus hinnit, asinus rudit, elefans barrit ...*), ferner enthält sie Grundlagen der Kalenderberechnung und der Grammatik, Arzneirezepte und eine Schrift über die Taufe.[43] Die so kostbaren Bücher durften keinesfalls Schülern anvertraut werden. Nur Mündige konnten von der alljährlichen Bücherverteilung profitieren, über die Hildemar von Civate berichtet: Zu Beginn der Fastenzeit ließ der Bibliothekar alle Mönche ihr im Vorjahr entliehenes Buch in den Kapitelsaal bringen. Jeder legte das Buch, das er gelesen hatte, auf eine Decke, und der Prior stellte Fragen darüber, um nachzuprüfen, ob die Lektüre auch nützlich gewesen war. Dann verlangte er, daß jeder ein neues Buch auswählen solle, dessen Titel samt dem Namen des Entleihers in einem Register festgehalten wurde.[44] Die jüngeren Mönche waren meistens noch nicht soweit: Nachdem sie das Alphabet gelernt hatten, übten sie im Klassenzimmer oder im Refektorium mühsam das Lesen. Ein gelehrter Mönch hatte den Auftrag, ihnen zur Seite zu stehen und sie mit milder Nachsicht zu tadeln, wenn sie Fehler machten. Lesen zu können bedeutete, auch Latein zu verstehen, das damals die Gelehrtensprache war. Wie bereits gezeigt wurde, verlangte das Lateinstu-

dium vor allem von Schreibern germanischer Abstammung größere
Anstrengungen, und oft waren die Ergebnisse enttäuschend. Eines
Tages verweilte Bonifatius in dem bedeutenden Ort Pfalzel, unterhalb
von Trier an der Mosel gelegen; dort war Adela Äbtissin, die aus
vornehmer Familie stammte. Ihr Enkel Gregor, 15 Jahre alt, mußte
während der Mahlzeit mit lauter Stimme vorlesen. »Du liest gut, mein
Sohn, falls du verstehst, was du vorgelesen hast«, lobte ihn Bonifatius.
»Ich habe es verstanden«, erwiderte Gregor. »Dann erkläre mir, was
du von dem Vorgelesenen verstanden hast.« Der junge Mann ergriff
das Buch und wollte den lateinischen Text von Anfang an wiederholen. »Nicht so«, unterbrach ihn Bonifatius, »ich möchte, daß du mit
eigenen Worten und in deiner Muttersprache erläuterst, was du gelesen hast.« Gregor mußte sein Unvermögen bekennen; nachdem er die
Auslegung durch den Missionar gehört hatte, fühlte er sich berufen
und verlangte, Bonifatius folgen zu dürfen.[45]
Der Lateinunterricht begann mit der Lektüre kurzer Texte, wie sie
schon die Schüler im alten Rom gelesen hatten: Sentenzen aus den
Dicta Catonis, Fabeln von Phaedrus und Avianus; dazu kamen aber
auch Sprüche Salomos, die *Praecepta vivendi* Alkuins, Sinnsprüche
und Mönchsregeln. Die Schüler benutzten die gebräuchlichsten Wörter, um in der Form eines Dialogs mit dem Lehrer die Bildung
einfacher Sätze zu üben. Aus St. Gallen ist ein derartiges Zwiegespräch
schriftlich überliefert, es fängt so an:
»Was soll ich außer Öl und Senf noch zu einer Mahlzeit herbeischaffen? Ich werde dir dicke Bohnen und Kürbis geben und in Töpfen
nach Speisen suchen, die deinen Magen kräftigen. Du bist wirklich
sehr erschöpft vom Schreiben, und mich hat das viele Reden ermüdet.
– Ich danke dir, deine Stimme ist ganz heiser, und ich werde mich ein
wenig ausruhen . . .«[46]
Anfänger konnten Wörterbücher benutzen, die auf den *Etymologiae*
Isidors von Sevilla beruhten. Sie fanden darin, wie z. B. das Kasseler
Glossar zeigt, Tiernamen und die Bezeichnungen für Werkzeuge und
die Räume eines Hauses. Andere Lexika, so das Reichenauer Glossar,
erklärten biblische Begriffe. Es reichte aber nicht, den Wortschatz zu
beherrschen, die Schüler mußten auch Sätze bilden können. Zur
Einführung in die Grundbegriffe der Grammatik benutzten die Lehrer
ein seit dem 4. Jahrhundert gebräuchliches Handbuch, die *Ars minor*
des Donatus. Alkuin fand diese Anleitung besonders empfehlenswert
für jugendliche Anfänger. Der Unterricht hatte häufig die Form eines
Dialogs zwischen Schulmeister und Schüler oder zwischen zwei Schü-

lern. Alkuin versicherte, daß »man viele Fragen stellen muß, um zu belehren«; nach dieser »katechetischen« Methode unterrichtete er Mönche und Zöglinge königlicher Abstammung in Grammatik und Rhetorik. Eine seiner didaktischen Abhandlungen beginnt folgendermaßen:

»An der Schule des Magister Alkuin gab es zwei junge Leute, einer war Franke, der andere Sachse, beide waren eben erst in das dornige Dickicht der Grammatik eingedrungen. Daher gefiel es ihnen, ein paar Regeln der Sprachkunst in Frage und Antwort hervorzuheben, um sie sich einzuprägen. Der Franke sagte zu dem Sachsen: ›Wohlan, Sachse, beantworte meine Fragen, denn du bist der Ältere; ich bin 14, du aber 15, wie ich glaube.‹ ›Ich bin einverstanden‹, erwiderte der Sachse, ›aber wenn du komplizierte Dinge oder etwas aus dem Bereich der Philosophie wissen willst, dann dürfen wir uns an den Lehrer wenden...‹«[47]

Der Dialog beschäftigte sich mit Buchstaben, mit Vokalen, Konsonanten, Silben, Namen..., harmlose Scherze und Unterbrechungen lockerten ihn auf. In einer Kultur, in der das gesprochene Wort dominierte, kam dem Gedächtnis eine überragende Bedeutung zu. Die Kinder waren imstande, während des Schulbesuchs Kenntnisse verschiedenster Art aufzuspeichern. Dabei halfen ihnen metrisch geschriebene Lehrbücher der Grammatik oder des Festkalenders. Man konnte von Schülern im Kreuzgang oder während der Freizeit gedämpften Singsang hören; sie wiederholten solche Merkverse oder Deklinationen in Gedichtform, ähnlich der, die Sedulius zum Scherz einem gewissen Robert schickte:

> Bonus vir est Robertus
> Laudes gliscunt Roberti
> Christe, fave Roberto
> Longaevum fac Robertum, usw.[48]

Auch die Prüfungen waren mündlich. Der Schulmeister oder manchmal auch ein Besucher auf Durchreise stellten die Fragen. Paulus Diaconus erzählt, wie ein Prior aus der Ankunft eines gelehrten Gastes Nutzen zog: Er bestimmte ein Kind, das sich mit dem Fremden über Grammatik, Gesang, Rechnen und sonstige Fächer unterhalten mußte. Um den Schüler nicht in Verlegenheit zu bringen, heuchelte der Prior Unaufmerksamkeit. Nach der Abreise des Gastes konnte er

das Kind dann auf den Gebieten nochmals unterrichten, wo es ungenügend gefragt oder geantwortet hatte.[49]
Mit zunehmendem Wissensstand durften die Schüler auch Pergamentbögen verwenden und damit beginnen, die ihnen vorgelegten Texte zu kommentieren. Freilich mußten sie erst schreiben können, und dazu wurde eine lange Vorbereitungszeit benötigt. Anders als in der Gegenwart war es nicht üblich, Lesen und Schreiben gleichzeitig zu lernen. Karl der Große selbst besaß zwar eine gute Bildung und konnte ausgezeichnet lesen, aber nicht schreiben, weil er damit zu spät begonnen hatte. Schreiben war ein eigenes Fach, den Unterricht erteilten Spezialisten, die Schreiber in den Skriptorien. Umgekehrt gab es auch Leute, die gute Schreiber waren, aber kaum Befähigung zum Studium hatten. Einige »Federproben«, die auf Seitenrändern von Handschriften gefunden wurden, geben einen Einblick in Lehrer und Schüler: »Ich lebe als ein Esel, weil ich nicht schreiben kann«; »Kind, übe auf Tafeln, damit du später auf Pergament schreiben kannst.«[50]
Auch gerechnet wurde mündlich oder aber mit Hilfe von Gesten. Die in der Antike entwickelte Methode des Rechnens mit Fingern wurde nach wie vor angewendet. Beda verfaßte ein klassisches Handbuch, auf das man nicht mehr verzichten konnte. Er erklärt, daß die letzten drei Finger der linken Hand, mehr oder weniger nach innen gebogen, die Einerzahlen bedeuten, während Daumen und Zeigefinger in verschiedenen Stellungen die Zehner repräsentieren. Es geht weiter mit der rechten Hand, deren Finger, verschieden gekrümmt, Hunderter und Tausender anzeigen. Für die Zehntausender und Hunderttausender benutzt man die linke bzw. rechte Hand, jetzt ausgestreckt, wobei durch jeweiliges Berühren von Brust, Bauch oder Oberschenkel schließlich sogar die Million erreicht werden kann.[51] Kleine Rechenprobleme wurden den Kindern auch wie eine Art Rätsel vorgelegt. Zum Beispiel: Drei Brüder sind, jeder mit seiner Schwester, unterwegs. Die sechs Reisenden kommen an einen Fluß, aber das einzige vorhandene Boot faßt nur zwei Personen. Die Schicklichkeit verlangt, daß jede Schwester mit ihrem Bruder zusammen übersetzt. Wie machen sie das? Oder: Sechs Handwerker werden angestellt, um ein Haus zu bauen. Fünf davon sind Meister, einer ist nur Lehrling. Die fünf Meister teilen sich in den Tagelohn von 25 Pfennigen, doch muß davon auch der Lehrling bezahlt werden, der halb soviel erhält wie ein Meister. Wieviel erhält jeder?
Ein klassisches Beispiel ist der Fall des von einer Schlange gebissenen Kindes: Ein Junge geht auf die Wildschweinjagd, tötet einen Keiler,

tritt dabei aber auf eine Schlange und erhält einen tödlichen Biß. Seine Mutter klagt: »Mein Sohn, hättest du doppelt so lange gelebt, wie du gelebt hast, dann nochmals so lange und dazu noch die Hälfte, und dann noch ein einziges Jahr, dann wärst du hundert Jahre alt geworden« (16,5 × 2 = 33; 33 × 2 = 66; 66 + 33 + 1 = 100 Jahre). Dhuoda kannte derartige Aufgaben, denn sie schrieb an ihren Sohn: »Du hast viermal vier Jahre vollendet. Wenn du doppelt so viele Jahre und dazu noch die Hälfte der Hälfte zähltest [16 + 16 + 4], würde ich anders mit dir reden.«[52]
Über solche Zahlenspielereien hinaus mußten sich die Schüler mit der Kirchenkalender-Berechnung vertraut machen. Dazu gehörte die Berechnung der Inkarnationsjahre, der Indiktion (eines Zyklus von 15 Jahren), der Epakten und Konkurrenten (Hilfsmittel zur Gewinnung von Ausgangsdaten für die Fixierung des Festkalenders), ferner die Berechnung des Mondalters des 1. Januar, der Daten von Ostern und Pfingsten, des Mondalters dieser Tage, usw. Die Einführung erfolgte schrittweise, und nur selten erreichte jemand völlige Geläufigkeit im Umgang mit den Tabellen und Zyklen zur Kalenderberechnung. Unzählige Merkverse in karolingischen Handschriften und enzyklopädische Lehrbücher in Dialogform belegen nachdrücklich Wichtigkeit und Schwierigkeiten der Kalenderkunde an den Schulen.[53] Dieses Fach leitet bereits über zu einer höheren Stufe des Unterrichtsprogramms.

Fortgeschrittene Studien

Weltgeistliche und Mönche, die ihr Studium weiterführen wollten, wandten sich dem Kanon der *Artes liberales* zu. Im Bischofspalast Theodulfs von Orléans konnten die Zeitgenossen ein Fresko bewundern, das die Sieben Freien Künste darstellte. Das Gemälde selbst ist zwar verlorengegangen, aber die von Theodulf verfaßte Beschreibung[54] gibt eine Vorstellung davon: Unter einem großen Baum sitzt die Grammatik als der Ursprung aller Wissenschaften, in der Rechten ein Radiermesser, um alle Fehler zu tilgen. Ihr zur Seite stehen Gesunder Menschenverstand und Empfindung. Auf den Ästen rechts darüber sind die Rhetorik und die Dialektik abgebildet. Die erstgenannte trägt eine befestigte Stadt, weil sie im öffentlichen Leben eine Rolle spielt. Die Dialektik hat als Attribut die listige Schlange, weil sie die Wahrheit von der Lüge zu unterscheiden hat. Links davon ist die

Moral mit ihren vier Kardinaltugenden abgebildet, und zuoberst findet man die restlichen vier *Artes liberales*, die das *Quadrivium* bilden: Arithmetik, Musik, Geometrie und die Astrologie, die aber eher unserer Astronomie entspricht. Alle vier tragen Geräte, die ihre Zuständigkeit symbolisieren. Als Theodulf dieses Wandgemälde ausführen ließ, diente ihm als Vorlage die dichterische Beschwörung der *Artes liberales*, verfaßt zu Beginn des 5. Jahrhunderts von einem obskuren heidnischen Rhetoriker aus Karthago namens Martianus Capella. Sein im Stil eines Romans geschriebenes Werk *De nuptiis Philologiae et Mercurii* hatte während des gesamten Mittelalters erstaunliche Erfolge. In der Karolingerzeit wurde dieses Schulbuch vielfach abgeschrieben, glossiert und kommentiert; ungefähr 20 Handschriften sind erhalten.[55]

Das Studium der Freien Künste war kein Selbstzweck. Es galt vielmehr als Vorbereitung für die Beschäftigung mit der Kunst der Künste, d. h. der Philosophie oder der christlichen Heilslehre. In einem Brief an Karl den Großen äußerte Alkuin den Wunsch mitzuerleben, wie in der *Francia* ein neues Athen entstehe. Es solle aber nicht nur auf den *Artes liberales* beruhen, sondern auch von den sieben Gaben des Heiligen Geistes getragen sein. Die weltlichen Teilgebiete der Wissenschaften wurden von den Gelehrten vor allem benutzt, um den Text der Texte, die Bibel, zu verstehen und auszulegen.

Alkuin schrieb an seine Schüler:

»Geliebte Söhne, täglich sollt ihr auf dem Pfad der Gelehrsamkeit fortschreiten, bis ihr in gereiftem Alter und mit gefestigtem Wissen die Heilige Schrift verstehen könnt. So gerüstet, werdet ihr unüberwindliche Verteidiger des wahren Glaubens und Verfechter der Wahrheit.«[56]

4. Die Arbeit der Gelehrten

»Ich lese oder schreibe, ich lehre oder erforsche die Weisheit, Tag und Nacht flehe ich zu meinem Schöpfer. Ich esse und trinke aber auch gerne, beschwöre die Musen in Gedichten, und nachts schnarche ich. Zu Gott bete ich, wenn ich wach bin.«[57]

Diese Schilderung des Tageslaufs stammt von Sedulius; ein anderer Ire schildert, wie er in der Gesellschaft seiner Katze arbeitet:

»Statt nach Ruhm zu streben, konzentriere ich mich viel lieber mit wachem Verstand auf mein kleines Buch. Pangur Ban ist nicht neidisch

auf mich [...]. Er erhascht eine Maus, ich erhasche ein schwer zu lösendes Problem. Er besiegt eine Mauer, ich kämpfe gegen die harten Anforderungen der Wissenschaft [...]. Er freut sich, wenn er eine Maus in den Pfoten hat, ich bin fröhlich, wenn ich eine schwierige Frage verstanden habe [...]. Jeder von uns liebt seine Kunst.«[58] Man wird sich die Gelehrten als friedfertige Menschen mit viel Muße vorstellen können, die einer Einladung zum Hof nur widerwillig folgten; freudig empfingen sie dagegen Freunde oder den Boten, der eine bisher fehlende Handschrift überbrachte. Ihre eigene Bibliothek war kaum je reichhaltig genug, stets waren sie auf der Jagd nach verläßlichen Manuskripten, um die eigenen Bestände korrigieren zu können. Lupus von Ferrières bat Einhard dringend um Ciceros *De inventione rhetorica* und schrieb zur Begründung:
»Es ist wahr, ich besitze die Schrift, aber sie ist an vielen Stellen fehlerhaft. Deswegen habe ich mein Exemplar mit einer Handschrift kollationiert, die ich hier entdeckt habe. Ich hoffte, sie sei besser als meine, aber sie war noch fehlerhafter.«[59]
Manche Gelehrten beschäftigten »Notare«, denen sie ihre Beobachtungen diktierten, andere schrieben sie selbst auf Wachstäfelchen, die dann von Schreibern auf Pergament ins reine übertragen wurden. Hrabanus Maurus, dem offenbar nur begrenzte Mittel zur Verfügung standen, beklagte sich darüber, daß er selber die Aufgaben eines *notarius* gleichzeitig mit denen eines Abschreibers übernehmen müsse. Anderswo war dagegen zahlreiches Personal unter der Aufsicht eines Vorstehers am Werk. Florus von Lyon, der eine sehr umfangreiche Bibliothek besaß, pflegte beim Durcharbeiten von Handschriften die Stellen zu kennzeichnen, von denen er Abschriften haben wollte. Autographen sind zwar nur ganz selten erhalten – hier und da finden sich aber in den Handschriften persönliche Bemerkungen, z. B. von Alkuin, Lupus oder Heiric von Auxerre.[60] Die Gelehrten der Karolingerzeit waren ewige Studenten. Sie gaben Wissenslücken ohne Scheu zu und baten andere, die mehr wußten, um Erläuterungen: Lupus, der mit dem Traktat des Boethius über Arithmetik nicht zurechtkam, schickte ein Hilfeersuchen an Einhard und erkundigte sich zugleich nach den metrischen Eigenschaften bestimmter Silben. Einen anderen Adressaten befragte er über unregelmäßige Verben.[61] Es war in der karolingischen Gelehrtenwelt aber auch Brauch, bisweilen sehr harte Urteile über die literarischen Erzeugnisse von Kollegen zu fällen. Hinkmar von Reims fand seinen Neffen Hinkmar von Laon zu sehr vom Stil der irischen Mönche beeinflußt und schrieb ihm deswegen:

»Deine Ausdrucksweise ist schwer verständlich, du verwendest aus Glossaren zusammengelesene Wörter, die du ohne rechten Sinn zusammenfügst. Damit setzt du dich dem Vorwurf der leeren Prahlerei aus. Du hast schon als Knabe die Gewohnheit angenommen, vor allem in Verse und Figurengedichte abstruse Fremdwörter, unpassende Begriffe ohne Bedeutung, mit Eifer einzustreuen, obwohl du sie selbst nicht verstanden hast. Du wolltest Bewunderung oder Staunen der Unwissenden erregen und übersensiblen Ohren schmeicheln...«[62]

Die karolingischen Gelehrten schrieben oft mit allzu leichter Hand. Bei der Bearbeitung weltlicher und theologischer Probleme ließen sie sich zu weitschweifigen Ausführungen hinreißen, die auf den modernen Leser abschreckend wirken. Sie brachten ein paar eigene und viele fremde Gedanken und verzichteten darauf, die Autoren zu zitieren, bei denen sie Anleihen gemacht hatten. Beim Austragen theologischer Kontroversen entwickelten sie eher rhetorische als dialektische Fähigkeiten. Ratramnus von Corbie und Paschasius Radbertus stritten über die Eucharistielehre und die Unbefleckte Empfängnis, Gottschalk und Hinkmar von Reims über die Prädestination; dabei waren die Auseinandersetzungen heftig und oft wenig höflich. Schonungslos wandte sich Bischof Prudentius von Troyes gegen Johannes Scottus, als dieser im Streit um die Prädestinationslehre intervenierte: Seine Lehre sei »unbesonnene Blasphemie, wertloses und aufgeblasenes Wissen, sophistische Torheit, ein geschwätziges Wortgefecht...«[63] Aber trotz dieser Vorwürfe gehört Johannes Scottus zu den wenigen Gelehrten seiner Zeit, deren Werke Originalität verraten. Er bemühte sich, unter Berufung auf die griechischen Kirchenväter, die ausgetretenen Wege der lateinischen Theologie zu verlassen.

Griechisch war in der Karolingerzeit fast unbekannt, seine Kenntnis blieb auf kleine Kreise beschränkt. In Rom und Süditalien, in fränkischen Klöstern wie Corbie, St. Gallen, Laon oder Saint-Denis gab es Gelehrte, die Griechisch verstanden. Die Mönche von Saint-Denis beschäftigten sich besonders mit den Werken des Dionysios Areopagites, weil sie überzeugt waren, er sei mit dem Märtyrer Dionysius identisch. Im Jahr 827 überbrachten die Gesandten des byzantinischen Kaisers Michael III. als Geschenk eine Handschrift mit den Werken des Dionysios. Abt Hilduin, ein Schüler Alkuins, beauftragte drei Mönche mit der Übersetzung: Einer mußte mit lauter Stimme den Text vorlesen, der zweite als Übersetzer die entsprechenden lateinischen Wörter angeben, der dritte die Niederschrift auf Pergament

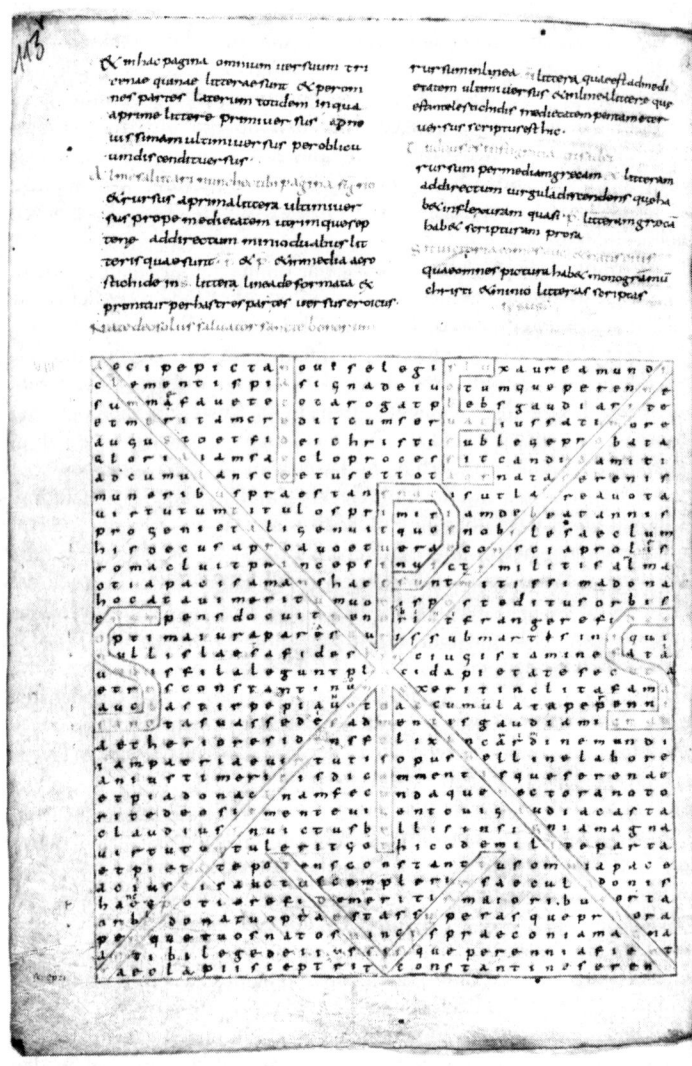

Abb. 33. Carmina Figurata (Figurengedichte), Christusgedicht.

anfertigen. Johannes Scottus, von Karl dem Kahlen an den Hof
berufen, übernahm die Verbesserung dieser unbefriedigenden buchsta-
bengetreuen Übersetzung. Zugleich begann er auch damit, die Werke
des Gregorius von Nyssa, des Gregorius von Nazianz und einen
Traktat des Maximos Confessor ins Lateinische zu übertragen.[64]
Johannes hielt Verbindung mit Laon und seinen ehemaligen Schülern,
darunter besonders Martin von Laon, der mit dem berühmten Glossar
(*Codex Laudunensis* 444) arbeitete. Dieses griechisch-lateinische Lexikon enthielt auch Zitate berühmter Autoren samt Übersetzung, griechische Verse von Johannes und Martin, schließlich noch einige zweisprachige Redewendungen. Mit Hilfe dieser Dialogteile konnten
Gelehrte auf Griechisch sagen: »Bring den Wein, stell ihn auf den
Tisch und gib uns zu trinken...« Johannes Scottus beschäftigte sich
aber nicht nur immer wieder mit der Übersetzung griechischer Theologen, sondern nahm sie auch als Vorbild für eigene Arbeiten: In der
Form eines Dialogs zwischen Lehrer und Schüler verfaßte er in fünf
Büchern sein großes Werk *De divisione naturae*. Dieses erste umfas-
sende philosophisch-theologische System des Mittelalters verblüffte
die Zeitgenossen durch seine Kühnheit und Originalität; später wurde
es sogar als Irrlehre verurteilt.[65]
Die karolingischen Gelehrten waren zwar keine bedeutenden Philoso-
phen, aber sie beherrschten dafür mit Meisterschaft die lateinische
Sprache, deren Schönheit sie wiederentdeckten. Ihre Gedichte, teils in
klassischer Metrik, teils rhythmisierend geschrieben, sind die schönsten Zeugnisse der Karolingischen Renaissance und verdienten eine
eigene, zusammenfassende Untersuchung. Viele Dichter ließen sich in
ihrer Jugendzeit von der Schönheit der klassisch-heidnischen Poesie
verführen, bekamen dann aber mit zunehmendem Alter Bedenken
dagegen, die Musen anzurufen. »Das sind eurer Jugend gemäße Kin-
derspiele«, sagte Theodulf von Orléans zu seinen Schülern. Alkuin,
der in jungen Jahren Vergil sehr geliebt hatte, warnte im Alter die
Mönche von Saint-Martin vor dieser Lektüre. Abt Ermenrich von
Ellwangen ließ sich von seinem Übereifer hinreißen:
»Lassen wir den lügnerischen Vergil im tiefsten Styx zusammen mit
Apollo und seinen Musen begraben sein. Dort mag er seine Proserpina
in die Arme schließen und dem Orpheus lauschen, der wegen seiner
Eurydike die Laute für die Götter der Unterwelt schlägt [...]. Der
Himmelskönig verdammt derartige Hirngespinste. Wie soll ich sie
denn anders nennen als Mist, den die Zugpferde Deines Wagens, o
Herr, fallen lassen. Aber man kann auch im Dreck Gold finden.

Bekanntlich verhilft der Dünger dem Acker zu einer reicheren Getreideernte: Ebenso sind die Worte der Heiden zwar übelriechend, weil unwahr, helfen aber dennoch sehr viel zu einem besseren Verständnis der Worte Gottes.«[66]
Diese heftige Kritik macht deutlich, in welchem Dilemma sich die Dichter der Karolingerzeit befanden. Alle christlichen Humanisten, auch die späterer Epochen, haben diesen Konflikt kennengelernt.

5. Weltliche Gelehrte

Die vielen gelehrten Geistlichen und Mönche dürfen nicht vergessen lassen, daß es auch weltliche Adlige gab, denen der Zugang zur Bildung als standesgemäß offenstand. In den Lebensbeschreibungen von Heiligen adliger Abstammung bringen die Autoren bei der Schilderung der Jugendjahre übereinstimmend Nachrichten wie: »Er wurde auf die Schule geschickt und in den Freien Künsten unterrichtet, wie es bei den Söhnen der Vornehmen üblich ist« oder »wie es sich für einen Adligen gehört«. Es wäre denkbar, daß sich solche Redewendungen an einem Idealzustand orientieren, der nie verwirklicht wurde, doch war das sicher nicht der Fall: Es gibt genügend Zeugnisse, die belegen, daß es Aristokraten mit guter Schulbildung gegeben hat, besonders unter den Herrschern und in deren Familien.
War ein Knabe dem Spielalter entwachsen, wurde er von seinen Eltern, meistens der Mutter, im Lesen unterrichtet. Man benützte dabei den Psalter, den jedermann als Lese- und Erbauungsbuch griffbereit aufbewahrte. Wenn ein Kind den Psalter beherrschte, lernte es Grammatik und Kirchengesang, beschäftigte sich mit den Gottesdienstordnungen. Odo, der Biograph Geralds von Aurillac, um 880 geboren, wurde einem in der väterlichen Burg lebenden Priester anvertraut, der ihm die Grundlagen seines Wissens vermittelte. Mit neun Jahren wurde Odo dann an den Hof des Grafen Fulco von Anjou geschickt. Es bestand allerdings die Gefahr, daß die intellektuelle Entwicklung der jungen Leute durch ihre sportliche Ausbildung behindert wurde. Die Mutter mochte darauf bestehen, daß sich ihr Sohn nach dem Vorbild der Geistlichen ganz auf die Lektüre konzentrierte, aber der Vater hatte andere Ziele: Der Sohn sollte lernen, wie man ein Pferd besteigt, den Bogen spannt und kunstgerecht Sperber oder Falken aufwirft.[67] Immerhin vergaßen die jungen Adligen nicht ganz, was sie in ihren ersten Unterrichtsstunden gelernt hatten. So

konnten sie, manche freilich mit ungeübter Hand, selber Schriftstücke unterschreiben. Aus Italien und Südfrankreich sind Urkunden im Original erhalten, die neben ziemlich vielen Kreuzen auch die eigenhändigen Unterschriften von Männern und Frauen aufweisen.[68] Wer nur ein Kreuz als Unterschrift setzte, mußte aber nicht des Schreibens unkundig sein. Die Herrscher malten ihre Monogramme unter Urkunden und konnten trotzdem im allgemeinen schreiben.

Junge Adlige, die an den Hof geschickt wurden, trafen dort auf eine Umgebung, die ihrer weiteren Ausbildung förderlich war. Sie nahmen an den Tätigkeiten der Herrscher teil und konnten freundschaftliche Beziehungen zu den Hofgeistlichen anknüpfen. Alkuin, der auch mit vielen Laien in Briefwechsel stand, betonte immer wieder, daß die Schulung des Intellekts kein Privileg der Geistlichkeit sei. Einhard erhielt den Anfangsunterricht in Fulda und wurde dann mit sechzehn Jahren an den Hof geschickt, wo er seine Studien fortsetzte.

Neben geistlichen gab es auch weltliche Bücherliebhaber mit gut ausgestatteten Bibliotheken. Karl der Große hatte in seiner Pfalz neben Evangeliaren, Sakramentaren und Prunkpsaltern auch Werke weltlichen Inhalts zusammengetragen. Seine ähnlich bibliophilen Nachfolger ließen Handschriften in den verschiedenen *scriptoria* des Reiches anfertigen, und um ihr Wissen zu vertiefen, beauftragten sie Gelehrte mit der Abfassung von Büchern. Kaiser Lothar bat Hrabanus Maurus um einen Kommentar zu den Büchern Jeremia und Hesekiel, von Angelomus von Luxeuil wollte er einen Kommentar zum Hohenlied. Diese Lektüre sollte ihm helfen, Erholung von den Stürmen der politischen Ereignisse zu finden, und Trost spenden beim Tod seiner Gemahlin. Frechulf von Lisieux widmete den zweiten Teil seiner *Historia*, welcher für den Unterricht des jungen Prinzen Karl bestimmt war, der Kaiserin Judith. Karl selbst wußte über weltliche und theologische Probleme ebenso viel wie die Hofgeistlichen seiner Umgebung; er liebte seine Handschriften und war an allen geisteswissenschaftlichen Arbeiten interessiert. Ungefähr 50 Werke wurden ihm gewidmet, und als er 877 nach Italien aufbrach, verfügte er die Teilung seines Bücherschatzes zwischen den Kirchen von Compiègne und Saint-Denis.[69]

Einige weltliche Große folgten dem Beispiel der Herrscher und sammelten ebenfalls Bücher. Mit 200 Handschriften bereicherte Angilbert die Bibliothek von Saint-Riquier, ein Verzeichnis der Titel seiner Schenkung ist erhalten geblieben. Gerward, Bibliothekar Ludwigs des Frommen, übergab der Abtei Lorsch rund 20 Bände. Genauer bekannt

sind die Bestände der Bibliotheken von Markgraf Eberhard und von
Graf Ekkard, bei beiden finden sich die gleichen Titel. Zahlreich
vertreten waren vor allem Schriften religiösen Inhalts: lateinische und
althochdeutsche Evangelien, kommentierte Psalter, liturgische
Bücher, exegetische Werke. Zur Festigung ihrer Frömmigkeit besaßen
die Adligen kleine, individuelle Gebetbücher, eine Art Brevier für
Laien. Demselben Zweck dienten auch »Heiligenleben«, Isidors von
Sevilla *Synonyma* oder »Trostschrift für die sündenbeladene Seele« – in
mehreren Exemplaren vertreten – sowie die von Alkuin und Smaragdus verfaßten »Fürstenspiegel«. Wie es sich für Männer mit politischer
Verantwortung gehört, hatten die beiden Grafen auch historische und
juristische Werke in ihren Bibliotheken: Augustinus' *De civitate Dei*,
die *Historiae* des Orosius, Gregors von Tours *Zehn Bücher fränkischer Geschichten* und die *Geschichte der Langobarden* von Paulus
Diaconus. Dazu kamen Sammlungen des römischen Rechts und der
germanischen Volksrechte, aber auch medizinische und geographische
Abhandlungen. Der Traktat des Vegetius über die Kriegskunst sowie
eine Landwirtschaftslehre, sicher die Columellas, vervollständigten
diese sehr vielseitige Auswahl. Der Laienstand ist auch durch eine
gebildete Frau vertreten: Dhuoda, Gemahlin Bernhards von Septimanien, die in ihrem *Liber manualis* eine Reihe anderer Werke als Belege
zitiert. Ein Vergleich ihrer Literaturangaben mit den eben erwähnten
Bibliotheken bestätigt auch für diese Adlige den Besitz von Bibelexe-
gesen zu ausgewählten Stellen, von Florilegien und von Erbauungsbü-
chern. Dhuoda bekennt sich dazu, eine Vielzahl von Büchern benützt
zu haben. Sie zitiert Isidor, Augustinus, Gregor, Prudentius, verschiedene »Heiligenleben« und sogar den Grammatiker Donatus, den sie
für einen Dichter hielt. Vielleicht kannte sie die metrische Bearbeitung
des Grammatikers, von der sich einige Handschriften erhalten
haben.[70] Dhuoda hatte ihre Kenntnisse zweifellos in Austrasien
erworben und wollte die eigene Bildung auch ihren Söhnen vermitteln.
In ihrem kurzen Handbuch, zwischen 841 und 843 verfaßt, brachte sie
deswegen einen Überblick ihres gesamten theologischen und ethischen
Wissens, wobei sie um einen eleganten Stil bemüht war. Wie in einem
Rechenschaftsbericht schilderte sie außerdem die wichtigsten Statio-
nen ihres Lebens und nannte die Namen berühmter Mitglieder ihrer so
bedeutenden Familie.[71] Sie ist übrigens die einzige Frau des 9. Jahrhunderts, für die schriftstellerische Tätigkeit bezeugt ist. Dagegen sind
mehrere weltliche Große bekannt, die eigene Werke hinterlassen
haben. Angilbert, ein Schwiegersohn Karls des Großen, dichtete

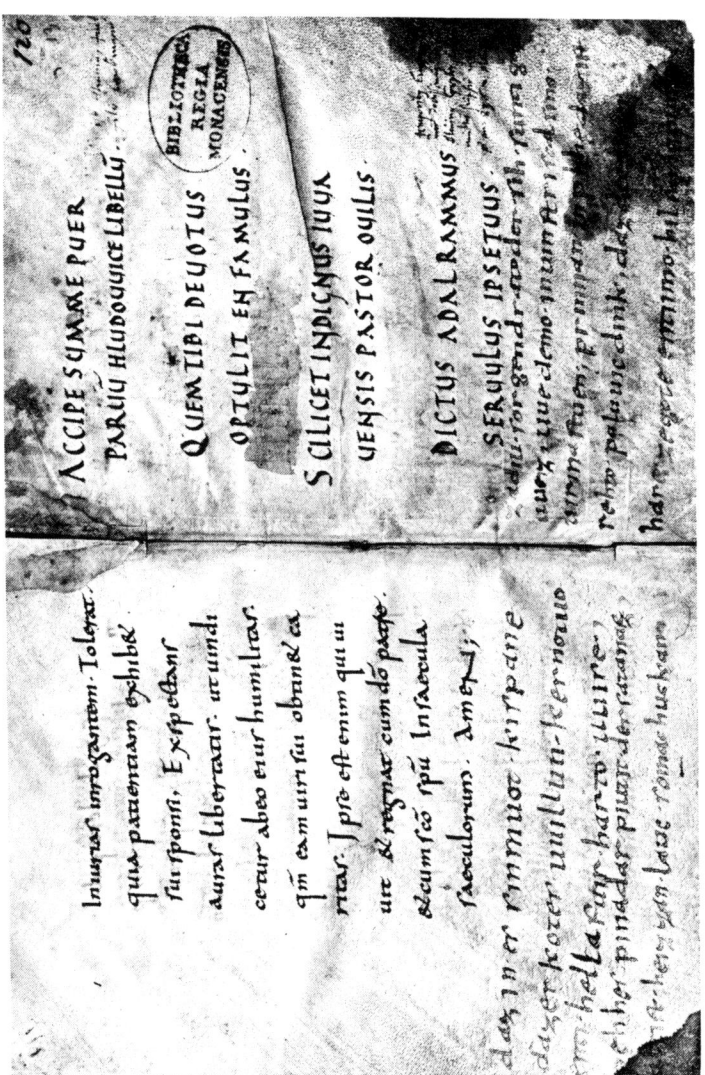

Abb. 34. Das *Muspilli*, um 900 auf dem unteren Rand der Seiten einer älteren Handschrift notiert.

leidenschaftlich gern und erhielt deswegen den schmeichelhaften Beinamen Homer. Er vererbte das literarische Talent auf seinen Sohn
Nithard. Nithard nahm zwar aktiv an den inneren Auseinandersetzungen im Reich teil, verfaßte aber gleichzeitig auf Bitten seines Vetters,
Karls des Kahlen, die *Historiarum libri III*, hauptsächlich über die
Taten der Söhne Ludwigs des Frommen; dieses Werk gehört zu den
besten zeitgenössischen Chroniken. Einhard, der nach seinem Aufenthalt am Hof geheiratet hatte, erreichte mit seiner umfangreichen
Korrespondenz – rund 70 Briefe sind erhalten geblieben – und mit
weiteren Schriften unzweifelhaft literarisches Niveau. Ganz offensichtlich besteht allerdings eine enge Verwandtschaft zwischen den
Werken der weltlichen Schriftsteller und denen der gelehrten Geistlichen: Die Laien besuchten Schulen des Klerus, auf denen ihre Denk-
weise und ihr Sprachstil entscheidend geprägt wurden.
Die Mehrzahl der weltlichen Großen verstand freilich kein Latein. Zu
fragen ist, ob sie genauso ungebildet waren wie das Volk oder ob es
eine eigene Kulturschicht gab, in der die romanische oder germanische
Volkssprache als literarisches Ausdrucksmittel verwendet wurde. Von
einem gewissen Wigbod wird überliefert, er habe während des Vor-
trags der geschliffenen Gedichte Theodulfs albern gekichert; ob er und
die Großen aus der Umgebung der Herrscher keinerlei Sinn für
Literatur hatten? Indirekte Belege sprechen dafür, daß sich ein Teil der
Adligen für die weltlichen Dichtungen interessierte, die in ihren
Kreisen häufig gesungen wurden ... Für sie ließ Karl der Große »die
uralten heidnischen Lieder« aufschreiben, »in denen die Taten und
Kriege der alten Könige besungen wurden«. Diese Sammlung ist leider
nicht erhalten. Am Ende des 9. Jahrhunderts schrieb der Poeta Saxo:
»Heldenlieder, in der Volkssprache verfaßt [*vulgaria carmina*], feiern
mit hohem Lob Karls Vorfahren. Sie berichten über Pippin, Karl,
Ludwig, Theoderich, Karlmann und Lothar.«[72] Das *Hildebrandslied*,
wohl zwischen 750 und 800 in Fulda verfaßt, verherrlicht Krieg und
Zweikampf, schildert die dabei zu gewinnenden Reichtümer und
bestimmt den Inhalt der Adelsethik. Andere Heldenepen feiern die
kriegerischen Tugenden der Franken. Sie wurden über Generationen
mündlich tradiert und erst ziemlich spät schriftlich festgehalten. Die
Chansons de geste des 11. und 12. Jahrhunderts beziehen alle ihren
Stoff aus der Karolingerzeit. Bekannte Beispiele sind unter anderem
das *Rolandslied, La chanson de Guillaume, Le couronnement de Louis*
und *Floovant*.[73]
Beliebt war beim Adel auch die Unterhaltung durch Personen, die in

den Quellen als *joculatores* (davon unser Jongleur) oder *bardi* bezeichnet werden und die selbstverfaßte komische oder erotische Gedichte vortrugen. Offenbar fanden sie aber nicht nur bei der weltlichen Aristokratie Anklang, denn Konzilsbeschlüsse wandten sich auch gegen Bischöfe und Geistliche, die durch das Anhören derart unzüchtiger Lieder ihre Zeit vergeudeten und ihr Seelenheil gefährdeten.[74] Um diese profanen, ungeistlichen Lieder zu verdrängen, verfaßte Otfrid von Weißenburg um 850 eine gereimte Version der Evangelien in althochdeutscher Sprache. Mit der gleichen Absicht ließ Ludwig der Fromme von einem hochbegabten sächsischen Dichter den *Heliand* schreiben, das bei weitem schönste Erzeugnis althochdeutscher Dichtkunst. In den 6000 erhaltenen Versen des *Heliand* wird Christus wie ein Fürst mit seinen Vasallen dargestellt. Die Schafhirten erscheinen als Wächter von Pferdeherden, der Palast des Herodes und der Hochzeitssaal von Kana ähneln der Halle eines germanischen Stammesführers, der Teufel macht sich mit Hilfe einer Tarnkappe unsichtbar. Daß Petrus gewalttätig reagierte und Malchus ein Ohr abschlug, wird übertrieben verherrlicht, während die Aufforderung, auch seine Feinde zu lieben, mit Stillschweigen übergangen wird. Obwohl es um die Übertragung der Evangelien ging, hat sich der Dichter also nach dem Geschmack seines germanischen Publikums gerichtet. Auch im *Muspilli* (vgl. Abb. 34), das dem jungen Ludwig, einem Sohn Ludwigs des Frommen, gewidmet wurde, findet sich eine seltsame Kampfszene: Elias kann zwar den Antichrist besiegen, wird dabei aber verwundet, und sein Blut, das auf die Erde tropft, entfacht den Weltbrand, der das Universum vernichtet. Neben diesen christlichen Epen gab es auch Gedichte über Heilige, die dem Adel als idealisierte Vorbilder empfohlen wurden: Den heiligen Gallus feierte Ratpert in einem *carmen barbaricum*, die außergewöhnlichen Abenteuer des heiligen Georg schildert das *Georgslied*.[75]

Kapitel IV

Die Ausgestaltung der Liturgie

Die auf Schriftlichkeit und der Vertrautheit mit Literatur beruhende Bildung war einer aristokratischen Minderheit vorbehalten, die große Mehrzahl der Bevölkerung stand ihr völlig fremd gegenüber. Die Ausdrucksmittel dieser Schichten waren das gesprochene Wort und die Gebärde.

Das Volk drückte Freude und Trauer in Liedern und Tänzen aus, die manchem Geistlichen weltlich erscheinen konnten, obwohl sie in Wirklichkeit mitreißende religiöse Impulse zu geben vermochten. Frauen tanzten unter rhythmischem Händeklatschen, um den Ruhm eines siegreichen Helden zu verkünden. Dorfbewohner feierten Geburtstage, Hochzeiten oder den Sonntag nahe bei der Kirche und tanzten dabei wie besessen. Auf den Friedhofsgräbern ehrten sie lärmend die Toten. Andere zeigten ihre Gruppenzugehörigkeit durch die Teilnahme an Festmählern und Trinkgelagen, wie wir später sehen werden.

Die Kirche wußte, welche Rolle solche Feiern im Leben des Volkes spielten. Sie bekämpfte alle Bräuche, die sie für heidnische Überreste hielt, bemühte sich aber gleichzeitig, die angeborene Freude an Gesang und Gestik für den Gottesdienst nutzbar zu machen. Die Kirche erkannte, daß die Masse des Volkes durch Teilnahme an religiösen Zeremonien ebenso wie durch die Verkündung der Sittenlehre christianisiert werden konnte. Aus dieser Einsicht erklärt sich ein charakteristischer Zug der Karolingerzeit: die erstaunliche Entfaltung der Liturgie.

Die Reform der Liturgie

Die karolingischen Herrscher leiteten ihre Würde von Gott her und hielten es deshalb für ihre vornehmste Aufgabe, die Religionsausübung zu ordnen und die christlichen Völker zum ewigen Heil zu führen. Alle, vom Kaiser bis zu dessen letztem Sklaven, schuldeten Gott unablässige Danksagungen. Den Herrn anzubeten und zu preisen war Aufgabe der Geistlichen und Mönche in engem Zusammenwirken mit dem Herrscher als weltlichem Oberhaupt des Klerus.

Der Kaiser mußte also Vorschriften erlassen, um überall eine einheitliche Gebetsordnung durchzusetzen. Zahlreiche Kapitularien Karls des Großen beziehen sich auf die liturgische Praxis; einzelne Vorschriften beziehen sich auf die Sonntagsheiligung, auf die regelmäßige Teilnahme der Gläubigen am Gottesdienst, auf die Verpflichtung zum Gebet, auf die Regelung kirchlicher Feiertage, auf Taufe, Buße und Kommunion.[1] Karl setzte das Werk seines Vaters Pippin fort und bemühte sich, die gallikanische Liturgie durch die römische zu ersetzen. Er ließ allerorts das Sakramentar Gregors abschreiben, nachdem es ihm im Jahr 781 von Papst Hadrian übersandt worden war. Sechs Jahre später ermahnte er alle Geistlichen, den *cantus romanus* ohne jede Veränderung anzuwenden. Man weiß, daß die Reform des Gottesdienstes in Aachen, in Metz (durch Bischof Drogo), in Lyon und in Saint-Riquier wirklich durchgeführt wurde, anderswo ist dies nicht so sicher. Ludwig der Fromme schickte 831 Amalarius von Metz nach Rom. Er sollte von Papst Gregor IV. ein neues Antiphonar erbitten, »um die gallikanischen Gottesdienstformen und Kirchenlieder dem römischen Ritus anzugleichen«. Das zeigt, daß sich die römische Liturgie nicht ohne weiteres durchsetzen konnte.[2]

Die Erneuerung des Gottesdienstes gab im Karolingerreich Anlaß zu zahlreichen Abhandlungen und Disputen. Über die Bedeutung der gottesdienstlichen Gestik befragten sich Alkuin und seine Schüler Amalarius, Agobard und Florus zu Lyon, Hrabanus Maurus und Walafrid Strabo. Amalarius bemühte sich darum, in der Messe überhöhte Allegorien mit heiliger Symbolik nachzuweisen: Der Thron des Bischofs bedeute den Thron Gottes, das Weihrauchfaß weise auf den Leib Christi und die Gebete der Heiligen, die sieben von Ministranten getragenen Kerzenleuchter seien als die sieben Gaben des Heiligen Geistes zu verstehen, die Diakone hinter dem Meßpriester stünden für die Apostel, die Subdiakone für die Frauen unter dem Kreuz, das Hochheben von Hostie und Kelch versinnbildliche die Kreuzesabnahme durch Joseph von Arimathaia. Durch seine Methode der allegorischen Interpretation zog Amalarius zwar Kritik auf sich, aber sie wurde während des gesamten Mittelalters häufig wieder aufgegriffen.[3]

Die Kulträume

Die allegorische Meßerklärung des Amalarius wurde zwar nicht in allen Einzelheiten akzeptiert, aber alle karolingischen Liturgiker betonten die religiöse Bedeutung der Kulträume und -geräte. Sie übernahmen dabei jüdische Traditionen und die germanischen Vorstellungen von geheiligten Bezirken. Der Gottesdienst wurde in einem fest begrenzten, geweihten Bereich gefeiert, der das Treiben der dämonischen Gewalten ausschloß: Jede Kirche, gleich welcher Größe, gleich ob aus Stein oder aus Holz gebaut, war ein derartiger heiliger Ort. Hier sollten die Christen mit frommer Scheu eintreten und voller Verlangen, die Herrlichkeit des Jenseits zu erahnen. Das Zeremoniell der Kirchenweihe ist im Sakramentar Bischof Drogos von 815 überliefert: Es zeigt, wie wichtig bei diesem Akt Besprengungen, Salbungen und Gebete waren.[4] Danach durften die Priester den ihnen vorbehaltenen Teil des Kirchenraumes in Besitz nehmen; er reichte bis zur Kanzel und durfte von Personen ohne kirchliche Weihen, von den Laien also, nicht betreten werden. In seinem Mittelpunkt stand der Altartisch aus Stein, manchmal aus Marmor, der von einem *ciborium* überragt wurde. Dieser baldachinartige Aufbau ruhte auf vier Säulen und wurde von einem Radleuchter erhellt. Außer dem Hochaltar gab es zahlreiche Seitenaltäre; sie waren im Chor und im Kirchenschiff aufgestellt und enthielten Reliquien. Der St. Galler Klosterplan verzeichnet 17 derartige Altäre, Angilbert ließ in Saint-Riquier 14 aufstellen.

Die Kultgeräte

Der Geistliche war für den Unterhalt seiner Kirche und ihrer Einrichtung verantwortlich. Hinweise dazu geben die Fragen, die Regino von Prüm für bischöfliche Pfarrvisitationen festgelegt hat. Der Bischof soll bei seinem Besuch feststellen, wer die Kirche geweiht hat, ob das Dach gut gedeckt ist und ob Tauben und andere Vögel, die Schmutz und Lärm verursachen, daran gehindert werden, im Dachstuhl zu nisten. Ferner sollte er erfragen: Aus welchem Metall die Glocken gegossen seien; ob die Altardecken neu oder gebraucht seien; ob die Reliquien sorgfältig verwahrt würden; aus welchem Metall Kelch und Patene bestünden; ob das Meßtuch aus gutem Leinen sei; ob ein Weihrauchfaß und auf dem Hochaltar eine Pyxis (Hostienbehältnis) vorhanden seien und wie viele Kerzen zum Hochaltar gehörten.[5] Drei Arten von Kultgeräten hatten für die karolingische Liturgie eine besondere, neuartige Bedeutung. Zunächst die Glocken, mit denen die Gläubigen zusammengerufen wurden, die aber auch Dämonen und Unwetter vertreiben konnten. Dann die Kerzen, die um die Altäre brannten oder bei Prozessionen mitgetragen wurden und die den Triumph über einen besonders gefürchteten Feind – die Dunkelheit – ermöglichten. Schließlich die ortsfesten oder tragbaren Weihrauchfässer, in denen dieser orientalische Wohlgeruch verbrannte, der unter hohen Unkosten importiert wurde. Wie ein Gebet zum Himmel steigend, umhüllten Weihrauchwolken die auf dem Altar dargebrachten Opfergaben. Dieser Brauch war aus jüdischen und östlichen Ritualen übernommen worden, er breitete sich im 9. Jahrhundert im ganzen Karolingerreich aus.

Das Problem der Bilderverehrung

Die Bilderverehrung erfordert eine gesonderte Darstellung, denn ihre Berechtigung wurde sehr ausführlich diskutiert. Die Wiederzulassung der Bilderverehrung durch das Konzil von Nikäa (787) wurde im Karolingerreich kaum beachtet, weil man die Beschlüsse nur unzureichend verstanden hatte. Wegen der Synode in Frankfurt (794) ließ Karl der Große eine Sammlung anlegen, die unter dem Titel *Libri Carolini* bekannt ist und an deren Abfassung vielleicht Alkuin beteiligt war (vgl. Abb. 35). In dieser Schrift wird die Bilderverehrung verworfen, weil sie bei den einfachen Gläubigen Ärgernis erregt oder den Rückfall in heidnischen Götzendienst verursacht. Es ist Gotteslästerung, ein Bild als heilig zu bezeichnen oder davor Weihrauch zu verbrennen, denn, wie ironisch angemerkt wird, beweihräuchere man etwa eine Darstellung der Flucht aus Ägypten, dann sei nicht zu entscheiden, ob man dies für die Heilige Jungfrau tue oder für den Esel, der sie trägt.[6] Den Bildern wird nur dekorativer, aber kein religiöser Wert zuerkannt. Die *Libri* gehen nicht so weit wie Claudius von Turin, der die Zerstörung aller Bilder forderte,[7] aber Anerkennung finden nur die künstlerischen und dekorativen Qualitäten. Falls man Gemälde zur religiösen Belehrung verwenden wolle, brauche man zur Erklärung der Darstellung eine Aufschrift (*titulus*): »Wir sehen das Bild einer schönen Frau mit einem Knaben auf dem Schoß. Falls eine Aufschrift fehlt oder zufällig zerstört wurde, ist nicht

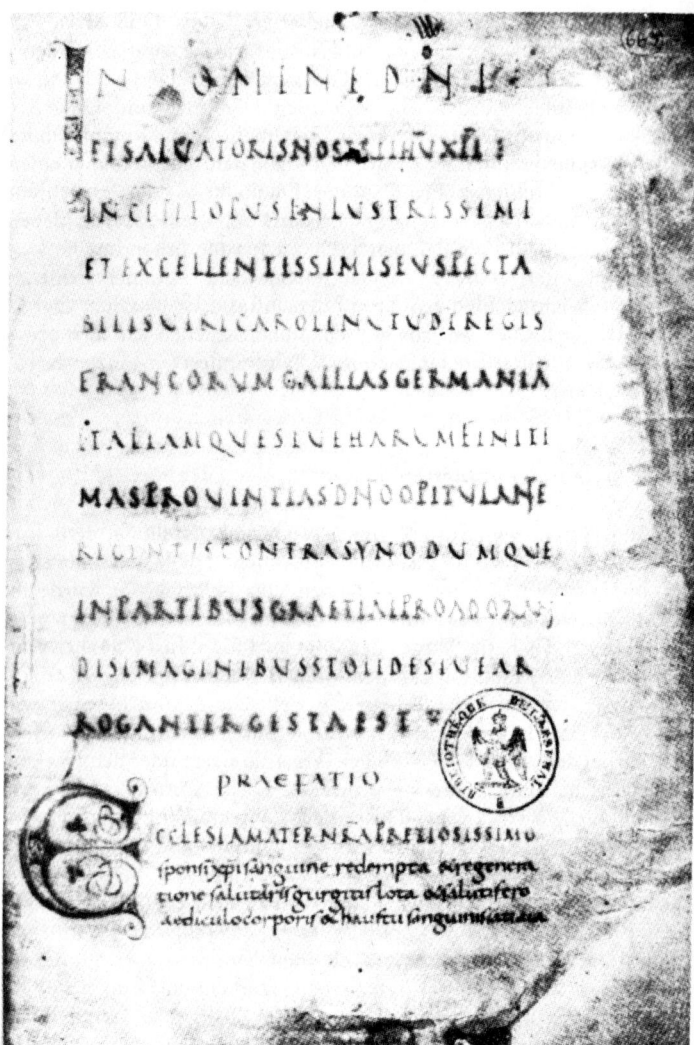

Abb. 35. Beginn der *Libri Carolini.*

zu entscheiden, ob es sich um die Jungfrau mit dem Kind handelt oder aber um Venus mit Aeneas, Alkmene mit Herakles, Andromache mit Astyanax.«

Auf jeden Fall gelte aber:

»Der Mensch kann auch ohne den Anblick von Bildern sein Seelenheil finden, aber nicht ohne Kenntnis von Gott. Außerdem ist jeder zu bedauern, der Bilder braucht, um sich an das Leben Christi zu erinnern und nicht imstande ist, aus eigener Kraft zu glauben.«[8]

Weil für Hatto von Fulda »Malerei die am meisten geschätzte Kunst« war, forderte ihn Hrabanus Maurus auf, auch die Kunst des Schreibens, den anstrengenden Kirchengesang und die Leselust gebührend zu achten. Denn der Buchstabe wiege mehr als die leere Form des Bildes, und Quelle allen Heils sei die Heilige Schrift.[9]

Gemälde wurden also gerade noch geduldet, plastische Figuren fehlten dagegen ganz: Sie hätten zu sehr an Götzenbilder erinnert. Erst am Ende des Jahrhunderts fing man damit an, Reliquiaren die Form von Büsten zu geben, aber dieser Weiterentwicklung der Sakralkunst – die Vorstufe zur mittelalterlichen Bildhauerei – erregte bei manchen Anstoß. Die in der Karolingerzeit zu beobachtende mißtrauische Zurückhaltung vor bildlichen Darstellungen läßt sich zweifach erklären: aus der noch immer wachen Furcht vor einer Neubelebung heidnischer Bräuche, aber auch durch die schon mehrfach bemerkten Einflüsse des Alten Testaments. In ihrer Bilderfeindlichkeit stimmten die Christen mit den Juden im Karolingerreich überein.

Die kirchlichen Feiertage

Die Sakralräume erschienen den Gläubigen wie eine Vorwegnahme des Paradieses, die Feiertage gaben ihnen immer wieder Gelegenheit, in Verbindung mit dem ewigen Jenseits zu treten. Es war der Kirche nicht möglich gewesen – vielleicht hatte sie es auch gar nicht beabsichtigt –, die antike Form der Zeitrechnung zu verdrängen. So hatten auch die zwölf Monate ihre heidnischen Namen behalten. Nach Einhards Bericht hätte Karl der Große gerne altdeutsche Monatsbezeichnungen eingeführt, er konnte sich damit aber nicht durchsetzen. Die Monate wurden nach wie vor unterteilt in Kalenden, Nonen und Iden. Der lichte Tag hatte zwölf Stunden, die im Winter kürzer waren als im Sommer, weil die erste mit dem Sonnenaufgang begann und die letzte mit dem Sonnenuntergang beendet war. Die adlige Oberschicht

verwendete Sonnenuhren, vereinzelt auch schon Wasseruhren. Voller Bewunderung schildert der Verfasser der Reichsannalen eine Uhr, die Karl der Große von Harun al-Raschid als Geschenk erhielt: »Es war ein kunstvolles Uhrwerk, in dem der Lauf der zwölf Stunden sich nach einer Wasseruhr bewegte, mit ebensoviel ehernen Kügelchen, die nach Ablauf der Stunden herunterfielen und so ein darunter liegendes Becken erklingen ließen. Ferner gab es zwölf Reiter, die am Ende der Stunde aus zwölf Fenstern herauskamen...«[10]
Die Bauern lebten unverändert im Rhythmus des Tagewerks und des Wechsels der Jahreszeiten. Aber die Glocken einer Kirche oder eines Klosters verkündeten ihnen Unterbrechungen des Alltags, die Gott geweiht waren. Vom Pfarrer wurden die Bauern daran erinnert, daß das Jahr durch Festtage unterteilt werde, die man kennen müsse: Mit Martini setze der Winter ein, der Frühlingsanfang werde weniger vom Neubeginn des Pflanzenwuchses als vom Osterdatum bestimmt, Johannis sei der Sommeranfang, am Remigiustag beginne die Weinlese. Alle drei Stunden wurden die Mönche durch Glockenläuten zusammengerufen zu Matutin, Laudes, Prim, Terz, Sext, Non, Vesper und Komplet. Ihrem Beispiel folgend, sollten alle Christen mehrmals am Tag beten. Dhuoda empfahl deswegen ihrem Sohn: »Sprich dreimal den Namen des Herren und das Vaterunser, wenn du am Morgen aufstehst; halte dich an die kanonischen Stunden und sprich die zur Tageszeit passenden Gebete.«[11] Für die Gläubigen, die gemäß der Mönchsregel beten wollten, wurden im 8. und 9. Jahrhundert Textsammlungen nach Art eines Laienbreviers und kleinformatige Psalter geschrieben.[12]
Geistlicher Höhepunkt der Woche war der Sonntag. Herrscher und Bischöfe schärften immer wieder das Arbeitsverbot ein. Selbst die ärmsten Landarbeiter, die Schweine- und Viehhirten, sollten an der Messe teilnehmen. Um den geheiligten Feiertag würdig zu begehen, waren die Gläubigen dazu angehalten, auf Geschlechtsverkehr, Tanz und Geschäftsabschlüsse zu verzichten. Pirmin forderte: »Würdigt den Sonntag und enthaltet euch jeder schweren, knechtischen Arbeit auf dem Feld, auf Wiesen oder im Weinberg. Ihr sollt am Tage des Herrn keine Rechtsstreitigkeiten austragen, Küchenarbeit ist nur erlaubt, soweit sie zum leiblichen Unterhalt notwendig ist.«[13]
Nach Möglichkeit sollten die Gläubigen in der Nacht vom Samstag auf Sonntag zur Kirche kommen, nüchtern und eine Laterne in der Hand, um an der Frühmette teilzunehmen. Danach durften sie nach Hause gehen, mußten aber zum Vespergebet zurückkehren.[14] Beim Betreten

der Kirche wurden sie mit Weihwasser besprengt, während des Gottesdienstes verharrten sie auf ihren Plätzen vor der Kanzel, sangen mit oder lauschten den Kirchenliedern.

Der liturgische Gesang

Es gibt zwar einige musiktheoretische Abhandlungen aus der Karolingerzeit, aber über die Praxis des Kirchengesangs ist nur wenig bekannt. Geistliche und Mönche wurden, wie oben geschildert, an der Schule in der Kunst des Singens unterrichtet. Auf einer Synode im Jahre 816 wurde als wünschenswert bezeichnet, daß die Vorsänger sich Mühe geben sollten, nicht nur durch die Erhabenheit des Textes, sondern auch durch den Wohlklang der Stimme auf das Gemüt des Volkes zu wirken: »Sie sollen nicht mit überlauter, unregelmäßiger, schlecht geführter Stimme, sondern gleichmäßig und ausgewogen singen. So kann sich der Verstand des Vorsängers an der willkommenen Gedankentiefe der Psalmen ergötzen, während zugleich das Gemüt der Zuhörer durch die Süße der Melodie erfreut wird.« Der als »gregorianischer Gesang« bekannte *cantus romanus* galt als besonders geeignet, um die Gebete der Geistlichen und des Volkes zu unterstützen. Die Herrscher bemühten sich, ihn überall einzuführen, aber noch Ende des 9. Jahrhunderts wunderte sich Notker der Stammler über die »allzugroße Verschiedenheit zwischen unserer und der römischen Singweise«.[15]

Die karolingischen Kirchensänger entwickelten eine Art Musikschrift, indem sie durch Akzentzeichen das Ansteigen und Absinken der Tonhöhe dem Verlauf der Melodie entsprechend festlegten. Mit diesen Zeichen, die Neumen genannt werden, entdeckten sie wieder das Prinzip der Notenschrift, die seit der Antike vergessen worden war. Um die langen Koloraturen des Alleluja festzuhalten, kam man auf die Idee, Wörter und Noten aufeinander abzustimmen; jedem Ton der Melodie entsprach eine Silbe. Ein Mönch aus Jumièges, der vor den Normanneneinfällen floh, brachte diese Erfindung zu den Mönchen von Sankt Gallen. Der junge Notker eignete sich die Methode an, weil er ein schlechtes Gedächtnis hatte, und verfeinerte sie noch. Diese *prosa*, die auch »Sequenz« genannt wurde, fand eine weite Verbreitung. Im Bemühen um die Vervollkommnung ihres Kirchengesangs ergänzten die Mönche gegen Ende des 9. Jahrhunderts die Melodie durch eine instrumentale oder vokale Begleitung. Hier liegt ein erster

Ansatz zur Entwicklung der Polyphonie, der Voraussetzung für die Musik der Neuzeit.[16]
Die strenge Einstimmigkeit des gregorianischen Gesangs wirkte sicher wenig anziehend auf das Volk, das an die kontrastreichere Rhythmik der profanen Musik gewöhnt war. Deswegen verwendeten die Vorsänger gerne verschiedenartige Instrumente, und auch die Orgel war schon in Gebrauch. Wie Notker berichtet, benutzte Karl der Große den Besuch einer griechischen Gesandtschaft, um deren mitgeführte Orgel nachbauen zu lassen. Er beschreibt sie als das »vornehmste Musikinstrument, das mittels eherner Behälter und rindslederner Bälge, die wunderbar durch eherne Pfeifen blasen, das Rollen des Donners durch Dröhnen und das Geplauder von Leier und Zimbel durch Lieblichkeit des Tones treffend wiedergab.«[17] Leier, Zither, Harfe, Flöte, Hörner, Schlagzeuge, Zimbeln, beinerne Kastagnetten und Schellen (*campanae*) erklangen in den Kirchen, genauso aber auch in den Hallen der Paläste. Gute Abbildungen dieser Instrumente findet man in Bilderhandschriften mit Darstellungen des Psalmen singenden Königs David.[18]

Die heilige Messe

Weil das Volk Musik liebte, sang es auch bereitwillig in der Kirche. Freilich war es wegen seiner Neigung zu Neuerungen bei den Geistlichen gefürchtet; oft wollten die Leute lieber volkstümliche Kirchenlieder (*plebei psalmi*) singen, die anspruchslos komponiert und wenig orthodox waren.[19] Man forderte deswegen von den Gläubigen, sich auf das Mitsingen des *Kyrie*, *Gloria* und *Sanctus* zu beschränken. Für den Rest der Zeremonie hatten sie zu schweigen und den Vorsängern zu lauschen.
Die erwünschte Ruhe war freilich nur schwer zu erreichen. Wer weder die Sprache der Messe noch die Gestik des Priesters verstand, dem wurde die Zeit lang. Manche gingen vor der Evangelienlesung, um im Vorraum der Kirche zu schwätzen. Hinkmar von Reims verlangte 859 von seinen Geistlichen, gleich nach der Epistel eine an die Pfarrkinder gerichtete Ermahnung vorzulesen. Er wisse nämlich, schreibt er, »daß es Leute gibt, die schon vor der Evangelienlesung und der Predigt die Kirche verlassen«.[20] Nach der Predigt wurden die Gläubigen aufgefordert, ihre Gaben auf den Altar niederzulegen. Dazu gehörten außer Brot, das in Körbe oder auf Leintücher gelegt wurde, auch Öl oder

Wachs für die Altarlichter, die ersten Enteerträge und Geld. Allerdings konnte das Darbringen der Opfergaben den Gottesdienst stören und Unruhe vor dem Altar verursachen, zu dem die Frauen keinen Zutritt hatten. Deswegen wurde empfohlen, die Geschenke vor der Evangelienlesung oder erst nach der Messe niederzulegen.[21] Bereits vorbereitet war das Brot für die Kommunion, das seit dieser Zeit wie bei den Juden nicht mehr gesäuert wurde. An den hohen Festtagen wurde den Teilnehmern das Sakrament in Gestalt eines kleinen Stückes geweihten Brotes gereicht. Die Austeilung der Kommunion unter beiden Gestalten verlor an Bedeutung, überhaupt kommunizierten die Gläuben trotz Ermahnungen durch Kaiser und Bischöfe nur sehr selten.[22] Die Kirche warnte die Gläubigen auch davor, durch ungenügende Vorbereitung auf den Sakramentsempfang eine schwere Sünde zu begehen: Die geweihte Hostie verlangte tiefe Ehrfurcht. Unter den zeitbedingten Umständen war es der Kirche nicht möglich, die wöchentliche Teilnahme an der Kommunion als Regel durchzusetzen. Die Bischöfe beschränkten sich deswegen auf die Forderung, die Gläubigen sollten wenigstens dreimal jährlich – an Weihnachten, Ostern und Pfingsten – das Sakrament empfangen.[23]
Weihnachten und Ostern waren für die Einteilung des Kirchenjahres maßgebliche Feste. Vom ersten Advent (*adventus*) an bereiteten sich die Gläubigen darauf vor, Christi Geburt zu feiern: Sie schliefen getrennt, fasteten und gingen nach Möglichkeit zur Beichte. Weihnachten mit seinen drei Hochämtern und das nachfolgende Epiphaniasfest wurden mit Prunk begangen. An Septuagesima beginnend, sollten die Gläubigen ihr Leben erneuern durch Nachtwachen, ganztägiges Fasten, Almosen und Gebete. In diese Zeit fielen auch die unbequeme Entrichtung der Zehntabgabe und die Vorbereitung auf die jährliche Beichte an Aschermittwoch.

Die kirchliche Buße

»Jetzt ist die Zeit gekommen, Gott und eurem Priester alle Sünden zu bekennen und sie zugleich durch Fasten, Gebete, Tränen und Almosen zu tilgen.«
Mit diesen Worten beginnt eine Predigt zum ersten Fastensonntag.[24] Das Bekenntnis der Sünden und die Buße gehörten zu den besonderen Anliegen der karolingischen Frömmigkeit. Um dem Einfluß des Teufels zu entgehen, mußte der Christ seine Sündhaftigkeit bekennen.

Viele beichteten einfach vor Gott, was Alkuin und Jonas von Orléans zwar löblich, aber nicht ausreichend fanden.[25] Sie empfahlen, die läßlichen Alltagssünden Laien zu bekennen, so wie sich die Mönche gegenseitig die Beichte abnahmen. Wegen Todsünden, deren Verzeichnis damals zusammengestellt wurde, mußte man sich aber an die Priester wenden, die als Ärzte der Seele galten.

Mönche von den Britischen Inseln hatten die vertrauliche Einzelbeichte auf den Kontinent gebracht, wo sie jetzt allgemein verbreitet war. Wie in den germanischen Volksrechten für jedes Vergehen eine entsprechende Geldzahlung festgelegt war, so bestimmten die Bußbücher für jede Sünde eine feste Bußleistung, die in Fasten und körperlichen Kasteiungen bestand. Aber der reuige Sünder konnte sich auch schon von allzu langfristigen Bußübungen durch Gebete und Geldzahlungen freikaufen. So konnte z. B. einjähriges Fasten ersetzt werden durch zwölfmal drei Fasttage oder 26 Schillinge, das Aufsagen von drei Psaltern und 300 Rutenschläge. Drei Fasttage konnten abgegolten werden mit dem nächtlichen Aufsagen von 100 Psalmen und 300 Rutenschlägen oder mit drei Pfennigen. Die Reichen konnten sich also recht bequem von ihren Strafen loskaufen. Es gab auch die Möglichkeit, daß der Sünder einen anderen bat, an seiner Stelle Buße zu tun: »Wer die Psalmen nicht auswendig kennt und vor Schwäche unfähig ist, zu fasten, zu wachen, auf den Knien oder in Kreuzesform zu liegen, sich zu Boden zu werfen, der darf sich einen Stellvertreter suchen und ihn dafür bezahlen, die Buße zu erfüllen. Denn es steht geschrieben: Einer soll die Bürde des anderen tragen.«[26]

Manche Geistliche hielten dieses Verfahren für einen Mißbrauch. In ihren Augen waren die Bußbücher wertlos, weil »ihre Irrtümer ebenso offensichtlich sind wie die Unglaubwürdigkeit der Verfasser. Man sollte die Bücher verbrennen und unwissende Priester daran hindern, durch ihren Gebrauch das Volk noch länger zu täuschen.« Den Beichtvätern sollte es ihrer Ansicht nach »verboten sein, die Dauer und Art der Bußleistung nach dem Belieben des Sünders einzuschränken oder aus Gewinnsucht, Freundschaft, Furcht oder Gefälligkeit zu verändern«.[27]

Die Bischöfe bemühten sich um die Rückkehr zur alten Praxis der öffentlichen Buße, wenigstens bei schweren Vergehen. Sie forderten Priester und Gläubige zur Anzeige auf, wenn sie Augenzeugen von Todsünden geworden waren. Es wurde also wieder Gewohnheit, vor der Öffentlichkeit Buße zu tun; davon betroffen waren nicht nur die Herrscher (Ludwig der Fromme mußte 833 in Saint-Médard zu Soissons Selbstkritik üben und ein Bekenntnis seiner Vergehen ablegen), sondern auch alle anderen, die schwer gesündigt hatten. Regino von Prüm hat das Ritual der öffentlichen Buße aufgezeichnet, die am Aschermittwoch stattfinden mußte: In einen Sack gekleidet, mit bloßen Füßen und niedergeschlagenen Augen, trat der Sünder vor den Bischof, der ihm Asche aufs Haupt streute, das Büßerhemd überwarf und das Strafmaß eröffnete, bevor er ihn feierlich aus der Kirche weisen ließ.[28] In einem Brief an einen hochgestellten Übeltäter, der seine Frau wegen des Verdachts auf Ehebruch getötet hatte, gibt Paulinus von Aquileia die Strafe ganz genau an: »Du darfst künftig keinen Wein und kein Bier trinken, außer an Ostern und Weihnachten darfst du auch keinerlei Fleisch essen, du mußt bei Wasser und Brot fasten. Du hast deine Zeit mit Fasten, Nachtwachen, Gebeten und Almosengeben zu verbringen. Es ist dir verboten, jemals Waffen zu tragen oder einen Kampf anzunehmen. Du darfst dich nicht wieder verheiraten, dir keine Konkubine nehmen und keine Unzucht treiben. Künftig wirst du kein Bad mehr nehmen und an keinem Gastmahl mehr teilnehmen. An der Kirche hast du dich, abgesondert von den übrigen Gläubigen, noch außerhalb der Vorhalle aufzuhalten. Empfiehl dich dem Gebet derer, die hinein- und herausgehen. Während deines ganzen Lebens sollst du zur Kommunion gehen, sooft du die Gnade erfährst, einen Priester zu treffen, der sie dir spenden kann. Dies ist die einzige Gunst, die wir dir zugestehen können.«[29]

Die germanischen Volksrechte kennen die Verstoßung aus Familien- und Stammesverband als Strafmaßnahme; ähnlich war die Lage des Exkommunizierten, der nicht länger in Gemeinschaft mit anderen Christen leben durfte. Zu einer Zeit, in der das auf sich allein gestellte Individuum als Irrläufer und beinahe schon todgeweiht galt, war diese Strafe furchtbar. Die Kirche trieb mit dieser gefährlichen Waffe manchmal auch Mißbrauch, sie drohte den Exkommunizierten sogar mit der Verweigerung eines christlichen Begräbnisses. Ein öffentlich Büßender, der seine Strafe erfüllt oder Nachlaß erhalten hatte, empfand jedenfalls große Erleichterung, wenn er am Gründonnerstag wieder in die Gemeinschaft aller Christen aufgenommen wurde.

Die öffentliche Buße, unerbittlich und spektakulär, wie sie war, konnte die bei den Beichtkindern viel beliebtere stille Buße nicht ganz verdrängen. Dies führte zu einer im Mittelalter dann klassisch gewordenen Unterscheidung: Öffentlich begangene Todsünden mußten öffentlich gebüßt werden, bei versteckt begangenen genügte die stille

Buße mit genau bestimmten Leistungen. Theodulf erläutert diesen Grundsatz an dem Beispiel eines Priesters, der eine verheiratete Frau verführt hatte: »Falls die Missetat allgemein bekannt geworden ist, soll der Schuldige sein Amt verlieren und zehn Jahre öffentlich büßen. Falls seine Unzucht aber den Augen des Volkes verborgen blieb, dann soll er insgeheim zur Beichte gehen und eine Buße im stillen empfangen.«[30]

Die Kirchenfeste

Die für das Kirchenjahr so wichtige Osterwoche gab Anlaß zu besonders feierlichen Zeremonien; für Saint-Riquier ist ihr Ablauf durch Angilberts *Institutio de diversitate officiorum* vollständig überliefert: Am Palmsonntag zogen die Mönche in Prozession zu der 300 Meter entfernten Kirche Sainte-Marie. Hier sangen sie die Terz und erhielten Palmzweige, danach schlossen sich ihnen die Bewohner des Ortes an. Der Weiterweg führte durch die Vorhalle der Abteikirche nach Saint-Sauveur, wo die Messe gelesen wurde. In der Nacht von Donnerstag auf Freitag sangen drei Chöre die Vigilien: Einer stand vor dem Hauptaltar der Kirche, die beiden anderen, von Kindern gebildeten, hatten ihren Platz im westlichen Teil bei dem Thron des heiligen Richarius. Am Nachmittag beteten die Mönche, das Volk und die Kinder vor drei eigens aufgestellten Kreuzen. Nach der Messe am Karsamstag wurden die Taufbecken geweiht und die Litanei mit den 135 Heiligennamen aufgesagt. Am Ostersonntag erhielten Mönche, Geistliche und Volk feierlich die Kommunion ausgeteilt. Nach der Messe formierte sich in Saint-Sauveur die große Osterprozession. Drei Weihwasserkessel, drei Weihrauchfässer, sieben Kreuze, das große und sechs kleinere Reliquiare wurden vorangetragen, dann folgten sieben Diakone, sieben Subdiakone, sieben Akoluthen, sieben Exorzisten, sieben Vorleser, sieben Pförtner, die Mönche in Siebenerreihe, die *schola cantorum*, die Kreuze von sieben benachbarten Dörfern. Angilbert weist darauf hin, daß die Einteilung nach der Siebenzahl im Hinblick auf die sieben Gaben des Heiligen Geistes erfolge. Die Prozession zog um den Kreuzgang bis Sainte-Marie, dann weiter nach Saint-Benoît, der dritten Kirche des Klosters, und kehrte dann zu einer abschließenden Messe in die Abteikirche zurück.
Auch in Metz wurden während der Osterwoche Prozessionen zu den verschiedenen Kirchen des bischöflichen Bezirks veranstaltet. Ohne

Zweifel folgten die Mönche der *Francia* damit dem Vorbild der Stationsgottesdienste in Rom, die damals in der Laterankirche, Santa Croce und Santa Maria Maggiore gehalten wurden.[31] Neben dem Weihnachts- und Osterzyklus hatten die weltlichen und kirchlichen Gewalten eine Reihe von Feiertagen als verbindlich festgelegt: Christi Himmelfahrt, Peter und Paul, Johannis, Michaelis, Remigii, Martini, Andreas und die vier Marienfeste, nämlich Mariae Reinigung, Verkündigung, Geburt und Himmelfahrt. Das letztgenannte Fest war nicht überall anerkannt, nach einem Bericht der *Annales Bertiniani* zu 862 war in Thérouanne ein Wunder nötig, um die Einwohner zu veranlassen, Mariae Himmelfahrt als Feiertag zu begehen.[32] Die Marienverehrung kam über Rom aus dem Orient nach Europa. Sie war noch nicht volkstümlich, wurde aber von den Gebildeten mit eifriger Anteilnahme gefördert. Paschasius Radbertus verfaßte einen Traktat über die Assumptio Mariens und Walafrid Strabo gelangen schöne Gedichte zum Lob der Jungfrau, der »Mutter, Gemahlin, Taube, Zuflucht, Königin, ewig treuen Freundin«. Rosen und Lilien wurden zum Blumensymbol Mariens.[33]
In jeder Kirche wurden örtliche Heilige verehrt, deren Anzahl mit dem Anwachsen des Reliquienschatzes zunahm. Als Folge vermehrte sich auch die Zahl der Feiertage. So konnten z. B. die Bauern von Corbie im Jahr 822 außer am Sonntag an 36 weiteren Festtagen die Arbeit einstellen. Allerheiligen, ein Fest keltischen Ursprungs, ist seit 813 nachweisbar und wurde bald allgemein am 1. November begangen.
Schließlich waren einige Tage im Jahr Fasten und Gebeten vorbehalten: An Rogationes (die drei Tage vor Christi Himmelfahrt) und am 25. April wurden Bittprozessionen gehalten, die sogenannten *Litaniae minores* bzw. *Litania maior*. An den Quatembertagen wurde der Schutz Gottes für die bäuerlichen Arbeiten während der vier Jahreszeiten erfleht. Zusätzlich konnten in Notzeiten die Könige außerordentliche Fast- und Bettage anordnen. So verfügte Karl der Große 780, »jeder Bischof solle drei Messen lesen und drei Psalter singen, einen für den König, einen für das fränkische Heer, einen wegen der gegenwärtigen Drangsal. Die Bischöfe, Mönche, Nonnen, deren Eigenleute und alle Großen sollten zwei Fasttage einhalten«.[34]

Die Gebetsgemeinschaften

Am Rande der regulären Gottesdienst-Übungen entstanden an manchen Orten kleine Gruppen, in denen sich Geistliche und Laien zu Gebetsgemeinschaften zusammenschlossen. Eine Berner Handschrift überliefert die Statuten einer *societas* von Geistlichen, entstanden zu Ehren des heiligen Petrus. Zwölf Kleriker schlossen sich zusammen, bestimmten einen Anführer und verpflichteten sich zu gemeinsamen Bußübungen und Gebeten. Am Aposteltag versammelten sie sich in der Kirche, sangen die sieben Bußpsalmen und eine Gebetslitanei, nahmen einander die Beichte ab und ministrierten bei der Messe. Dann begaben sie sich zum Haus eines ihrer Mitglieder, speisten schweigend während einer Lesung und stellten Nahrung für Arme bereit. Sie gingen erneut zur Kirche, beteten einige Psalmen und kehrten dann in das Haus zurück, um gemeinsam den Tag zu beschließen. Wenn ein Mitbruder erkrankte, gingen die anderen zu ihm, sangen Bußpsalmen und besprengten ihn mit Weihwasser, während einer der Geistlichen die Messe für ihn las. Sie wachten bei ihm Tag und Nacht bis zu zwölf Tagen und aßen in dieser Zeit, was sie eben vorfanden, sie begnügten sich sogar mit Wasser und Brot, ohne über die Erschöpfung der Speisekammer zu klagen. Wenn der Tod nahte, versammelten sich alle und spendeten dem Sterbenden die Letzte Ölung. Nach dem Begräbnis lasen sie alle einen Monat lang die Messe für den Verstorbenen, danach übernahmen sie noch während eines ganzen Jahres der Reihe nach abwechselnd dieses Amt.[35]

Derartige Gebetsverbrüderungen zugunsten Verstorbener traten zuerst im angelsächsischen Bereich auf, im 8. und 9. Jahrhundert begegnen sie mit zunehmender Häufigkeit in den Kirchen des gesamten Karolingerreiches. Die früheste Quelle dazu ist von der Synode in Attigny (wahrscheinlich 762) überliefert. Dem Totenbund gehörten 44 Bischöfe und Äbte an, jeder mußte für ein verstorbenes Mitglied 100 Psalter und 100 Messen singen lassen, jeder Bischof mußte zusätzlich persönlich 30 Messen lesen. 842 wurde eine Gebetsverbrüderung zwischen Saint-Germain-des-Prés, Saint-Denis und Saint-Rémi zu Reims abgeschlossen.[36] Wenn ein Klosterbruder starb, las einer der Mönche während eines Monats täglich einen Psalter; am ersten, siebten und dreizehnten Tag nach dem Todesfall lasen die Priester eine Messe. Der *Liber memorialis* von Remiremont regelt die Gebetsverbrüderung zwischen Remiremont, Inden (Kornelimünster bei Aachen), Stablo, Malmedy, Lobbes, Annegray und Murbach. Die

Mönche beteten füreinander, nicht nur für die Verstorbenen, sondern auch für die Lebenden.[37] In eine Gebetsverbrüderung aufgenommen zu werden war eine große Ehre, die viele anstrebten. So wurde z. B. der gelehrte Alkuin während der Synode von 794 in Frankfurt in die Vereinigung der Synodalen aufgenommen. Wie viele Menschen der Karolingerzeit fürchtete Alkuin den Tod, beklagte häufig seine Sünden und bat seine Briefpartner um beständige Fürbitten. Das Gottesgericht war nahe, deswegen war es gut, sich durch Almosen und Opfergaben darauf vorzubereiten. Manche zogen sich auch in ein Kloster zurück, um dort den Tod zu erwarten. Andere baten um ein besonderes Begräbnis: Zwar war die Bestattung in der Kirche selbst durch formelles Gebot den Bischöfen und Äbten vorbehalten, aber viele wünschten ein Grab möglichst nahe bei der Kirche, in der Vorhalle, »unter dem Wasserspeier, durch den das Wasser vom Dach abfließt«, um durch dieses geheiligte Wasser gewissermaßen erquickt zu werden. Die Friedhöfe der Pfarrkirchen wurden dagegen oft sehr vernachlässigt, Menschen und Tiere gingen über die Gräber. Hinkmar bat die Priester, selbst darüber zu wachen, daß die Grabstätten nicht aufgewühlt würden und daß nicht, was leider oft geschehe, Sarkophagplatten und Gebeine als Straßenpflaster dienten.[38] Diese Zustände waren der Anlaß dafür, daß vermögende Leute in den Kirchenvorhallen begraben werden wollten. So suchte ein Ehepaar den Abt von Saint-Maxent in der Bretagne auf und bat um eine ruhige Grabstätte. Man zeigte den Eheleuten einen Platz, der ihnen gefiel. Sogleich legten sie ihre Opfergaben auf den Altar, und eine Urkunde bestätigte die Schenkung.[39]

Bischöfe, Äbte und auch die Herrscher besaßen das Privileg, als letzte Ruhestätte einen Platz in der Kirche, möglichst nahe bei Reliquien, beanspruchen zu können. Pippin wurde in Saint-Denis bestattet, Karlmann in Saint-Rémi zu Reims, Karl der Große in Aachen, Ludwig der Fromme in Saint-Arnoul zu Metz, Lothar in Prüm. Karl der Kahle ließ sein Grab in Saint-Denis, vor dem *gazophylacium* genannten Altar vorbereiten. Als er auf dem Rückweg aus Italien starb, entfernte man seine Eingeweide, nahm Wein und verschiedene Wohlgerüche, um den Leichnam einzubalsamieren, und verschloß ihn dann in einem doppelseitig verpichten, lederüberzogenen Faß, das vorläufig in Nantua beigesetzt und später in die königliche Begräbniskirche überführt wurde.[40] Als Nithard auf einem Feldzug umkam, wurde sein Leichnam in einem Holzsarg geborgen, der mit Salz gefüllt und mit Leder bezogen wurde. Dann brachte man ihn nach Saint-Riquier, wo Nithard Laienabt gewesen war.[41] Die meisten Gläubigen sicherten sich und ihren Verwandten Fürbitten, indem sie ihre Namen auf Altartafeln verzeichnen ließen. Manche kratzten ihre Namen aber sogar auf Stein, wie in Minerve (Departement Aude), wo die Altarplatte 93 Sgraffiti aus der Karolingerzeit aufweist.[42] Auch durch Verfügungen, z. B. in Testamenten, konnte man sicherstellen, bei den Gebeten der Lebenden nicht vergessen zu werden. Gisela, die Gemahlin Markgraf Eberhards von Friaul, traf Bestimmungen über die Anniversarfeier am Todestag ihrer Eltern.[43] Literarisch Gebildete verfaßten vor ihrem Tod eine Inschrift, die ihre Grabstätte schmücken sollte und meist eine Bitte um das Gebet der Lebenden enthielt. Ein Beispiel dafür sind einige Zeilen aus dem Epitaph Dhuodas:

»Niemand soll vorübergehen, ohne diese Inschrift zu lesen. Ich beschwöre alle, folgendes Gebet zu sprechen: Gütiger Gott, schenke ihr die ewige Ruhe und gewähre ihr gnädig das ewige Leben in der Gemeinschaft der Heiligen.«[44]

Die Angst vor dem Jenseits bedrückte alle Gläubigen. Das einfache Volk wollte den Verstorbenen durch Gesänge und Totenmähler beistehen, deren heidnischer Charakter offensichtlich ist. Aber auch die Großen konnten sich von der Furcht vor dem Jüngsten Gericht nicht freimachen, und die Kirche tat nichts, um ihnen Zuversicht zu geben. Bezeichnend dafür sind Hinkmars Worte an Ludwig den Deutschen, dessen Politik er mißbilligte:

»Stellt Euch jene letzte Stunde vor, die unausweichlich kommt, weil ihr kein Mensch entgehen kann. Da wird die Seele von Euch weichen, sie wird die Welt, allen Reichtum, alle Macht und Euren Körper selbst hinter sich lassen, und sie wird ohne den Beistand von Frau und Kindern, ohne Trost und Hilfe der Freunde oder Untergebenen, ganz nackt und verlassen sein [. . .]. Und sie wird alle begangenen Sünden erkennen, sie wird die bösen Geister sehen und sich von ihnen festgehalten und in die Enge getrieben fühlen. Ihr wird stets gegenwärtig sein, was sie während des Erdenlebens gegen die Pflichten der Nächstenliebe und des Glaubens gedacht, geplant und getan hat, ohne dies durch angemessene Buße auszugleichen. Sie wird fliehen wollen, vermag es aber nicht. Es ist ganz gewiß, daß alle Menschen, die gerechten wie die sündhaften, in ihrer Todesstunde von den Teufeln heimgesucht werden.«[45]

Das aufwendige Sterbezeremoniell, die letzte Beichte, wiederholte

Salbungen des Körpers, Gebete vor und nach dem Eintritt des Todes,[46] dies alles trug dazu bei, die letzten Augenblicke eines Menschen zu dramatisieren und die Lebenden zu beeindrucken. Das Dasein in der Welt der Karolinger war harten und drückenden Bedingungen unterworfen.

Fünfter Teil
Auf der Suche nach Schutz und Hilfe

Kapitel I
Die Schwierigkeiten des Alltagslebens

Die Größe des Reiches, das Ansehen und der Reichtum der Großen, die geistige Erneuerung und der Glanz der Kirchenfeste dürfen die Schwierigkeiten und das Elend des täglichen Lebens nicht verdecken. Es ist immer problematisch, über das Wohlergehen oder Unglück von Menschen vergangener Zeiten nach Maßstäben der Gegenwart zu urteilen. Trotzdem kann man davon ausgehen, daß unsere karolingischen Vorfahren objektiv kaum erträglichen Widrigkeiten ausgesetzt waren. Zu den abweisenden naturgegebenen Umweltbedingungen kamen Katastrophen, die im Verlauf dieser Darstellung schon mehrfach erwähnt wurden. Sogar die Geistlichen, die doch einer privilegierten Schicht angehörten, haben sie in ihren Annalenwerken registriert: Klimasprünge, Überschwemmungen, das Auftreten von Seuchen bei Menschen und Tieren, Erdbeben, Hungersnöte. Statt diese Unglücksfälle Jahr für Jahr aufzuzählen, werden sie auf den folgenden Seiten in einer Tabelle zusammengefaßt, die zwar überlieferungsbedingte Lücken enthält, aber auch so ein sehr eindrucksvolles Bild vermittelt.

Bettlerplage und Räuberunwesen

Überall und zu jeder Zeit lassen sich im Karolingerreich Bettler nachweisen. Zusammengedrängt saßen sie unter den Säulen-Vorhallen der Kirchenportale, besonders zahlreich während Feiertagen und Wallfahrten. Die Heiligenviten berichten von Lahmen, Hinkenden, echten und falschen Blinden oder einfach von »den Elenden«, die um eine kleine Münze oder um ein Stück Brot bettelten. Da gab es einen

	Dürre	Strenger Winter	Milder Winter	Seuche	Tier-seuche	Über-schwemmung	Erdbeben	Hungers-not
790								793 L
800								805 Kap
								807 Kap
810			808 R	808 R	810 R			
820		821 R	820 R		820 R	815 R	815 R	820 R
				823 R		820 R	823 R	
							829 R	829 A
830		832 B		836 A		834 A		
			838 X			839 B; X	838 X	
840						841 N	842 N	
		843 N	844 B		843 N			843 F
		845 B					845 X	845 B

852	852 X						852 X
853							853 X
856		856 B		856 B			
857				857 X			
858					858 B	858 F; B	
859						859 F; X	
860		860 F; B					
863					863 X		
867						867 F	
868							868 F; X
870						870 F	
873					873 X		
874	874 B	874 F		874 F			874 F
875					875 F		
877			877 F				
878			878 F	878 F			
880		880 F					880 F
881						881 F	
886					886 F		
887	887 F				887 V		
889			889 F				

Abkürzungen:

A	Astronomus	N	Nithard
B	Annales Bertiniani	R	Annales Regni Francorum
F	Annales Fuldenses	V	Annales Vedastini
Kap	Kapitularien	X	Annales Xantenses
L	Annales Laureshamenses		

Gelähmten, der seinen Platz fünf Jahre lang am Portal von Saint-Martin in Tours hatte, einen Buckligen, der jeden Tag am Grab des heiligen Marcellinus um Nahrung bettelte oder jene kranke Frau, die nahe der Pforte des Klosters Bischofheim (Tauberbischofsheim) hauste und von der Äbtissin Lioba mit Speise und Kleidung versorgt wurde. Manche Armen schlichen sich auch ins Kircheninnere ein und ließen sich über Nacht einsperren; so hatten sie ein Dach über dem Kopf, vor allem aber den Schutz der Reliquien.[1]

Es war ein regelrechter Beruf, zu betteln. Ein blinder alter Mann in Aachen zog regelmäßig mit der Schar der Armen bettelnd von Tür zu Tür und weigerte sich, darum zu beten, wieder sehend zu werden:

»Was brauche ich mein Augenlicht, das ich schon vor langer Zeit verloren habe? Durch diesen Verlust geht es mir besser, als wenn ich es noch hätte. Als Blinder kann ich betteln, niemand weist mich ab, alle drängen sich danach, mich zu versorgen. Sollte ich aber mein Augenlicht zurückbekommen, fänden es alle verwerflich, daß ich Almosen verlange; dabei bin ich alt und schwach und kann nicht mehr arbeiten.«[2]

Für die staatlichen Gewalten stellte die Ansammlung von Bettlern auf Plätzen und an Straßenkreuzungen ein beunruhigendes Problem dar. 806 erließ Karl der Große Maßnahmen »gegen die im Land umherziehenden Bettler«. In Aachen mußte unter Ludwig dem Frommen ein eigener Aufseher das Betragen der Armen überwachen. Den Bettlern schlossen sich in der Tat auch Vagabunden aller Art an: entsprungene Mönche, ihrer Position enthobene Priester, zweifelhafte Händler und angebliche Büßer, halbnackt und kettenbehangen, die »vorgaben, ihnen sei als Buße auferlegt, in die Fremde zu ziehen«.[3] Solche Menschen konnten gefährlich werden und sich auf Straßenraub verlegen.

Es wurde bereits dargestellt, daß die Straßen in der Karolingerzeit recht unsicher waren, weil überall die Straßenräuber ihr Unwesen trieben. Sie versteckten sich in Wäldern oder am Ausgang von Engpässen und plünderten auch Reisende, die nur ganz bescheidene Wertgegenstände mit sich führten. Sie folgten den Heeren auf Feldzügen und warteten auf eine günstige Gelegenheit, um den Troß auszurauben. Die germanischen Volksrechte verhängten strenge Strafen gegen Räubereien aller Art, besonders gegen Brandstiftung und Diebstahl. In Italien verlor ein Höriger, der zum erstenmal als Dieb ertappt wurde, ein Auge; beim zweitenmal wurde ihm die Nase abgeschnitten und beim drittenmal wurde er mit dem Tode bestraft.[4] Wer Räuber unterstützte, erlitt die gleiche Strafe. Derartige Maßnahmen wurden von Karl dem Großen noch verstärkt, der sich mehr als einmal gegen das Treiben der Diebe, Plünderer und Mörder im Reich wandte. Die Probleme gegen Ende seiner Regierungszeit waren für die Ausbreitung des Räuberunwesens günstig. Ein Kapitular von 804 befaßte sich allein mit dieser Landplage. Die Grafen wurden angewiesen, auch Räuber zu verfolgen, die in Immunitätsbezirke geflohen waren.[5] Während der Herrschaft Ludwigs des Frommen scheint dieses Problem weniger dringend gewesen zu sein, aber um die Jahrhundertmitte trat es wieder mit voller Schärfe in Erscheinung. Dazu trug besonders die Reichsteilung bei, denn dank der Bruderzwiste konnten Räuber jeweils in einem anderen Herrschaftsbereich Zuflucht finden. Lupus von Ferrières riet um 856 einem Freund brieflich, er solle eine sichere Strecke wählen »und sich Reisebegleiter suchen, deren Zahl und Mut ausreiche, die Räuber abzuschrecken und notfalls auch zurückzuschlagen«.[6] Um die gleiche Zeit erließ Karl der Kahle das Kapitular von Servais, um das Bandenwesen zu unterdrücken. Ähnlich war die Lage in Italien. Ludwig II. erklärte, die Räuber könnten sich bei ihrem Treiben überall auf die Komplizenschaft der Grafen und königlichen Amtleute stützen. Kirchliche Würdenträger und Adlige, selbst schwerreiche Grundbesitzer machten oft gemeinsame Sache mit den Banditen, um sich in die Beute zu teilen.[7] Die Normanneneinfälle begünstigten die Bandenbildung, gegen die Karl der Kahle lokal organisierte Schutztruppen aufbieten wollte. Gegen Ende des Jahrhunderts verkündete Karlmann in Compiègne ein eigenes Gesetz gegen die Räuberei.[8] Aber wie sollte man wirksam einschreiten können, wenn nach der Aussage Hinkmars diese Banditen von den Großen unterstützt und gegen Bezahlung für Mordtaten angeworben wurden?

Die Verwilderung der Sitten

Zu diesem düsteren Bild gehört auch eine extreme Verrohung der Sitten, ähnlich wie schon in der Merowingerzeit und parallel zu einer entsprechenden Entwicklung im byzantinischen Reich. Liest man in den damals noch unverändert gültigen germanischen Volksrechten, findet man einen vollständigen Katalog aller Formen der physischen Gewaltanwendung: Jeder denkbare Fall wird in seinen Einzelheiten

geschildert und die entsprechende Geldbuße festgesetzt. Erwähnt
werden z. B. abgeschnittene Ohren mit oder ohne Taubheit als Folge,
abgerissene Lider, herausgerissene Augen, ganz oder teilweise abgeschnittene Nasen, ausgerissene Zungen, eingeschlagene Zähne, ausge-
raufte Bärte, zerquetschte Finger, abgehackte Hände und Füße, abgeschnittene Hoden. Genauso barbarisch waren aber auch die gesetzlich
vorgeschriebenen Strafen. Aufrührer wurden traditionsgemäß geblendet, vor allem wenn sie Angehörige der Königsfamilie waren. Die
Richter hatten keine Bedenken, Sklaven mit Verstümmelung und
Kastration oder sogar mit Hinrichtung durch Feuer oder Ertränken zu
bestrafen. Bischof Theodulf gehörte zu den wenigen, die gegen derart
barbarische Martern protestierten, im allgemeinen verhängten aber
selbst Geistliche gegen ihresgleichen schreckliche Strafen. So ließ ein
Bischof von Le Mans seine Kleriker kastrieren, weil er unzufrieden mit
ihnen war. Dieser extreme Fall veranlaßte allerdings Karl den Großen,
einzugreifen und den verbrecherischen Bischof abzusetzen.[9] Die
Kriegführung auf eigene Faust, die *faida*, die sich sogar gegen die
Mitglieder der eigenen Familie richten konnte, wurde von den Königen ohne Erfolg bekämpft.[10] Schrecklich waren auch die Folgen der
inneren Kriege. Die Aquitanier erinnerten sich noch lange an die von
Karl Martell und Pippin dem Jüngeren verursachten Verwüstungen,
die Bretonen konnten die Feldzüge Ludwigs des Frommen in der
Armorica nicht vergessen. Als Kaiser Lothar gegen seine Brüder
kämpfte, benahmen sich seine Heere wie in Feindesland. Völlig hem-
mungslos konnten sich die Franken austoben, wenn sie sich mit
Heiden schlugen. Die Chronisten der Sachsenkriege berichten unge-
rührt von der Vernichtung Tausender von Sachsen und über die
Deportation von Männern, Frauen und Kindern in großer Zahl.

Die Normanneneinfälle

In der zweiten Hälfte des 9. Jahrhunderts lernten dann aber die
Bewohner des Karolingerreichs Einfälle heidnischer Völker aus eigener Erfahrung kennen. Vielleicht haben die geistlichen Geschichtsschreiber die Verwüstungen der Nordmänner übertreibend geschildert,[11] aber bei dem Versuch, die »tapferen Barbaren« zu rehabilitie-
ren, wird man nicht zu weit gehen dürfen. Wenn eine Schlacht
unausweichlich wurde, kämpften beide Seiten mit gleicher Erbitte-
rung. Auch wenn man die epischen Übertreibungen des Verfassers

abzieht, zeigt Abbos Bericht über die Belagerung von Paris im Jahr 885, daß alle Kämpfer von einer rohen Wildheit erfüllt waren: Die Normannen brachten alle um, die nicht auf die Ile de Paris geflohen waren, während die Franken ihrerseits »den Feind mit kochendem Öl, Wachs und Pech bedienen ließen« und »unzählige hinschlachteten«. Dem Abt von Saint-Germain gelang es, »mit einem einzigen Pfeilschuß sieben Menschen zu durchbohren, und scherzend befahl er, sie in die Küche zu tragen.« An der Verläßlichkeit der Zahlenangabe wird man zweifeln dürfen, aber der Einschlag makaberen Humors paßt gut zur Mentalität dieser Zeit.[12]

Die Normanneneinfälle haben die Haltung der Reichsbewohner nachdrücklich beeinflußt, und zwar ebenso durch das Ausmaß der Zerstörungen wie durch die psychologischen Probleme, die sie hervorriefen.[13] Die sehr bewegliche Taktik der Normannen, ihre Überraschungsangriffe und ihre als teuflisch verrufenen Kriegslisten lähmten jeden Widerstandswillen und führten zu Panikausbrüchen: Ein Flüchtling kommt an, berichtet mit plastischen Einzelheiten von den Plünderungen und Grausamkeiten, die er miterlebt hat oder die ihm andere erzählt haben – und schon beginnen alle zu flüchten. Auf den Straßen begegneten sich Menschen, die oft in genau entgegengesetzter Richtung liefen. Weltliche und geistliche Anführer flüchteten oft als erste. Daß ein Graf, der Verantwortung für seine Familie trug, die Stadt verließ, fand Hinkmar zulässig; für Geistliche, »die weder Frau noch Kinder zu unterhalten haben«, verwarf er diesen Ausweg. Er konnte damals nicht ahnen, daß er selbst im Jahr 882 in aller Hast die Stadt Reims zusammen mit seinen Schätzen und den Gebeinen des heiligen Remigius verlassen würde. Bischöfe und Äbte, die sich um die Organisation des Widerstands bemühten, waren sehr selten, die wenigen wurden deswegen um so mehr gepriesen. Die Mönche richteten sich in dieser Situation nach dem Wort Christi: »Wenn man euch in einer Stadt verfolgt, flieht in die nächste« (Matth. 10,20). Sie zogen sich auf weniger gefährdete Klostergüter zurück, dabei führten sie auf Wagen oder Schiffen ihren wertvollsten Besitz mit sich, darunter ihre Handschriften und vor allem – wie noch zu belegen ist – ihre Heiligenreliquien. Die Heerführer und die Herrscher bedienten sich der Normannen, um lästige Rivalen angreifen zu lassen, sie ließen Normannen gegen Normannen kämpfen, wenn dies irgend möglich war, sie wendeten die Gefahr durch hohe Tributzahlungen ab und nahmen dabei ruhig in Kauf, daß der Feind dann eben benachbarte Gegenden plünderte. Enorme Tributleistungen mußten von der gesamten Bevölkerung aufgebracht werden: 7000 Pfund im Jahr 845, 861 waren es 5000 Pfund, im nachfolgenden Jahr 6000 Pfund, 866 waren es 4000 Pfund. Um sich Reserven zu verschaffen, ließ der König manchmal eine Summe einheben, die höher war als die von den Normannen geforderte. Hinkmar wandte sich 877 an den neuen König Ludwig III. und beklagte sich über diese Praxis, die für alle lästig war, ganz besonders aber für die Kirche:

»Das unglückliche Volk wird schon seit vielen Jahren durch wiederholte Verwüstungen aller Art heimgesucht und durch die Abgaben bedrückt, die erhoben werden, um den Abzug der Normannen zu erkaufen. Dieses Volk also braucht unbedingt eine Verbesserung seiner Lage. Die Gerechtigkeit, die bei uns beinahe ausgestorben ist, braucht neues Leben als Voraussetzung dafür, daß Gott uns Mut gegen die Heiden verleiht. Denn seit langen Jahren hat man sich in diesem Königreich nicht mehr verteidigt, vielmehr hat man gezahlt und sich freigekauft. So sind nicht nur alle Menschen, sondern auch die einstmals reichen Kirchen völlig mittellos geworden.«[14]

Aber allmählich wurde die Verteidigung doch besser organisiert. Karl der Kahle hat das große Verdienst, seine Untertanen zur »Verteidigung des Vaterlandes« aufgerufen zu haben: »Alle sollen sich um die Verteidigung des Landes bemühen; die Grafen sollen über den Befestigungsbau wachen; diese Befestigungen sollen ohne Mängel, ohne Verzug und mit aller Energie errichtet werden.«[15]

Sehr schnell wurden befestigte Brücken über die Seine, Marne und Oise gebaut. Die Stadtmauern hatte man verfallen lassen, die Steine für Kirchen- und Palastbauten verwendet; jetzt wurden sie in Le Mans, Tours und Orléans wieder instand gesetzt. In Chartres ließ der Bischof die am stärksten beschädigten Mauerteile abreißen und dafür in einem gut erhaltenen Mauereck eine Festung anlegen. Die Klöster Saint-Vaast, Saint-Omer, Corbie und Déols wurden ummauert. Die Zahl der *castra* und *castella* nahm überall zu, sie wurden auch ohne königliche Erlaubnis gebaut. Sobald Alarm geschlagen wurde, dienten sie der Bevölkerung der Umgebung als Zufluchtsort. Auch vom Volk selbst gingen Initiativen zur Organisierung des Widerstandes aus; für die Großen war das gelegentlich beunruhigend, nicht wegen der geringen Wirksamkeit der Maßnahmen, sondern weil die Bauern dabei Gelegenheit finden mochten, sich von ihren Herren zu befreien.

Die Normannen – eine Geißel Gottes

Nach überstandener Gefahr wurden die Ruinen beseitigt, das Leben
kam wieder in Gang, und man suchte sich die Bedeutung der Katastrophe zu erklären. In seinem Kommentar über die Klagelieder des
Propheten Jeremia bringt Paschasius Radbertus als Einschub die aus
der Eroberung von Paris (845) zu ziehenden Lehren:
»Unter Wehklagen haben wir mit eigenen Augen sehen müssen, was
keiner je für möglich gehalten hätte: daß nämlich eine Bande von
Seeräubern, durch Zufall zusammengeführte Leute, bis Paris vordrin-
gen und ungestraft die Klöster und Kirchen an den Ufern der Seine
zerstören konnte. Wer hätte geglaubt, daß es einem so berühmten, so
großen, so dicht bevölkerten Reich bestimmt sein könnte, von ein paar
Barbaren gedemütigt zu werden? Aber dieses ganze Unglück ist über
uns gekommen wegen der Sünden der Priester und der Fürsten; hier ist
der Ursprung aller Widrigkeiten zu suchen, die uns umgeben. Seit langem schon ist die Gerechtigkeit aus den Gerichten verbannt, seit langem
schon ist der Zwist unter den Bürgern ein und desselben Reiches die
Ursache für Blutvergießen. Überall gibt es nichts als Hinterlist und
Falschheit. Das Schwert der Barbaren ist aus der Scheide gefahren, Gott
selbst hat es ihnen in die Hand gedrückt, um uns zu bestrafen.«
Dieser Schlußsatz erinnert an den Ausspruch des heiligen Hieronymus:
»Unsere eigenen Sünden werden zur Stärke der Barbaren.«[16] Durch
Schrecken und Plagen, die aus dem Norden kommen, sollten die
Christen aufgeweckt werden. Die 845 in Meaux versammelten Bischöfe
meinten: »Die Angreifer sind zwar grausam, aber dies ist nur gerecht,
denn die Christen waren ungehorsam gegen die Anweisungen Gottes
und der Kirche.« Die Zeit war reif für eine gründliche Gewissensprü-
fung. Die zerstrittenen Herrscher mußten sich versöhnen, die Erpres-
sungen und Plünderungen der Großen mußten eingestellt werden, die
Klagen der Witwen, Unmündigen und Waisen mußten Gehör finden,
den Armen mußte geholfen werden. An seine Getreuen gewendet,
erklärte Karlmann im Jahre 884:
»Soll man sich wundern, daß die Heiden und fremden Völker Herr über
uns werden und unseren zeitlichen Besitz wegnehmen, wo doch jeder
von uns mit Gewalt seinem Nächsten das Lebensnotwendige entreißt?
Wie sollen wir mit Zuversicht gegen unsere und der Kirche Feinde
kämpfen, da wir doch in unserem eigenen Haus das den Armen
geraubte Gut aufbewahren [Jes. 33,1] und da wir doch ins Feld ziehen,
den Bauch vollgeschlagen mit Geraubtem?«[17]

Die Bedeutung des Begriffs »Armut«

Angesichts der Not und der beengten Lebensumstände im Karolingerreich sahen es die Mächtigen als ihre Aufgabe an, »die Armen« zu
beschützen. Aber wer gehörte nach den Vorstellungen der Zeit zu
diesen Schutzbedürftigen? Neuere Forschungen haben eindeutig
gezeigt, daß als »arm« nicht nur galt, »wer im Elend lebte und vom
Hunger bedroht war, während sich der Reiche mit Speisen voll-
stopfte«. Als arm galt auch, wer sich vorübergehend nicht selbst
versorgen konnte und von anderen abhängig war.[18] Arm waren die
Unterdrückten: von den Großen Ausgebeutete, von Steuereintreibern
bedrängte Pächter, Bauern in den Händen von Wucherern. Karl der
Große beklagte sich umsonst darüber, »daß viele, die bekanntermaßen
Freie sind, von den Großen gewaltsam unterdrückt werden, daß freie
Männer zum Heeresdienst gezwungen werden oder der Willkür von
Richtern ausgesetzt sind«. Ludwig der Fromme fand bei seinem
Regierungsantritt »eine unzählige Menge von Unterdrückten, denen
das väterliche Erbe entzogen oder die Freiheit geraubt war«.[19]
Zu den »Armen« zählte auch, wer zu jung war, um für sich selbst
einzutreten, wer das Greisenalter erreicht hatte, wer den Gatten oder
die Eltern verloren hatte und wer krank oder gebrechlich war. Wer
sich freiwillig oder gezwungen von seiner gewohnten Umgebung
entfernt hatte, war ebenfalls arm. So mußten z. B. Pilger unterstützt
werden, die ihre Heimat verließen, um an einem Wallfahrtsort zu
beten. Auch ein Fremder, der sich im Frankenreich niederlassen
wollte, galt als *pauper*. »Wir, die Armen und Pilger, sind euch
vielleicht lästig und unerwünscht, weil wir so zahlreich sind, weil wir
aufdringlich sind und weil wir dringende Bitten erheben«, schreibt der
Ire Dungal an den Abt von Jumièges. »Aber«, ermahnt er ihn, »hat
Gott nicht gerade euch zu unserer Unterstützung eingesetzt?«[20] Eine
Friesin, die nach Fulda kam, wurde von ihrer Wirtin beinahe in die
Sklaverei verkauft, »weil sie ja keine Heimat hatte«.[21]
Schließlich gehörten auch Flüchtlinge aller Art in die Kategorie der
»Armen«. Karl der Kahle verbot 853 seinen Amtsträgern, die Men-
schen zu behelligen, die ihr Land verlassen hatten, um den Bedrückun-
gen der Bretonen und Normannen zu entfliehen. Er forderte, man
solle sie gastlich aufnehmen, bis sie nach Hause zurückkehren könnten. Einige Jahre später beauftragte der Kaiser seine Grafen, diese
Flüchtlinge zu registrieren, die Namen ihrer Herren aufzuschreiben
und Ehen, die in der Wahlheimat geschlossen worden waren, so gut

wie möglich zu regeln. Auf der Suche nach Beschäftigung verdingten
sich diese Unglücklichen häufig als Lohnarbeiter. Sie wurden dabei
aber von den Grundherren, die ihre Mittellosigkeit ausnützten, zu
Leibeigenen herabgedrückt oder kurzerhand an irgendeinen Großen
verschenkt.[22]
Welche Auswege gab es für diese »Armen«, die Opfer der Ungerechtigkeiten und Roheiten, die ihnen eine »christliche« Gesellschaft
zufügte? Sollten sie in der Hoffnung auf bessere Zeiten resignieren,
sollten sie an die Gerichtsbarkeit des Königs appellieren, oder sollten
sie sich an einen Schutzherren um Hilfe wenden?

Kapitel II

Die weltlichen Schutzherren

1. Die Rechtsprechung des Herrschers

Der König als Gerichtsherr

Zusammen mit der Salbung erhielt der fränkische König die Aufgabe, dafür zu sorgen, daß bei dem gesamten ihm unterstellten Christenvolk Friede, Eintracht und Einmütigkeit herrschten. Nach dem Vorbild der biblischen Herrscher sollte er sicherstellen, daß Gerechtigkeit geübt und die Grundsätze der Billigkeit beachtet wurden; er wußte, daß er Gott darüber Rechenschaft ablegen mußte. War ein König seiner Aufgabe untreu, wurde das Reich durch Anarchie und inneren Zwist ruiniert, darüber hinaus kam die ganze Weltordnung ins Wanken. So wie ihre heidnischen Vorfahren an die magischen Kräfte des Herrschers geglaubt hatten, waren auch die Menschen der Karolingerzeit davon überzeugt, ein guter König garantiere Überfluß und Wohlstand, er werde selbst von den Elementen unterstützt. Wenn er aber schlecht regiere, werde die Welt von Naturkatastrophen heimgesucht wie Erdbeben, Seuchen, Hungersnöten. Denn schon in der Bibel sei zu lesen: »Und die Welt wird kämpfen gegen die Wahnwitzigen« (Weisheit Salomonis 5,21). Mit diesem Zitat beendet Nithard seine Geschichte der Söhne Ludwigs des Frommen, er vergleicht Friede und Eintracht, die zu Zeiten des großen Karl überall herrschten, mit Uneinigkeit und Streit seiner Gegenwart.[1]

Ein Herrscher, der diese Bezeichnung verdiente, mußte die Schwachen beschirmen, er mußte Witwen, Waisen, Reisende, Pilger und Fremde seinem Schutz, seinem *mundiburdium*, unterstellen. Er konnte beliebigen Personen Schutzbriefe erteilen, auf die sie sich im Fall einer Willkür-Aktion berufen konnten.[2] Als Hüter der öffentlichen Ordnung bestimmte der König ferner eine Geldstrafe von 60 Schillingen für alle Verstöße gegen den Königsbann. Dazu gehörten die Aufnahme von Flüchtigen, der Diebstahl von Lasttieren, der Mord an Pilgern, die gewaltsame Einziehung zum Kriegsdienst, die mißbräuchliche Erhebung von Wege- und Marktzöllen ... Schließlich wollte der König auch die Unfreien vor der Willkür ihrer Herren schützen. Die Großen

sollten *servi* dem öffentlichen Gericht überstellen, wenn sie Kapital-
verbrechen begangen hatten wie Diebstahl, Raub, Überfall. Derartige
Delikte sollten von einer eilfertigen, privaten Rechtsprechung ausgenommen bleiben.[3]

Die Rechtsprechung

Seine gerichtsherrlichen Aufgaben im sogenannten *mallus publicus*
(Ding) delegierte der König an Grafen, die wenigstens dreimal im Jahr
zu Gericht sitzen und die Einhaltung der Verfahrensformen überwachen mußten. Sie wurden von rechtskundigen Beisitzern unterstützt,
den *rachinburgii* (Urteiler) oder *boni homines*. Um 780 entschied Karl
der Große, daß diese Männer künftig als sogenannte *scabini* (davon
leitet sich die deutsche Bezeichnung »Schöffen« ab) eine feste
Gerichtsinstitution sein sollten. Die zwölf Schöffen waren angesehene,
gebildete Männer und mit den verschiedenen Volks- und Gewohn-
heitsrechten vertraut, denen die Angeklagten unterstanden. Diese
mußten zuerst befragt werden, ob sie dem salischen, ripuarischen,
burgundischen, langobardischen oder römischen Recht unterworfen
waren. Ein Beispiel für den Ablauf des Gerichtsverfahrens: Der
Beschuldigte, von seinen Nachbarn als Übeltäter angeklagt, erscheint
mit seinem Gefolge vor Gericht und erklärt sich für unschuldig. Damit
er den Beweis dafür antreten und Entlastungszeugen beibringen kann,
erhält er von den Richtern einige Tage Aufschub. Mit ihm zusammen
schwören diese Eideshelfer (*conjuratores*) dann, daß er unschuldig an
der Untat ist, die ihm von der Anklage vorgeworfen wird. Solche Eide
wurden in einer Kirche auf die Bibel oder auf Heiligenreliquien
geleistet. Konnte die Wahrheit auf diese Weise nicht festgestellt werden, bestimmte der Graf als Gerichtsherr ein Gottesurteil. Das *orda-
lium* (althochdeutsch *urteili*) war ein magischer Brauch germanischer
Herkunft, seine Anwendung war in verschiedenen Formen im ganzen
Frankenreich üblich geworden. Am häufigsten war die Probe mit
kochendem Wasser: Der Angeklagte mußte mit bloßem Arm einen
Gegenstand aus dem Wasserkessel holen; schienen Arm und Hand
nach einer bestimmten Frist heil zu sein, hatte er sein gutes Recht
bewiesen. Eine andere Version war das Gottesurteil mit glühendem
Eisen: Der Angeklagte mußte über neun Pflugschare schreiten, die zur
Weißglut erhitzt und in Abständen auf den Boden gelegt wurden. Die
Kreuzprobe wurde unter Karl dem Großen eingeführt: Der Beschul-

digte und seine Ankläger streckten ihre Arme kreuzförmig aus. Wer die Arme zuerst sinken ließ oder ganz zusammenbrach, galt als überführt. Manche Geistlichen empörten sich aber über derartige Gottesurteile. Agobard und Theodulf hielten es für frevelhaft zu glauben, Gott würde durch derartige Prozeduren heimliche Vergehen offenbaren. Ludwig der Fromme verbot 829 die Kreuzprobe, damit »die Passion Christi nicht ins Lächerliche gezogen werde«. Das germanische Brauchtum war aber so fest verwurzelt, daß Gottesurteile noch für Jahrhunderte von Richtern angewendet und von der Kirche gerechtfertigt wurden.[4]

Ein sehr altes Mittel zur Feststellung des Schuldigen war auch der gerichtliche Zweikampf, der Angehörigen aller Gesellschaftsschichten vorgeschrieben werden konnte. Bei Ermoldus Nigellus findet sich die anschauliche Schilderung eines Duells zweier adliger Goten im Garten der Aachener Pfalz. Der Dichter weist besonders darauf hin, daß sie entgegen fränkischer Gewohnheit zu Pferde kämpften. Die *Lex Alamannorum* schreibt vor, wie nachbarliche Konflikte auszutragen sind: Stritten sich zwei Nachbarn um ein Stück Land, so legten sie mit Buschwerk bewachsene Erde auf das Feld, berührten sie mit ihren Waffen, beteten zu Gott, er möge dem Würdigen den Sieg verleihen, und kämpften dann. Bei den Langobarden waren Schild und Kampfstock die üblichen Waffen. Meineidige und andere falsche Zeugen, die zum Verlust der rechten Hand verurteilt wurden, durften sich mit einer Geldbuße loskaufen.[5]

Um die Formen der gräflichen Gerichtsbarkeit zu kontrollieren, verstärkte Karl der Große die Einrichtung der *missi dominici*, deren Aufgaben und Vollmachten in einem Kapitular von 802 genauer festgelegt wurden:

»Ihr sollt Kirchen, Witwen, Waisen und allen anderen vollständig, vorschriftsmäßig und unparteiisch Gerechtigkeit widerfahren lassen. Dabei darf es keinen Betrug, keine Bestechlichkeit und keine mißbräuchlichen Verzögerungen geben, Ihr müßt dafür sorgen, daß sich auch alle Eure Untergebenen entsprechend verhalten [...]. Hütet Euch sehr für Euch selbst und Eure Dienstleute, daß Ihr nicht von jenem schlechten Geist erfüllt werdet, der Euch sprechen läßt: ›Schweigt doch, bis diese Königsboten wieder verschwunden sind, wir werden uns dann schon untereinander Recht verschaffen.‹ Gebt Euch vielmehr alle Mühe, die Entscheidung in anstehenden Fällen vor unserer Ankunft zu treffen. Denn wenn Ihr irgendwelche krummen Wege einschlagt oder wenn Ihr aus Nachlässigkeit oder böser Absicht den Lauf der Gerechtigkeit bis zu unserer Ankunft verzögert, dann müßt Ihr stets gewärtig sein, daß wir über Euch sehr abfällig Bericht erstatten werden. Lest diesen Brief immer wieder und behaltet seinen Inhalt, denn er wird stets zwischen uns als Beweismittel dienen.«[6] Der Wortlaut klingt gut, das Programm war ehrgeizig, aber es setzte voraus, daß man sich auf die Integrität der *missi* verlassen konnte. Genüßlich berichtet Theodulf aus eigener Erfahrung, wie er als *missus* allen möglichen Einschüchterungs- und Bestechungsversuchen widerstehen mußte. Der Justiz wurde manchmal hart zugesetzt, so z. B. wenn ein Dorfrichter von seinen Verwandten belagert wurde, die eine Rechtsbeugung durchsetzen wollten:

»Seine Frau fiel ihm um den Hals, umarmte ihn und versuchte, ihn umzustimmen – in solchen Dingen sind Frauen ja so geschickt wie Bogenschützen beim Vergiften ihrer Pfeile. Weinend beklagt sie, nicht mehr geliebt zu werden, und beteuert, andere Frauen würden beachtet, nur sie erreiche nie etwas. Der Diener, die Amme und sogar die Hausgehilfen eilen zur Unterstützung herbei und versuchen, die Eheleute auszusöhnen. Der Richter kommt folglich viel zu spät zur Sitzung, mit schlotternden Knien, atemlos und benommen vom Wein: Man deutet mit den Fingern auf ihn und lacht ihn aus...«

Wie Theodulf weiter erzählt, wurde auch der *missus* von den Prozeßparteien belagert:

»Hier verspricht mir jemand eine Kristallschale und Perlen aus dem Orient, wenn ich ihm den Gutsbesitz eines anderen verschaffe. Dort bietet mir ein anderer einen ganzen Haufen arabische Goldmünzen oder römische Silbermünzen, wenn ich ihm zu einer Pacht, Feldern und Häusern verhelfe. Ein dritter holt vorsichtig meinen Notar zu sich und trägt ihm mit ganz leiser Stimme eine Botschaft an mich auf: ›Ich besitze eine Vase, die mit heidnischen Figuren geschmückt ist, aus reinem Metall und ziemlich schwer von Gewicht [...]. Wenn dein Herr mir eine Urkundenfälschung durchgehen läßt, werde ich ihm diese antike Vase schenken; deine guten Dienste als Notar werde ich unverzüglich belohnen, wenn ich erst der Herr über so viele Leute geworden bin.‹«[7]

Auch der Herrscher selbst konnte in wichtigen Angelegenheiten durch sein Hofgericht entscheiden.[8] Hinkmar, der ein idealisierendes Andenken an den Hof bewahrte, lobte das hervorragende Wirken der königlichen Justiz. Wer ohne Rückhalt und verschuldet war oder durch falsche Anklagen bedrängt wurde, konnte Zuflucht beim König suchen, gleich ob er adliger oder einfacher Herkunft war.[9] Es gibt aber

gute Beispiele dafür, daß es in Wirklichkeit den Höflingen möglich
war, die Ergebnisse eines Prozesses zu verfälschen: Wala, ein Vetter
Karls des Großen, wurde mit der Verteidigung einer Witwe beauftragt, die im Winter aus Italien nach Aachen gereist war, um über die
Machenschaften ihres Verwalters Klage zu führen. Dieser Mann ließ
die Witwe umbringen und veranlaßte einen der drei Mörder, auf den er
sich ganz verließ, die beiden anderen Tatbeteiligten ebenfalls zu
töten:
»Durch Geschenke verführt, verhinderten die Großen Italiens mit
allen Mitteln, daß der für schuldig befunden wurde, dessen Urheber-
schaft an der Mordtat allgemein bekannt war [...]. Die einflußreich-
sten Persönlichkeiten am Hof bemühten sich, Beweise zu fabrizieren
und alle möglichen Falschaussagen beizubringen, nur um zu erreichen,
daß ein Schuldiger unbestraft davonkam.«[10]
Korruption hat es zu allen Zeiten gegeben.
Um Recht und Ordnung mehr Respekt zu verschaffen, beschloß Karl
der Große, mit Hilfe eines besonderen Schwurs eine persönliche
Bindung zwischen sich und seinen Untertanen herzustellen. Seit 789
verlangte er von allen Amtsträgern, diesen Treueid zu schwören, den
er 793 erneuerte und in jeder Grafschaft von allen männlichen Ein-
wohnern über 12 Jahre ablegen ließ. Nach seiner Kaiserkrönung
forderte er eine weitere Eidesleistung. Die Hand auf Reliquien gelegt,
mußten die Untertanen eine Reihe von Verpflichtungen eingehen: dem
Herrscher die Treue zu halten, den Besitz des Fiskus zu respektieren,
keine Kirchen, Witwen, Waisen oder *miserabiles personae* zu schädigen und nichts zu unternehmen, um die Justiz zu täuschen oder zu
behindern. Man kennt die religiöse Bedeutung der Reliquien, daher ist
es möglich, daß die erwähnte Form des Schwurs viele zögern ließ,
meineidig zu werden. Aber konnten denn alle Einwohner des Reiches
erfaßt werden? Wer der Eidesleistung entkommen war, konnte sich
frei fühlen von allen Pflichten, die sie auferlegte. Die Einführung des
Treueides förderte außerdem die Vorstellung vertraglicher Übereinkünfte mit dem Königtum, eine Entwicklung, die in der Folgezeit zur
Schwächung der monarchischen Gewalt beitrug.[11] Gegen seinen Willen förderte der Herrscher auch die Entstehung von Gemeinschaften
und Verbindungen, die durch Ablegen eines Schwurs eng zusammen-
geschlossen waren.

2. Gegenseitige Hilfe und Schirmherrschaft

In germanischen Gesellschaften war der Einzelne zum Untergang verurteilt, denn ein Individuum außerhalb der Gemeinschaft war unvorstellbar. Es war die schlimmste Strafe, einen Menschen aus dem Familien- oder Stammesverband auszustoßen und zum Vogelfreien (*wargus*) zu machen. Auch wenn, wie bereits erwähnt, der Zusammenhalt der Großfamilie sehr stark war, konnte man doch zusätzlichen Rückhalt außerhalb des traditionellen Verbandes suchen; dieser Tatbestand ist für viele Kulturen überliefert. Die Geistlichen schlossen sich in Gebetsverbrüderungen zusammen und sicherten so gemeinsam das Seelenheil jedes einzelnen Mitglieds. Ganz ähnlich hatten auch die Laien im Karolingerreich das Bedürfnis, sich in Gruppen zusammenzufinden oder die moralische und materielle Unterstützung eines Schirmherrn zu gewinnen. Das in manchen Quellentexten angedeutete Bestehen von genossenschaftlichen Vereinigungen und die Zunahme persönlicher Abhängigkeiten innerhalb der Feudalgesellschaft haben offensichtlich einen gemeinsamen Ursprung.

Die gegenseitige Hilfeleistung

Um sich vor Gewalttaten und Ungerechtigkeiten zu sichern, die der König nicht verhindern konnte, suchten die Angehörigen der unteren Volksschichten instinktiv den Zusammenschluß in Schutz- und Gebetsgemeinschaften, aus deren germanischer Bezeichnung *geldonia* später das Wort »Gilde« entstanden ist. Solche Verbände sind schon früh aus dem angelsächsischen Siedlungsraum überliefert, in den karolingischen Quellen begegnen sie seit dem Kapitular von Herstal (779). Der König erlaubte den Zusammenschluß zur materiellen Unterstützung und besonders zur Hilfeleistung bei Vermögensverlust durch Feuer oder Schiffbruch. Er verbot andererseits, daß die einzelnen Mitglieder einen Eid ablegten und so die Gemeinschaft zu einer *conjuratio* machten, in der möglicherweise gegen die Herrschergewalt konspiriert wurde. Das Kapitular von 789, mit dem der Treueid zum König für jedermann eingeführt werden sollte, verbot das gemeinsame Schwören am Stephanstag. Dieses Datum, der 26. Dezember, fällt mit dem germanischen Julfest zusammen, das als besonders günstige Gelegenheit galt, sich vor den Umtrieben der bösen Geister zu schützen; diesem Zweck dienten rituelle Trinkgelage. Da auch die Mitglieder von Vereinigungen ihre Zusammengehörigkeit gern durch Teilnahme an gemeinsamen Mahlzeiten bekundeten, fürchteten die Kirchenbehörden, solche brüderlichen Liebesmähler blieben nicht auf überreichliches Essen und Trinken beschränkt.[12] Alkuin erhob Vorwürfe gegen »die kleinen Versammlungen, in denen das Volk verführt wird, so daß es die Kirchen verläßt und lieber an Trinkgelagen teilnimmt, als sich den Priestern anzuvertrauen«. Hrabanus Maurus beklagte die Gefahren, die sich aus Maßlosigkeit, Trunkenheit und dem Austausch grober Scherzworte zwischen den Zechgenossen ergäben. Erzbischof Hinkmar von Reims hielt es im Jahr 858 für seine Pflicht, gegen die Vereinigungen vorzugehen, »die vom Volk als Gilden oder Bruderschaften bezeichnet werden« und zu denen sogar Priester gehörten. Auch Hinkmar erwähnt Festgelage, bei denen bis zum Erbrechen getafelt wurde, die unmäßigen Forderungen und Wortwechsel, die zu tödlichem Streit führten. Für allein zulässig erklärte er, sich zur gegenseitigen Beistandsleistung bei Begräbnissen zu versammeln. Bei dieser Gelegenheit sollten auch verfeindete Nachbarn wieder versöhnt werden, jeder solle für das gemeinsame Mahl Brot und Wein mitbringen, der Überschuß stehe den Priestern zu.[13] Obwohl schwere Strafen drohten – für Geistliche die Amtsenthebung, für Laien die Gefangennahme –, wurden alle derartigen Ermahnungen offenbar wenig beachtet. Das Volk hatte einfach das Bedürfnis, sich auch außerhalb der Gottesdienste zusammenzufinden und seine Lebensfreude nicht nur durch Kirchengesang zu zeigen. Den Königen und Bischöfen war es unmöglich, diese Vereinigungen zur kollektiven Selbsthilfe tatsächlich zu verhindern. Das Wormser Kapitular von 829 bezeichnete sie als gefährlich und dem Bösen zugewandt: Verbindungen (*collectae*) sind wegen der Gefahr von Übeltaten verboten. »Wir müssen wissen, ob die Nachlässigkeit des Grafen ihr Zustandekommen ermöglicht hat und ob dies ohne Strafe geblieben ist. Die Verantwortlichen [...] müssen uns überliefert werden, die von ihnen Verführten sollen nach den Vorschriften des Gesetzes bestraft werden, gleich ob sie Freie oder Knechte sind.«[14] Die zunehmende, allgemeine Unsicherheit im späten 9. Jahrhundert förderte die Verbreitung derartiger Zusammenschlüsse. Im Jahr 884 erneuerte Karlmann die Vorwürfe gegen *collectae* und Gilden, er forderte von den Bischöfen und Grafen, alles zu tun, um das Verbot durchzusetzen.[15] Es war freilich aussichtslos, den Menschen die Ausübung des natürlichen Rechts auf gegenseitige Hilfeleistung und Selbstverteidigung verbieten zu wollen.

Individuelle Bindungen und das Werben um Freunde

Auch die Adligen brauchten Zusammenschlüsse und persönliche Bindungen. Über Familienverband und eheliche Gemeinschaft hinausgehend suchten sie nach wirklichen Freunden, denen sie vertrauen konnten. In Briefen der Karolingerzeit wird die Freundschaft weit mehr als die Liebe gefeiert; so schrieb beispielsweise die Äbtissin Eangyth an Bonifatius: »Jeder Mensch, der nicht allein zurechtkommt und der seiner eigenen Klugheit mißtraut, sucht einen treuen Freund, dem er sein Vertrauen schenken und die Geheimnisse seines Herzens offenbaren kann.«[16] In den Briefen des heiligen Bonifatius, der eine besondere Begabung für Freundschaften hatte, äußern sich immer wieder warmherzige Gefühle, aber sein Landsmann Alkuin übertraf ihn noch, wenn er voll schwärmerischer Begeisterung an Freunde schrieb. Voller Ungeduld wartete er auf die Rückkehr Arns von Salzburg und auf den Moment, wo er seinen Freund sehnsuchtsvoll in die Arme schließen konnte:
»Oh, könnte ich doch nur wie der Prophet Habakuk versetzt werden, um zu dir zu gelangen, wie würde ich mich deinen Umarmungen hingeben [...], wie würde ich dich mit drängenden Küssen bedecken, nicht nur auf Augen, Ohren und Mund, sondern auch auf deine Finger und Füße und dies nicht nur einmal, sondern immer wieder.«
Man sollte aus diesen bemühten Liebeserklärungen nicht mehr herauslesen, als sie wirklich bedeutet haben. Alkuin übernahm die Ausdrucksweise des Briefs von Hieronymus an Rufinus und verwendete Topoi aus der antiken Literatur über die Freundschaft. So konnte er z. B. auch dichten: »Ein Verliebter weint über die Abwesenheit des Freundes. Wann wird die ersehnte Zeit der Liebe kommen, wann kommt dieser Tag?«[17] In seinen Briefen an Einhard, Waldo und Odo von Corbie bleibt Lupus von Ferrières zwar nüchterner, aber auch er legte großen Wert auf den Ausdruck zärtlicher Gefühle. Als handgreifliche Zeichen der Freundschaft übersandten Adlige kleine Geschenke: Weinfäßchen, Wohlgerüche, sogar Kämme. Lupus von Ferrières schrieb an Bischof Ebroin: »Ich schicke Euch einen Kamm aus Elfenbein und bitte Euch, daß Ihr ihn zum persönlichen Gebrauch behaltet; wenn Ihr Euch kämmt, werdet Ihr stärker an mich denken.«[18]

Der Eintritt in den Schutz eines Herrn

Die Freundschaft konnte ganz besondere Formen annehmen und zum
regelrechten Ersuchen um materielle Hilfeleistung führen. Ein bayeri-
sches Formular vom Ende des 8. Jahrhunderts spiegelt in poetischer
Ausdrucksweise die Ängste eines Menschen in bedrängter Lage:
»Wie Euch in Eurer Weisheit wohlbekannt, ist der Sommer vergan-
gen, es wird kälter, das Gemüse wird seltener und das Laub verwelkt,
die Schwalben bereiten sich zum Aufbruch, das Vieh findet keine
Weide mehr. Bitte schickt uns ein wenig zu unserem Unterhalt...«[19]
Ebenfalls aus dem 8. Jahrhundert ist der Vertrag überliefert, den ein
völlig mittelloser und ein vermögender Mann abgeschlossen haben:
»Es soll so sein, daß Ihr mir mit Speise und Kleidung helft und mich
erhaltet, und zwar dementsprechend, wie ich Euch diene und zu
nützen vermag. Bis zu meinem Tod muß ich Euch dienen und
gehorchen, wie es einem freien Mann zukommt. Zeitlebens werde ich
mich Eurer Gewalt oder Munt nicht entziehen können, sondern ich
werde, solange ich lebe, unter Eurer Gewalt und Eurem Schutz
bleiben.«[20]
Den Inhalt dieses Textes haben Historiker als Überrest der spätantiken
commendatio und als Beginn der Lehnsbindungen interpretiert. Die
Vereinbarungen wurden zwischen zwei Freien getroffen und galten
auf Lebenszeit. Die Verpflichtungen beruhten auf Gegenseitigkeit, der
Vertragsbruch durch einen der beiden Partner war unter Strafe gestellt.
Während der politischen Krise, aus der das Geschlecht der Karolinger
Nutzen zog, vervielfachten sich die wechselseitigen Abhängigkeiten in
allen Gesellschaftsschichten. Die austrasischen Hausmeier verdankten
einen Teil ihres Erfolgs der Klientel, die sie zu sammeln vermochten.
Schon Pippin der Ältere hatte sich austrasische Gefolgsleute durch
Bande der Freundschaft verpflichtet. Seine Nachfolger hielten an
dieser Gewohnheit fest und vervielfachten die Zahl derer, die von
ihnen ernährt wurden und bei ihnen lebten. Die zum Haushalt gehöri-
gen Krieger eskortierten ihren Herrn, und das Wort *vassus* wurde bald
zur bleibenden Bezeichnung für Freie, die sich in den Schutz eines
Mächtigen begeben hatten. Die karolingischen Herrscher machten das
Lehnswesen dann zu einem wesentlichen Element ihrer Politik. In
vollem Umfang erkannte Karl der Große, welche Vorteile er gewann,
wenn er seine adlige Gefolgschaft zu fester Treue verpflichten konnte.

Die *vassi dominici* verpflichteten sich durch einen Eid, der auf Reliquien geschworen wurde, und als Symbol der Unterwerfung legten sie ihre gefalteten Hände in die Hände dessen, der nun als ihr *dominus* oder *senior* bezeichnet werden konnte. Wenn der König das Heer aufbot, konnte er in erster Linie auf die Mannschaften zählen, die ihm seine Vasallen zuführten. Die Angehörigen der Aristokratie, Herzöge, Grafen und Bischöfe, geboten ebenfalls über Vasallen, über *pauperiores vassos*, wie ein Lorscher Annalist ironisch anmerkt.[21]

Die Dienstverpflichtung eines Lehnsmannes erforderte Gegenleistungen des Herrn als Voraussetzung eines erfolgreichen Zusammenwirkens. Wie der oben zitierte Vertrag aus der Formelsammlung von Tours gezeigt hat, wurden die Dienstleute ursprünglich unmittelbar von ihrem Patron verköstigt und bekleidet. Wie Marc Bloch sehr treffend bemerkt hat, haftete an den Anfängen der Vasallität der Geruch nach Hausbrot.[22] Der Hausherr war der *senior*, dem seine Dienstleute (*vassi*) als Burschen unterstellt waren. Im Lauf der Entwicklung erhielten die Vasallen dann Gegengaben oder Wohltaten (*beneficia*), meist in Form von Landbesitz, der aber bei ihrem Tod oder dem des Lehnsherrn wieder zurückfiel. Vasallen, die nach der Ausdrucksweise der Zeit nicht »behaust« (*casati*) waren, also kein Gnadengeschenk oder Lehen erhielten, wurden mit der Zeit immer seltener. Karl der Große achtete darauf, daß seine Vasallen ihre als Lehen übertragenen Ländereien nicht durch Verkauf oder Tausch veräußern konnten. Es war aber sehr schwierig, Dienstmannen daran zu hindern, die unter vielen Mühen urbar gemachten Lehen mit dem Eigenbesitz zu verschmelzen und zu versuchen, sie auch nach dem Tod des Lehnsherrn zu behaupten. Zwei Briefe aus der Korrespondenz Einhards geben Einblick in solche Bestrebungen. In dem ersten interveniert Einhard zugunsten eines Grafen, der ein kleines Lehen in Burgund besitzt, das seiner Familie erst von Karl dem Großen und dann von Ludwig dem Frommen übertragen worden war. Wegen einer ernsten Erkrankung kann der Graf Kaiser Lothar nicht persönlich den Treueid leisten, er bittet daher dringend, ihm das Lehen bis zu seiner Genesung zu belassen. In dem zweiten Brief berichtet Einhard über einen Mann, dem durch den Bischof von Würzburg drei Mansen und zwölf Leibeigene als Lehen übertragen worden waren. Da der Bischof verstorben ist, bittet der Lehnsmann, den Besitz bis zur Wahl eines neuen Bischofs behalten zu dürfen.[23]

Es war schließlich nur eine natürliche Entwicklung, daß der Lehnsmann als guter Familienvater versuchte, den ihm auf Lebenszeit übertragenen Besitz an seine Erben weiterzugeben, denen andernfalls der Abstieg ins Elend drohte. Diese Erblichkeit lag aber auch im Interesse des Herrn, der sich so die Treue der Nachkommen eines Vasallen sichern konnte. Im 9. Jahrhundert wurde daher die Erblichkeit der Lehen üblich. Manche Gebiete, wie z. B. die Grafschaft Mâcon, blieben über Generationen in der Hand der gleichen Familie. Karl der Kahle bekräftigte in dem berühmten Kapitular von Quierzy (877) zwar vor allem die Rechte des Königs als Oberherr, aber er gestand auch zu, daß die Söhne seiner Vasallen unter bestimmten Voraussetzungen die väterlichen Lehen erhalten konnten.[24] Gefolgschaftswesen und Freundschaftspflichten, private Übereinkünfte zwischen einfachen Leuten und Mächtigen, Vertragsabschlüsse, die Landverleihungen beinhalteten, standen am Anfang einer Entwicklung, die zu den Grundlagen einer gesellschaftlichen und politischen Neuordnung in Europa führte. Die Menschen wandten sich nicht mehr ausschließlich an den König und die öffentliche Gewalt, sondern zunehmend an Grundherren in ihrer unmittelbaren Umgebung. Der Schwerpunkt des politischen Lebens war nicht mehr die Pfalz, sondern der Adelssitz. Das Reich wurde in kleinräumige Einheiten aufgeteilt, die den Rahmen für das Alltagsleben der Einwohner setzten: Der Feudalismus war nicht mehr aufzuhalten.

Kapitel III

Der Schutz durch Kirche und Heilige

Wer von den Vertretern der königlichen Rechtsprechung nichts mehr erwarten durfte, wer die Verantwortung für den eigenen Unterhalt keinem mächtigen Schirmherrn übertragen konnte, wer vom Hunger gequält oder durch Krankheit niedergeworfen wurde, der konnte nur noch Zuflucht bei der Kirche suchen.

1. Der Schutz durch die Kirche

Die Kirche als Beschirmerin der Schwachen

Alle, die an eine Kirchentür klopften, mußten aufgenommen werden, selbst wenn es sich um Verbrecher handelte. Leibeigene auf der Flucht und schuldbeladene Freie konnten nicht mehr festgenommen werden, sobald sie in den Vorraum einer Kirche eingetreten waren, denn hier genossen sie Asylrecht. Um Mißbrauch zu verhindern, erinnerte Karl der Große 779 daran, daß das Asylrecht begrenzt bleiben müsse und daß der Verbrecher vor Gericht zu stellen sei, wenn das Prozeßverfahren förmlich begonnen habe. Die Ausübung des Asylrechts führte auch zu Konflikten zwischen Kirchen und Klöstern, manchmal wurden daraus aufsehenerregende Affären. So entkam während der Amtszeit von Bischof Theodulf in Orléans ein Mönch aus dem Gefängnis und floh nach Saint-Martin in Tours. Der Bitte des Bischofs entsprechend wollte der Herrscher den Entflohenen ergreifen lassen, dem aber die Einwohner von Tours erfolgreich zu Hilfe kamen. Theodulf beklagte sich darüber bei Karl dem Großen, der anordnete, der Mönch müsse den Leuten des Bischofs übergeben werden. Der Abt von Saint-Martin, Alkuin, wollte sich fügen, aber die Bevölkerung von Tours griff erneut ein, um die Auslieferung zu verhindern. Als Antwort schickte der Bischof seine Gefolgsleute, die an einem Sonntag während des Gottesdienstes ins Kloster eindrangen. Jetzt erhob sich die ganze Stadt, alle Bettler strömten in die Klosterkirche. Die jüngeren Mönche prügelten sich mit den Männern aus Orléans, während die älteren versuchten, die Schlägerei zu beenden. Jedenfalls blieb der entflohene

Mönch weiterhin in Tours. Schließlich schickte Karl aber einen *missus*, der die Aufrührer festnehmen und mit Ruten schlagen ließ und dafür sorgte, daß der Mönch wieder nach Orléans in sicheren Gewahrsam überstellt wurde.[1]

Die Fürsorge der Kirche für die Alten

Klöster galten bei vielen als bevorzugter Aufenthaltsort, an dem man der Unruhe der Welt und den Sorgen des Alters entkommen konnte. Karl der Große beklagte, daß freie Männer ihr Leben Gott weihten mit dem einzigen Motiv, der Heeresfolge und jedem anderen Königsdienst zu entkommen. Er fügte noch hinzu, diese Art von Fahnenflucht werde von den Mönchen unterstützt, die sich daraus Besitzzuwachs versprächen.

Tatsächlich waren die Äbte bereit, Männer und Frauen aus dem Laienstand aufzunehmen und zu versorgen, vorausgesetzt, sie übergaben ihren Besitz. Manche lebten im Kloster selbst, andere wurden in der Nähe untergebracht und erhielten eine feste Lebensmittelzuteilung. Manche reichen Adligen planten den Eintritt ins Kloster für ihre alten Tage, so z. B. eine Dame, die dem Abt von St. Gallen schrieb: »Falls ich zum dauernden Aufenthalt in das Kloster eintreten will, möchte ich, daß man mir dies erlaubt und mich mit angemessener Speise versorgt.« Ein anderer Wohltäter dieses Klosters bat dringend darum, man möge ihm ein eigenes beheiztes Gemach, eine tägliche Pfründleistung entsprechend derjenigen für zwei Mönche und jährlich ein neues Gewand gewähren. Im Hinblick auf seine mögliche Bedürftigkeit im Alter legte ein gewisser Willibald die Vertragsbedingungen noch genauer fest: Er schenkt ein Stück Land zum Nutzen des Armenspitals, wofür er in dieses aufgenommen und mit Lebensmitteln und Kleidung versorgt werden soll. Er möchte alljährlich je ein Gewand aus Leinen und Wolle haben, alle drei Jahre einen Mantel, außerdem Schuhe und alles, was die Mönche erhalten. Sollte der Vertrag nicht erfüllt werden, wird er seinen Landbesitz zurücknehmen. Das Kapitel von Cysoing bei Lille verpflichtete sich einem Laien gegenüber, ihm Unterkunft zu gewähren und ihm den täglichen Unterhalt zu liefern: zwei Brote, ähnlich denen der Kanoniker, eine Portion von deren Ragout, einen großen Sester Bier, zwei Liter Wein. Dazu kamen noch jährlich fünf Schillinge für die Kleidung.[2] Auch die Besitzlosen konnten von der Kirche uneigennützige Hilfeleistungen erwarten. Die Verpflichtung zum Almosengeben wurde von jedem Christen ernst genommen, gleich ob er Laie, Geistlicher oder Mönch war. Denn zur Tilgung der Sünden konnten Almosen genauso beitragen wie Fastenübungen. Die Großen mußten an die Armen denken, die sich vor den Türen drängten, während sie speisten, und die sich in den Vorhallen der Kirchen zusammendrängten. Um sich das Wohlwollen des Weltenrichters zu sichern, errichteten manche Adligen vor ihrem Tod Almosenstiftungen, entweder für Einzelpersonen oder bei Institutionen, von denen die Austeilung besonders vorteilhaft übernommen werden konnte. Ansegis, der Abt von Saint-Wandrille, vermachte bedeutende Geldbeträge an Domkapitel, Klöster und an *xenodochia*, d. h. an Häuser zur Beherbergung der Armen.[3]

Die kirchliche Gastfreundschaft

Die Gewährung der Gastfreiheit war eine weitere Art von Wohltätigkeit. Karl der Große verordnete im Jahr 789:
»Wir halten es für angemessen und löblich, wenn Fremde, Pilger und Arme an vielen Orten von den Welt- und Ordensgeistlichen gastlich aufgenommen werden. Denn wenn Gott der Herr am Jüngsten Tag die guten Taten belohnt, wird er sprechen: Ich war Gast, und du hast mich aufgenommen.«
Im 9. Jahrhundert formulierte Hinkmar seine Meinung:
»Die Geistlichen einer Diözese sollen sich um die Gäste sorgen, besonders um die Armen und Kranken, aber auch um die Waisen und die fremden Reisenden. Sie sollen die Gäste täglich an ihrer Tafel aufnehmen soweit irgend möglich, und ihnen einen angemessenen Platz zum Aufenthalt anweisen.«[4]
Konkrete Vorstellungen vermittelt der St. Galler Klosterplan. Rechts neben der Empfangshalle vor der Abteikirche ist die *domus peregrinorum et pauperum* eingezeichnet. Dieses Pilger- und Armenhaus besaß eine quadratische Haupthalle mit Bänken, zwei Schlafsäle und einen Anbau für Küche, Bäckerei und Brauerei. Links vom Kircheneingang, in symmetrischer Anordnung, ist das Haus für vornehme Gäste vorgesehen, das wesentlich komfortabler ausgestattet ist. Geplant sind zwei heizbare Räume, Kammern für die Bediensteten, Ställe für die Reitpferde. Die Verpflichtung zur Gastfreundschaft bestand gegenüber allen Besuchern, den armen wie den reichen.

Aldrich von Le Mans ließ nahe bei der Kathedrale eine Armenherberge errichten, neben der Brücke über die Sarthe ließ er ein weiteres Gästehaus bauen, in dem Bischöfe, Grafen und Äbte untergebracht wurden. Auch in Fleury-sur-Loire, Fulda, Jumièges und Lobbes gab es diese zwei Sorten von Gästehäusern (hospitalia). Sie entsprechen der Zweiteilung der Gesellschaft, die bereits eingehend erörtert wurde.[5]

Der Unterhalt der Hospitäler war eine spürbare Belastung. Bischöfe und Äbte wiesen zur Sicherung der Dienstleistungen regelmäßige, gleichbleibende Einkünfte an. Ludwig der Fromme erinnerte 817 die Bischöfe an ihre Verpflichtung, zu diesem Zweck einen Teil des Kirchenbesitzes und der Zehnteinkünfte von den großen Gütern zu reservieren. Ein Angehöriger des Domkapitels hatte sich eigens um die Gäste zu kümmern. In den Klöstern war diese Aufgabe dem Pförtner und dessen Gehilfen übertragen. Der Leiter des Hospitals in Corbie mußte jeden Tag 45 Mischbrote, 5 Weizenbrote sowie Käse, Speck und Bohnen bereithalten. Die Armen konnten sich in bezogene Betten legen, sie erhielten gebrauchte Kleider und Schuhe, die von den Mönchen abgelegt worden waren. Der Pförtner empfing die Ankömmlinge und achtete auf die Gefäße und Gerätschaften, die ihnen zur Verfügung gestellt wurden.[6] Denn unter den vielen namenlosen Fremden, die vorsprachen, schlichen sich auch zahlreiche Diebe ein. Die für den Unterhalt der Hospitäler angewiesenen Vermögen mußten regelmäßig erneuert werden, darüber wachten die Könige und Bischöfe. Die Teilnehmer der Synode von Meaux beklagten, daß die früher blühenden Hospitäler jetzt nahezu vernichtet seien und außerstande, die Hilfesuchenden aufzunehmen.[7]

Es gab eine besondere Kategorie von Armen, die man als privilegiert bezeichnen könnte und die in Register oder Matrikel eingetragen wurden; ihre alte Bezeichnung als matricularii leitet sich von dieser Maßnahme ab. Nach dem Bericht Hinkmars waren diese matricularii Männer und Frauen, die aufgrund ihres Alters, ihrer Hinfälligkeit und Armut oder als Opfer besonderer Schicksalsschläge ausgewählt wurden. Ausgeschlossen waren junge, gesunde Leute, ferner Kuh- und Schweinehirten, aber auch die Bauern, denen Herrenland zur Bearbeitung verliehen war. In Metz sollte der Archidiakon eine bestimmte Menge Lebensmittel an die matricularii und den Überschuß an sonstige Arme verteilen. In den Statuten Adalhards von Corbie findet sich auch ein Abschnitt über das Armenspital. Danach sollten je 12 Arme über Nacht aufgenommen werden, jeder erhielt drei Pfund Mischbrot zum Abendessen, ein halbes Brot am folgenden Morgen sowie zwei

Becher Bier. Auch in Saint-Paul zu Lyon und in St. Gallen war die Versorgung von 12 Armen vorgesehen. Diese symbolische Zahl sollte an die zwölf Apostel erinnern, an manchen Orten wurde sie aber weit übertroffen. Karl der Kahle machte der Matrikel von Saint-Médard in Soissons eine Schenkung, die mehrere Dutzend Mansen und vier Mühlen umfaßte. Als *matricularii* wurden besonders bemitleidenswerte Arme ausgewählt und außerdem solche, die beim Besuch des Heiligtums auf wunderbare Weise geheilt worden waren. Als Gegenleistung übernahmen sie kleine Instandsetzungsarbeiten und Wachdienste. Sehr wahrscheinlich waren auch die Bettler, die das Asylrecht von Saint-Martin in Tours verteidigten, in die Matrikel eingetragene Arme.[8]

Alle, die an der Klosterpforte um Hilfe baten, konnten nicht nur gespeist, sondern auch gepflegt werden. Bekanntlich gehen die Begriffe »Hotel« und »Hospital« auf das mittellateinische *hospitale* zurück. In der Herberge, die Aldrich von Le Mans nahe bei der Kathedrale errichten ließ, wurden auch Lahme, Blinde und andere Bresthafte aufgenommen. Die Ärzte der Klöster und Domkapitel konnten den Bittstellern die dringend notwendige Behandlung nicht versagen. In erster Linie waren die Mönche freilich Ärzte der Seele. Sie wußten, daß Krankheiten durch Sünden verursacht und als Strafe zum Heil der Seele verhängt wurden. Wenn menschliche Kunst dem Leiden nicht Einhalt gebieten konnte, mußte man sich durch Gebete der Gnade Gottes anvertrauen und die Grabstätten der Heiligen besuchen, um deren Unterstützung zu erflehen.

2. Die schützende Kraft der Heiligen und der Reliquien

Die Heiligenverehrung

Nach den Auffassungen der Karolingerzeit war Gott streng und stand den Menschen sehr fern. Man sah ihn gern als Herrn der Himmelsburg, der wie ein mächtiger König über seinen Hofstab herrschte, den die Heiligen als seine Vasallen bildeten. Dieses Bild entsprach mehr dem Richter-Gott der Apokalypse als Christus, dem Menschensohn. Das Mosaik der Aachener Pfalzkapelle zeigt einen thronenden Christus als Majestät, umgeben von vierundzwanzig Ältesten. In St. Gallen und Müstair wurde Christus als Richter dargestellt. In Saint-Riquier ließ Angilbert eine Bildumschrift anbringen, deren Beginn lautet:

»Allmächtiger Gott, Herrscher über Himmel und Erde, o Gott, dessen Herrlichkeit überall sichtbar wird, schenke uns einen Blick von der Höhe Deines glorreichen Thrones herab...« Die Geistlichen der Karolingerzeit hatten sich mit dem Adoptianismus auseinanderzusetzen, der in Christus den angenommenen Sohn Gottes sah; sie neigten deswegen dazu, die göttliche Natur Christi auf Kosten seiner menschlichen Natur einseitig zu betonen.[9] Unter diesen Umständen gingen die Gläubigen davon aus, sie könnten Gott nur durch die Vermittlerdienste eines Heiligen erreichen:

»Wir, Deine demütigen Knechte, bitten Dich durch ihn, daß wir für würdig befunden werden, aus der Dunkelheit unserer Sünden befreit und in das Licht Deiner himmlischen Herrlichkeit eingetaucht zu werden. Mit festem Glauben und der ganzen Kraft unserer Verehrung sehnen wir uns danach, durch diesen Fürsprecher Gebete und Loblieder darzubringen, die Dir angenehm und uns heilbringend sind.«[10]

Heilige waren spirituelle Schutzherren, sie konnten Patron einer Stadt, eines Klosters, eines Herrschers, aber auch jedes einzelnen Christen sein. Man konnte fest darauf zählen, in ihnen einen Rückhalt (*patrocinium*) zu finden.

Die Kirche hatte diese Heiligenverehrung seit jeher unterstützt. Mönche und Kleriker beschrieben Leben und Wundertaten dieser Streiter für Gott. Am Vortag hoher Feste und vor Wallfahrten wurden diese Erzählungen in der Kirche gelesen. Man glaubte, die vorbildlichen Heiligenviten würden erzieherisch auf die Lebensführung der Gläubigen einwirken, denn diese hatten mehr Bedarf an konkreten Beispielen als an moraltheologischer Belehrung. Da man unter den Lebenden kaum Heilige fand, wandte sich das Volk mit inbrünstiger Liebe zu den Märtyrern der ersten Jahrhunderte und zu den heiligen Missionaren der eigenen Heimat.

Es reichte den Gläubigen bei weitem nicht, die Heiligen an ihren Namenstagen in der Kirche zu verehren. Um sich den Schutz seines Patrons wirklich zu sichern, suchte man körperlichen Kontakt: Alles, was mit dem Heiligen zu tun hatte, mußte berührt werden. Ein Baum, unter dem der heilige Richarius gern ausgeruht hatte, galt als heilig; die Holzhauer weigerten sich, ihn zu fällen. Das Bett, in dem Gerald geschlafen, und die Tische, an denen er gespeist hatte, wurden verehrt. Den Quellen, die Gerald oder Conwoion benützt hatten, und dem Wasser des Brunnens am Grab des heiligen Germanus wurden wunderbare Heilkräfte zugeschrieben; wie Abbo anmerkt, wurde das Brunnenwasser von den Mönchen sehr teuer verkauft.[11] Zahlreiche

Gegenstände, die als Reliquien aus dem Osten eingeführt wurden, sollten in Beziehung zu Christus oder den Aposteln stehen. In Saint-Riquier bewahrte man ein Stück des Mantels und der Sandalen Christi, etwas vom Brot, das er an seine Jünger austeilte, Milch der Jungfrau Maria, Haupthaare Johannes' des Täufers und Barthaare Petri, noch mit Blut befleckte Steine, mit denen der heilige Stephan gesteinigt worden war, und vieles andere.[12] Die gesuchtesten Reliquien waren aber die Gebeine der Heiligen, die sich in den Gräbern erhalten hatten und von denen jedermann wenigstens ein kleines Fragment zu besitzen wünschte (vgl. Taf. 6, 7).

Die Suche nach Reliquien

Daß der Besitz von Reliquien so wichtig genommen wurde, macht die Leidenschaft verständlich, mit der sich Bischöfe, Äbte und Laien auf die Suche machten.[13] Mit wahrem Jagdfieber bemühten sich alle um die Entdeckung weiterer Gräber und sogar um das Aufspüren eben erst geopferter Märtyrer. Vergeblich forschten die Mönche von Saint-Germain-des-Prés 858 in Spanien nach den Reliquien des heiligen Vincentius, wollten aber nicht enttäuscht und mit leeren Händen zurückkehren. Sie erfuhren, daß in Cordoba vor kurzem (im Jahre 852) einige Christen von den Mohammedanern gemartert worden waren, und eilten so schnell wie möglich in diese Stadt, um sich die Reliquien von Georgios und Aurelius zu sichern.[14]

Derartige Glücksfälle gab es aber nur sehr selten, weil das Zeitalter der Märtyrer längst vorüber war. Im allgemeinen mußte man in den Mittelmeerländern nach den Überresten von Heiligen suchen, die schon vor Jahrhunderten den Märtyrertod gestorben waren. Bischöfe und Äbte schickten ihre Boten bis in den Fernen Osten und selbst in die mohammedanischen Länder Afrikas. Die Gesandten Karls des Großen kamen auf der Rückreise von Bagdad nach Nordafrika, besuchten die Ruinen von Karthago und eilten zur Kirche des heiligen Cyprianus, um dort zu beten. Sie erlangten einige Reliquien des Märtyrers als Geschenk und brachten sie erst nach Arles, dann nach Lyon, wo sie von Bischof Leidrad feierlich in Empfang genommen wurden.[15] Angilbert berichtet über seinen Kirchenbau in Saint-Riquier:

»Mit größtem Eifer bemühte ich mich, aus allen Teilen der Christenheit Reliquien für die neue Kirche beizubringen. Zuerst erhielt ich durch die Großzügigkeit des Papstes Hadrian seligen Angedenkens und durch seinen verehrungswürdigen Nachfolger, Papst Leo, Geschenke von der heiligen Römischen Kirche. Weitere Reliquien wurden mir aus Konstantinopel und Jerusalem durch Boten meines Herrn [Karls des Großen] überbracht. Es folgten aus Italien, Germanien, Aquitanien, Burgund und Gallien die Gaben von Patriarchen, Erzbischöfen, Bischöfen und Äbten. Wir erhielten auch etwas aus dem großen Reliquienschatz der geheiligten Pfalz [in Aachen], der dort von den früheren Königen und vor allem von meinem Herrn [Karl dem Großen] angesammelt wurde. Durch seine Mildtätigkeit wurden wir für wert befunden, von allem einen Anteil zu erhalten, den wir hierher an diesen heiligen Ort bringen konnten.«[16]

Am liebsten holte man sich Reliquien aus Rom. Denn zum einen wollte man die Überreste besonders berühmter Märtyrer besitzen, zum anderen wußte man aber auch, daß die Ewige Stadt unerschöpfliche Reliquienschätze barg. Die Grabkirchen waren zwar geräumt, seit Papst Paschalis I. die Überführung der Gebeine von mehr als 2000 Toten nach der inneren Stadt angeordnet hatte, aber die Reliquienjäger hofften, zurückgebliebene Überreste aufzuspüren. Man durfte Funde freilich nicht nach Belieben in Besitz nehmen. Rodoin, den Abt Hilduin von Saint-Denis mit der Suche nach den Reliquien des heiligen Sebastian beauftragt hatte, mußte sich zunächst durch Bitten und Geschenke einige hochgestellte Persönlichkeiten geneigt machen. Da Papst Eugen II. die Reaktion der ihres Heiligen beraubten Römer fürchtete, zögerte er lange mit seiner Einwilligung zur Überführung. Der Bericht über die Translation des Heiligen läßt ahnen, wieviel Druck in der Umgebung des Papstes ausgeübt wurde. Die Schwierigkeiten setzten sich fort, als Rodoin das Grab öffnete. Die Römer »wehrten sich unter Tränen der Leidenschaft dagegen, daß ihr heiliger Märtyrer durch gewöhnliche Gallier aus seiner Vaterstadt entführt werde«. Sehr viele beschimpften das »apostolische Oberhaupt« wegen der Zustimmung zur Translation.[17]

Die Umständlichkeit und Dauer dieser Verhandlungen macht es verständlich, daß für viele die Inanspruchnahme von Vermittlerdiensten der raschere Weg schien. Römische Geistliche konnten hier nach willkürlichem Ermessen vorgehen. Ein Diakon namens Deusdona, verantwortlich für den dritten Friedhofsbezirk, suchte Einhard auf, um ihm heimlich während einer Mahlzeit die Gebeine von Petrus und Marcellinus anzubieten. Danach kam er auf einer weiteren Reise zu Abt Hilduin von Saint-Médard in Soissons, dem er die Reliquien des heiligen Tiburtius offerierte. Anschließend ging er nach Fulda, wo er ebenfalls Angebote unterbreitete. Deusdona nahm seinen Bruder und einen Freund als Teilhaber in das blühende Geschäft, verlangte hohe Preise und lieferte nur gegen Zahlungsgarantie. In der Auvergne wollten Mönche einmal nicht prompt bezahlen: »Die schlauen Römer befahlen ihnen, die vereinbarte Menge Silbergeld vorzuzeigen und zu wiegen, erst danach durften sie den heißersehnten Märtyrer sehen.«[18]

Der kürzeste Weg zu Reliquienbesitz war schlicht der Diebstahl, der in diesem Fall als göttliche Eingebung und Werk der Frömmigkeit galt. Als Rodoin den Schädel Gregors des Großen stahl, war er »beseelt von frommer Hingabe, Kraft der Liebe und sehnsuchtsvollem Verlangen«.[19] Die Diebe »verdienten hohes Lob für ihren gottgefälligen Betrug«. Der Notar Einhards wurde von einem römischen Vermittler betrogen und beschloß daraufhin, die Reliquien der Heiligen Petrus und Marcellinus zu entwenden. Eine Vision befolgend, ging er in die entsprechende Kirche, bat Gott um Beistand und füllte den Inhalt des Grabes in einen seidenen Beutel. Dann schickte er die Reliquien durch einen Boten voraus und blieb selbst noch acht Tage in Rom, weil er beobachten wollte, ob die Einwohner den Diebstahl entdeckten. In Pavia schloß er sich dem Reliquientransport wieder an und vermied sorgfältig ein Zusammentreffen mit der Gesandtschaft, die der Papst zu Ludwig dem Frommen schickte. Daß der Notar unterwegs schließlich selber einen Teil der Reliquien durch Diebstahl einbüßte, empfand Einhard als ungeheuren Skandal.[20] Als Rodoin den Schädel Papst Gregors des Großen aus der Krypta von St. Peter raubte, hatte er größere Schwierigkeiten zu überwinden: Er mußte die Wächter bestechen und auf das Haupt des Papstes schwören lassen, ewiges Stillschweigen zu bewahren.

Rom war aber nicht der einzige Ort, an dem man Reliquien stehlen konnte, solche Betrügereien kamen so ziemlich überall vor. Einem Mönch aus Conques gelang es im Jahr 866, das Haupt der heiligen Fides zu entwenden und in sein Kloster zu bringen. Ein Adliger aus Alet trat in die Dienste des Klosters Saintes, das die sterblichen Überreste des heiligen Malo aufbewahrte, um die Reliquien dieses bretonischen Mönches zu rauben.[21]

Die Translation der Reliquien

Wie man zu einer Reliquie gekommen war, wurde sehr schnell vergessen, entscheidend war allein die Tatsache, sie zu besitzen. War dies
erreicht, begann die feierliche *translatio*. Sowie sich die Abgesandten
einem Ort näherten, strömte die im voraus benachrichtigte Bevölkerung zusammen. Die Rückreise glich so einer triumphalen Prozession.
Bei jedem Aufenthalt wurde der Reliquienschatz in einer Kirche oder
in der Kapelle eines Herrenhofes niedergelegt. Die Geistlichen organisierten Gebetswachen, und die Bevölkerung wurde zu fröhlichen
Festmählern eingeladen. Am nächsten Morgen wurde der Weg dann
weiter fortgesetzt. Einhard berichtet, wie die Reliquien des heiligen
Marcellinus von einer großen Menschenmenge begleitet wurden:
»Eine weitere Schar von Gläubigen zog uns entgegen und begleitete
uns; dabei sangen sie ununterbrochen das *Kyrieeleison*, bis wir die
zweite Station erreichten, wo sie durch eine neue Gruppe ersetzt
wurden.«[22] Schließlich kamen die Reliquien in der Kirche an, in der sie
für immer aufbewahrt werden sollten. Als der Zug mit den Überresten
des heiligen Sebastian Soissons erreichte, eilte ihm der Bischof entgegen, und die Volksmenge zeigte ihre überströmende Freude durch
lauten Beifall und fröhliche Tänze:
»Psalmen singende Chöre umgaben den heiligen Sebastian von allen
Seiten. Alles war erfüllt von Hymnen und dem angenehmen Klang der
Musikinstrumente, unaufhörlich verbreitete sich der Duft von Weihrauch und anderen Wohlgerüchen, dazwischen sah man Leute, die
leuchtende Fahnen trugen. Andere schmückten sich mit Kreuzeszei-
chen, leuchtend von Gold und funkelnd von wertvollen Steinen
unterschiedlicher Farbe. Manche schwenkten Rauchfässer und Pfan-
nen mit Weihrauch, wieder andere trugen Wachskerzen, die selbst den
Tag mit glänzendem Licht erfüllten.«[23]
Einhard bedauerte, nicht genug Worte zu finden, um die Freude des
Volkes bei der Ankunft der Reliquien des heiligen Marcellinus zu
schildern. Aber wie groß war die Enttäuschung, als er später beschloß,
sie von Michelstadt in seine neue Abtei Seligenstadt zu überführen, wo
sie einen ihrer würdigeren Reliquienschrein erhalten konnten. Das
Unternehmen mußte heimlich im frühen Morgengrauen ins Werk
gesetzt werden. Dennoch wurde die Nachricht davon schnell bekannt,
die Heiligen Marcellinus und Petrus mußten, umgeben von Trauer
und Schmerz aller Zurückbleibenden, die Reise in ihr neues Heiligtum
antreten. Einhard selbst trennte sich nur ungern von seinen himmli-

schen Schutzpatronen, wenn er eine Reise an den Hof antreten mußte. Er schickte einen Diener, der nach seinem Schatz schauen sollte, und verteilte Reliquienfragmente an seine anderen Abteien, um bei einem Aufenthalt dort seine Heiligen vorzufinden.

Wenn zwei Kirchen die gleichen Reliquien für sich beanspruchten, konnte der Streit in einer Heftigkeit entbrennen, die an Fanatismus grenzte. Als die Reliquien der heiligen Helene aus Rom nach Hautvilliers gebracht wurden, hielt es der Klerus von Reims für Unrecht, daß ein kleines Kloster allein einen so großen Schatz besitzen dürfe. Als sich die Mönche weigerten, etwas abzutreten, behaupteten die Reimser, die Reliquie sei unecht. Man mußte folglich eine Abordnung nach Rom schicken, um Echtheitsbeweise herbeizuschaffen, außerdem mußte der Überbringer der Reliquien einer Wasserprobe unterzogen werden. Der Bischof von Laon neidete Soissons den alleinigen Besitz der Sebastiansreliquien und bezweifelte deswegen deren Echtheit so lange, bis ihm der Heilige selbst im Traum erschien.[24]

Reliquien-Translationen gab es im ganzen 9. Jahrhundert, aber seit 840 nahmen sie verstärkt dramatische Züge an. Sobald sich nämlich Normannen näherten, wollten die Mönche ihre Schätze in Sicherheit bringen: Dazu gehörten nicht nur Hausrat und Handschriften, sondern als wertvollster Besitz vor allem der Schrein mit den Reliquien ihres Schutzpatrons. Hier muß an die berühmteste dieser Translationen erinnert werden, nämlich an die Überführung der Reliquien des heiligen Philibert, der seit dem 7. Jahrhundert in Noirmoutier verehrt wurde. Seit 819 war die Insel gefährdet, daher zogen die Mönche nach Deas am Ufer des Lac de Grandlieu, wo sie eine Kirche errichteten, von der sich Teile bis heute erhalten haben. Als die Normannen 845 besonders zahlreiche Angriffe auf das Festland unternahmen, zogen sich die Mönche nach Cunault zurück und von dort weiter nach Messay. Da die Gefahr aber auch im Binnenland näherrückte, wurde ein weiterer Rückzug notwendig, diesmal in die Auvergne nach Saint-Pourçain. Schließlich fanden die Gebeine des heiligen Philibert 875 ihre endgültige Ruhestätte in Tournus über den Ufern der Saône.[25]

Der heilige Martin von Tours, in der *Francia* und im ganzen Abendland der am meisten verehrte Heilige, wurde ebenfalls von den Normannen bedroht, die die Loire aufwärts zogen, um sein reiches Kloster zu plündern. Die Mönche zogen mit ihren Reliquien nach Cormery und kehrten nach Tours zurück, als die Gefahr vorüber war. Um 877 brachten sie ihren Patron in seine Grabstätte zurück, die er allzu lange hatte verlassen müssen.[26] Die erzwungenen Translationen waren

Anlässe für Volkskundgebungen und zahlreiche Wunder. Die Rückkehr des Heiligen wurde immer mit enthusiastischer Freude begrüßt.
Sobald ein verlassenes Kloster wieder hergerichtet war, konnte man
daran denken, sich auf den Weg zu machen. Die gastgebenden Mönche, die sich der Reliquien vorübergehend angenommen hatten, waren
darüber verzweifelt. Je näher man dem Ziel der Rückreise kam, desto
größer wurde die Triumphprozession, der Zug wurde mit Hymnen
und Freudenliedern begleitet. Feierlich begrüßte der Bischof den
Heiligen, der in seine Heimat zurückfand. Die große Translationsbe-
wegung, die eine eigene Untersuchung wert wäre, hielt am Ende des 9.
und zu Beginn des 10. Jahrhunderts weiter an; die Normannen richteten damals nämlich ihre Angriffe gegen den Westen Frankreichs,
besonders gegen die Bretagne. Die Heiligenreliquien von Avranches
und Coutances traten die Reise ins Landesinnere an, ihnen folgten die
bretonischen Heiligen, Malo, Magloire, Brieuc, Samson und sogar der
in Landeveneck verehrte Guénolé (Winwaloë). Sie alle fanden Zuflucht in weniger ausgesetzten Gebieten wie der Gegend um Paris oder
in Flandern, zum Teil blieben sie für immer dort. Auf diese Weise fand
Malo oder Macluvius Verehrung in Rouen, Pontoise, Montreuil-
sur-Mer, und so gab der heilige Maudé oder Mandé seinen Namen
einem kleinen Dorf bei Paris. Zusammen mit den Reliquien gerettete
Handschriften der Bretagne gelangten in die Bibliotheken von Boulogne, Lille und Douai. Die Übertragung von Reliquien ermöglichte
also kulturelle und religiöse Wechselbeziehungen zwischen Bevölke-
rungsteilen, die sich oft gar nicht kannten.[27]

Die an Heilige gestellten Erwartungen

Durch den Besitz von Reliquien konnte man sich vor Naturkatastro-
phen, Dämonen und feindlich gesinnten Menschen wirksam schützen.
Neu eroberte Gebiete, die, wie Sachsen, gerade christianisiert wurden,
brauchten Reliquien, die zu ihrem Wohlergehen beitragen konnten.
Die Überreste des heiligen Vitus wurden aus Rom erst nach Saint-
Denis überführt und von dort nach Corvey weitergegeben; nach dem
Bericht eines Hagiographen brachten sie dem Land Frieden und
Wohlstand. Mit dem gleichen Ziel schickte die Kirche von Paderborn
Geistliche nach Le Mans, die nach den Reliquien des heiligen Liborius
suchen sollten. Herrscher und Adlige bewahrten in ihren Kapellen
Reliquien, die sie auf Reisen mitnahmen. Als Karl der Kahle in seiner

Pfalz zu Compiègne eine Kapelle stiftete, ließ er aus Rom die Reliquien des heiligen Cornelius überführen, der die Sicherheit der neuen Kirche garantieren sollte. Die Nonnen von Jouarre waren mit Armut und Hunger wohlvertraut; Äbtissin Irmintrud suchte deswegen den Bischof von Sens auf und bat ihn um die Überreste des heiligen Potentianus, der ihrem Kloster wieder zu Wohlstand verhelfen sollte.

Auch wenn Feinde, vor allem die Normannen, in der *Francia* einfielen, zeigten die Reliquien ihre machtvolle Wirkung. Flodoard erinnerte nachdrücklich daran, daß die Gegend um Epernay dank der Gegenwart des heiligen Remigius vor Plünderungen bewahrt blieb. Der heilige Germanus hatte Zuflucht auf der Ile de Paris gefunden; während der harten Belagerung von 885 trugen seine Reliquien ebenso zur Abwehr des Feindes bei wie alle Verteidiger zusammen. Der Mönch Abbo schrieb darüber in seinem Gedicht: »Erzähle uns, Stadt Paris, welche Fürsten haben dich verteidigt?« Und er läßt die Stadt antworten: »Wer hätte mich verteidigen können, wenn nicht an erster Stelle jener Germanus, der meine ganze Kraft und meine Liebe ist [...]. Er ist dicht bei mir, wie ein Schwert mit zwei Schneiden, ein Wurfgeschütz, ein Schild, eine hohe Mauer und ein flinker Bogen.« Die Einwohner von Paris wandten sich in der Gefahr an Germanus um Hilfe: »O heiliger Germanus, komm und schütze deine Kinder. Zu Hilfe, du gottesfürchtiger Germanus! Schnell, zu Hilfe, sonst sind wir verloren!« »Und schon zeigt sich Germanus und bringt Rettung, dort wo der Kampf am heftigsten tobte.«[28] Daß Paris, ohne förmliche Hauptstadt zu sein, sich zu einer der wichtigsten Städte im Königreich entwickelte und zum Zufluchtsort unter anderem auch für die bretonischen Heiligen wurde, ist zu einem guten Teil auf die wunderbare Rettung durch Reliquien zurückzuführen, die der Stadt den Ruf eintrug, auserwählt zu sein.

Die Reliquien brachten auch Kranken Heilung, denen kein Arzt helfen konnte. Translationsberichte und die Wundergeschichten, die aufgrund der von Mönchen angelegten Verzeichnisse abgefaßt wurden, zählen die wunderbaren Heilungen mit großer Genauigkeit auf. Von weither strömten die Heilungsuchenden in großer Zahl zusammen. Odilo von Soissons berichtet:

»Aus allen Gebieten Galliens und Germaniens und sogar über das Meer kamen Menschen in solcher Menge, daß sie den ganzen großen Platz wie Heuschrecken bedeckten. Unter den Versammelten sah man Blinde, Lahme, Verkrüppelte, Aussätzige und Fallsüchtige...«[29]

Die Reliquien des heiligen Marcellinus in Seligenstadt besuchten Menschen aus Aquitanien, dem Berry, der Champagne, aus Lüttich und aus dem Gebiet der heutigen Schweiz. Manche kamen zu Fuß, Blinde und Gelähmte wurden von Freunden geführt und getragen, andere benützten die Schiffe von Kaufleuten. Unter den Kranken gab es viele Kinder, auch junge Männer und Frauen, kaum Greise. Die Quellen erwähnen zwar auch vereinzelte Kleriker und Mönche, aber die überwiegende Mehrzahl der Wunder vollzog sich an Leuten aus dem Volk, an Leibeigenen, Dienstboten der Großen, Handwerkern. Die Gebrechen, an denen sie litten, werden mit bedrückendem Realismus geschildert: Manche können sich nur auf allen Vieren bewegen, einige können sich nur auf ihren Knien fortschleppen, wieder andere sind so verkrümmt, daß ihre Knie das Kinn berühren. »Eine Frau zeigt ihre vertrocknete, völlig blutleere Hand; durch die gleiche Abmagerung und Austrocknung ist ihr ein Fuß schwarz geworden.« Es gibt Männer, die so bucklig sind, daß sie sich auf den Rücken legen müssen, wenn sie zum Himmel aufschauen wollen. Einhard sah Menschen, die von heftigem Zittern geschüttelt wurden, »einer Krankheit, der von den Ärzten die griechische Bezeichnung *spasmon* gegeben wird und die man auf Lateinisch *tremulosa* nennen könnte, weil ihr Symptom die dauernde Bewegung der Gliedmaßen ist«. Von diesen Kranken sind die »Besessenen« zu unterscheiden, meistens Mädchen und junge Frauen, die laut schrien und oft so heftig um sich schlugen, daß man sie in Ketten herbeiführen mußte. Noch abschreckender war der Anblick der mit Geschwüren Behafteten, die mit Eiter und Würmern bedeckt waren, deren angeschwollene und zerfressene Glieder sich auflösten. Bei dieser zuletzt erwähnten Krankheit kann es sich um Elephantiasis oder Lepra gehandelt haben. Die zeitgenössischen Beschreibungen enthalten viel Material, das Untersuchungen unter medizingeschichtlichen Aspekten lohnen würde.[30]
Die Kranken wurden in dem Spital der von ihnen aufgesuchten Kirche untergebracht, manche übernachteten auch vor dem Portal und sogar neben dem Grab des Heiligen. Betend verbrachten sie Stunden oder Tage und warteten auf Zeichen und Visionen, die ihnen Heilung versprachen. Viele brachten nur ganz bescheidene Opfergaben mit, etwa ein Stück Leinen oder Talglichter, manche zogen es auch vor, ein Geschenk für den Fall zu versprechen, daß ihnen ein Wunder zuteil werde. Die Wunderheilungen ereigneten sich meistens während der Messe oder nach einer Gebetsnacht, sie waren schnell und oft brutal. Der Kranke stürzte mit dem Gesicht voran zu Boden, »wie wenn man

ihn gestoßen hätte« oder »wie wenn er einen Schlag erhalten hätte«, und blieb einen Augenblick ausgestreckt, wie tot liegen. Diesem Moment der Bewegungslosigkeit folgte sofort eine heftige Blutung. Manche wälzten sich am Boden, erbrachen und standen geheilt auf.[31] Die durch das Wunder Ausgezeichneten und die Menge der Zuschauer brachen danach in ohrenbetäubende Freudenkundgebungen aus, schrien, klatschten Beifall und tanzten. Was der Kranke gelobt hatte, mußte er auch erfüllen, andernfalls war ein Rückfall unvermeidlich, weil der Heilige Undankbarkeit wenig schätzte.

Noch größer war seine Abneigung gegen Spötterei und vor allem dagegen, daß jemand Besitz an sich zog, der ihm unterstellt worden war; in diesem Fall konnte er sogar als Richter in Erscheinung treten. Ein Mann hatte eine Getreidegarbe gestohlen, die dem heiligen Regnobert gehörte, und erwiderte einem Mönch, der ihn anschuldigte: »Wenn dein Regnobert ein Ährenbündel wäre, gäbe ich ihn meinem Pferd, damit es ihn frißt.« Er fiel sofort tot nieder. Ein Bauer, der Getreide am Namenstag dieses Heiligen mahlte, mußte als Folge mit einer Hand und einem Fuß kreisförmige Bewegungen machen, ohne auch nur einen Augenblick einhalten zu können.[32] Die Heiligen hatten auch die Macht, Bitten der Opfer von Raub und Gewalttaten zu erhören und Verzweifelten beizustehen; für ihr Eingreifen gab es unzählige Beispiele. Ungerechte Grafen, Grundherren, die zu hohe Abgaben verlangten, und gewalttätige Bischöfe wurden bevorzugt durch ihr Eingreifen betroffen.

Mißstände bei der Heiligenverehrung

Es war unvermeidlich, daß die Reliquienverehrung gelegentlich auch ins Übermaß auswucherte, Betrügereien und Skandale zwangen die Bischöfe zum Eingreifen. Am Grab des heiligen Ferreolus zu Uzès erlitten Männer und Frauen epileptische Anfälle, das verängstigte Volk wollte daraufhin den Zorn des Heiligen durch Geschenke von Gold, Silber und Vieh besänftigen. Es entstand aber der Verdacht, die Geistlichen hätten ein paar Schwindler bezahlt, um so ihr Gotteshaus zu bereichern; der Bischof ließ deshalb den Zugang zum Grab versperren. Die Überreste eines unbekannten Heiligen – ihre Herkunft aus Rom schien als Echtheitsbeweis zu gelten – bewirkten in Dijon angebliche Wunder, die dem Bischof von Langres Sorge machten: Frauen fielen während ihrer Gebete ganz plötzlich in Zuckungen. Bald schon zählte man 300 bis 400 verheiratete Frauen und junge Mädchen, die von Krämpfen geschüttelt wurden. Amolo von Lyon riet dem Bischof, wenn er einen Aufruhr verhindern wolle, müsse er die Reliquien heimlich entfernen und an einem anderen Ort bestatten lassen. Er bedauerte, daß die offizielle, an bestimmten Tagen vorgesehene Heiligenverehrung vernachlässigt werde, weil »sich das Volk selbst gegen ausdrückliche Verbote auf Reliquien stürze, die ihm niemand empfohlen oder erklärt habe«.[33] Die karolingischen Bischöfe wußten genau, daß der Reliquienkult zu Aberglauben und mißbräuchlicher Ausnutzung der Volksfrömmigkeit degenerieren konnte. Sie erinnerten immer wieder daran, daß die Heiligen nur Vermittler waren und jede Glaubenshandlung zur Verehrung des wahren Gottes führen müsse. Die Herrscher und der hohe Klerus griffen auch ein, um falsche Märtyrer zu entlarven oder die Echtheit von Reliquien nachweisen zu lassen. Als Karl der Große erfuhr, in Mantua sei ein Fläschchen mit dem Blut Christi entdeckt worden, schickte er sofort einen *missus*, um die Herkunft dieses Fundes nachprüfen zu lassen.[34] Man beschäftigte sich intensiv damit, festzulegen, wie die Heiligkeit der vom Volk Verehrten nachzuweisen sei. 864 bestellte der Bischof von Konstanz eine Dokumentation über Otmar, den Abt von St. Gallen, der als heilig galt, und legte sie einer Diözesan-Synode vor. Nach dreitägigem Fasten wurden die Reliquien offiziell anerkannt.[35]

3. Die Pilgerfahrten

Um sich den Schutz eines Heiligen zu verschaffen, verließen die Menschen der Karolingerzeit ohne Zögern ihre bequemen Adelssitze oder elenden Hütten und machten sich auf die Reise. Das Pilgerwesen entwickelte sich in unterschiedlichen Formen.[36] Für die einen ging es um den Besuch heiliger Stätten und das Sammeln von Reliquien, andere wollten ein Gelübde erfüllen, ein heimliches Vergehen sühnen oder eine vorgeschriebene Buße leisten. Die Könige und der Klerus nahmen diese »armen« Pilger in ihren Schutz, gewährten ihnen Abgabenfreiheit und sorgten für die Einrichtung von Rastorten, an denen man ausruhen konnte. Neben den allen Reisenden offenstehenden Herbergen wurden auch eigens für die Aufnahme von Pilgern bestimmte Häuser gegründet. Den Irländern war seit dem 7. Jahrhundert bekannt, daß es in Auxerre, Honau (auf einer Rheininsel bei Straßburg gelegen), Péronne, Pavia und Piacenza eigens für sie bestimmte *hospitalia* gab.[37] Die Angelsachsen wurden auf dem Festland in Saint-Josse aufgenommen, aber auch in Celle, einer Filialgründung von Ferrières. Die Bretonen konnten in Moutiers-en-Puisaye absteigen, und Murbach wurde im 9. Jahrhundert als »Fischteich der Pilger« bezeichnet. Mönche, die für die Unterkunft der Pilger auf dem Weg von und nach Rom sorgten, hatten Niederlassungen an den Klausen der Alpenübergänge, auf dem Mons Jovis (Großer St. Bernhard), auf dem Mont-Cenis und an den Ausgängen der Alpentäler, wie in Aosta oder Novalese bei Susa.[38]

Die Pilger

Die Pilger hatten nicht immer den besten Ruf, denn unter der Masse der Wallfahrer gab es auch Abenteurer und Leute von zweifelhafter Gesinnung. Weltgeistliche und Mönche machten sich ohne Genehmigung ihrer Oberen auf den Weg und benutzten die Pilgerreise, um sich von ihren Gelübden zu befreien. Besonders gefährdet waren die Nonnen, aber Bonifatius übertreibt wohl mit seiner Behauptung, daß alle Ordensschwestern, die nach Rom reisen wollten, in der Folge die Bordelle der Städte Frankreichs und Italiens füllten.[39] Die Teilnehmer des Konzils von Aquileia fürchteten, Äbtissinnen und Nonnen könnten unterwegs Beziehungen mit Männern anknüpfen, und verboten ihnen deswegen, Wallfahrten nach Rom oder anderen Orten zu unternehmen.[40] Der Status als Pilger sollte zu erstaunlichen Vorteilen verhelfen: Manche Laien machten sich auf die Reise, um nicht nur die Vergebung aller begangenen, sondern auch aller ihrer zukünftigen Sünden zu erhalten. Dazu bemerkte Theodulf: »Es ist besser, zu Hause in Ehren zu leben, als nach Rom zu ziehen. Man verdient den Himmel nicht mit seinen Füßen, sondern durch sein Wohlverhalten.« Ein anderer Bischof, Claudius von Turin, äußerte sich ebenfalls sehr zurückhaltend über die Wallfahrt nach Rom: »Ich empfehle sie nicht und rate auch nicht davon ab, denn ich weiß sehr gut, daß sie weder allen schadet, noch allen nützt.«[41] Manchen schien es besser, das für eine Pilgerreise gesparte Geld zur Unterstützung der Armen auszugeben. Viele Kritiker der Wallfahrten hätten die Verse wiederholen können, die ein enttäuschter Ire verfaßte: »Nach Rom zu ziehen, welche Plage, und wie gering der Nutzen! Den König, den du dort suchen willst, kannst du eher finden, wenn du ihn bereits in dir trägst.«

Die großen Wallfahrtszentren

Jedes Heiligengrab kann als Wallfahrtsziel gelten. Kartographische Darstellungen aufgrund des Berichts über die Translation der Heiligen Marcellinus und Petrus zeigen, daß zu Orten wie Seligenstadt, Gent, Valenciennes oder Maastricht Heilungsuchende auch aus großer Entfernung kamen. Aber einige seit alters bekannte Gotteshäuser waren so allgemein berühmt und so gut auf die Unterbringung der Gläubigen vorbereitet, daß sie die großen Massen an sich zogen. In Frankreich wurde nach wie vor das Grab des heiligen Martin in Tours am häufigsten besucht, von den Herrschern genauso wie von den Armen. Leider fehlen für das 9. Jahrhundert so ausführliche Berichte, wie sie Gregor von Tours für das 6. Jahrhundert hinterlassen hat. Die alte Basilika von 53 Metern Länge und 20 Metern Breite stand noch unverändert; sie brannte zu Beginn des 10. Jahrhunderts nieder und wurde mit hohen Kosten unverzüglich erneuert, die Mönche waren dazu reich genug. Die Pilger hatten jederzeit Zutritt zum Grab und konnten dort etwas Staub oder Öl von den ewig brennenden Lampen an sich nehmen. Sie übernachteten an Ort und Stelle oder in Pilgerspitälern nahe bei dem Kloster.

Auch andere Heiligengräber zogen viele Wallfahrer an: die des heiligen Benedikt in Fleury-sur-Loire, des heiligen Hilarius in Poitiers, des heiligen Martialis in Limoges oder des heiligen Germanus in Auxerre. Dazu entstanden neue Wallfahrtszentren wie Saint-Michel-aux-deux-Tombes (heute Mont-Saint-Michel), das damals gerade berühmt wurde. Um 870 berichtet darüber der Mönch Bernhard:

»Auf dem Gipfel des Berges steht eine Kirche zu Ehren des heiligen Michael, und jeden Tag steigt das Meer zweimal an, so daß es morgens und abends den Berg ganz umschließt. Die Menschen müssen mit dem Besuch warten, bis sich das Meer zurückgezogen hat. Nur am Fest des heiligen Michael wird der Berg nicht vom Meer eingeschlossen, so daß alle, die kommen, um zu beten, jederzeit Zugang haben.«[42]

Die Krypta der renovierten karolingischen Kirche von Mont-Saint-Michel erinnert an die Anlage des Michael-Heiligtums auf dem Monte Gargano.

Die Pilgerreisen nach Italien

Der gleiche Mönch Bernhard berichtet auch über die bedeutende Michaels-Wallfahrt zum Monte Gargano in Süditalien: In einer von Eichenwald überragten Grotte konnten ungefähr 50 Personen gleichzeitig vor dem Bild des Erzengels beten und ihre Opfergaben niederlegen. Bernhard besuchte auch den *Mons Aureus*, nach den neuesten Forschungen ebenfalls ein Michaels-Heiligtum, das der Bischof von Salerno nahe dem Dorf Olevano sul Tusciano errichtet hatte. Die Anlage ähnelte der auf dem Monte Gargano: »Es gab eine Grotte mit sieben Altären, die so dunkel war, daß man sie nur mit Lichtern betreten konnte. Darüber erstreckte sich ein großer Wald.« Sehr wahrscheinlich handelt es sich hier um das Zeugnis für einen christianisierten Höhlenkult.[43]

Vom *Mons Aureus* kommend, erreichte Bernhard Rom mit seinen Apostel- und Märtyrergräbern. Die Suche nach Reliquien in Rom und das Ansehen des mit den Franken verbündeten römischen Bischofs begünstigten seit dem 7. Jahrhundert die starke Zunahme der Pilgerfahrten in die Ewige Stadt. Sie zog alle Christen an wie eine zweite Heimat, jeder sehnte sich danach, sie wenigstens einmal im Leben zu besuchen, oder wünschte sogar, dort zu sterben.

Nach der Ankunft in Rom fanden die Pilger Unterkunft in den Herbergen bei St. Peter, für jede Nation war ein eigenes Haus vorgesehen. Die *schola* der Angelsachsen umfaßte Wohnräume, eine Kirche und einen Friedhof. Nach diesem Vorbild gab es ähnliche Anlagen für die Friesen, Franken, Langobarden.[44] Um sich in dem Irrgarten der römischen Ruinen und zahlreichen Kirchen nicht zu verlieren, besaßen die Pilger Reiseführer, die zur Zeit der Karolinger verfaßt oder abgeschrieben wurden; so z. B. die *Notitia ecclesiarum urbis Romae* oder *De locis sanctis martyrum quae sunt foris civitatis Romae*, vor allem aber ein Itinerar, das im Kloster Einsiedeln wiederentdeckt wurde. Dieses Dokument wurde im 8. Jahrhundert abgefaßt, es enthält die knappe, präzise Beschreibung von 11 verschiedenen Routen samt Angaben zu den wichtigsten antiken und zeitgenössischen Bauten, ganz ähnlich den modernen Reiseführern.[45] Der Pilger mußte in Rom die sieben Basiliken besichtigen, die ihre aufwendige Ausstattung seit der Spätantike bewahrt hatten: S. Giovanni in Laterano mit dem Papstthron, die drei Basiliken auf dem Esquilin, nämlich S. Maria Maggiore, S. Croce in Gerusalemme, wo ein Stück vom Heiligen Kreuz verehrt wird, und S. Lorenzo, ferner S. Paolo fuori le

mura und schließlich, ebenfalls außerhalb der Mauern, S. Sebastiano
an der Via Appia und S. Paolo an der Straße nach Ostia. Dazu kam
selbstverständlich noch die Peterskirche im Vatikan: Man kann sich
vorstellen, wie die Pilger die 35 Stufen zur Vorhalle auf den Knien
zurücklegten, am großen Brunnenbecken zeremonielle Waschungen
vornahmen und wie sie sich vor den Bronzeportalen der Basilika
verneigten. Nach dem Eintreten sahen sie staunend den Triumphbogen und das Mosaik aus der Zeit Konstantins, darunter das von einem
Ziborium geschützte Petersgrab. Sie durchschritten dann die 96 Marmorsäulen, zwischen denen beidseitig geraffte Seidenvorhänge
gespannt waren, und knieten vor der Confessio Petri nieder, oberhalb
des kleinen Fensters, welches ihnen einen Blick auf den Sarkophag
erlaubte, den goldene Halbreliefs schmückten und zahlreiche Lampen
beleuchteten.

Die Pilgerreisen in den Orient

Besonders reiche und wagemutige Pilger wollten ihre Reise noch über
Rom hinaus fortsetzen, um die Orte zu besuchen, an denen Christus
selbst gelebt hatte. Palästina war zwar seit dem 7. Jahrhundert von den
Mohammedanern besetzt, aber diese erlaubten aus Toleranz und zum
eigenen Vorteil den freien Pilgerverkehr, der auch von den guten
Beziehungen zwischen den Karolingern und den abbasidischen Herrschern profitierte. Zwar erlangte Karl der Große nicht die förmliche
Schutzherrschaft über die heiligen Stätten, aber er konnte wenigstens
sicheres Geleit für die christlichen Reisenden vereinbaren und erhielt
die Möglichkeit zur materiellen Unterstützung der Kirchen von Jerusalem. Dazu kam noch, daß die abendländischen Pilger im allgemeinen
von den ortsansässigen Christen freundlich aufgenommen wurden.[46]
Wer die Gesetze des Landes achtete und seine Aufenthaltsgebühr
bezahlt hatte (um 870 betrug sie 13 Denare), konnte sich unter diesen
Umständen überall frei bewegen. Über Pilgerreisen nach Palästina sind
zwei zeitgenössische Berichte überliefert, der des Angelsachsen Willibald, dessen Aufenthalt im Heiligen Land von 724 bis 729 dauerte,
und der des Mönchs Bernhard, der von 866 bis 870 unterwegs war.
Beide begannen ihre Reise in Unteritalien, hatten sich ordnungsge-
mäße Pässe beschafft und benutzten Handelsschiffe für die zweimona-
tige Überfahrt. Wie schon früher erwähnt, vermittelten Kaufleute den
Verkehr zwischen Abendland und Orient.[47] Mit Hilfe von Beschrei-

bungen der heiligen Stätten, die seit dem 6. Jahrhundert immer wieder kopiert wurden, hatten sich beide Wallfahrer auf ihre Reise vorbereiten können. Am häufigsten benutzt wurde die Schrift *De locis sanctis*, die Ende des 7. Jahrhunderts verfaßt und von Beda überarbeitet wurde.[48] Willibald und Bernhard fanden die in den Führern beschriebenen Kirchen: die Grabeskirche, in der etwa 50 Geistliche ihren Dienst versahen, die Kirchen auf dem Ölberg, wo sich fränkische Mönche niedergelassen hatten, die Abendmahlskirche auf dem Berg Zion, wo Christus das letzte Abendmahl gefeiert hatte. Von Jerusalem zogen beide nach Bethlehem und beteten dort an der Geburtsgrotte, die von einer Basilika überdacht war, für deren Wiederherstellung Kaiser Justinian gesorgt hatte. Der Reiseweg führte sie dann in nördlicher Richtung bis Nazareth. In Kanaan bot man ihnen Wein an aus den Krügen, die Jesus bei seinem Wunder gebraucht hatte, sie badeten im Jordan und wurden von den Mönchen des St.-Johannes-Klosters aufgenommen. Von jedem besichtigten Ort nahmen die Pilger kleine Andenken mit, meist Fläschchen mit Wasser, Tücher, mit denen ein Heiligtum berührt worden war, etwas Erde oder Balsam. Um die Grenzwärter zu täuschen, füllte Willibald den Balsam in ein kürbisförmiges Gefäß und verstopfte die Öffnung mit einem ausgehöhlten Stab voller Erdöl; so gelang es ihm, den Balsam außer Landes zu schmuggeln.[49] Weder Willibald noch Bernhard versuchten, ihre Reise weiter fortzusetzen. Trotzdem zogen auch der Sinai und die Heiligtümer Ägyptens noch Pilger an. Die *Gesta Abbatum Rotonensium* berichten von einer großen Rundreise, die der Franke Fromund zusammen mit seinem Bruder um die Mitte des 9. Jahrhunderts unternahm. Diese beiden Adligen waren überführt worden, ihren Onkel wegen einer Erbangelegenheit umgebracht zu haben. Sie wurden dazu verurteilt, mit kettenbeladenen Armen die heiligen Stätten aufzusuchen. Sie gingen zuerst nach Rom, reisten weiter nach Jerusalem, besichtigten dann zwei Jahre lang ägyptische Klöster, wandten sich nach Nordafrika, wo sie in Karthago am Grab des heiligen Cyprianus beteten, und kehrten dann nach Rom zurück. Da ihre Buße aber noch nicht ausreichte, fuhren sie erneut ins Heilige Land, besuchten die Berge Armeniens, wo die Arche Noah gelandet war, gingen nach Palästina zurück und bestiegen den Berg Sinai. Nach vier Jahren erreichten sie wieder Rom, erhielten aber noch immer keine Vergebung ihrer Sünden. Sie durchquerten daraufhin Italien, Burgund, Neustrien und gelangten schließlich in die Bretagne. Fromunds Bruder starb in Rennes, er selbst setzte

seinen Weg weiter fort bis zum Grab des Papstes Marcellinus, den die
Mönche von Redon wenige Jahre zuvor aus Rom überführt hatten.
Hier endlich erlebte Fromund eine Vision, seine Ketten fielen herab,
und die vom Eisen verursachten Wunden wurden geheilt. Um den
Dank für seine Erlösung abzustatten, beschloß er, abermals nach Rom
zu reisen, obwohl ihn die Mönche bei sich behalten wollten. Aber
gleich nachdem er seinen Weg angetreten hatte, kam er an das letzte
Ziel der Lebensreise jedes Menschen.[50]

Bibliographische Hinweise
(Abkürzungen)

1. Siglen und Abkürzungen für Quellenwerke

PL   *Patrologiae cursus completus, series Latina*, hrsg. von J. P. Migne, 217 Bde. und 4 Reg.-Bde., Paris 1844 ff.

        Monumenta Germaniae Historica (MGH)
        Unterabteilungen:

SS   Scriptores in Folio
AA   Auctores Antiquissimi
SS rer. Merov.   Scriptores rerum Merovingicarum
DD Karol.   Die Urkunden der Karolinger: Diplomata Karolinorum, Bd. 1, Hannover 1906, ND 1956.
DD Germ. Karol.   Die Urkunden der deutschen Karolinger: Diplomata regum Germaniae ex stirpe Karolinorum, Bd. 1, Berlin 1932, ND 1956.
Leges   Legum sectio I: Leges nationum Germanicarum
Capit.   Legum sectio II: Capitularia regum Francorum, 2 Bde., Hannover 1883–87, ND 1960.
Conc.   Legum sectio III: Concilia, 2 Bde., Hannover 1893–1901, Bd. 1 ND 1956.
Formulae   Legum sectio V: Formulae Merovingici et Karolini aevi, Bd. 1, Hannover 1886, ND 1963.
Epp.   Epistolae in Quart, Bd. 3: Epistolae Merovingici et Karolini aevi I, Berlin 1892, ND 1957; Bd. 4–8: Epistolae Karolini aevi II–VI,1, Berlin 1895–1939, ND 1974.
Poet.   Poetae Latini medii aevi, Bd. 1–4: Poetae Latini aevi Carolini, Berlin 1880–1923, ND 1964.

Liber Pontificalis   *Liber Pontificalis*, hrsg. von L. Duchesne, 2 Bde., Paris 1886/92, ²1907/15, ND 1955.
AS   *Acta Sanctorum*, ed. Bollandus u. a., Antwerpen 1643 ff., Venedig 1734 ff., Paris 1863 ff.
ASOB   *Acta Sanctorum ordinis Sancti Benedicti*, ed. Mabillon, 9 Bde., Paris 1668–1701; 6 Bde., Venedig 1733–40.
RH   Revue historique.
Corpus   *Corpus Consuetudinum Monasticarum*, Bd. 1: Initia Consuetudinis Benedictinae, hrsg. von K. Hallinger, Siegburg 1963.

2. Abgekürzt zitierte Autoren und Werke

Abbo   Abbon, Le Siège de Paris par les Normands, übers. und hrsg. von H. Waquet, Paris 1924, ²1964.
Annalen   *Ann. Bertiniani, Ann. Fuldenses, Ann. Laureshamenses, Ann. Vedastini, Ann. Xantenses, Reichsannalen:*

Quellen zur karolingischen Reichsgeschichte, 3 Tle., lat./dt., bearb. von R. Rau, Darmstadt [1-3]1972–77. (Freiherr-vom-Stein-Gedächtnisausgabe, Bd. 5–7.)

Astronomus   Astronomus: Vita Hludowici Imperatoris, in: Quellen zur karolingischen Reichsgeschichte, T. 1, [2]1977.

Dhuoda s. Manuel.

Einhard, *Translatio*   Einhard: Translatio et Miracula Sanctorum Marcellini et Petri, in: SS 15,1, S. 238–264.

Einhard, *Vita Karoli*   Einhard: Vita Karoli Magni, in: Quellen zur karolingischen Reichsgeschichte, T. 1, [2]1977; dass., lat./dt., Stuttgart 1968 u. ö. (Reclams Universal-Bibliothek, Nr. 1996).

Ermoldus   Ermold le Noir (Ermoldus Nigellus): Poème sur Louis le Pieux et épître au roi Pépin, übers. und hrsg. von E. Faral, Paris 1932, [2]1964.

Hariulf, *Chronique*   Hariulf, Chronique de Saint-Riquier, übers. und hrsg. von F. Lot, Paris 1894.

Lupus   Loup de Ferrières (Lupus von Ferrières): Correspondance, übers. und hrsg. von L. Levillain, 2 Bde., Paris 1927/35, [2]1964.

Manuel   Dhuoda, Manuel pour mon fils (Liber manualis), hrsg. von P. Riché, Paris 1975.

Nithard   Nithard: Historiarum libri IIII, in: Quellen zur karolingischen Reichsgeschichte, T. 1, [2]1977.

Notker   Notker: Gesta Karoli, in: Quellen zur karolingischen Reichsgeschichte, T. 3, [3]1975.

Regino, *Chronik*   Regino von Prüm: Chronik, in: Quellen zur karolingischen Reichsgeschichte, T. 3, [3]1975.

Regino, *De synod. causis*   Regino von Prüm: De synodalibus causis et disciplinis ecclesiasticis, in: PL 132, Sp. 185–370; dass., hrsg. von F. G. A. Wasserschleben, Leipzig 1840, ND Graz 1964.

Reichsannalen s. Annalen.

Thegan, *Vita Hludowici*   Thegan: Vita Hludowici Imperatoris, in: Quellen zur karolingischen Reichsgeschichte, T. 1, [2]1977.

3. Abgekürzt zitierte Sekundärliteratur

Boutruche, R., *Seigneurie*   Boutruche, R.: Seigneurie et Féodalité, Bd. 1, Paris 1959, [2]1968.

Doehaerd, R.   Doehaerd, R.: Le Haut Moyen Age occidental. Economies et Sociétés, Paris 1971.

Duby, G.   Duby, G.: L'Economie rurale et la Vie des Campagnes dans l'Occident médiéval, Bd. 1, Paris 1962.

Halphen, L.   Halphen, L.: Charlemagne et l'Empire carolingien, Paris 1947, [2]1968.

Hubert, J., u. a., *Die Frühzeit des Mittelalters*   Hubert, J. / Porcher, J. / Volbach, W. F.: Die Frühzeit des Mittelalters. Von der Völkerwanderung bis an die Schwelle der Karolingerzeit, übers. von N. Brotze und F. v. Otting, München 1968.

Hubert, J., u. a., *Die Kunst der Karolinger*   Hubert, J. / Porcher, J. / Volbach, W. F.: Die Kunst der Karolinger von Karl dem Großen bis zum Ausgang des 9. Jahrhunderts, übers. von N. Brotze und F. v. Otting, München 1969.

Karl der Große   Karl der Große. Lebenswerk und Nachleben, hrsg. von W. Braunfels u. a., 5 Bde., Düsseldorf 1966–68.

Katalog der Ausstellung *Karl der Große*   Karl der Große. Werk und Wirkung,
Aachen 1965.

Latouche, R., *Les Origines*   Latouche, R.: Les Origines de l'Economie occidentale, Paris 1956.

Lesne, E.   Lesne, E.: Histoire de la Propriété ecclésiastique en France,
Bd. 3: Eglises et Trésors des Eglises du commencement du VIIIᵉ à la fin du XIᵉ
siècle, Lille 1938. [Zit. als: *Les Trésors.*]
Bd. 4: Les Livres, Scriptoria et Bibliothèques du commencement du VIIIᵉ à la fin
du XIᵉ siècle, Lille 1940. [Zit. als: *Les Livres.*]
Bd. 5: Les Ecoles de la fin du VIIIᵉ siècle à la fin du XIIᵉ siècle, Lille 1942. [Zit. als:
Les Ecoles.]
Bd. 6: Les Eglises et les monastères, centres d'accueil, d'exploitation et de peuple-
ment, Lille 1943. [Zit. als: *Les Eglises.*]

Settimana   Settimane di Studio del centro italiano di studi sull'alto medioevo,
Spoleto.

Anmerkungen

Vorwort zur deutschen Übersetzung

1 Über Forschungsfortschritte und Neuerscheinungen auf dem Gebiet der Mittelalter-Archäologie orientiert: *Zeitschrift für Archäologie des Mittelalters*, hrsg. von W. Janssen und H. Steuer, Bd. 1 ff., 1973 ff.
2 Dufresne, S., *Les Illustrations du Psautier d'Utrecht*, Paris 1977.
3 Boussard, J., *Charlemagne et son temps,* Paris 1968. Fichtenau, H., *Das karolingische Imperium*, Zürich 1949. Folz, R., *Le Couronnement impérial de Charlemagne*, Paris 1964. Halphen, L., *Charlemagne et l'Empire carolingien*, Paris 1947, ²1968. Lot, F., *Naissance de la France*, Paris 1948, ²1970. Tessier, G., *Charlemagne*, Paris 1967. Devisse, J., *Hincmar, archevêque de Reims (845–882),* Genf 1976, 3 Bde.
4 Riché nennt die Arbeiten von: N. Baron, M.-F. Banchereau, G. Bansillon, J.-C. Berger, A.-M. Bolotte, B. Dusausoy, J.-L. Gacon, J. Guigue, S. Haquet, C. Labbé, P. Le Maître, J. Laurand, A. Pabou, G. Robert, C. Thiellet, J. Trevedy. Eine kurzgefaßte Gesamtdarstellung mit gründlicher Diskussion des neuesten Forschungsstandes zum Frankenreich bringt: Schneider, R., *Das Frankenreich*. Oldenbourg Grundriß Geschichte 5. München/Wien 1982.

Erster Teil

Kapitel I

1 Dicuil, *Liber de mensura orbis terrae,* hrsg. von Bieler, L., Dublin 1967. – Zu Aethicus vgl. zuletzt Brunhölzl, F., *Zur Kosmographie des Aethicus*, in: *Festschrift für Max Spindler*, München 1969, S. 75–89. Eine eigene Untersuchung über »Geographie und Weltbild zur Zeit der Karolinger« liegt von S. Haquet vor (maîtrise d'histoire, Université de Paris X, 1972).
2 Destombes, M., *Mappae Mundi*, Amsterdam 1964. *Liber Pontificalis* I, S. 432. Micon von Saint-Riquier, *Poet.* III, S. 297. Theodulf, *Poet.* I, S. 547. Zu diesem Gedicht vgl. Vidier, A., *La Mappemonde de Théodulf* und *La Mappemonde de Ripoll*, in: *Bulletin de Géographie historique et descriptive*, Paris 1911.
3 Miller, K., *Mappae Mundi. Die ältesten Weltkarten*, Stuttgart 1895.
4 *Vita Faronis* 9, SS rer. Merov. 5, S. 184.
5 Hellmann, M., *Karl und die slawische Welt*, in: *Karl der Große*, Bd. 1, S. 708.
6 Notker II c. 12.
7 Notker I c. 1.
8 *Conc.* II,1, S. 173; *Epp.* IV, S. 143, 154. Vgl. Deer, J., *Karl der Große und der Untergang des Awarenreiches*, in: *Karl der Große*, Bd. 1, S. 719.
9 *Ann. Fuldenses* zu 900. Regino, *Chronik* zu 889.
10 Ermoldus, S. 102.
11 *Reichsannalen* zu 813. Vgl. Jankuhn, H., *Karl der Große und der Norden*, in: *Karl der Große*, Bd. 1, S. 699.
12 Ewig, E., *Descriptio Franciae*, in: *Karl der Große*, Bd. 1, S. 143. Werner, K. F.,

Les nations et le sentiment national dans l'Europe médiévale, in: RH 1970, S. 285–304; ders., *Les Principautés périphériques dans l'Occident au VIIIe siècle,* in: *Settimana* 20, Spoleto 1973.

13 Reindel, K., *Bayern im Karolingerreich,* in: *Karl der Große,* Bd. 1, S. 220.
14 Nithard IV c. 2 und c. 6. Zur Gesellschaftsordnung der Sachsen vgl. *Translatio S. Alexandri,* SS 2, S. 674.
15 Astronomus c. 19. Wolff, P., *L'Aquitaine et ses marges,* in: *Karl der Große,* Bd. 1, S. 269.
16 Astronomus c. 4.
17 Notker I c. 32.
18 *Gesta Berengarii,* in: *Poet.* IV, S. 360 und 380 f.
19 Vgl. Wolff, P., *Les Origines linguistiques de l'Europe occidentale,* Paris 1970.
20 Einhard, *Vita Karoli* c. 29.
21 Nithard III c. 5.
22 Lupus, Brief 35.
23 Zu den Reichenauer und Kasseler Glossen vgl. Bergmann, R., *Verzeichnis der althochdeutschen und altsächsischen Glossenhandschriften,* Berlin / New York 1973 (mit einer Bibliographie der Glosseneditionen).
24 Norberg, D., *Manuel pratique du Latin médiéval,* Paris 1950, S. 50.
25 *Conc.* II,1, S. 288.
26 Betz, W., *Karl der Große und die Lingua Theodisca,* in: *Karl der Große,* Bd. 2, S. 300–306.
27 Einhard, *Vita Karoli* c. 29. Vgl. Ganshof, F. L., *Charlemagne et l'administration de la justice,* in: *Karl der Große,* Bd. 1, S. 394.
28 Riché, P., *Les Bibliothèques de trois aristocrates laïcs carolingiens,* in: *Le Moyen Age,* 1963, S. 99.
29 Agobard, *Epp.* V, S. 158 f.
30 Vgl. Amann, E., *L'Epoque carolingienne,* Paris 1947, S. 247. Büttner, H., *Mission und Kirchenorganisation des Frankenreiches,* in: *Karl der Große,* Bd. 1, S. 454.
31 Florus, *Poet.* II, S. 559–562, *Querela de divisione imperii.*

Kapitel II

1 Astronomus c. 7.
2 Vgl. Brühl, C., *Fodrum, gistum, servitium regis,* 2 Bde., Köln 1968.
3 Gauert, A., *Zum Itinerar Karls des Großen,* in: *Karl der Große,* Bd. 1, S. 307–321. Vgl. auch die Karten in Brühl, C. (s. Anm. 2), Bd. 2.
4 Vgl. die ältere Arbeit von Lesne, H., *La Propriété ecclésiastique et les droits régaliens à l'époque carolingienne,* Bd. 2, Lille 1926, S. 392, und das erwähnte wichtige Werk von C. Brühl (s. Anm. 2).
5 Notker I c. 14. Leidrad, *Epp.* IV, S. 542.
6 Lupus, Brief 115. *Capit.* II, S. 405.
7 Theodulf, *Poet.* I, S. 493–520.
8 Ganshof, F. L., *La Tractoria, Contribution à l'étude des origines du droit de gîte,* in: *Revue Historique du Droit,* 1927, S. 69–91.
9 *Formulae,* S. 292.
10 Lupus, Briefe 41,8 und 61.
11 Einhard, *Epp.* V, Brief 56.
12 Nithard II c. 8.

13 Lupus, Brief 101.
14 Vgl. unten, ›Fünfter Teil‹, S. 317 ff.
15 Doehaerd, R., S. 265, und Hubert, J., *Les Routes au Moyen Age*, in: *Les Routes en France*, Paris 1959.
16 Aimoin, *De translatione sanctorum martyrum*, PL 115, Sp. 939–960.
17 *Translatio S. Helenae*, c. 55–56. *Formulae*, S. 429.
18 *Liber Pontificalis* I, S. 445.
19 *Reichsannalen* zu 801.
20 *Vita Geraldi* II c. 17, PL 133, Sp. 563 f.
21 Regino, *Chronik* zu 866.
22 Duparc, P., *Les Cluses et la frontière des Alpes*, in: *Bibl. de l'Ecole des Chartes*, 1951.
23 *Ann. Bertiniani* zu 878.
24 Ermoldus, S. 60. Nithard II c. 6. Einhard, *Translatio* III c. 19, SS 15, S. 255.
25 *Vita Geraldi* I c. 29, PL 133, Sp. 539 f.
26 Einhard, *Vita Karoli* c. 17.
27 *Ann. Bertiniani* zu 865.
28 Nithard II c. 6.
29 *Poet.* II, S. 423.
30 *Capitulare de villis*, in: *Capit.* I, S. 170 f., c. 64. Astronomus c. 15.
31 *Translatio S. Liborii*, Text in: *Archives Historiques du Maine* 14, 1967.
32 Lestoquoy, J., *La navigation fluviale au IXe siècle, les flotilles monastiques*, in: *Congrès de Jumièges*, Rouen 1955, S. 247–252. Doehaerd, R., S. 244. *Formulae*, S. 313.
33 Lupus, Brief 111.
34 Ganshof, F. L., *Note sur l'›inquisitio de theloneis Raffelstettensis‹*, in: *Le Moyen Age* 72, 1966, S. 197–223. Text in: *Capit.* II, S. 249. *Vita Bonifacii* c. 11. *Vita Anskarii* c. 8.
35 *Reichsannalen* zu 793. Vgl. Hofmann, H. H., *Fossa Carolina*, in: *Karl der Große*, Bd. 1, S. 437–453.
36 Ganshof, F. L., *Eginhard à Gand*, in: *Bullet. de la Soc. d'Histoire et d'Archéol. de Gand*, 1926.
37 *Ann. Bertiniani* zu 875 und 876. Einhard, *Translatio* I c. 7, SS 15, S. 242 f. – Nithard, III c. 4. *Translatio S. Liborii* (s. Anm. 31).
38 Einhard, *Vita Karoli* c. 1.
39 White, L. T., *Medieval Technology and Social Change in the Middle Ages*, Oxford 1962, Abb. 3.

Kapitel III

1 Zum Wald vgl. Higounet, C., *Les forêts dans l'Europe occidentale du Ve au XIe siècle*, in: *Settimana* 13, Spoleto 1966, S. 343–398.
2 *Vita Sturmi*, PL 105, Sp. 425.
3 Ermoldus, S. 96. Notker II c. 8. *Ann. Bertiniani* zu 846 und 858.
4 *Capit.* I, S. 89 (*Capitulare de villis* c. 69) und S. 170 f.
5 *Capit.* I (*Capitulare de villis* c. 46). DD Karol. I, S. 256.
6 *Capit.* I (*Capitulare de villis* c. 47 und 58). Hinkmar, *De ordine palatii*, in: *Capit.* II, S. 523. Notker I c. 20, sowie II c. 9.
7 Jonas, PL 106, *De institutione laicali* II c. 23. Vgl. die erwähnten Quellentexte im

Kapitel »Chasse« des *Dictionnaire de l'Archéologie chrétienne et de Liturgie*,
Bd. 2,1, Sp. 1090 f.

8 Ermoldus, S. 22 und 96.
9 Vgl. die Tabelle im ›Fünften Teil‹, S. 294 f.
10 Nithard III c. 3. *Ann. Bertiniani* zu 861. *Reichsannalen* zu 797.
11 Sedulius, *Poet.* III, S. 168.
12 Alkuin, *Poet.* I, S. 369 und 270.
13 Walafrid Strabo, *Poet.* II, S. 335.
14 Hrabanus Maurus, *De Universo*, PL 107, Sp. 680.
15 Lupus, Brief 70.

Kapitel IV

1 Hubert, J., *Evolution de la topographie et de l'aspect des villes de Gaule du Ve au Xe siècle*, in: *Settimana* 6, Spoleto 1959, S. 529–558. Latouche, R., *Les Origines*, S. 201.
2 Ewig, E., *Résidence et capitale dans le Haut Moyen Age*, in: RH 1963, S. 25–70.
3 Bognetti, J. P., *Storia di Milano*, Bd. 3, Mailand 1954. Das Gedicht über Mailand ist in *Poet.* I, S. 24, abgedruckt.
4 Eine zusammenfassende Darstellung über Rom zur Karolingerzeit fehlt; vgl. Homo, L., *Rome Médiévale*, Paris 1956.
5 Fleury, M., *Paris du Bas Empire au XIIIe siècle*, in: *Paris, Croissance d'une capitale*, Paris 1961, S. 73 ff. – Vieillard-Troiekouroff, M., *Les anciennes églises suburbaines de Paris, IVe–Xe siècles*, in: *Paris et Ile de France. Mémoires* 11, 1960.
6 Hubert, J., *La Renaissance Carolingienne et la topographie des cités épiscopales*, in: *Settimana* 1, Spoleto 1954, S. 219–225.
7 *Epp.* IV, S. 542.
8 Flodoard, *Hist. Remensis eccl.* III 5, SS 13, S. 478 f. – Alkuin, *Poet.* I, S. 285 f.
9 *De gestis episc. Autissiodorensium*, PL 138, Sp. 265. – Sedulius, *Poet.* III, S. 169.
10 Doehaerd, R., S. 242 f. – Vgl. das Gedicht Milos über Tournai, *Poet.* III, S. 589.
11 *Gesta Sanctorum Rotonensium* I,10, ASOB 4,2. Um die Prostituierte zu bezeichnen, benützt der Autor den ungewöhnlichen Ausdruck *apodix*.
12 Zum *portus* vgl. Ganshof, F. L., *La Belgique carolingienne*, Brüssel 1958, S. 121 ff. – Despy, G., *Note sur le ›portus‹ de Dinant au IXe et Xe siècle*, in: *Mélanges Niermeyer*, Groningen 1967, S. 61–69; ders., *Villes et campagnes au IXe et Xe siècle, l'exemple du pays mosan*, in: *Revue du Nord* 50, 1968, S. 145–168.

Kapitel V

1 Faksimile des Klosterplans bei: Reinhardt, H., *Der St. Galler Klosterplan* (92. Neujahrsblatt, hrsg. vom Historischen Verein des Kantons St. Gallen, 1952). Vgl. den Katalog der Ausstellung *Karl der Große*, Abb. nach S. 400, Text S. 402–410.
2 *Gesta Fontanellensis* c. 17 (hrsg. von Lohier, F. / Laporte, J., Rouen/Paris 1936).
3 Die Statuten Adalhards, *Corpus* I, S. 365.
4 *Vita Willelmi* 8, AS, Maii VI, S. 811.
5 Hariulf, *Chronique*, hrsg. von Lot, F., S. 302.
6 Lesne, E., *Les Églises*, S. 391 und 414.

7 ebd. S. 48.
8 Zu Ferrières vgl. Lupus, Brief 49. Zu Aniane vgl. *Vita Benedicti* c. 22, SS 15. Zu Saint-Riquier vgl. Hariulf (s. Anm. 5), S. 70. Zu Charroux vgl. Oexle, O. G., *Le monastère de Charroux au IXe siècle*, in: *Le Moyen Age*, 1970, S. 193. Zu Saint-Germain-des Prés vgl. die Königsurkunde vom 13. Januar 829.

Kapitel VI

1 Ewig, E., *Résidence et capitale*, in: RH 1963, S. 29–71. Vgl. die Vorträge des 11. deutsch-französischen Historikerkolloquiums (Compiègne/Paris, April 1973) in: *Francia* 4, 1976.
2 Astronomus c. 7.
3 Schlesinger, W., *Merseburg*, in: *Deutsche Königspfalzen*, Bd. 1, Göttingen 1963, S. 158–206. Gauert, A., *Zur Struktur und Topographie der Königspfalzen*, ebd. Bd. 2, Göttingen 1965, S. 1–60. Sage, W., *Zur archäologischen Untersuchung karolingischer Pfalzen in Deutschland*, in: *Karl der Große*, Bd. 3, S. 323. Zu den Ausgrabungen von Doué-la-Fontaine vgl. *Archéologie Médiévale* 3/4, 1973/74.
4 *Capit.* I, S. 250 und 254.
5 Martinet, S., *Un palais décrit dans un manuscrit carolingien*, in: *Mémoires de la Fédération des Sociétés savantes de l'Aisne* 12, 1966, S. 1–13.
6 Hugot, L., *Die Pfalz Karls des Großen in Aachen*, in: *Karl der Große*, Bd. 3, S. 534–572.
7 Ermoldus, S. 159 und 163 ff.
8 *Capit.* I, S. 298. *Capitulare de disciplina palatii* von 820.
9 Vieillard-Troiekouroff, M., *La Chapelle de Charles le Chauve à Compiègne*, in: *Cahiers Archéologiques*, 1971, S. 89–108. *Poet.* III,2, S. 552.

Kapitel VII

1 Abbo, S. 24. *Ann. Fuldenses* zu 782. Ermoldus, S. 212.
2 Lot, F., *Conjectures démographiques sur la France au IXe siècle*, in: *Le Moyen Age*, 1921, S. 21; ders., *Naissance de la France*, Paris 1948, S. 698.
3 Fossier, L., *La terre et les hommes en Picardie jusqu'à la fin du XIIIe siècle*, Bd. 1, Paris 1968, S. 225. Werveke, H. van, *La densité de la population du IXe siècle. Essai d'estimation*, in: *Annales du XXXe congrès de la Féd. archéol. et hist. de Belgique*, 1936.
4 Einhard, *Vita Karoli* c. 30.
5 *Ann. Bertiniani* zu 875–877.
6 Regino, *De synod. causis* II c. 61, PL 132.
7 *Ann. Lauresham.* zu 793. *Ann. Fuldenses* zu 868. Vgl. Doehaerd, R., S. 58 f. und die Tabelle im vorliegenden Buch S. 294 f. – Zu den Hungersnöten siehe Curschmann, F., *Hungersnöte im Mittelalter (8.–13. Jh.)*, Leipzig 1900, ND Aalen 1970, S. 89 ff., und Rouche, M., *Le problème de la faim à l'époque carolingienne*, in: RH 1973, S. 295–320.
8 Astronomus c. 56.
9 Vgl. den umfassenden Überblick bei Noonan, J. T., *Contraception et mariage*, Paris 1969, S. 187.
10 Theodulf, *Statuta*, in: Clercq, C. de (Hrsg.) *La législation religieuse franque*, Bd. 1, Löwen 1936, S. 338.

11 Pseudo-Beda, *De remediis peccatorum*, PL 94, Sp. 571. Regino, *De synod. causis* II c. 66, PL 132, Sp. 298.
12 Gerwald von Lüttich, vgl. Clercq, C. de (s. Anm. 10), S. 360. Regino, *De synod. causis* II c. 89, PL 132, Sp. 301.
13 Regino, *De synod. causis* II c. 82, PL 132, Sp. 301, *paupercula pro difficultate nutriendi.*
14 *Vita Leobae*, SS 15, S. 127.
15 Regino, *De synod. causis* II c. 60, 61 und c. 69, PL 132, Sp. 297 f.
16 Urkunde bei Muratori, L. A., *Antiquitates Italicae* III, Bologna 1965, S. 587.
17 Jonas, *De institutione laicali* II c. 3 und c. 9, PL 106, Sp. 172 f. und 184 f. Vgl. Chelini, J., *Les laïcs dans la société ecclésiastique carolingienne / I laici nella società cristiana dei secoli XIᵉ–XIIᵒ*, in: *Acta della terza Settimana internazionale di studio Mendola 1965*, Mailand 1968, S. 45, und *La vie religieuse des laïcs dans l'Empire carolingien*, Diss. Paris 1974. [Masch.]
18 Pseudo-Beda (s. Anm. 11), PL 94, Sp. 573.
19 *Vita Geraldi* I c. 2, PL 133, Sp. 643.
20 Jonas, *De institutione laicali* II c. 4, PL 106, Sp. 174–177.
21 Einhard, *Vita Karoli* c. 18–20. *Ann. Bertiniani* zu 869. Thegan, *Vita Hludowici* c. 22.
22 *Vita Geraldi* I c. 9, PL 133, Sp. 647 f.
23 Vgl. oben, S. 51. Hariulf, *Chronique*, hrsg. von Lot, F., S. 99. Astronomus c. 23.
24 *Capit.* I, S. 297 f.
25 *Lex Alamannorum* 56, hrsg. von Eckardt, K. A., *Leges* V,1 S. 115.
26 Vgl. Vogel, C., *Le pécheur et la pénitence au Moyen Age*, Paris 1969, S. 74 f.
27 Theodulf, *Statuta*, PL 105, Sp. 219.
28 Hinkmar, *De nuptiis Stephani*, PL 126, Sp. 133. Vgl. Ritzer, K., *Le mariage dans les églises chrétiennes du Iᵉʳ au XIᵉ siècle*, Paris 1970, S. 270.
29 *Capit.* I, S. 36.
30 Daudet, P., *Etudes sur l'histoire de la juridiction matrimoniale*, Paris 1941.
31 Zu dieser Angelegenheit vgl. Amman, E. (s. Anm. 30 zu T. 1, Kap. I), S. 370 ff.
32 Vgl. unten, ›Fünfter Teil‹ S. 305 f.
33 Hinkmar, *De nuptiis Stephani*, PL 126, Sp. 132–154.
34 Bonifatius, *Epp.* III, S. 276.
35 *Dicta Pirmini*, PL 89, Sp. 1037 f.

Zweiter Teil

Kapitel I

1 Tellenbach, G., *Studien und Vorarbeiten zur Geschichte des Großfränkischen und Frühdeutschen Adels*, Freiburg i. Br. 1957. Werner, K. F., *Bedeutende Adelsfamilien im Reich Karls des Großen*, in: *Karl der Große*, Bd. 1, S. 83–142. Génicot, L., *La noblesse dans la société médiévale*, in: *Le Moyen Age*, 1965, S. 539–560.
2 *Manuel*, S. 354.
3 Vgl. ›Vierter Teil‹, S. 288 ff.

4 Hrabanus Maurus, *Liber de reverentia filiorum erga patres et erga reges*, in: *Epp.* V, S. 403.
5 *Lex Baiuuariorum* II,9, *Leges* V,2 S. 302.
6 Einhard, *Vita Karoli*, c. 19.
7 ebd., c. 20. Regino, *Chronik* zu 879.
8 Nithard IV c. 6.
9 *Ann. Bertiniani* zu 846. *Ann. Fuldenses* zu 887.
10 Lupus, Briefe 3 und 4.
11 Regino, *Chronik* zu 876.
12 Regino, *Chronik* zu 887.
13 *Manuel*, S. 352.
14 Vgl. Lewis, A. R., *The development of Southern French and Catalan Society, 718–1050*, Austin 1965, S. 123 f., und Verdon, J., *La femme dans la Société en France aux Xe et XIe siècles*, Diss. Paris 1974. [Masch.]
15 *Manuel*, S. 167.
16 Nithard II c. 7.
17 *Capit.* II, S. 254. Vgl. Halphen, L., S. 321.
18 Delaruelle, E., *En relisant le ›De institutione regia‹ de Jonas d'Orléans, l'entrée en scène de l'épiscopat carolingien*, in: *Mélanges Halphen*, Paris 1951, S. 185–192.
19 Halphen, L., S. 247, 264, 291, 322 ff.
20 *Capit.* II, S. 447.
21 Nithard II c. 3.
22 Astronomus c. 48. *Ann. Bertiniani* zu 858.
23 Nithard IV c. 7.

Kapitel II

1 Metz, W., *Das karolingische Reichsgut*, Berlin 1960, und die oben zitierten Studien von G. Tellenbach und seinen Schülern (s. Anm. 1 zu Kap. I).
2 *Conc.* II, S. 401. *Notitia*, in: Corpus I, S. 485–499.
3 Vgl. Lesne, E., *Les Trésors*, S. 1 ff. Das Rechnungsfragment einer Domäne aus Laon oder Gent wurde untersucht von P. Gasnault, in: *Bulletin de la Société Nationale des Antiquaires de France* 1970, S. 310–318.
4 *Capit.* I, S. 176 f., c. 5 und 7.
5 ebd., S. 254; frz. Übers. in: Duby, G., Bd. 1, S. 281.
6 *Capit.* I, S. 83, und Duby, G., Bd. 1, S. 278. Noch immer nützlich ist die Ausgabe von Guérard, B., *Polyptyque de l'abbé Irminon*, 2 Bde., Paris 1844. In überarbeiteter Fassung wurde der Text ediert von Longnon, A., *Polyptyque de l'abbaye de St.-Germain-des-Prés*, 2 Bde., Paris 1886/95.
7 Perrin, Ch.-E., *Le manse dans le Polyptyque de l'abbaye de Prüm à la fin du IXe siècle*, in: *Etudes historiques Noël Didier*, Paris 1960, S. 245–258.
8 Die *Statuta* wurden herausgegeben von J. Semmler in: *Corpus* I, S. 355–420.
9 *Gesta Fontanellensis* (s. Anm. 2 zu T. 1, Kap. V), S. 117.
10 Einhard, *Epp.* V, S. 105, frz. Übers. in: Duby, G., Bd. 1, S. 304.
11 Lupus, Briefe 24, 30, 42, 45 und 61.
12 Zu den Übergriffen der weltlichen Großen vgl. Lesne, E., *La Propriété ecclésiastique et les droits régaliens* I,1, Lille 1922.
13 Flodoard, *Hist. Remensis eccl.* I c. 20 und III c. 13, SS 13, S. 434–437 und 490–499.
14 *Capit.* I, S. 162 ff., c. 5 und 6.

15 Lesne, E., *Les Trésors*, passim, und *Mittelalterliche Schatzverzeichnisse. 1. Von der Zeit Karls des Großen bis zur Mitte des 13. Jahrhunderts*, hrsg. vom Zentralinstitut für Kunstgeschichte, in Zs.arb. mit B. Bischoff, München 1967.
16 Hariulf, *Chronique*, hrsg. von Lot, F., S. 87 ff.
17 Lupus, Brief 45. *Ann. Bertiniani* zu 858.
18 *Ann. Bertiniani* zu 841 und 877.
19 *Capit.* I, S. 131 ff. c. 4.
20 Hinkmar, PL 136, Sp. 32.
21 *Synode von Douzy*, Text in: Mansi, G. D., *Conciliorum* [...] *collectio*, Bd. 16, Venedig 1771, S. 663.
22 *Vita Geraldi* I c. 15 und 16, PL 133.
23 Riché, P., *Les Bibliothèques* (s. Anm. 28 zu T. 1, Kap. I).
24 Riché, P., *Trésors et Collections d'aristocrates laïcs carolingiens*, in: *Cahiers archéologiques*, Bd. 22, 1972, S. 39–46.
25 Ermoldus, S. 86–88.

Kapitel III

1 Verbruggen, J. F., *L'armée et la stratégie de Charlemagne*, in: *Karl der Große*, Bd. 1, S. 420–436, auch zum folgenden.
2 Hrabanus Maurus, *De procinctu militiae romanae* 13, hrsg. von Dümmler, E., in: *Zeitschrift für deutsches Altertum* 15, 1872, S. 444.
3 Vgl. die Beschreibungen alamannischer und bajuwarischer Gräber des 7. und 8. Jhs. im Katalog der Ausstellung *Karl der Große*, Nr. 34–40.
4 Hubert, J., u. a., *Die Kunst der Karolinger*, S. 22, Abb. 18.
5 Ermoldus, S. 26.
6 *Vita Geraldi* I c. 5, PL 133.
7 Nithard III c. 6.
8 Ermoldus, S. 182–184 und 220.
9 Abbo, S. 56.
10 Wandalbert, *De duodecim mensium nominibus*, PL 121, Sp. 627. – *Capit.* I, S. 168, frz. Übers. bei Boutruche, R., Bd. 1, S. 366.
11 *Capit.* I, S. 166 f.
12 Werner, K. F., *L'art de la guerre en Occident, VIIIᵉ–Xᵉ siècles, un essai d'appréciation*, wird erscheinen in: *Annales*.
13 Vgl. Verbruggen, J. F. (s. Anm. 1), S. 421 f.
14 *Capit.* I, S. 167.
15 Ermoldus, S. 15 und 122.
16 Nithard IV c. 10. – *Ann. Fuldenses* zu 841.
17 *Poet.* II, S. 138 f., frz. Übers. in: Norberg, D., *Manuel pratique de latin médiéval*, Paris 1968, S. 166.
18 Ermoldus, S. 35. Regino, *Chronik* zu 873, *nova et exquisita machinamentorum genera applicantur*.
19 Regino, *Chronik* zu 891.
20 Ermoldus, S. 45.
21 Einhard, *Vita Karoli* c. 13.
22 DD Karol. I, S. 241. Vgl. Riché, P., *Trésors et collections* (s. Anm. 24 zu T. 2, Kap. II).
23 Sedulius, *Poet.* III,1, S. 208.
24 *Poet.* II, S. 139. *Laude pugna non est digna, nec canatur melode.*

25 *Poet.* I, S. 116. Zum *Ludwigslied* vgl. Bezzola, R. R., *Les Origines*, Paris 1958,
   S. 216. Zur Entstehung der Chansons de Gestes vgl. Louis, R., *L'épopée
   française est carolingienne*, in: *Coloquios de Roncesvalles*, 1955, Saragossa 1956,
   S. 327–460. (Publicaciones *de la Facultad de Filosofía y Letras* II, 18.)
26 *Capit.* I, S. 52. *Reichsannalen* zu 791.
27 *Ann. Fuldenses* zu 867.
28 *Ludwigslied*, Text in: *Althochdeutsches Lesebuch*, hrsg. von W. Braune, Tübin-
   gen [16]1979, S. 118 f.
29 *Liber exhortationis* c. 38, PL 99, Sp. 240.
30 Alkuin, *De virtutibus et vitiis*, PL 101, Sp. 638. Vgl. Riché, P., *De l'Education
   antique à l'Education chevaleresque*, Paris 1968, S. 41 ff.
31 *Manuel*, S. 117.
32 Vgl. Anton, H., *Fürstenspiegel und Herrscherethos in der Karolingerzeit*, Bonn
   1968.
33 Chelini, J. (s. Anm. 17 zu T. 1, Kap. VII), S. 24 ff. – Delaruelle, E., *Jonas et le
   moralisme carolingien*, in: *Bulletin de Littérature ecclésiastique*, 1954, S. 223 ff.

Kapitel IV

1 Lupus, Brief 26.
2 Notker, I c. 4–6.
3 Semmler, J., *Karl der Große und das Fränkische Mönchtum*, in: *Karl der Große*,
   Bd. 3, S. 254–289.
4 Lupus, Brief 106.
5 Lupus, Brief 35.
6 Claudius, *Epp.* IV,2, S. 601. Vgl. Prinz, F., *Klerus und Krieg*, Stuttgart 1971.
7 Alkuin, *Epp.* IV,2, S. 422.
8 *Gesta Aldrici*, hrsg. von Ledru, S. 196. *Capit.* II, S. 51.
9 Sedulius, *Poet.* III,1, S. 198 f.
10 Notker I c. 18.
11 Das Zitat aus Jonas nach Chelini, J., *Histoire religieuse de l'Occident médiéval*,
   Paris 1968, S. 150.
12 Alkuin, *Epp.* IV,1, S. 183.
13 *Capit.* I, S. 63, c. 19.
14 Über das Leben in den Nonnenklöstern gibt es keine Gesamtdarstellung. Vgl. die
   Fragmente des Briefwechsels zwischen Hrabanus Maurus und Bischof Humbert,
   Epp. V, S. 525, und *De institutione sanctimonialium*, in: *Conc.* II, S. 444.
15 *Capit.* I, S. 163, c. 4.
16 Schmitz, P., Artikel »Benoît d'Aniane«, in: *Dictionnaire d'Histoire et de
   Géographie ecclésiastique* 8, 177–187, und Semmler, J., *Benedikt von Aniane*,
   Habil.-Schr. Mannheim 1971. [Masch.]
17 *Vita Benedicti*, PL 103, Sp. 377, oder SS 15, S. 215, c. 36. – *Capit.* I, S. 343–349.
18 *Vita Geraldi* II c. 6, PL 133, Sp. 674.
19 PL 132, Sp. 675–715.
20 Amman, E., *L'Eglise au pouvoir des laïcs*, Paris 1940, S. 317.

Kapitel V

1 Die einzige neuere Gesamtdarstellung bringt Fleckenstein, J., *Karl der Große
   und sein Hof*, in: *Karl der Große*, Bd. 1, S. 24–50. Überholt ist dadurch

Haureau, *Charlemagne et sa cour*, Paris 1854. Nützlich sind die Monographien von A. Kleinclausz über Alkuin (Paris 1948) und Einhard (Paris 1942).

2 Hinkmar, *De ordine palatii*, in: *Capit.* II, S. 518 ff. Zu dieser Quelle vgl. Halphen, L., in: RH 1938, S. 169. – Halphen, L., *Charlemagne*, S. 155 ff.

3 Einhard, *Vita Karoli* c. 33.

4 Ganshof, F. L., *Charlemagne et l'usage de l'écrit en matière administrative*, in: *Le Moyen Age*, 1951, S. 1–25. Ansegis, *Capitularium collectio*, in: *Capit.* I, S. 382–450.

5 Giry, A., *Manuel de Diplomatique*, Paris 1894, S. 519. Zu den Tironischen Noten vgl. Katalog der Ausstellung *Karl der Große*, S. 264 f, Nr. 433.

6 Theodulf, *Poet.* I, S. 487.

7 Einhard, *Vita Karoli* c. 26. Notker I, c. 5–8. Vgl. dazu Fleckenstein, J., *Die Hofkapelle der deutschen Könige*, Stuttgart 1959. Einen Gottesdienst in der Kapelle der Pfalz Ingelheim beschreibt Ermoldus, S. 175.

8 Ganshof, F. L., *Charlemagne et les Institutions de la monarchie franque*, in: *Karl der Große*, Bd. 1, S. 349–394.

9 Hinkmar c. 29, in: *Capit.* II, S. 527. Vgl. Ganshof (s. Anm. 8), S. 364.

10 Lupus, Brief 60. Einhard, *Epp.* V, S. 113, 116, 118, 122.

11 Lupus, Briefe 11 und 16.

12 Einhard, *Vita Karoli* c. 24.

13 Ebd., c. 16 und 21. Notker II c. 7.

14 Einhard, *Vita Karoli* c. 22.

15 Poeta Saxo, *Poet.* I, S. 366. Ermoldus, S. 182.

16 Ermoldus, S. 141. Notker II c. 9. *Reichsannalen* zu 802 und 810. Über diese Gartenanlage vgl. Hauck, K., *Tiergärten im Pfalzbereich*, in: *Deutsche Königspfalzen*, Bd. 1, Göttingen 1963, S. 45.

17 Einhard, *Vita Karoli* c. 22 und 24.

18 Milo, *Poet.* III,2, S. 654.

18a Ermoldus, S. 178.

19 *Vita Hugonis*, hrsg. von van der Straeten, J., in: *Analecta Bollandiana*, 1969, S. 233.

20 Thegan c. 19. *Mirac. Benedicti* c. 18, PL 124, Sp. 921.

21 Theodulf, *Poet.* I, S. 485–488. Zu den Pseudonymen vgl. Fleckenstein, J. (s. Anm. 7), S. 43–45.

22 Sedulius, *Poet.* III,1, S. 186.

23 Alkuin, *Epp.* IV, S. 392.

24 Astronomus c. 21–23. *Capit.* I, S. 298.

25 Paschasius Radbertus, *Vita Walae*, PL 120, Sp. 1616. Agobard, *Liber Apologeticus* c. 2, PL 104, Sp. 309 f. Thegan c. 36. Astronomus c. 44.

26 Vgl. die erwägenswerten Thesen von Epperlein, S., *Herrschaft und Volk im karolingischen Imperium*, Berlin [Ost] 1969. (Forschungen zur mittelalterlichen Geschichte, Bd. 14.)

27 Richer, *Histoire de France* I c. 15, hrsg. von Latouche, R., Bd. 1, Paris 1930, S. 38.

28 Thegan c. 44.

29 Alkuin, *Epp.* IV, S. 198.

30 Agobard, *De privilegio et jure sacerdotis*, PL 104, Sp. 138–139.

31 Theodulf, *Contra judices*, in: *Poet.* I, S. 516.

32 Jonas, *De institutione laicali*, II c. 23, PL 106, Sp. 215–218.

Kapitel VI

1 Zur Sklaverei vgl. Guérard, B. (s. Anm. 6 zu Kap. II), Bd. 1: *Prolégomènes*, S. 277. Verlinden, C., *L'Esclavage dans l'Europe médiévale*, Bd. 1: *Péninsule Ibérique et France*, Brügge 1955. Doehaerd, R., S. 184–189. Boutruche, R., *Seigneurie*, Bd. 1, S. 307.
2 Latouche, R., *Les Origines*, S. 75 und 203. Fossier, R., *La Terre et les Hommes en Picardie*, Bd. 1, Paris 1968, S. 187.
3 Doehaerd, R., S. 169–170.
4 Duby, G., Bd. 1, S. 307.
5 Wopfner, H., *Urkunden zur deutschen Agrargeschichte*, Stuttgart 1925, S. 36.
6 *Cartulaire de Brioude*, Nr. 233.
7 Dupont, A., *L'Aprisio et le régime aprisionaire dans le Midi de la France*, in: *Le Moyen Age*, 1965, S. 179–213 und 375–397.
8 Duby, G., Bd. 1, S. 298. Doehaerd, R., S. 167.
9 Doehaerd, R., S. 188 f.
10 Perrin, C. E., *Observations sur le manse dans la région parisienne au début du IXe siècle*, in: *Annales*, 1945, S. 39–52.
11 Duby, G., Bd. 1, S. 91 f.
12 Doehaerd, R., S. 187.
13 Doehaerd, R., S. 194 f., und Duby, G., Bd. 1, S. 103–107.
14 Duby, G., Bd. 1, S. 282–284.
15 Ganshof, F. L., *La Belgique Carolingienne*, Brüssel 1958, S. 105. Doehaerd, R., S. 194 f.
16 De Vaissette, *Histoire du Languedoc*, Bd. 2, *Preuves*, Nr. 161. – *Cartulaire de Brioude*, Nr. 192. Vgl. Fournier, G., *Le Peuplement rural en Basse Auvergne durant le Haut Moyen Age*, Paris 1962, S. 318.
17 *Lex Baiuuariorum* X, 6–14 (s. Anm. 5 zu Kap. I).
18 Sage, W., *Frühmittelalterlicher Holzbau*, in: *Karl der Große*, Bd. 3, S. 573–590.
19 *Capitulare de villis* c. 49. *Lex Salica* 64,1 und 2, hrsg. von Eckardt, K. A., 1969, S. 83.
20 *Vita Geraldi* I c. 21, PL 133, Sp. 565.
21 *Lex Salica* 80, hrsg. von Eckardt, K. A., S. 130–133.
22 Regino, *De synod. causis* II c. 63 und 64, PL 132, S. 285.
23 Über die Errichtung solcher Pfarrkirchen vgl. die Quellen in Duby, G., Bd. 1, S. 307 f. Für die Auvergne vgl. Fournier, G. (s. Anm. 16), S. 427 f. Nützlich ist auch noch Imbard de la Tour, *Les Paroisses rurales du IVe au XIe siècle*, Paris 1900.
23a Zu den in Südfrankreich erhaltenen Kirchen vgl. Magnou-Nortier, E., *La Société laïque et L'Eglise dans la Province eccl. de Narbonne*, Toulouse 1974, S. 430–435.
24 Regino, *De synod. causis* I, interr. 39, 50, 70 und 71, PL 132, Sp. 189 f.
25 Theodulf, *Statuta* c. 13, PL 105, Sp. 195.
26 *Capitulare Mantuanum, Capit.* I, S. 196–198.
27 Regino, *De synod. causis* I, interr. 13 und 14, PL 132, Sp. 187.
28 *Formulae*, S. 384.
29 Duby, G., Bd. 1, S. 118. Doehaerd, R., S. 197–198.
30 *Capit.* II, S. 323, c. 29; frz. Übers. bei Duby, G., Bd. 1, S. 292 f.
31 *Cartulaire de Redon*, Nr. 260. Flodoard, *Hist. Remensis eccl.* II c. 19, SS 13, S. 467.

32 *Vita Geraldi* I c. 24, PL 133, S. 656 f.

33 *Capit.* I, S. 124, c. 10; S. 301, c. 7; II, S. 177, c. 5; S. 299, c. 4.

34 *Capit.* II, S. 375, c. 14.

35 *Ann. Bertiniani* zu 859. *Ann. Fuldenses* zu 873.

36 Regino, *Chronik* zu 882.

37 *Capit.* I, S. 123 (Zusatz einer Handschrift zu c. 5).

38 Latouche, R., *Les Origines*, S. 169 f. Sabbé, M., *Quelques types de marchands au IXᵉ et Xᵉ siècles*, in: *Revue Belge de Philologie et d'Histoire*, 1934, S. 176–187. Vercauteren, F., *La Circulation des marchands en Europe occidentale du VIᵉ au Xᵉ siècle*, in: *Settimana* 11, Spoleto 1964, S. 393–411.

39 *Capit.* I, S. 30, c. 6, und II, S. 317 f., c. 19.

40 *Mirac. Sancti Germani*, AS, Maii VI, S. 779.

41 Lupus, Brief 119.

42 *Mirac. Sancti Philiberti* I,71. Vgl. Lesne, E., *Les Eglises*, S. 401 f.

43 *Mirac. Sancti Huberti*, AS, Nov. I, S. 819.

44 Ermoldus, S. 211.

45 Doehaerd, R., *Ce qu'on vendait et comment on le vendait dans le bassin parisien*, in: *Annales* 1947, S. 268–280.

46 Doehaerd, R., *Le Haut Moyen Age*, S. 212 und 228. *Capit.* II, S. 251, c. 7. Latouche, R., *Les Origines*, S. 165.

47 *Capit.* I, S. 123, c. 7.

48 *Formulae*, S. 314 f. Vgl. Ganshof, F. L., *Note sur le praeceptum negotiatorum*, in: *Studi A. Sapori*, Bd. 1, Mailand 1957, S. 103–112.

49 Halphen, L., S. 179–180. Ganshof, F. L., *A propos du tonlieu à l'époque carolingienne*, in: *Settimana* 6, Spoleto 1959, S. 485–508.

50 Alkuin, *Epp.* IV, S. 119. Vgl. Laurent, H., *Marchands de palais et marchands d'abbayes*, in: RH 1938, S. 281–297.

51 Doehaerd, R., S. 285. Jankuhn, H., *Der fränkisch-friesische Handel zur Ostsee im frühen Mittelalter*, in: *Vierteljahrschrift für Sozial- und Wirtschaftsgeschichte*, Bd. 40, 1953, S. 193–243. Zur Reise Ansgars vgl. *Vita Anskarii (Ausgewählte Quellen zur deutschen Geschichte des Mittelalters*, Bd. 11, Darmstadt 1961, S. 30–37).

52 Verhulst, A., *Origines et histoire ancienne de Bruges*, in: *Le Moyen Age* 1960, S. 58.

53 Vgl. die zweisprachige Quellenausgabe von Hadj Sadok, Algier 1949, S. 21.

54 Notker I c. 16.

55 *Capit.* II, S. 130–135. *Ann. Fuldenses* zu 860. Zu Venedig vgl. Luzzato, G., *Les Activités économiques du patriciat vénitien*, in: *Annales*, 1936, S. 26.

56 *Vita Geraldi* I c. 27, PL 133, Sp. 658. Vgl. Ganshof, F. L., *Note sur un passage de la vie de saint Gerauld*, in: *Mélanges Iorga*, Paris 1953, S. 295–307.

57 Theodulf, *Poet.* I, S. 500.

58 Vgl. Verlinden, C. (s. Anm. 1).

59 *Itinerarium Bernardi*, PL 121, Sp. 569.

60 *Capit.* I, S. 51, c. 19; S. 190, c. 7. *Formulae*, S. 325. *Capit.* II, S. 419.

61 Agobard, *Epp.* V, S. 179–182. Vgl. Verlinden (s. Anm. 1), S. 707.

62 Doehaerd, R., S. 324 f.

63 Vgl. Guérard, B. (s. Anm. 6 zu Kap. II), Bd. 1: *Prolégomènes*, S. 140–155, und Doehaerd, R., S. 327–330.

64 *Capit.* I, S. 142, c. 2; S. 157, c. 3.

65 *Capit.* I, S. 132, c. 17, und S. 187, c. 2; II, S. 87, c. 4; S. 91–93. Zum gerechten

Preis vgl. Vercauteren, F., *Monnaie et circulation monétaire en Belgique et dans le Nord de la France du VIe au XIe siècle*, in: *Settimana* 8, Spoleto 1961, S. 294 f.
66 *Ann. Fuldenses* zu 879.
67 *Capit.* I, S. 74, c. 4. Vgl. Latouche, R., *Les Origines*, S. 163.
68 *Capit.* I, S. 132, c. 18.
69 Eine Gesamtdarstellung der karolingischen Maße fehlt. Vgl. die Angaben bei Guérard, B. (s. Anm. 63), S. 159–196, und Guilhermoz, P. (s. Anm. 72), S. 35. Zum »bonuarium« vgl. Musset, L., *Observations historiques sur une mesure agraire: Le bonnier*, in: *Mélanges Halphen*, Paris 1951, S. 535–541. Vgl. auch Wielandt, F., *Münzen, Gewichte und Maße bis 1800*, in: *Handbuch der deutschen Wirtschafts- und Sozialgeschichte*, Bd. 1, S. 658–678 (mit Literaturangaben).
70 Notker II c. 1.
71 *Capitulare de villis* c. 9.
72 Guilhermoz, P., *Remarques diverses sur les poids et mesures du Moyen Age*, in: *Bibliothèque de l'Ecole des Chartes*, 1919, S. 5–100.
73 *Capit.* II, S. 44, 63 und 318.
74 Zum karolingischen Geldwesen gibt es zahlreiche Untersuchungen; vgl. Doehaerd, R., S. 308 ff., Grierson, P., *Money and Coinage under Charlemagne*, in: *Karl der Große*, Bd. 1, S. 501–536, und die Spezialuntersuchung von Lafaurie, J., *Numismatique. Des Carolingiens aux Capétiens*, in: *Cahiers de Civilisation médiévale*, Bd. 13, 1970, S. 117–137.
75 *Capit.* I, S. 32.
76 *Capit.* I, S. 191 (zu 781) und S. 74 (zu 794).
77 *Capit.* I, S. 125.
78 *Capit.* I, S. 152.
79 *Capit.* II, S. 316.
80 *Capit.* I, S. 140.
81 Vgl. Lafaurie, J. (s. Anm. 74), S. 120.
82 *Capit.* II, S. 316.
83 Vercauteren, F. (s. Anm. 38), S. 290.
84 Lupus, Brief 75.
85 Doehaerd, R., S. 314.
86 *Capit.* II, S. 310.
87 Doehaerd, R., S. 334 f.
88 *Capit.* I, S. 132, c. 11 und 16.
89 Regino, *De synod. causis* I, PL 132, Sp. 221–228.
90 Zu den Juden vgl. Blumenkranz, B., *Juifs et Chrétiens dans le monde occidental, 430–1096*, Paris 1960, und Baron, S. W., *A social and religious history of the Jews*, Bd. 4, Philadelphia 1957, S. 48.
91 Brief Papst Stephans an Aribert, PL 129, Sp. 857. *Cartulaire de St. André le Bas de Vienne*, S. 211. Vgl. Latouche, R., *Le Bourg des juifs de Vienne au Xe siècle*, in: *Etudes N. Didier*, Paris 1960, S. 189–194.
92 *Formulae*, S. 309 und 325. Agobard, *Epp.* V, S. 182. Amolo, *Liber contra Judaeos*, PL 116, Sp. 180.
93 *Ann. Bertiniani* zu 848, 852 und 877.
94 Vgl. Blumenkranz, B. (s. Anm. 90), S. 6 und 7.
95 Zu den Mahlzeiten der *Judaizantes* vgl. *Epp.* V, S. 200. Über das Verbot der samstäglichen Ruhe siehe *Capit.* II, S. 417. *Exceptiones Egberti*, PL 89, Sp. 398.

Agobard, *De Judaeorum superstitionibus*, *Epp.* V, S. 185. Amolo, *Liber contra Judaeos*, PL 116, Sp. 141.
96 *Ann. Bertiniani* zu 839.
97 *Alvari epist.*, hrsg. von Madoz, S. 211, 223, 241, 277. Vgl. Blumenkranz, B., *Les Auteurs chrétiens latins du Moyen Age sur les Juifs et le judaïsme*, Paris 1963, S. 184–191.
98 *Epist. de baptizandis Hebraeis*, in: *Epp.* V, S. 229.
99 *Capit.* II, S. 416.
100 *Capit.* I, S. 152 und 259. *Formulae*, S. 309. *Capit.* II, S. 361.
101 Amalarius, *De ecclesiasticis officiis* I c. 19. Vgl. Wilmart, *Un lecteur inconnu d'Amalaire*, in: *Revue Bénédictine*, 1924, S. 323 und 329.
102 Graboïs, A., *Souvenir et légendes de Charlemagne dans les textes hébraïques médiévaux*, in: *Le Moyen Age*, 1966, S. 22–32.
103 Alkuin, *Epp.* IV, S. 285. Claudius von Turin, *Brevis chronica*, PL 104, Sp. 918. Zum Einfluß des Judentums vgl. De Lubac, *Exégèse médiévale*, Bd. II,1, Paris 1959, S. 147 f.

Dritter Teil

Kapitel I

1 Le Goff, J., *Travail technique et artisans dans le système des valeurs du Haut Moyen Age (V^e–Xe siècles)*, in: *Settimana* 18, Spoleto 1971, Bd. 1, S. 329.
2 *Capit.* I, S. 61 c. 81.
3 Stern, H., *Poésies et représentations carolingiennes et byzantines des mois*, in: *Revue Archéologique*, 1955, S. 141 ff.
4 Einhard, *Vita Karoli* c. 29.
5 Theodulf, *Carmina* XLVII, *Poet.* I, S. 548.
6 Duby, G., Bd. 1, S. 77.
7 Ermoldus, S. 178.
8 *Capit.* II, S. 323, c. 29; frz. Übers. bei Duby, G., Bd. 1, S. 293.
9 Duby, G., Bd. 1, S. 83.
10 *Gesta Sanctorum Rotonensium* (ASOB 4,2), praefatio zu Buch II.
11 *Lex Salica*, hrsg. von Eckhardt, K. A., LIII–LV.
12 Bloch, M., *Avènement et conquête du moulin à eau*, in: *Annales*, 1935, S. 538. Duby, G., Bd. 1, S. 72 f.
13 Frz. Übers. bei Duby, G., Bd. 1, S. 300.
14 Duby, G., Bd. 1, S. 85. Dagegen Slicher van Bath, B. H., *Le climat et les récoltes au Haut Moyen Age*, in: *Settimana* 13, 1969, S. 415–420, und Fumagalli, V., in: *Rivista di Storia dell'agricoltura italiana* 6, 1966.
15 Bloch, M., *Les Caractères originaux de l'histoire rurale française*, Paris 1955, S. 7, und Higounet, Ch., *Les Forêts*, in: *Settimana* 13, 1966, S. 386–392.
16 *Capit.* I, S. 86, c. 36, und S. 172, c. 19.
17 Doehaerd, R., S. 103–106.
18 *Capit.* II, S. 259, c. 6, bis S. 260, c. 8. Vgl. Dupont, A., *L'Aprisio et le régime aprisionaire dans le Midi de la France*, in: *Le Moyen Age* 1965, S. 179–214 und 375–399.
19 Regino, *Chronik* zu 842. Ermoldus, S. 209. Dion, R., *Histoire de la vigne et du vin en France*, Paris 1959.

20 *Capitulare de villis* c. 48. Durliat, J., *La Vigne et le vin dans la région parisienne au début du IXe siècle d'après le polyptique d'Irminon*, in: *Le Moyen Age*, 1968, S. 387–419.
21 Vgl. Lesne, E., *Les Eglises*, S. 298.
22 *Capitulare de villis* c. 70. *De cultura hortorum*, in: *Poet.* II, S. 335–350. Dt. Übers. bei Stoffler, H. D., *Der Hortulus des Walahfrid Strabo*, Sigmaringen 1978, S. 75 ff.
23 *Consuetudines*, in: *Corpus* I, S. 380.
24 *Formulae*, S. 368.
25 *Capitulare de villis* c. 70.
26 *Lex Salica*, hrsg. von Eckhardt, K. A., 1969, VIII. Vgl. Lesne, E., *Les Eglises*, S. 368.
27 Lupus, Brief 106.
28 *Lex Baiuuariorum*, hrsg. von Eckhardt, K. A., 1934, XIV. *Leges Alamannorum*, hrsg. von Eckhardt, K. A., 1966, LXXIII–LXXV.
29 *Capitulare de villis* c. 13–15 und c. 50.
30 *Capitulare de villis* c. 23 und 66.
31 *Gesta Aldrici*, hrsg. von Busson, S. 164. Vgl. Lesne, E., *Les Eglises*, S. 182 ff., und Doehaerd, R., S. 78.
32 Lesne, E., *Les Eglises*, S. 277.
33 Vgl. die Darstellung mit dem Martyrologium des Wandalbert bei Hubert, J., u. a., *Die Kunst der Karolinger*, S. 177. – Duby, G., Bd. 1, S. 296.
34 Einhard, in: *Epp.* V, S. 113. Frz. Übers. bei Duby, G., Bd. 1, S. 304. *Formulae*, S. 419.
35 Siehe unten, ›Fünfter Teil‹, S. 294 f.

Kapitel II

1 *Capitulare de villis* c. 45.
2 Vgl. Halphen, L., *Etudes critiques sur l'histoire de Charlemagne*, Paris 1921, S. 277.
3 Sternagel, P., *Die Artes Mechanicae im Mittelalter*, München 1966, zit. nach Le Goff, J. (s. Anm. 1 zu Kap. I), S. 260.
4 *Epp.* VI, S. 184, *quid esset mechani, unde mechanica ars. Poet.* III,1, S. 74 f.
5 *Chronique de Saint Riquier*, hrsg. von Lot, F., S. 307.
6 Lesne, E., *Les Eglises*, S. 262.
7 Doehaerd, R., S. 214. Duby, G., Bd. 1, S. 78 f. *Vita Geraldi* II c. 11, PL 133, Sp. 677.
8 Monneret de Villard, *L'Organizzazione industriale nell'Italia longobarda*, in: *Archivio Storico Lombardo* 46, H. 4. 1919.
9 Urkunde Ludwigs des Frommen von 829, in: *Urkundenbuch der Stadt Worms*, hrsg. von Boos, H., Bd. 1, Berlin 1886, S. 9 f., Nr. 17.
10 Hariulf, *Chronique*, hrsg. von Lot, F., S. 54. *Vita Geraldi* II c. 5, PL 133, Sp. 673 f.
11 Flodoard, *Hist. Remensis eccl.* II c. 19, SS 13, S. 467–471.
12 Lupus, Brief 25.
13 Hubert, J., u. a., *Die Frühzeit des Mittelalters*, S. 255, Abb. 278, und *Die Kunst der Karolinger*, S. 243–249, Abb. 220–224.
14 *Lex Alamannorum* LXXIV.
15 *Ann. Xantenses* zu 868.

16 *Capitulare de villis* c. 62.
17 Halphen, L. (s. Anm. 2), S. 278. Doehaerd, R., S. 212. Sprandel, R., *Das Eisengewerbe im Mittelalter*, Stuttgart 1968, S. 37–41 und 357 f.
18 Lupus, Brief 106.
19 Notker II c. 17 und 18.
20 Salin, E., *La Civilisation mérovingienne*, Bd. 3, *Les Techniques*, Paris 1957, S. 58–64 mit Bildwiedergabe.
21 Ebd., S. 275 f. Dt. Übers.: *Die Geschichte Thidreks von Bern*, Jena 1924, S. 131 f. (Sammlung Thule, Bd. 22.)
22 *Ann. Bertiniani* zu 869.
23 *Capit.* I, S. 123, und II, S. 321.
24 Die Schwerter befinden sich in Museen zu Bergsen und Kopenhagen. Vgl. Salin, E. (s. Anm. 20), S. 106.
25 Notker I c. 29. Vgl. Lesne, E., *Les Trésors*, S. 116.
26 Einhard, *Vita Karoli* c. 26. Hubert, J., u. a., *Die Kunst der Karolinger*, S. 228.
27 Vgl. S. 146.
28 DD Germ. Karol. III, Nr. 163 (verunechtet). *Otfrieds Evangelienharmonie* I,1 v. 69–72 (hrsg. von Erdmann, O. / Wolff, L.). Ermoldus, S. 212.
29 Doehaerd, R., S. 212.
30 *Manuel*, S. 153.
31 Salin, E. (s. Anm. 20), S. 211–267.
32 Vgl. Lesne, E., *Les Trésors*, S. 186 f., und Bischoff, B., *Die Überlieferung der technischen Literatur*, in: *Settimana* 18, Spoleto 1971, S. 267.

Kapitel III

1 Vgl. die Karte im Katalog der Ausstellung *Karl der Große*, nach S. 384 und Text S. 388. Dazu auch Mann, A., in: *Karl der Große, Lebenswerk und Nachleben*, Bd. 3, S. 320. Quellenbelege über Großbauten bei Schlosser, J. von, *Quellenschriften für Kunstgeschichte und Kunsttechnik des Mittelalters und der Neuzeit*, Serie IV, Wien 1892.
2 *Epp.* IV, S. 548–551.
3 Ermoldus S. 209. Zimmermann, W., *Ecclesia lignea und ligneis tabulis fabricata*, in: *Bonner Jahrbücher*, Bd. 158, 1958, S. 415–454 (bes. S. 415–425).
4 Sedulius, *Poet.* III, S. 169.
5 Einhard, *Vita Karoli* c. 32. *Reichsannalen* zu 817. Regino, *Chronik* zu 870.
6 *Capit.* I, S. 254 zu Annapes. *Vita Benedicti*, PL 103, Sp. 359.
7 Zum Rückgriff auf Vitruv vgl. Bruyne, E. de, *Etudes d'esthétique médiévale*, Bd. 1, Brügge 1946, S. 243 ff. Heitz, C., *Vitruve et l'architecture du Haut Moyen Age*, in: *Settimana* 22, 1975, S. 725–757.
8 Vgl. Katalog der Ausstellung *Karl der Große*, S. 395, 402 f. und 409.
9 Heiricus, *Miracula S. Germani* II c. 5, SS 13, S. 402.
10 Vgl. Hubert, J., u. a., *Die Kunst der Karolinger*, S. 1–68, und S. 300–311 (Pläne).
11 Notker I c. 28; vgl. Lesne, E., *Les Eglises*, S. 273 f.
12 *Vita S. Mauri* c. 44, ASOB 1, 275.
13 *Miracul. Dyonisii* II c. 38. *Gesta Sanctorum Rotonensium* II c. 7.
14 *Leges Langobardorum*, hrsg. von Beyerle, F., 1962, S. 37 und 178. Vgl. Doehaerd, R., S. 239 f.
15 *Vita Pardulfi*, SS rer. Merov. 7, S. 36.

16 Flodoard, *Hist. Remensis eccl.* III c. 5, SS 13, S. 478 f. Notker II c. 11. *Gesta abbatum Fontanellensium* c. 10. *Miracula Maglorii.*
17 *Gesta abbatum Fontanellensium* c. 17. *Lex Baiuuariorum* I,13. Vgl. Duby, G., Bd. 1, S. 292, und Stoops, G., *Observations pétrographiques sur la paroi d'un four à chaux carolingien,* in: *Archéologie Médiévale* 2, 1972, S. 347 ff.
18 Einhard, Brief 59, *Epp.* V, S. 139.
19 Einhard, Brief 36, *Epp.* V, S. 127 f. Lupus, Briefe 84 und 85; vgl. Lesne, E., *Les Trésors,* S. 101.
20 *Capit.* I, S. 119, 131 und 136. Alkuin, *Epp.* IV, S. 210. Hinkmar, PL 125, Sp. 1087.
21 Hubert, J., u. a., *Die Kunst der Karolinger,* S. 109 und 111. In einer Schlettstadter Handschrift (Nr. 104 [14], fol. 69 r) findet sich die Skizze eines Fachwerkbaus; vgl. Bischoff, B. (s. Anm. 32 zu Kap. II), S. 296, Abb. 5.
22 Vgl. Lesne, E., *Les Trésors,* S. 104. *Formulae,* S. 370. Teile eines karolingischen Fensters wurden in Beauvais entdeckt.
23 Hubert, J., u. a., *Die Kunst der Karolinger,* S. 255, Abb. 278.
24 Heiricus, *Miracula S. Germani* II c. 6, SS 13, S. 402 f. Einhard, *Vita Karoli* c. 26. Hariulf, *Chronique,* hrsg. von Lot, F., S. 54, schildert die schwierige Errichtung des *ciborium* (*buticum*).
25 Hubert, J., u. a., *Die Kunst der Karolinger,* S. 8.
26 Ermoldus, S. 162–164. Agobard, PL 104, Sp. 225.
27 *Libri Carolini* III,23, in: *Conc.* II,2, S. 151 f.
28 *Libri Carolini* III,22, in: *Conc.* II,2, S. 149.
29 Vgl. die Untersuchung über die Handschrift Paris 11561, in: *Revue Bénédictine,* 1930, S. 76.
30 Johannes Diaconus, *Vita Gregorii* IV c. 83, PL 75, Sp. 229 f.
31 *Gesta abbatum Fontanellensium* c. 17. Frothar, Brief 24, *Epp.* V, S. 292 f.
32 Vgl. Weyres, W., *Der karolingische Dom zu Köln,* in: *Karl der Große,* Bd. 3, S. 384–423.
33 *Mirac. Sancti Quintini,* SS 15, S. 269.
34 *Mirac. Sancti Bertuini* II, SS 15, S. 516.

Kapitel IV

1 Hubert, J., u. a., *Die Kunst der Karolinger,* S. 76 ff.
2 Peroni, A., *Oreficerie e metalli lavorati tardo antichi e alto medievali del territorio di Pavia,* Spoleto 1967, S. 154.
3 Francastel, G., *Le droit au trône. Un problème de prééminence dans l'Art chrétien d'occident du VIᵉ au XIIᵉ siècle,* Paris 1973.
4 Maccarone, M., Ferrua, A., u. a., *La Cattedra lignea di S. Pietro in Vaticano,* Rom 1971.
5 Ermoldus S. 180, v. 2354.
6 *Libri Confraternitatum Sancti Galli Augiensis Fabariensis* (MGH), hrsg. von Piper, P., 1884, S. 137 f.
7 *Capitulare de villis* c. 42 (*lectaria, culcitas, plumatias, batlinias,* [...] *drappos ad discum, bancales*).
8 *Capit.* I, S. 254.
9 *Vita Benedicti* 12, hrsg. von Mabillon, ASOB 4,1, S. 19.
10 *Vita Pardulfi,* SS rer. Merov. 7, S. 37: *et in agitatorio, quod vulgo berciolum vocant, pannis constrictum posuit.*
11 *Vita Geraldi* I c. 26, PL 133, Sp. 657 f.

12 *Capitulare de villis* c. 42 und 62. Die Inventare von Annapes und Staffelsee in *Capit.* I, S. 254 und 251 f. (*Vasa aerea, plumbea, ferrea, lignea, andedos, catenas, cramaculos* [...]. *De huticis et confinis id est scriniis*).

13 Vgl. Hinz, H., *Die karolingische Keramik in Mitteleuropa*, in: *Karl der Große*, Bd. 3, S. 262–287, und Marieu, M. E., *La Céramique en Belgique*, Brüssel 1960. Ferner die Hinweise bei Pesez, J.-P., in: *Archéologie du village déserté*, Paris 1970, S. 131, sowie Lobbedey, U., *Untersuchungen mittelalterlicher Keramik (Arbeiten zur Frühmittelalterforschung* Bd. 3), Berlin 1968.

14 Vgl. *Archéologie Médiévale* 1, 1971, S. 272 und 279, sowie 2, 1972, S. 192.

15 *Epp.* IV, S. 116.

16 Rademacher, F., *Fränkische Gläser aus dem Rheinland*, in: *Bonner Jahrbücher*, 1942, S. 285–344. Chambon, R., *Histoire de la verrerie en Belgique*, Brüssel 1955, und Barrelet, J., *La Verrerie en France de l'époque gallo-romaine à nos jours*, Paris 1953.

17 Riché, P., *Trésors et collections* (s. Anm. 24 zu T. 2, Kap. II), S. 43 f. – Lupus, Brief 83, erwähnt hölzerne Becher, die auf Reisen benützt wurden.

18 Noch immer nützlich ist das Werk von Enlart, C., *Manuel d'archéologie française*, Bd. 3, *Le costume*, Paris 1916, S. 15–122.

19 Theodulf, *Carm.* VI, 493.

20 Kleiderordnung, hrsg. von Semmler, J., in: *Corpus* I, S. 462.

21 Ebd., S. 371.

22 Kleiderordnung, hrsg. von Hallinger, K., in: *Corpus* I, S. 166 f.

23 *Capit.* I, S. 256, und II, S. 248.

24 *Vita Geraldi* I c. 16 und II c. 2, PL 135, Sp. 653 und 670 f.

25 *Astronomus* c. 4.

26 Einhard, *Vita Karoli* c. 23.

27 Ermoldus, S. 172 und 173 mit Anm. 5.

28 Hubert, J., u. a., *Die Kunst der Karolinger*, S. 22, 142, 147 und 154.

29 Vgl. Boinet, A., *La Miniature carolingienne*, Paris 1920, Nr. CLVIII und CLIX.

30 Judith opferte ihren Gürtel in der Kirche des heiligen Marcellinus: Einhard, *Translatio* II c. 6, SS 15, S. 247. Vgl. auch die Beschreibung der Kleidung am Hof bei Ermoldus, S. 174.

31 *Vita et obitus Hathumodae* 2, SS 4, S. 167.

32 *Admonitio generalis* von 789, *Capit.* I, S. 61, c. 81.

33 Vgl. Lesne, E., *Les Eglises*, S. 258.

34 *Capitulare de villis* c. 43.

35 Belege bei Lesne, E., *Les Eglises*, S. 256–261.

36 Einhard, *Vita Karoli* c. 19. Johannes Scottus, *Poet.* III,2, S. 533. Vgl. die Quellenbelege bei Schlosser, J. von (s. Anm. 1 zu Kap. III), Nr. 1091–1098.

37 Vgl. Lesne, E., *Les Eglises*, S. 257 f.

38 Pirenne, H., *Draps de Frise ou draps de Flandre?*, auch in: *Histoire économique de l'Occident médiéval*, Brüssel 1951, S. 53–61. Geijer, A., *Technical viewpoints on textile design*, in: *Settimana* 18, Spoleto 1971, S. 711.

39 Wallace-Hadrill, J. M., *Charlemagne and England*, in: *Karl der Große*, Bd. 1, S. 693.

40 Notker I c. 34.

41 *Cartulaire de Saint-Bertin*, hrsg. von Guérard, B., S. 66.

42 Sabbé, E., *L'importation des tissus orientaux en Europe occidentale au Haut Moyen Age, IXe–Xe siècle*, in: *Revue Belge de Philologie et d'histoire* 14, 1935, S. 811 und 1216.

43 Notker II c. 17.
44 Vgl. Lesne, E., *Les Trésors*, S. 241–250. Riché, P., *Trésors et Collections* (s. Anm. 24 zu T. 2, Kap. II), S. 42 f.
45 Hariulf, *Chronique*, hrsg. von Lot, F., S. 68 f. – *Liber Pontificalis* II, S. 76. Theodulf, *Poet.* I, S. 499.

Kapitel V

1 Lesne, E., *Les Eglises*, S. 151 f.
2 *Vita Geraldi* I c. 25, PL 133, Sp. 657. Der junge Liudger soll auf Rindenstücken (*pelliculas et cortices*) geschrieben haben, wie sie gewöhnlich für Fackeln verwendet wurden (*quibus ad luminaria uti solemus*): *Vita Liudgeri* I c. 7, PL 99, Sp. 773.
3 Belege bei Lesne, E., *Les Trésors*, S. 218–220.
4 *Ann. Fuldenses* zu 874.
5 Lesne, E., *Les Eglises*, S. 63. In Doué-la-Fontaine wurde ein karolingischer Kamin entdeckt, vgl. *Archéologie Médiévale* 1, 1971, S. 273.
6 *Consuetudines Corbeienses*, hrsg. von Semmler, J., in: *Corpus* I, S. 418.
7 *Vita Pardulfi*, SS rer. Merov. 7, S. 28.
8 Urkunde Karls des Dicken, Oktober 886; vgl. *Regesta Imperii* I, Nr. 1729.
9 Hinkmar, Brief 9, ad Egilonem, PL 126, Sp. 70.
10 Nithard II c. 8. Notker II c. 22. In Skandinavien heißt der Samstag »Lurdagar«. Nach der *Vita Tathei*, hrsg. von Wade-Evans, Cardiff 1944, S. 272, badeten auch die Waliser am Samstag: *balneo parato, ut consuetudo erat in sabato.*
11 *Consuetudines*, in: *Corpus* I, S. 436, 445, 459, 518 und 546.
12 Paulinus, *Epp.* IV, S. 516.
13 *Consuetudines*, in: *Corpus* I, S. 436, 445, 459, 518, 546 und 557.
14 *Capit.* I, S. 63.
15 Pseudo-Beda, *De minutione sanguinis sive de phlebotomia*, PL 90, Sp. 959 f. Eine Abschrift davon in Ms. Laon 436 bis. Der Ratschlag für den Arzt in Ms. Vat. Reg. 1625, fol. 662.
16 *Poet.* II, S. 338–347. Vgl. Stoffler, H.-D., *Der Hortulus des Walahfrid Strabo*, Sigmaringen 1978, und Sierp, H., *Walafried Strabos Gedicht über den Gartenbau*, in: *Die Kultur der Abtei Reichenau*, Bd. 2, München 1925, ND 1970, S. 756–772.
17 Ms. Laon 436 bis; vgl. dazu Wickersheimer, E., *Manuscrits latins de médecine du Haut Moyen Age*, Paris 1966, S. 41.
18 Lestocquoy, J., *Epices, médecine et abbayes*, in: *Etudes Mérovingiennes*, Paris 1953, S. 182 ff. Zur Echternacher Handschrift: Wickersheimer, E. (s. Anm. 17), S. 112. Die Handschrift mit dem lateinisch-althochdeutschen Rezept (Universitätsbibliothek Basel, F. III, 15 a) bespricht Eis, G., *Altdeutsche Handschriften*, München 1949, S. 26.
19 Anthimos, in: *Corpus Medicorum Latinorum* 8,1. Ms. Poitiers 184, fol. 70, bei Wickersheimer, E. (s. Anm. 17), S. 153.
20 *Pardulfi epistola*, in: Hincmar, *Opera omnia*, hrsg. von Sirmond, Bd. 2, S. 838. Vgl. Merlette, B., *L'école de Laon et la médecine carolingienne*, und Guillaume, H., *Les médecins laonnois et la science carolingienne, questions de thérapeutique et de critique médicale*, in: *Actes du XCVIᵉ Congrès National des Sociétés savantes*, Toulouse 1971.

21 Vgl. die Auswertung der Pariser medizinischen Handschriften bei Wickersheimer, E., (s. Anm. 17), S. 54, 59 und 61.

22 *Capit.* I, S. 121. Hrabanus Maurus, *De institutione clericorum* III,1, *Poet.* I, S. 410, und *Poet.* III,1, S. 197.

23 Ms. Laon 420, 424, 444, 426 bis.

24 Wickersheimer, E. (s. Anm. 17), und Beccaria, A., *I codici di medicina del periodo presalernitano*, Rom 1956.

25 Ms. Paris 11219. Florenz, Ms. Pluteus 73. 41; vgl. Katalog der Ausstellung *Karl der Große*, Nr. 465. Bildreproduktionen und ein Verzeichnis der einschlägigen Bilderhandschriften bei: MacKinney, L., *Medical Illustrations in Medieval Manuscripts*, 1965. (Publications of the Wellcome Historical Medical Library, Bd. 5.)

26 Abbo, S. 64.

Kapitel VI

1 *Vita Hugonis*, in: *Analecta Bollandiana*, 1969, S. 254. *In aestivo tempore quo solent pauperibus alimenta deficere* [. . .].

2 *Consuetudines*, in: *Corpus* I, S. 163 (Monte Cassino), S. 382 ff. (Corbie), S. 463 (Gesetzgebung von 816).

3 *Württembergisches Urkundenbuch*, Bd. 1, Stuttgart 1849 (ND 1972), S. 125.

4 Lesne, E., *Les Eglises*, S. 387.

5 *Vie de saint Guénolé* (= Winwaloë) hrsg. von Latouche, R., in: *Mélanges d'histoire de Cornouaille*, S. 107.

6 *Vita Pardulfi*, SS rer. Merov. 7, S. 28 und 30.

7 Einhard, *Vita Karoli* c. 24. Theodulf, *Poet.* I, S. 488.

8 *Capitulare de villis* c. 24. *Consuetudines Corbeienses*, in: *Corpus* I, S. 376. *Casus Sancti Galli*, SS 2, S. 84; vgl. Lesne, E., *Les Eglises*, S. 360. Die Urkunde Karls des Kahlen für Saint-Denis (862) bei Tardif, S. 117.

9 *Vita Geraldi* II c. 27, PL 133, Sp. 685.

10 *Consuetudines*, in: *Corpus* I, S. 403: *De numero et divisione porcorum*.

11 *Capitulare de villis* c. 21 und 65. Notker II c. 6.

12 Vgl. Dopsch, A., *Die Wirtschaftsentwicklung der Karolingerzeit*, Bd. 2, Weimar ²1922 (ND 1962), S. 353 zum Fischereiregal.

13 Schilderungen des Fischfangs z. B. in *Vita Hugberti* c. 8, SS rer. Merov. 6, S. 487, und *Miracula Remacli*, AS Sept. I, S. 701. Nach *Vita Geraldi* II c. 29, PL 133, Sp. 686, fing ein Diener des Grafen Gerald im Aveyron einen »capito«. Diesen sonst unbekannten Fisch erwähnt auch Ausonius in der »Mosella«, AA 5, S. 85.

14 Vgl. Lesne, E., *Les Eglises*, S. 376 f.

15 Notker I c. 15. Alkuin, *Poet.* I, S. 221. Lesne, E., *Les Eglises*, S. 375.

16 Hrabanus Maurus, *De Universo* c. 3 und 9, PL 111, Sp. 506 und 530 ff. *Capitulare de villis* c. 70. *Conc.* I, S. 402. Lesne, E., *Les Eglises*, S. 298 ff., 368 und 374. Ein Gebet über die Bohnen überliefert ein Sakramentar in PL 121, Sp. 849.

17 *Capitulare de villis* c. 70 und 22. Walafrid Strabo, *Poet.* II, S. 347.

18 Einhard, Brief 56, *Epp.* V, S. 137. Lesne, E., *Les Eglises*, S. 366 f.

19 Die Existenz eines Gewürzmarktes in Cambrai ist umstritten; vgl. Sabbé, E., (vgl. Anm. 42 zu Kap. IV), S. 893.

20 Zu dieser Handschrift vgl. Lestocquoy, J. (s. Anm. 18 zu Kap. V), S. 185.

21 *Poet.* IV,2, S. 591.

22 Theodulf, *Poet.* I, S. 454. Alkuin, *Epp.* IV, S. 33, und *Poet.* I, S. 269.
23 Regino, *De synod. causis*, PL 132, Sp. 219 f.
24 *Poet.* IV,2, S. 665 f.
25 Zu der Parodie auf die *Lex Salica* vgl. d'Avalle, *Protostoria delle lingue romanze*, Turin 1965.
26 Milo, *De sobrietate*, *Poet.* III,2, S. 615–675. *Carmina potatoria*, *Poet.* IV,1, S. 350–353. Paulus Diaconus, *Coniurationes convivarum pro potu*, *Poet.* I, S. 65 f. Lupus, Brief 65. – Zu den potationes vgl. ›Fünfter Teil‹, S. 309 f.
27 *Casus Sancti Galli*, SS 2, S. 105. *Miracula S. Germani*, SS 15, S. 15.
28 Conc. II, S. 401.
29 Sedulius, *Poet.* III,1, S. 201 und 215 f.
30 Vgl. Lesne, E., *Les Eglises*, S. 346–348. Deckers, J., *Recherches sur l'histoire des brasseries dans la région mosane au Moyen Age*, in: *Le Moyen Age* 76, 1970, S. 445–491.
31 *Capitulare de villis* c. 45. Lupus, Brief 30. *Cartulaire de Redon*, hrsg. von Aurélien de Courson, S. 257. Brief des Abts Theodemar an Karl den Großen in: *Corpus* I, S. 165.
32 Lupus, Brief 30.
33 *Gesta Aldrici*, c. 69.
34 Vgl. Lesne, E., *Les Eglises*, S. 46.
35 Verse in einer Handschrift aus Laon, Vat. Reg. 1625. Dazu Leonardi, C., *Nuove voci poetiche tra secolo IX e XI*, in: *Studi Medievali* 2, 1961, S. 148.

Vierter Teil

Kapitel I

1 *Indiculus superstitionum et paganiarum*, in: *Capit.* I, S. 222 f. Synode von Frankfurt, in: *Capit.* I, S. 77, c. 43. Synode von Tours, in: *Conc.* II, S. 292, c. 42. Die Statuten Gerbalds von Lüttich, in: Clercq, C. de, *La Législation religieuse*, Bd. 1, Löwen 1936, S. 360. Angaben zum heidnischen Glauben findet man bei Salin, E., *La Civilisation mérovingienne*, Bd. 4, Paris 1959, aber die Quellen zum 9. Jh. sind nicht berücksichtigt.
2 *Capit.* I, S. 68.
3 Bonifatius, *Epp.* III, S. 301.
4 Pirmin, *Scarapsus*, PL 89, Sp. 1036–1050.
5 Indiculus (*Capit.* I, S. 26): *De sacrilegio ad sepulcra mortuorum, De sacrilegio super defunctos id est dadsisas* [...]; das Diözesanstatut für Besançon in: Clercq, C. de (s. Anm. 1), S. 372. Regino, *De synod. causis* II, interr. 55, PL 132, Sp. 285.
6 *Indiculus* (*Capit.* I, S. 26): *De divinis vel sortilegis* ... – Hrabanus Maurus, *Poenitentiale ad Heribaldum* c. 30 und 31, PL 110, Sp. 491 f. *De magicis artibus*, PL 110, Sp. 1095. *Capit.* II, S. 44. Vgl. Riché, P., *La Magie carolingienne*, in: *Comptes Rendus de l'Académie des Inscriptions et Belles-Lettres*, 1973, S. 127–138.
7 Agobard, *Liber contra insulsam vulgi opinionem de grandine*, PL 104, Sp. 148.
8 *Capit.* II, S. 44 f.
9 *Capit.* II, S. 345.
10 Regino, *De synod. causis* II c. 45 und 364, PL 132, Sp. 281 und 352.
11 *Pactus Legis Salicae* 64, 1–3. *Capit.* I, S. 68 f., c. 6. *Leges Langobardorum*,

Edictus Rothari c. 376. Vgl. Baroja, J. C., *Les sorcières et leur monde*, Paris 1972, S. 75.

12 Nithard I c. 5. Paschasius Radbertus, *De vita Walae*, PL 120, Sp. 1617.

13 *Lex Baiuuariorum* 13,8. *Lex Salica* 32, S. 213.

14 Regino, *De synod. causis* II c. 5, PL 132, Sp. 282. Statuten Gerbalds von Lüttich 10, in: Clercq, C. de (s. Anm. 1), S. 360. Hinkmar, PL 125, Sp. 716 f.

15 Vgl. die Textedition bei Jolivet-Mossé, *Manuel de l'allemand du Moyen Age*, Paris 1959, S. 310–313.

16 Regino, *De synod. causis* II c. 367, PL 132, Sp. 353. *Conc.* II, S. 292.

17 Bonifatius, Brief 50, *Epp.* III, S. 301.

18 *Indiculus (Capit.* I, S. 26): *De ligneis pedibus vel manibus pagano ritu.* Pirmin, *Scarapsus*, PL 89, Sp. 1041.

19 *Indiculus (Capit.* I, S. 26): *De auguriis vel avium vel equorum vel bovum stercore vel sternutatione. De cerebro animalium. Admonitio generalis* von 789, *Capit.* I, S. 58 f., c. 65. *Capitulare missorum generalis* von 802, *Capit.* I, S. 96, c. 25. Die Statuten Gerbalds von Lüttich 10, hrsg. von Clercq, C. de, S. 360.

20 Vgl. Wickersheimer, E., *Figures médico-astrologiques des IXe, X[e] et XIe siècles*, in: *Janus* 1914, S. 157. Zu den magischen Quadraten vgl. Biedermann, H., *Handlexikon der magischen Künste*, Graz ²1973, S. 315 ff.

21 Regino, *De synod. causis* II c. 367, PL 132, Sp. 353. – Ms. Paris 2773, Ms. Reims 73 nach Wickersheimer (s. Anm. 20), S. 56 und 154.

22 *Indiculus (Capit.* I, S. 26): *De eo quod credunt quia feminae lunam commendent* [. . .]. *De luna defectione quod dicunt Vince luna.* Ms. Paris 11218 nach Wickersheimer, E. (s. Anm. 20), S. 110.

23 Hrabanus Maurus, *Homilia* 42, PL 110, Sp. 78–80.

24 Vgl. Wickersheimer, E. (s. Anm. 20), S. 40.

25 Einhard, *Vita Karoli* c. 33. *Ann. Bertiniani* zu 842. Vgl. die astronomischen Handschriften im Katalog der Ausstellung *Karl der Große*, Nr. 479, 480 und 485.

26 Alkuin, *Epp.* IV, S. 185, 231, 249 und 281. Dungal, *Epp.* IV, S. 571.

27 Einhard, *Vita Karoli* c. 32. Einhard, *Epp.* V, S. 129 f. Astronomus c. 58 f. und 62. Nithard, III c. 5.

28 Lupus, Brief 8.

29 *Poet.* III, S. 321.

30 Einhard, *Translatio* III c. 13, SS 15, S. 252. *Ann. Fuldenses* zu 874.

31 *Visio cuiusdam pauperculae mulieris*, Text in: Wattenbach, W. / Levison, W., *Deutschlands Geschichtsquellen im Mittelalter. Vorzeit und Karolinger*, H. 3, bearb. von Löwe, H., Weimar 1957, S. 317 f., Anm. 85. *Visio Caroli* in: Hariulf, *Chronique*, hrsg. von Lot, F., S. 144. *Visio Wettini*, in: *Poet.* II, S. 303.

32 Paulinus von Aquileia, *Liber exhortationis* c. 60, PL 99, Sp. 268 f.

33 Einhard, *Translatio* III, 14 f., und IV, 16, SS 15, S. 253 und 263.

34 *Ann. Bertiniani* zu 873. *Ann. Fuldenses* zu 858.

35 *Ecloga duorum sanctimonialium*, in: ASOB 4,1, S. 321. Abbo, S. 85.

Kapitel II

1 Arenga der *Admonitio generalis* (789), *Capit.* I, S. 54.

2 Riché, P., *Education et Culture dans l'Occident barbare*, Paris ³1973, S. 550, und Ders., *Les Ecoles et l'enseignement dans l'Occident chrétien de la fin du Ve siècle au milieu du XIe siècle*, Paris 1979.

3 *Capit.* I, S. 60.
4 *Epistula de litteris colendis,* in: *Capit.* I, S. 79. *Conc.* II, S. 274. Vgl. Wallach, L., *Alcuin and Charlemagne,* Ithaca / New York 1959, S. 198–226.
5 Chrodegang, *Regula,* PL 89, Sp. 1057.
6 *Conc.* II, S. 318.
7 *Conc.* II, S. 471 und 632. *Capit.* II, S. 392.
8 *Capit.* I, S. 322.
9 *Conc.* II, S. 553.
10 *Capit.* II, S. 37. *Conc.* II, S. 669. Vgl. Lesne, E., *Les Ecoles,* S. 30 f.
11 Bonifatius, *Epp.* III, S. 336.
12 Vgl. die Statuten von Theodulf, Hinkmar, Radulf von Bourges, Riculf von Soissons.
13 Notker I c. 10.
14 Agobard, PL 104, Sp. 334. Leidrad, *Epp.* IV, S. 539–546, vgl. Vogel, C., *La réforme liturgique sous Charlemagne,* in: *Karl der Große,* Bd. 2, S. 217 ff.
15 *Statuta Riculfi,* PL 99, Sp. 703.
16 Regino, *De synod. causis* I, interr. 81, 93, 95, PL 132, Sp. 190 f.
17 Vgl. Vykoukal, C., *Les examens du clergé paroissial à l'époque carolingienne,* in: *Revue d'Histoire ecclésiastique* 14, 1913, S. 94.
18 Sprockhoff, P., *Althochdeutsche Katechetik,* Berlin 1912.
19 Theodulf, *Capitula* c. 4, PL 105, Sp. 193.
20 *Capit.* II, S. 255.
21 *Walterii capitula* c. 1, PL 119, Sp. 725–727.
22 Vgl. *Conc.* II, S. 8–32, und *Epp.* III, S. 314, 316 und 348.
23 Ratramnus von Corbie, *De nativitate Christi* c. 1, PL 121, Sp. 83 f.
24 Text bei Vykoukal, C. (s. Anm. 17), S. 94.
25 Die Belege dazu sind zusammengestellt in: Fauchon, J.-M., *Enseignement, éducation et prédication d'après les capitulaires et les actes conciliaires carolingiens,* Bordeaux 1963. [Masch.] Devailly, G., *La Pastorale en Gaule au IXe siècle,* in: *Revue d'Histoire de l'Eglise de France,* 1973, S. 23–54.
26 Leidrad, Amalarius, Theodulf in: PL 99, Sp. 853 und 893; PL 105, Sp. 223.
27 *Conc.* I, S. 172. Alkuin, Brief 90. Text des Taufgelöbnisses in: Steinmeyer, E. von (Hrsg.), *Die kleineren althochdeutschen Sprachdenkmäler,* Berlin 1916, ND 1971, S. 23–26.
28 Zur Taufkapelle von Nevers vgl. Vieillard-Troiekouroff, M., *L'architecture en France au temps de Charlemagne,* in: *Karl der Große,* Bd. 3, S. 357. Eine Taufszene ist abgebildet auf dem Einbanddeckel des Sakramentars von Bischof Drogo von Metz: Hubert, J., u. a., *Die Kunst der Karolinger,* Abb. 214 f.
29 Vgl. Longnon, A., *Polyptyque de l'abbaye St.-Germain-des-Prés,* 2 Bde., Paris 1886/95, und Rosellini, A., *Les noms de personnes du Polyptyque de Saint-Remi de Reims de 847,* in: *Le Moyen Age,* 1962, S. 271–291.
30 *Conc.* II, S. 240. Theodulf, PL 105, Sp. 196. Walter, PL 119, Sp. 733. Riculf, hrsg. von Labbé, IX, 416.
31 *Conc.* II, S. 357. Alkuin, *Epp.* IV, S. 36.
32 Alkuin, *Epp.* IV, S. 205. Hrabanus Maurus, *De institutione clericorum* III c. 37, PL 107, Sp. 413–415.
33 Bonifatius, *Epp.* III, S. 271. Ermoldus, S. 146.
34 Theodulf, PL 105, Sp. 191. *Capit.* I, S. 110. Vgl. *XIV Homélies du IXe siècle,* hrsg. von Mercier, P., in: *Sources Chrétiennes* 161, Paris 1970.

364   *Anmerkungen zum 4. Teil*

35 Synode von Tours 813, c. 17. *Admonitio generalis* von 789, *Capit.* I, S. 61 f.,
   c. 82.
36 Hrabanus Maurus, *Epp.* V, S. 391. Pirmin, *Scarapsus*, PL 89, Sp. 1049.
37 *Vita Richarii*, SS rer. Merov. 4, S. 389.
38 Jonas, *De institutione laicali* I c. 18, PL 106, Sp. 121 ff.

Kapitel III

 1 Vgl. Riché, P., *De l'Education antique à l'Education chevaleresque*, Paris 1968,
   S. 114, und Wolff, P., *L'Eveil intellectuel de l'Europe*, Paris 1971, und zuletzt
   Riché, P., *Les Ecoles* (s. Anm. 2 zu Kap. II).
 2 Notker I c. 1. Vgl. Cappuyns, M., *Jean Scot Erigène, sa vie, son œuvre, sa
   pensée*, Löwen 1933, ND Brüssel 1964.
 3 Vgl. das »Mémoire d'Etudes supérieures« von Mme. Rouanet-Pillorget, *Les
   milieux intellectuels lyonnais de Sidoine Apollinaire à Florus (430–869)*, Lyon
   1948. [Masch.] Zu Florus vgl. Charlier, *Les manuscrits personnels de Florus*, in:
   Mélanges Podechard, Lyon 1945.
 4 Jeauneau, E., *Les Ecoles de Laon et d'Auxerre au IXe siècle*, in: *Settimana* 19,
   1972, S. 495–522, und Contreni, J., *The School of Laon from 850 to 930*, Diss.
   Michigan State University 1971. [Masch.] Riché, P., *Les hagiographes bretons et
   la renaissance carolingienne*, in: *Bull. Philol. et hist.*, 1966, S. 651–659.
 5 Riché, P., *Le renouveau culturel à la cour de Pépin*, in: *Francia* 2, 1974, S. 59–70.
 6 Notker I c. 3. Zur Hofschule vgl. Lesne, E., *Les Ecoles*, S. 34 ff., und Brunhölzl,
   F., *Der Bildungsauftrag der Hofschule*, in: *Karl der Große*, Bd. 2, S. 28–31.
 7 Alkuin, *Poet.* I, S. 246.
 8 Einhard, *Vita Karoli* c. 25.
 9 Heiric, *Poet.* III, S. 429.
10 Alkuin, *Disputatio Pippini cum Albino scholastico*, PL 101, Sp. 977–980.
11 Alkuin, *Epp.* IV, S. 420.
12 *Poet.* III,2, S. 563–565 (Gedichte in Kreuzform). *Poet.* IV,2, S. 267–271 (*Ecloga
   de calvis*). Vgl. Katalog der Ausstellung *Karl der Große*, S. 204.
13 Alkuin, *Poet.* I, S. 320. Zu Schreibstuben und Bibliotheken vgl. Lesne, E., *Les
   Livres*, passim.
14 Vgl. Lesne, E., *Les Livres*, passim. Bischoff, B., *Mittelalterliche Studien*, 2 Bde.,
   Stuttgart 1966/67. Ders., *Die süddeutschen Schreibschulen und Bibliotheken der
   Karolingerzeit*, Bd. 1, Wiesbaden ²1960. Ders., *Die Hofbibliothek Karls des
   Großen*, in: *Karl der Große*, Bd. 2, S. 42–62.
15 Katalog der Ausstellung *Karl der Große*, S. 207.
16 Vgl. Lesne, E., *Les Livres*, S. 319 ff.
17 Ebd., S. 349.
18 Ebd., S. 351. *Poet.* III,2, S. 298.
19 Lesne, E., *Les Livres*, S. 375 ff.
20 Ebd., S. 404–421.
21 Porcher, J., *Die Bilderhandschriften*, in: Hubert, J., u. a., *Die Kunst der
   Karolinger*, S. 69–207. Holter, J., *Der Buchschmuck in Süddeutschland und
   Oberitalien*, in: *Karl der Große*, Bd. 3, S. 54–114. Lupus, Brief 65.
22 Vgl. Vezin, J., *Les reliures carolingiennes de cuir*, in: *Bibliothèque de l'Ecole des
   Chartes*, 1970, S. 81–113. Hubert, J., u. a., *Die Kunst der Karolinger*, Abb.
   231 f. und 214 f.
23 Lesne, E., *Les Livres*, S. 790 ff.

24 Ebd., S. 739.
25 Hildemar, Kommentar der Benediktregel, PL 66, Sp. 733.
26 Lupus, Briefe 1, 5, 21, 35, 53, 69 und 87.
27 Hrabanus Maurus, PL 108, Sp. 1000. Walafrid Strabo, *Poet.* II, S. 394.
28 Lesne, E., *Les Livres*, S. 793 ff.
29 Vgl. Milde, W., *Der Bibliothekskatalog des Klosters Murbach aus dem 9. Jahrhundert*, Heidelberg 1968.
30 Illmer, D., *Formen der Erziehung und Wissensvermittlung im frühen Mittelalter*, München 1971, S. 19 und 25.
31 Riché, P., *Education et Culture* (s. Anm. 2 zu Kap. II), S. 504 ff. Leclercq, J., *Pédagogie et formation spirituelle du VIe au XIe siècle*, in: *Settimana* 19, Spoleto 1972, S. 255.
32 Paulus Diaconus, Kommentar der Benediktregel, c. 37, 38 und 53, in: *Bibliotheca Cassinensis* IV, 1880.
33 Pseudo-Beda, *De remediis peccatorum* II c. 30–32, PL 94, Sp. 572 f.
34 Paulus Diaconus (s. Anm. 32), c. 63. Alkuin, *Epp.* IV, S. 95.
35 *Casus Sancti Galli*, SS 2, S. 84 f. Vgl. Lesne, E., *Les Ecoles*, S. 402.
36 *Capit.* I, S. 413.
37 *Casus* (s. Anm. 35), S. 93.
38 *Formulae*, S. 423–429.
39 *Poet.* I, S. 343.
40 PL 132, Sp. 534 f.
41 Lesne, E., *Les Ecoles*, S. 554. Vgl. Katalog der Ausstellung *Karl der Große*, S. 402–410, und oben Abb. 2 (St. Galler Klosterplan).
42 Smaragdus, *Grammatica*, hrsg. von Keil, S. 20. Hrabanus Maurus, *Poet.* II, S. 186.
43 Handschrift Paris, Bibliothèque Nationale, Nr. 2796.
44 Hildemar, Kommentar der Benediktregel, PL 66, Sp. 733.
45 *Vita Gregorii* c. 2, SS 15, S. 67 f.
46 Hrsg. von Schwalm, J., in: *Neues Archiv*, 1902, S. 742.
47 Alkuin, *Ars grammatica*, PL 101, Sp. 854.
48 Sedulius, *Poet.* III,1, S. 215.
49 Paulus Diaconus (s. Anm. 32), c. 38.
50 Vgl. Bischoff, B., *Mittelalterliche Studien*, Bd. 1, München 1966, S. 86 f.
51 *Manuel*, S. 295 und 333. Zu dem Rechnen mit Fingern vgl. Quacquarelli, A., *Ai margini dell'actio: la loquela digitorum*, in: *Vetera Christianorum*, 1970, S. 199 ff., sowie die Arbeiten von Cordiolani, A. (s. Anm. 53).
52 *Propositiones ad erudiendos juvenes*, PL 101, Sp. 1149, und 1155. *Poet.* IV,2, S. 573. *Manuel*, S. 339.
53 Cordiolani, A., *Une encyclopédie carolingienne de Comput*, in: *Bibliothèque de l'Ecole des Chartes*, 1943, und *Contribution à la littérature de Comput ecclésiastique*, in: *Studi Medievali*, 1960, S. 107–208. Meersseman, G. C., *Manuali di computo con ritmo mnemotecnico dell'archidiacono Pacifico di Verona*, in: *Italia Sacra* VI, Padua 1966.
54 Theodulf, *Poet.* I, S. 544–547.
55 Leonardi, C., *I Codici di Marziano Capella*, Mailand 1960.
56 Alkuin, PL 101, Sp. 804.
57 Sedulius, *Poet.* III, 1, S. 225.
58 Vgl. Gougaud, L., *Chrétientés celtiques*, Paris 1911, S. 246.
59 Lupus, Brief 1.

60 Hrabanus Maurus, PL 107, Sp. 729. Vgl. Lesne, E., *Les Livres*, S. 355.
61 Lupus, Briefe 5 und 21.
62 Hinkmar, *ep. ad Hincmarum*, PL 126, Sp. 448 f.
63 *Epp.* V, S. 632.
64 Vgl. Lemerle, P., *Le premier humanisme byzantin*, Paris 1971, S. 13 ff.
65 Cappuyns, M., *Jean Scot Erigène* (s. Anm. 2).
66 Theodulf, *Poet.* II, S. 590. *Vita Alcuini*, SS 15, S. 193. Ermenrich, *Epp.* V, S. 563.
67 *Vita Odonis*, PL 133, Sp. 46 f. und 87 f.; *Vita Geraldi*, PL 133, Sp. 644 f.
68 Bouard, A. de, *Manuel de Diplomatique*, Bd. 2, *Acte privé*, Paris 1948, S. 130 ff. Gasnault, P., *Les Actes privés de l'abbaye de St-Martin de Tours*, *VIIIᵉ–XIIᵉ siècles*, in: *Bibliothèque de l'Ecole des Chartes*, 1954, S. 33.
69 Vgl. Lesne, E., *Les Livres*, S. 452, und Bischoff, B., *Die Hofbibliothek Karls des Großen*, in: *Karl der Große*, Bd. 2, S. 42–62.
70 Riché, P., *Les Bibliothèques* (s. Anm. 28 zu T. 1, Kap. I), S. 87–104.
71 Vgl. die Einleitung von P. Riché zu seiner Edition: *Dhuoda, Manuel*, Paris 1975.
72 Einhard, *Vita Karoli* c. 29. *Poeta Saxo*, in: *Poet.* IV,1, S. 58.
73 Menendez Pidal, R., *La Chanson de Roland et la tradition épique des Francs*, Paris 1960. Louis, R., *L'épopée française est carolingienne* (s. Anm. 25 zu T. 2, Kap. III).
74 Alkuin, *Epp.* IV, S. 175 und 250. *Conc.* II, S. 191 und 264. *Capit.* I, S. 96, c. 23.
75 Zu den erwähnten Werken vgl. Boor, H. de, *Die deutsche Literatur von Karl dem Großen bis zum Beginn der höfischen Dichtung*, München ⁹1979 (Geschichte der deutschen Literatur von den Anfängen bis zur Gegenwart, Bd. 1). – Ratpert, *Poet.* V,2, S. 534–540.

Kapitel IV

1 Halphen, L., S. 213.
2 Vogel, C., *La réforme liturgique sous Charlemagne*, in: *Karl der Große*, Bd. 2, S. 217–232.
3 Vgl. Jungmann, J. A., *Symbolik der katholischen Kirche*, Stuttgart 1960, S. 27–39.
4 Pelt, M., *Etude sur la cathédrale de Metz*, Metz 1937.
5 Regino, *De synod. causis*, PL 132, Sp. 187.
6 *Libri Carolini*, PL 98, Sp. 1229 f. (= *Conc.* II, Suppl. S. 213). Vgl. Bruyne, E. de, *Etudes d'esthétique médiévale*, Bd. 1, Brügge 1946, S. 261 ff.
7 *Epp.* IV, S. 610.
8 PL 98, Sp. 1187 und 1230 (= *Conc.* II, Suppl. S. 176 und 213).
9 Hrabanus Maurus, *ad Bonosum*, in: *Poet.* II, S. 196.
10 *Reichsannalen* zu 807. Vgl. *Desuper Cylipsidra*, in: *Poet.* III,2, S. 323.
11 *Manuel*, S. 138–140.
12 Chazelas, J., *Les livrets de prières privées du IXᵉ siècle*, in: *Positions de thèses de l'Ecole des Chartes*, Paris 1959.
13 Regino, *De synod. causis* I c. 371 ff., PL 132, Sp. 264 f. Pirmin, *Scarapsus*, PL 89, Sp. 1042.
14 Theodulf, *Statuta*, hrsg. von Clercq C. de, S. 325.
15 *Conc.* II, S. 414. Notker I c. 10.
16 Chailley, J., *Histoire musicale du Moyen Age*, Paris 1950, S. 61–79.
17 Notker II c. 7.

18 Notker I c. 18. Vgl. Hubert, J., u. a., *Die Kunst der Karolinger*, S. 140 mit Abb. 128.
19 Agobard, *De correctione antiphonarii*, PL 104, Sp. 333.
20 Hinkmar, *Epp.* VIII, S. 60.
21 Regino, *De synod. causis* I c. 62, PL 132, Sp. 204.
22 *Synode von Chalon* (813), c. 46 f. Regino, *De synod. causis* I c. 56, PL 132, Sp. 204 f. Theodulf, *Capitula* I, c. 41 und 44, PL 105, Sp. 205.
23 Belege für das 8. Jh. bei Chelini, J., *La pratique dominicale des laïcs dans l'Eglise franque sous le règne de Pépin*, in: *Revue d'Histoire de l'Eglise de France*, 1956, S. 161–174.
24 Zit. nach Mercier, P., *XIV Homélies du IXe siècle*, Paris 1970, S. 187.
25 Alkuin, PL 100, Sp. 337. Jonas, PL 106, Sp. 151. Diese Belege mit frz. Übers. bei Vogel, C., *Le pécheur et la pénitence au Moyen Age*, Paris 1969, S. 143 ff.
26 Pseudo-Egbert, *Poenitentiale*, hrsg. von Wasserschleben, S. 622. Frz. Übers. bei Vogel, C. (s. Anm. 25), S. 127.
27 Vogel, C. (s. Anm. 25), S. 196.
28 Regino, *De synod. causis* I c. 291, PL 132, Sp. 245. Frz. Übs. bei Vogel, C. (s. Anm. 25), S. 208.
29 *Epp.* IV, S. 516.
30 PL 105, Sp. 215 f.
31 *Institutio Sancti Angilberti abbatis de diversitate officiorum*, in: Hariulf, *Chronique*, hrsg. von Lot, F., S. 296–308. Zu dieser Quelle vgl. Heitz, C., *Recherches sur les rapports entre architecture et liturgie à l'époque carolingienne*, Paris 1963, S. 77 ff.
32 Verzeichnis der Feiertage in: *Synode von Mainz* (813) c. 36. *Ann. Bertiniani* zu 862.
33 Leclercq, J., *La spiritualité médiévale*, Paris 1961, S. 115 f.
34 *Capit.* I, S. 52.
35 Quellentext bei Wilmart, A., *Le règlement ecclésiastique de Berne*, in: *Revue Bénédictine*, 1939, S. 37–52.
36 Schmid, K. / Wollasch, J., *Die Gemeinschaft der Lebenden und Verstorbenen in Zeugnissen des Mittelalters*, in: *Frühmittelalterliche Studien*, Bd. 1, 1967, S. 370–372.
37 Textedition von E. Hlawitschka, K. Schmid, G. Tellenbach, *Libri memoriales* (MGH) I,1, 1970.
38 Hinkmar, PL 125, Sp. 794. Zu den Friedhöfen vgl. Lesne, E., *Les Eglises*, S. 137.
39 *Cartulaire de Redon*, S. 184.
40 *Ann. Bertiniani* und Regino, *Chronik* zu 877.
41 Hariulf, *Chronique*, hrsg. von Lot, F., S. 265.
42 Le Blant, *Inscriptions chrétiennes de la Gaule*, II, 428.
43 *Cartulaire de Cisoing*, S. 11; vgl. Molinier, A., *Les obituaires français au Moyen Age*, Paris 1890.
44 *Manuel*, S. 357. Zum Epitaph Alkuins siehe Wallach, L., *Alcuin and Charlemagne*, S. 255–265.
45 *Capit.* II, S. 429.
46 Theodulf, *Statuta*, hrsg. von Clercq, C. de, S. 347 ff.

Fünfter Teil

Kapitel I

1 *Vita Pardulfi* c. 14, SS rer. Merov. 7, S. 32 f. Einhard, *Translatio* III c. 8, SS 15, S. 250 f. *Vita Liobae*, SS 15, S. 127. Vgl. Lesne, E., *Les Eglises*, S. 157.
2 Einhard, *Translatio* IV c. 4, SS 15, S. 257.
3 *Capit.* I, S. 60, 125, 132, 146 und 289.
4 *Capit.* I, S. 49.
5 *Capit.* I, S. 156 und 181.
6 Lupus, Brief 101.
7 *Capit.* II, S. 86.
8 *Capit.* II, S. 344 und 370.
9 Es ist unmöglich, alle Quellenbelege zur Sittenverrohung anzuführen. Vgl. *Vita Geraldi* I c. 19; *Actus pont. Cenomannis*, hrsg. von Busson, G. / Ledru, A., 1901, S. 269. *Ann. Fuldenses* zu 866. *Ann. Bertiniani* zu 846.
10 *Capit.* I, S. 201, 440 und 443; II, S. 33 und 344. Regino, *De synod. causis* II c. 23, PL 132, Sp. 290.
11 d'Haenens, A., *Les Invasions normandes, une catastrophe?* Paris 1970.
12 Abbo, S. 23 f.
13 Bloch, M., *La Société féodale*, Bd. 1, Paris 1939, ND 1968, S. 28 ff. Musset, L., *Les Invasions: Le second assaut contre l'Europe chrétienne (VIIe–XIe siècles)*, Paris 1965, S. 223 f.
14 Hinkmar, PL 125, Sp. 987 f.
15 *Capit.* II, S. 361.
16 Paschasius Radbertus, PL 120, Sp. 220; frz. Übers. bei d'Haenens (s. Anm. 11), S. 84.
17 *Capit.* II, S. 371.
18 Devisse, J., *Pauperes et paupertas dans le monde carolingien. Ce qu'en dit Hincmar de Reims*, in: *Revue du Nord*, 1966, S. 273–287.
19 Thegan, *Vita Hludowici* c. 13. Vgl. Müller-Mertens, E., *Ludwig der Fromme und die Freien*, Berlin (DDR) 1963, S. 93–110. (Forschungen zur mittelalterlichen Geschichte Bd. 10.)
20 *Epp.* IV, S. 581.
21 *Translatio S. Alexandri* c. 13, SS 2, S. 680, nach Ganshof, F. L., *La protection des étrangers dans la monarchie franque*, in: ›L'Etranger‹, Recueil de la Société Jean Bodin, Bd. 9, 1958.
22 *Capit.* II, S. 273. Regino, *De synod. causis* II, interr. 77, PL 132, Sp. 286.

Kapitel II

1 Nithard, IV c. 7. *Ann. Bertiniani* zu 832.
2 *Formulae*, S. 174.
3 *Capit.* I, S. 83 und 181; II, S. 343.
4 Vgl. Ganshof, F. L., *Charlemagne et l'administration de la justice*, in: Karl der Große, Bd. 1, S. 396 ff.
5 Ermoldus, S. 136–143 (*De Beronis et Sanilonis duello*). Thegan, *Vita Hludowici* c. 38. Astronomus c. 33 und 46.
6 *Capit.* I, S. 183 f.
7 Theodulf, *Poet.* I, S. 493–517; zu diesem Gedichts. Monod, G., *Les Mœurs*

judiciaires au VIIIe siècle d'après le ›Paraenesis ad judices‹, in: RH 1887, S. 1–20.
8 Ganshof, F. L. (s. Anm. 4), S. 407.
9 Hinkmar, *De ordine palatii* c. 25, *Capit.* II, S. 526.
10 Paschasius Radbertus, *Vita Walae* c. 26, PL 120, Sp. 1601–1603.
11 Ganshof, F. L., *Charlemagne et le serment*, in: *Mélanges Halphen*, Paris 1951, S. 259 und 270. Ders. (s. Anm. 4), S. 356–358.
12 *Capit.* I, S. 51, c. 16, und S. 66 f. Vgl. Coornaert, E., *Les Ghildes médiévales*, in: RH 1948, S. 33 f., sowie das Caritas-Lied zu Ehren des hl. Stephan bei Bischoff, B., *Mittelalterliche Studien*, Bd. 2, Stuttgart 1967, S. 69.
13 Hinkmar, PL 125, Sp. 777 f.
14 *Capit.* II, S. 16, c. 10.
15 *Capit.* II, S. 375, c. 14.
16 Bonifatius, Brief 14, *Epp.* III, S. 262.
17 Alkuin, *Epp.* IV, S. 36, *Poet.* I, S. 226. Vgl. dazu Fichtenau, H., *Das karolingische Imperium*, Zürich 1949, S. 313.
18 Lupus, Brief 23.
19 *Drei Formelsammlungen aus der Zeit der Karolinger*, hrsg. von Rockinger, L. (= *Quellen u. Abhandl. z. bayerischen u. deutschen Gesch.*, AF 7, 1858, ND Aalen 1969), S. 138.
20 *Formulae*, S. 158 (*Formulae Turonenses*). Frz. Übers. bei Boutruche, R., *Seigneurie et Féodalité*, Bd. 1, Paris 1959, S. 331. Dt. Übers. bei Ganshof, F. L., *Was ist das Lehnswesen?*, 4. rev. Aufl. Darmstadt 1975, S. 5.
21 Über das Lehnswesen vgl. Boutruche, R., und Ganshof, F. L. (s. Anm. 20).
22 Bloch, M., *La Société féodale*, Bd. 1, Paris 1939, ND 1968, S. 361.
23 Einhard, *Epp.* V, S. 121–123. Frz. Übers. bei Boutruche, R. (s. Anm. 20), S. 351 f.
24 *Capit.* II, S. 358, c. 9 und 10. Frz. Übers. bei Boutruche, R. (s. Anm. 20), S. 357 f.

Kapitel III

1 *Epp.* IV, S. 393 und 399 f. Vgl. Wallach, L., *Alcuin and Charlemagne*, S. 99 bis 140.
2 Quellenangaben bei Lesne, E., *Les Eglises*, S. 37 ff.
3 Ebd., S. 152 f.
4 *Admonitio generalis* c. 75, *Capit.* I, S. 60. Hinkmar, PL 125, Sp. 77.
5 Lesne, E., *Les Eglises*, S. 113.
6 *Constitutiones Corbeienses*, hrsg. von Semmler, J., in: *Corpus* I, S. 372–374.
7 *Conc.* II, S. 408.
8 Vgl. Lesne, E., *Les Eglises*, S. 152 ff.
9 Hariulf, *Chronique*, hrsg. von Lot, F., S. 55. Vgl. Heitz, C. (s. Anm. 31 zu T. 4, Kap. IV), S. 137 ff.
10 *Translatio S. Sebastiani* c. 19, PL 132, Sp. 596.
11 Hariulf, *Chronique*, hrsg. von Lot, F., S. 83. *Vita Geraldi* II,20, PL 133, Sp. 681 f. *Gesta sanctorum Rotonensium* II,1. Abbo, S. 93.
12 Hariulf, *Chronique*, hrsg. von Lot, F., S. 63 f.
13 Als Gesamtdarstellung der karolingischen Reliquien-Translationen gibt es nur die Arbeiten von Thiellet, C., *Le Culte des reliques d'après les translations carolingiennes*, sowie von Baron, N., *La Piété populaire d'après les translations carolingiennes* (Mémoires de maîtrise, Université de Paris X, 1971. [Masch.])

Vgl. den Artikel »Reliquien« in: *Lexikon für Theologie und Kirche*, Bd. 8, Freiburg 1963, Sp. 1216–1221.

14 Aimoin, *De translatione sanct. martyrum*, PL 115, Sp. 939–960.

15 Florus, *Poet.* II, S. 544 f. PL 104, Sp. 349.

16 Angilbert, zit. in: Hariulf, *Chronique*, hrsg. von Lot, F., S. 61 f.

17 *Translatio S. Sebastiani* c. 9, PL 132, Sp. 589 f.

18 Einhard, *Translatio* I,1, SS 15, S. 240. *Translatio S. Sebastiani* c. 39, PL 132, Sp. 609 f. Vgl. Guiraud, *Le Commerce des reliques au IXe siècle*, in: *Mélanges de l'Ecole Française de Rome* 12, 1892, und Silvestre, H., *Le Commerce et le vol des reliques*, in: *Revue Belge de philologie et d'histoire* 30, 1952, S. 721–739. Geary, P. J., *Furta Sacra*, Princeton 1977.

19 *Translatio S. Sebastiani* c. 15, PL 132, Sp. 594.

20 Einhard, *Translatio* I c. 5 ff., SS 15, S. 241 ff.

21 Vgl. Lot, F., *Mélanges d'Histoire bretonne*, Paris 1967, S. 137 f., und Riché, P., *De l'îlot d'Aaron à Saint-Malo*, in: *Annales de la Société d'Histoire et d'Archéologie de Saint-Malo*, 1972.

22 Einhard, *Translatio* II c. 9, SS 15, S. 247.

23 *Translatio S. Sebastiani* c. 23, PL 132, Sp. 598.

24 *Translatio S. Helenae* c. 14 und 73. *Translatio S. Sebastiani* c. 37, PL 132, Sp. 604–606.

25 Ermentarius, *Miracula Philiberti*, in: Poupardin, R., *Monuments de l'histoire des abbayes de Saint Philibert*, Paris 1905, S. 60 ff.

26 Gasnault, P., *Le tombeau de Saint Martin et les Invasions normandes*, in: *Revue de l'Eglise de France*, 1961, S. 51–66. Musset, L., *Les Invasions*, Paris 1965, S. 220 f.

27 Riché, P., *Conséquences des Invasions normandes sur la culture monastique dans l'Occident franc*, in: *Settimana* 16, Spoleto 1969.

28 Abbo, S. 85–87.

29 *Translatio S. Sebastiani* c. 36, PL 132, Sp. 604.

30 *Translatio S. Sebastiani* c. 30, PL 132, Sp. 603. Einhard, *Translatio* I c. 14, III c. 6 f., IV c. 14, SS 15, S. 245, 250 und 261 f. *Translatio S. Helenae* c. 64.

31 Einhard, *Translatio* III c. 6, 8, 12, 15 sowie IV c. 1, SS 15, S. 250–254 und 256.

32 *Translatio Regnoberti*, ASS, Maii III, S. 618–625.

33 *Epp.* V, S. 206 und 366.

34 *Reichsannalen* zu 804.

35 *De miraculis Othmari*, PL 121, Sp. 776–796.

36 Eine Gesamtdarstellung der frühmittelalterlichen Pilgerreisen fehlt; die Diss. von H. Venece (Rom 1955) zu diesem Thema ist ungedruckt. Hinweise findet man bei Labande, E. R., *Pèlerinages et cultes des saints en Europe jusqu' à la première croisade*, in: *Actes du Congrès de Todi*, 1961, und Sigal, P.-A., *Les marcheurs de Dieu*, Paris 1974. Vgl. auch den Artikel »Wallfahrt« im *Lexikon für Theologie und Kirche*, Bd. 10, Freiburg 1965, Sp. 941–946.

37 Gougaud, L., *Sur les routes de Rome avec les pèlerins irlandais*, in: *Revue d'Histoire ecclésiastique*, 1935, S. 257–271.

38 Lesne, E., *Les Eglises*, S. 103 ff.

39 *Epp.* III, S. 354.

40 *Conc.* II, S. 140.

41 *Poet.* I, S. 557. Claudius von Turin, *Epp.* IV, S. 612.

42 Bernhard, *Itinerarium trium monachorum*, PL 121, Sp. 569–574.

43 Dazu Avril, F. / Gaborit, J. R., *L'Itinerarium Bernardi monachi et les pèlerinages*

d'Italie du Sud pendant le Haut Moyen Age, in: *Mélanges d'archéologie et d'histoire de l'Ecole française de Rome*, 1967, S. 269–298.

44 Moore, J. W., *The Saxon Pilgrim to Rome and the schola Saxonum*, Freiburg 1937.

45 Vgl. den Artikel »Itinerarien« im *Lexikon für Theologie und Kirche*, Bd. 5, Freiburg 1960, Sp. 821–824, und Lanciani, R., *Monumenti antichi pubblicati per cura della Reale Accademia dei Lincei*, I, 1890.

46 Brehier, L., *La situation des chrétiens de Palestine à la fin du VIIIe siècle*, in: *Le Moyen Age*, 1919, S. 65–75.

47 *Vita Willibaldi*, SS 15, S. 87 ff.

48 *De locis sanctis*, hrsg. von Meehan, Dublin 1958.

49 *Vita Willibaldi*, SS 15, S. 101.

50 *Gesta sanctorum Rotonensium* III,8 (ASOB 4,2).

I. Die Vorfahren Karls des Großen (nach E. Hlawitschka, 1965)

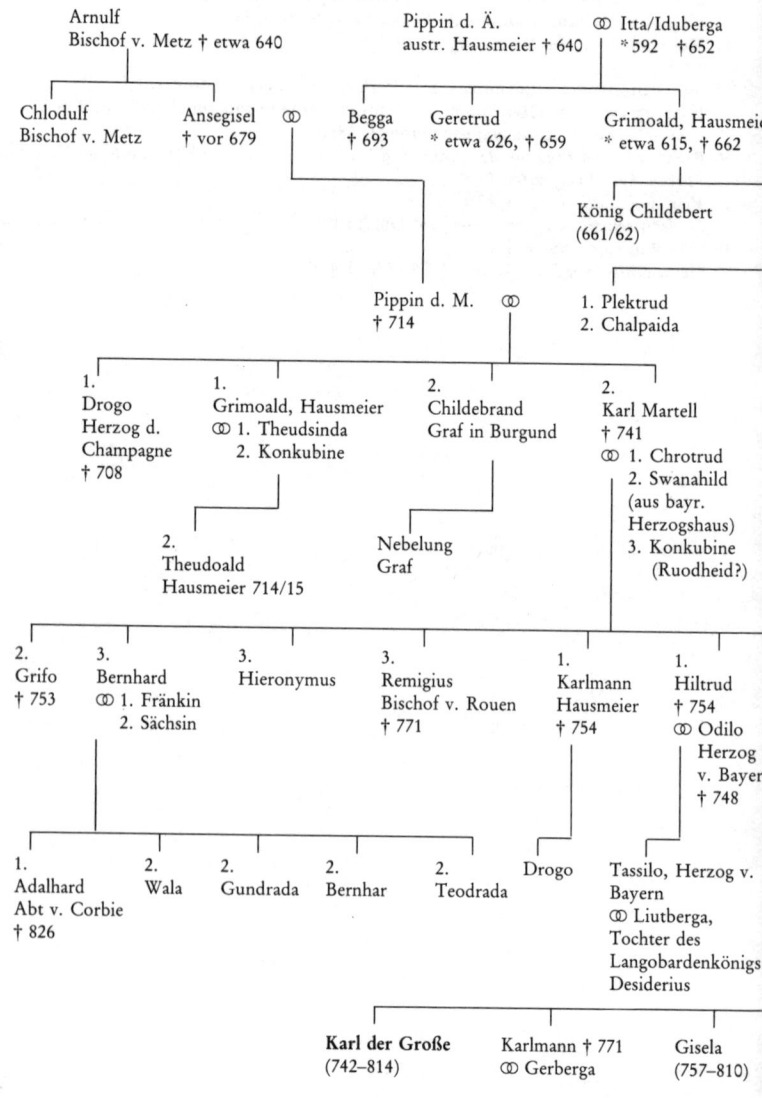

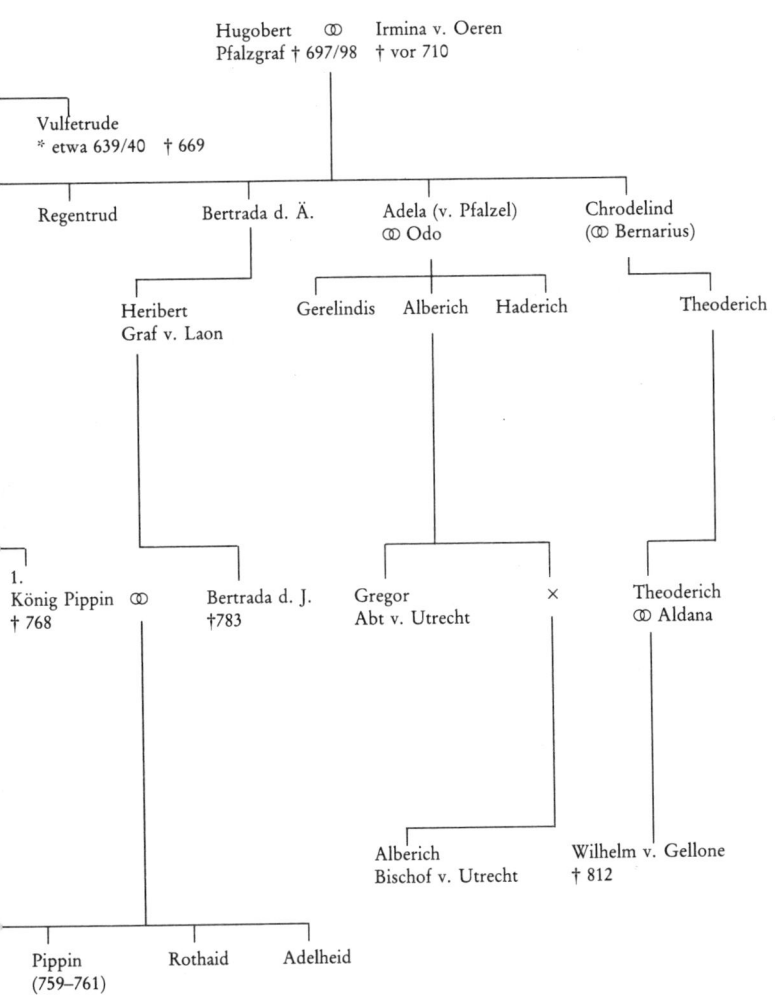

II. Die Nachkommen Karls des Großen (nach K. F. Werner 1967)[*]

1. Generation

Karl der Große
(742?/747–814)

eheliche und uneheliche Verbindungen

1.	2.	3.	4.	5.
Ca. 768 Himiltrud (Konkubine)	769 N, Tochter des Langobardenkönigs Desiderius, verstoßen 770/771	771 Hildegard (758–783) Tochter des Grafen Gerold	N (Konkubine)	783 Fastrada (?–794) Tochter des Grafen Radu

II. Generation
(die vorangestellten Ziffern beziehen sich
auf die Verbindungen Karls des Großen)

1.	3.	3.	3.	3.
Pippin der Bucklige (vor 770–811) † als Mönch in Prüm	Karl der Jüngere (772/73–811) König von Neustrien	Adalhaid (773–774)	Rotrud (775–810) verlobt mit Kaiser Konstantin VI. uneheliche Verbindung mit Graf Rorico	Pippin. bis 781 Karlmann (777–810) König in Italien

4.	5.	5.	7.	8.
Hruodhaid (ca. 784–nach 814)	Theodrada (ca. 785–844) Äbtissin von Argenteuil	Hiltrud (ca. 787–nach 814)	Ruothild (?–852) Äbtissin von Faremoutiers	Adalthrud

III. Generation
(in Auswahl)

Ludwig	Bernhard	Lothar I.	Pippin I.
(ca. 800–867) Sohn der Rotrud Abt von St. Denis Erzkanzler Karls II.	(ca. 797–818) Sohn Pippins König von Italien ∞ ca. 815 Kunigund	(795–855) Sohn Ludwigs und Irmgards Kaiser, † als Mönch in Prüm ∞ 1. 821 Irmgard 2. 851 Doda (Konkubine) 3. 851/53 N (Konkubine)	(797–838) Sohn Ludwigs und Irmgards König von Aquitanien ∞ 822 Ringart

[*] Zur Frage des Geburtsjahrs Karls des Großen siehe K. F. Werner,
Das Geburtsdatum Karls des Großen, in: Francia 1, 1973, S. 113–157.

6.	7.	8.	9.	10.
794/796 Liutgard (?–800) aus Alemannien	Madelgard (Konkubine)	Gersvind (Konkubine) aus Sachsen	800 Regina (Konkubine)	806 Adallind (Konkubine)

3.	3.	3.	3.	3.
Ludwig der Fromme (778–840) ∞ 1. ca. 793 N (Konkubine) 2. 794 Irmgard 3. ca. 819 Judith	Lothar (778–779/80) Zwillingsbruder Ludwigs	Bertha (779/80–nach 823)	Gisla (781–nach 814)	Hildegard (782–783)

9.	9.	10.
Drogo (801–855) Bischof von Metz Erzkaplan	Hugo (802/06–844) Abt von St. Quentin und St. Bertin Erzkanzler Ludwigs des Frommen	Theoderich (807–nach 818) Kleriker

Ludwig II. der Deutsche (ca. 806–876) Sohn Ludwigs und Irmgards König von Ostfranken ∞ 827 Hemma	Gisla (819/22–874) Tochter Ludwigs und Judiths ∞ 836 Markgraf Eberhard von Friaul	Karl II. der Kahle (823–877) Sohn Ludwigs und Judiths König von Westfranken Kaiser 875/77 ∞ 1. 842 Irmtrud 2. 869 Richildis (Konkubine)	Nithard (vor 800–845) Sohn Berthas Graf, Laienabt von St. Riquier Verfasser der Historiarum libri IIII

Zeittafel von der Mitte des 8. bis zum Ende des 9. Jahrhunderts

Nachweis der Textabbildungen, Tafeln und Karten

Textabbildungen

1 Waldbild Mitteleuropas während der älteren Nachwärmezeit. Nach: *Geschichts-wissenschaft und Archäologie. Untersuchungen zur Siedlungs-, Wirtschafts- und Kirchengeschichte*, hrsg. von H. Jankuhn / R. Wenskus, Sigmaringen: Thorbecke, 1979, Abb. 1, S. 290.

2 Der Klosterplan von St. Gallen. Nach: *Großer Historischer Weltatlas*, T. 2, hrsg. vom Bayerischen Schulbuch-Verlag, München: Bayerischer Schulbuch-Verlag, ²1979, S. 9 (nach Bischoff).

3 Modell nach dem St. Galler Klosterplan, von W. Horn und E. Born. Foto: Wim Cox.

4 Plan von Saint-Riquier. Nach: W. Braunfels (Hrsg.), *Karl der Große*, Bd. 3, Düsseldorf: Schwann, ³1966, S. 370 (H. Bernard).

5 Plan des Pfalzbezirks Aachen, Bestand 1964. Nach: W. Braunfels (Hrsg.), *Karl der Große*, Bd. 3, Düsseldorf: Schwann, ³1966, S. 465.

6 Modell des Pfalzbezirks Aachen, von Leo Hugot. Foto: Leo Hugot.

7 Modell der Pfalzkapelle Aachen, von Leo Hugot. Foto: Leo Hugot.

8 Grundriß der Pfalzkapelle Aachen mit den ergänzten Resten des pippinischen Vorgängerbaus. Nach: W. Braunfels (Hrsg.), *Karl der Große*, Bd. 3, Düsseldorf: Schwann, ³1966, S. 427.

9 Aufrisse der Pfalzkapelle Aachen, von Leo Hugot. Nach: W. Braunfels (Hrsg.), *Karl der Große*, Bd. 3, Düsseldorf: Schwann, ³1966, S. 562.

10 Typenbeispiele für Speerspitzen aus der Völkerwanderungs-Wikingerzeit. Nach: H. Seitz, *Blankwaffen*, Bd. 1, Braunschweig: Klinkhardt & Biermann, 1965, S. 116.

11 Kampfszene aus dem *Liber Maccabeorum*, um 925. Universitätsbibliothek Leiden, Cod. Periz., F 17, f. 22r. Bibliotheksfoto.

12 Grabungsfund und Rekonstruktionsversuch für zwei Grubenhäuser. Gladbach, Kreis Neuwied. Nach: W. Braunfels (Hrsg.), *Karl der Große*, Bd. 3, Düsseldorf: Schwann, ³1966, S. 588.

13 Isidor und seine Schwester Florentina, aus: Isidor von Sevilla, *De Fide Catholica contra Judaeos*. Bibliothèque Nationale Paris, Lat. 13396, fol. 1v. Bibliotheksfoto.

14 Monatsarbeiten, Astronomisch-komputistische Sammelhandschrift. Österreichische Nationalbibliothek Wien, Cod. 387, fol. 90v. Bibliotheksfoto.

15 Pflugarbeiten und Ackernutzung bei der Dreifelderwirtschaft im Jahresablauf. Nach: *Handbuch der deutschen Wirtschafts- und Sozialgeschichte*, hrsg. von H. Aubin / W. Zorn, Bd. 1, Stuttgart: Union Verlag, 1971, S. 96 (nach W. Abel). Mit Genehmigung des Verlages Klett-Cotta, Stuttgart.

16 Martyrologium des Wandalbert (Monat Mai). Nach: J. Hubert / J. Porcher / W. F. Fritz, *Die Kunst der Karolinger*, München: C. H. Beck, 1969, S. 177.

17 Schematischer Längs- und Querschnitt durch ein Langschwert. Nach: E. Salin, *La Civilisation mérovingienne d'après les sépultures, les textes et le laboratoire*, T. 3, Paris: A. et J. Picard et Cie, 1957, S. 63.

18 Polieren und Schleifen des Langschwerts. Skizze nach dem Utrechter Psalter, fol. 35v. Nach: E. Salin, *La Civilisation mérovingienne d'après les sépultures, les textes et le laboratoire*, T. 3, Paris: A. et J. Picard et Cie, 1957, S. 64.

19 Schwert mit silberbeschlagenem Gefäß, Typ H, und Klinge mit flachem Winkeldamast, »Wurmbunt«. Nach: H. Seitz, *Blankwaffen*, Bd. 1, Braunschweig: Klinkhardt & Biermann, 1965, S. 104.

20 Gefäß, Typ D entlehnt, silberbeschlagen und mit karolingischer Verzierung. Nach: H. Seitz, *Blankwaffen*, Bd. 1, Braunschweig: Klinkhardt & Biermann, 1965, S. 103.

21 Fränkische Klingeninschriften auf Wikingerschwertern. Unten schematisches Typbeispiel für Wurmbuntdamaszierung. Nach: H. Seitz, *Blankwaffen*, Bd. 1, Braunschweig: Klinkhardt & Biermann, 1965, S. 111.

22 »Escrain de Charlemagne«. Nach einer Zeichnung des 17. Jahrhunderts. Cabinet des Estampes, Paris. Nach: W. Braunfels (Hrsg.), *Karl der Große*, Bd. 3, Düsseldorf: Schwann, ³1966, S. 153, Abb. 22.

23 Grundrisse: a) Einhardsbasilika Steinbach,   b) Dom Fulda,   c) Saint-Denis, Paris. Nach: H. Holländer, *Kunst des frühen Mittelalters*, Stuttgart: Belser, 1969, Abb. 24, 25, 23.

24 Darstellung eines Zimmermanns, aus dem Ebo-Evangeliar (Kanontafel) in Epernay. Nach: J. Hubert / J. Porcher / W. F. Fritz, *Die Kunst der Karolinger*, München: C. H. Beck, 1969, S. 109.

25 König Lothar auf dem Thron. Lothar-Evangeliar von Tours, um 850; Bibliothèque Nationale Paris. Nach: H. Holländer, *Kunst des frühen Mittelalters*, Stuttgart: Belser, 1969, Abb. 60.

26 Karolingische Kugeltöpfe von Walberberg, Kreis Bonn, und Frankfurt (Mitte). Nach: W. Braunfels (Hrsg.), *Karl der Große*, Bd. 3, Düsseldorf: Schwann, ³1966, S. 264, Fig. 2.

27 Kannen des 9. Jahrhunderts aus Birka (Schweden), Nordfriesland, Trier. Nach: W. Braunfels (Hrsg.), *Karl der Große*, Bd. 3, Düsseldorf: Schwann, ³1966, S. 264, Fig. 3.

28 Reliefband-Amphore aus Neuß, Münster St. Quirin. Rheinisches Landesmuseum Bonn. Museumsfoto.

29 Darstellung der abführenden Wirkung des Thapsia-Krautes, aus Dioscorides, *Materia Medica* IV,157. Bayerische Staatsbibliothek München, MS 337, fol. 125. Nach: L. MacKinney, *Medical Illustrations in Medieval Manuscripts*, Welcome Historical Medical Library 1965, Fig. 35.

30 Behandlung von Skrofeln, aus Rogerius Salernitanus, *Chirurgia* II, 13. Nach: L. MacKinney, *Medical Illustrations in Medieval Manuscripts*, Wellcome Historical Medical Library 1965, Fig. 73.

31 Darstellung der Behandlung eines Geisteskranken, aus Dioscorides, *Materia Medica* IV,151. Nach: L. MacKinney, *Medical Illustrations in Medieval Manuscripts*, Wellcome Historical Medical Library 1965, Fig. 36.

32 Der Evangelist Lukas. Fulda (Mitte 9. Jh.); Universitätsbibliothek Würzburg, Mp. theol. fol. 66. Nach: H. Holländer, *Kunst des frühen Mittelalters*, Stuttgart: Belser, 1969, Abb. 40.

33 Carmina Figurata (Figurengedichte), Christusgedicht. Burgerbibliothek Bern, Ms. 212, fol. 113v. Bibliotheksfoto.

34 Das *Muspilli*, um 900 auf den unteren Rand der Seiten einer älteren Handschrift notiert. Bayerische Staatsbibliothek München. Foto Hirmer.

35 Beginn der *Libri Carolini*. Bibliothèque de l'Arsenal, Ms. 663, fol. 1r. Nach: *Karl der Große. Werk und Wirkung*, Aachen 1965, Abb. 33.

Tafeln

1 Inneres der Pfalzkapelle Aachen. Foto: Michael Jeiter.
2 Pfalzkapelle Aachen. Detail des ersten »klassizistischen« Gitters im Oktogon. Foto: Michael Jeiter.
3 Eines der vier Felder des Thron-Gitters in der Aachener Pfalzkapelle. Foto: Ann Münchow. Nach: W. Braunfels (Hrsg.), *Karl der Große*, Bd. 3, Düsseldorf: Schwann, ^{3}1966, Abb. 10.
4 Abtei Lorsch, Torhalle von Westen (Ausschnitt). Foto: Michael Jeiter.
5 »Kanne Karls des Großen« aus dem Stiftsschatz von Saint-Maurice (Wallis, Schweiz). Originalfoto mit Genehmigung von Chanoine Jean-Marie Theurillat.
6 Stefansburse. Kunsthistorisches Museum Wien. Museumsfoto.
7 Bursenreliquiar von Enger. Kunstgewerbemuseum, Staatliche Museen Preußischer Kulturbesitz, Berlin (West). Museumsfoto.
8 Detail des Goldaltars von S. Ambrogio in Mailand. Nach: J. Hubert / J. Porcher / W. F. Volbach, *Die Kunst der Karolinger*, München: C. H. Beck, 1969, Abb. 188.
9 Buchdeckel mit triumphierendem Christus. Bodleian Library Oxford, Ms. Douce 176. Bibliotheksfoto.
10 Gemme mit dem Bildnis der Julia. Bekrönungsschmuck des »Escrain de Charlemagne«. Cabinet des Médailles, Paris. Nach: *Karl der Große. Werk und Wirkung*, Aachen 1965, Abb. 110.
11 Statuette Karls des Großen. Musée Cluny Paris. Foto: Michael Jeiter.
12 Karl der Kahle auf dem Thron. Schule von Tours – Saint-Denis (?); Bibel von S. Paolo fuori le mura. Foto nach: J. Hubert / J. Porcher / W. F. Volbach, *Die Kunst der Karolinger*, München: C. H. Beck, 1969, Abb. 130.
13 Weltlicher Stifter mit Schwert von St. Benedikt in Mals (Vintschgau). Foto: Oswald Kofler.
14 Münzen: a: (276) Pippin, Denar, Silber, 1,32 g. b: (276) Pippin, Denar, Maastricht, Silber, 1,29 g. c: (276) Pippin, Denar, Elimosina, Silber, 1,34 g. d: (277) Karlmann, Denar, Angers, Silber, 1,32 g. e: (278) Karl der Große, Denar, Worms, Silber, 1,16 g. f: (279) Karl der Große, Denar, Tiel, Silber, 1,10 g. g: (14) Karl der Große, Denar, Frankfurt a. M., Silber, 1,71 g. h: (20) Karl der Große, Denar, Trier, Silber, 1,76 g.
Münzkabinett, Staatliche Museen zu Berlin (DDR). Museumsfotos.
15 *Lex Salica*, Fragment einer althochdeutschen Übersetzung. Stadtbibliothek Trier. Bibliotheksfoto.
16 Esra, aus Codex Amiatinus (I, fol. 5a), Jarrow-Wearmouth. Biblioteca Laurenziana Florenz. Nach: H. Holländer, *Kunst des frühen Mittelalters*, Stuttgart: Belser, 1969, Abb. 18.
17 Evangelist Lukas, Godescalc Evangelistar. Bibliothèque Nationale Paris, Nouv. Acq. lat. 1203, fol. 2r. Bibliotheksfoto.
18 Kampfszenen, aus Psalterium Aureum, 2. Hälfte des 9. Jahrhunderts. Stiftsbibliothek St. Gallen, Codex 22, S. 140. Bibliotheksfoto.
19 Klosterplan St. Gallen. Foto: Stiftsbibliothek St. Gallen.

20 Aachener Schatzkammer-Evangeliar (Anfang 9. Jh.), fol. 19v (Zierseite). Foto: Ann Münchow.
21 Evangelisten-Seite aus dem Evangeliar im Aachener Domschatz (fol. 14v). Foto: Ann Münchow.
22 Astronomische Handschrift, 818. Bayerische Staatsbibliothek München. Foto: Hirmer.
23 Lebensbrunnen, Godescalc Evangelistar. Bibliothèque Nationale Paris, Nouv. Acq. lat. 1203, fol. 3v. Bibliotheksfoto.

Karten

1 Das Reich Karls des Großen. Nach: *Karl der Große. Werk und Wirkung*, Aachen 1965, im Anschluß an S. 16. Zeichnung von F. Prinz.
2 Das Itinerar Karls des Großen. Nach: W. Braunfels (Hrsg.), *Karl der Große*, Bd. 1, Düsseldorf: Schwann 1965, im Anschluß an S. 320.
3 Wichtige Handelswege in Nord- und Osteuropa zur Wikingerzeit. Nach: *Handbuch der deutschen Wirtschafts- und Sozialgeschichte*, hrsg. von H. Aubin / W. Zorn, Bd. 1, Stuttgart: Union Verlag, 1971, S. 116 (nach H. Jankuhn). Mit Genehmigung des Verlages Klett-Cotta, Stuttgart.
4 Fränkischer Import des 7. und 8. Jahrhunderts in Skandinavien. Nach: *Geschichtswissenschaft und Archäologie*, hrsg. von H. Jankuhn / R. Wenskus, Sigmaringen: Thorbecke, 1979, S. 255.

Namen- und Ortsregister

Bearbeitet von R. Backhaus und E. Reuß